LEHRER/INNENHANDBUCH

hpt

AICHNER
SCHÖRKHUBER

BASISTEIL
5. KLASSE

KOMPETENZ: *DEUTSCH*

MODULAR

SPRACHBUCH FÜR ALLGEMEIN BILDENDE HÖHERE SCHULEN

1. Auflage 2017 (1,00)

Druck und Bindung: Ferdinand Berger & Söhne GmbH, Horn
ISBN 978-3-230-04402-0

Modul 1

1.4

1.

a) Slowenisch: Sprache der Kindheit, der Vergangenheit, der Enge, der Weltentdeckung, der Geschichten, der Geborgenheit, des Privaten
Deutsch: Sprache der Verunsicherung, des Zurücklassens der Kindheit, der Öffentlichkeit

b) Die Erstsprache wurde unbedeutender, ja unbrauchbarer („verlor ihr Wirkungsfeld", Z. 45) und wirkte „anrüchig und altmodisch" (Z. 47 f.), weniger lebendig („zum Trocknen ausgebreitet", Z. 40).

c) Beispiele: Dialekte, die immer weniger verwendet werden (immer weniger Sprecher/innen haben); Latein; Sprache verbindet Menschen; das zeigt sich besonders dort, wo „Sprachinseln" bestehen, z. B. Deutsch in südamerikanischen Ländern (z. B. in Brasilien, Peru, Chile); Sorbisch (in Südbrandenburg und Ostsachsen).

Modul 2

2.5

(Lösungsbeispiele für die Tabelle S. 14): Essstörungen: Ursachen von Essstörungen; Auswirkung von Essstörungen auf die Organe; Wie man Essstörungen überwinden kann – Hilfe und Unterstützung; Formen der Essstörung: Anorexie, Bulimie und Binge-Eating
Angst: Was bei Angst im Körper vor sich geht; Phobien; Was ist Angstlust?; Wie man mit Prüfungsangst umgehen kann; Formen von Ängsten

2.9

(Vorschläge, Möglichkeiten)

- Schule, Kulturverein, Sportclub, Bibliothek, internationale politische Organisation, Menschenrechtsorganisation, Privatperson
- Warenangebot, Tauschobjekte, Untersuchungsergebnisse, Fahndungslisten, private Videos
- Menschen verkuppeln, Kommunikationsplattform, Plattform zur Selbstdarstellung, Unterrichtsmaterial, Personenkult (Fanseiten)

2.10

Kategorie	**Nummern**
Website einer Atomkraftbetreiberfirma	17
Interessenvertretung der Atomindustrie	2, 14, 15, 16
Internetlexikon	1
Website von Atomkraftgegner/innen	8, 9, 11
Internet-Spiel	10
Fan-Seite einer Fernsehserie	13
Umweltschutzorganisation	9
Unterrichtsmaterial	3, 6
Nachrichtenmedien: Online-Auftritt eines Massenblatts	5
Nachrichtenmedien: Online-Auftritt eines Nachrichtenmagazins	4
Internet-Buchhandel	7

2.11

Kritisch: 8, 9, 11;
befürwortend: 2, 14, 15, 16, 17.
Das Wort „Atom" hat in der Öffentlichkeit eine negative Bedeutung, weil es aus folgenden Zusammenhängen bekannt ist: Atomunfall (Tschernobyl, Fukushima), Atomkrieg, Atombombe.

2.16

Das Überarbeiten eigener Texte ist für Schüler/innen eine gleicherweise wichtige wie mühsame Tätigkeit. Es empfiehlt sich, Schüler/innen möglichst oft Zeit und Raum für Überarbeitungen zu bieten, d. h. aber auch, dass man möglichst oft zur Tabelle auf S. 24 zurückkehren sollte. Beim Überarbeiten ist es wichtig, möglichst kleinschrittig und aspektorientiert vorzugehen. Wird ein Text überarbeitet, sollen pro Überarbeitungsschritt sehr wenige der in der Tabelle S. 24 angeführten Kriterien in den Blick genommen werden – je schwerer die Überarbeitung den Schülern/Schülerinnen fällt und je defizitärer ein Text ist, desto weniger, möglicherweise pro

Durchsicht nur ein einziges Kriterium. Aus didaktischer Sicht geht es an dieser Stelle nicht vordringlich um ein perfektes Schreibprodukt, sondern um das prozesshafte Einüben des Überarbeitens.
Darüber hinaus sollen Schüler/innen verschiedene und angemessene Überarbeitungsstrategien anzuwenden lernen. Wenn es etwa um die Kommatierung geht, sollte der Text Satz für Satz von hinten nach vorne überprüft werden (vgl. dazu ausführlicher: Trainingsteil 5/6).

Modul 3

3.10
Die linke Folie ist besser: Sie ist übersichtlich und erregt Aufmerksamkeit, sie leitet direkt in den Text.
Die rechte Folie ist unübersichtlich, überladen, enthält zu viele Effekte, die Folienüberschrift ist schlecht, weil sie nicht auf den Gegenstand verweist. Stilmix: Foto vs. Symbol/Cartoon; schlechte Farbgebung.

3.17
(Mögliche Antworten)

	Weitere Tipps fürs Präsentieren:
Wenn man in einer Passage der Präsentation absichtlich leise spricht – welche Wirkung könnte das beim Publikum haben?	Sprechen Sie betont leise, wenn Sie größte Aufmerksamkeit bekommen wollen; heben Sie damit besonders Wichtiges hervor.
Welche Wirkung kann betont langsames Sprechen haben? An welchen Stellen der Präsentation kann man es einsetzen?	Sprechen Sie langsam, wenn Sie etwas besonderen Nachdruck verleihen möchten.
In welchen Situationen einer Präsentation könnte schnelles Sprechen angebracht sein?	Sie können schnell sprechen, wenn Sie rasch etwas Organisatorisches erledigen müssen.
Welche Entfernung zwischen Referenten/Referentin und Publikum empfinden Sie als Zuhörer/in als angenehm?	Individuelle Antworten (Die Länge eines Armes sollte niemals unterschritten werden.)
Was ist für den Referenten/die Referentin günstiger: Fragen am Ende oder Fragen zwischendurch? Warum?	Fragen zwischendurch können den Nachteil haben, dass sie Sie völlig aus dem Konzept und vom geplanten Vortrag abbringen; sie haben den Vorteil, dass offene Fragen sofort beantwortet werden. Damit kann man eventuell Unruhe vermeiden. Fragen am Ende: Der Vortrag kann wie geplant gehalten werden; keine störende Unterbrechung; Nachteil: Fragen können wieder in Vergessenheit geraten sein; Zuhörer/Zuhörerinnen haben keine Lust mehr zu fragen.

3.18

	Beim Präsentieren positive Signale senden	
	+	–
Körperhaltung:	• Beine in Hüftbreite, „geerdet“ • Körper senkrecht, frontal, zugewandt, offen	• Anklammern an Vortragspult/-tisch • Beine überkreuzt • mit überkreuzten Beinen stehen • Verkriechen in den schriftlichen Unterlagen
Arme und Hände:	• Arme in seitlicher Ruheposition, leicht abgewinkelt • bildhafte Gesten • Handbewegungen vor dem Oberkörper • langsame, ruhige Handbewegungen • ruhiges Hantieren mit Hilfsmitteln	• Hände in den Hosentaschen • Herumgestikulieren • Herumzupfen an Kleidung und Schmuck • Spielen mit Kugelschreiber, Schmuck etc.
Gesicht:	• Blickkontakt ca. 3 Sekunden • erhobener Kopf • Gesicht dem Publikum zugewandt	• Blick ins Leere • Blick zur Projektionswand • schweifender Blick
Bewegung:	• langsame Ortsveränderungen	• Auf und ab gehen

3.20

1. Keine Ich-Botschaft; Feedback ist nicht beschreibend, sondern bewertend.
2. Keine Ich-Botschaft; Feedback ist nicht beschreibend, sondern bewertend.
3. In Ordnung: Ich-Botschaft, beschreibend, brauchbar (Angesprochene/r weiß, was er/sie ändern kann).
4. Keine Ich-Botschaft; Feedback ist nicht brauchbar, weil der/die Angesprochene nicht weiß, was er/sie machen soll.
5. In Ordnung: Ich-Botschaft, beschreibend (Angesprochene/r weiß, was er/sie ändern kann).
6. Keine Ich-Botschaft; Feedback ist zwar zuerst beschreibend, dann aber verurteilend.
7. Nicht brauchbar, weil zu wenig konkret (Angesprochene/r weiß nicht, was – außer der gesamten Präsentation – gut war).
8. Ich-Botschaft, beschreibend, allerdings zu wenig konkret. Wie war die Reaktion, die als interessant empfunden wurde?
9. Ich-Botschaft, konkret und brauchbar. Der Angesprochene weiß genau, was gut und was nicht so gut angekommen ist.
10. Keine Ich-Botschaft, nur zum Teil beschreibend; Vorwurf.

Modul 4

4.3

1. In Beispiel 3 werden zwar einige Kohäsionsmittel verwendet (z. B. Konjunktionen, Pronomen), es fehlt aber die Kohärenz (der Text hat kein erkennbares Thema). Dagegen hat Text 4 ein Thema, kommt aber ohne Kohäsionsmittel aus. D. h., er ist kohärent.
2. Der Text ist nicht kohärent (inkohärent), weil das Thema (der inhaltliche Zusammenhang) fehlt.
3. Die Kohärenz ergibt sich aus der Situation. Ergänzung (Möglichkeit): „Im Westen ziehen Gewitterwolken auf, die eine Bedrohung für die ausgefahrene Markise darstellen. Kannst du sie bitte einfahren, damit sie nicht beschädigt wird, wenn das Gewitter kommt?"
4. Thema: die Mannschaft, die das Fußballspiel um 15 Uhr bestreiten wird
   Grammatik: Es werden ausschließlich Familiennamen verwendet, und zwar genau 11.
   Stimmen Familiennamen überein, wird auch der Vorname verwendet.
   Verknüpfungsregel: Die Wörter werden so angeordnet, wie die Spieler am Beginn des Spiels auf dem Spielfeld tatsächlich „aufgestellt" sind, sodass im optischen Erscheinungsbild des Texts die „Aufstellung" abgebildet wird.

4.4

1. Beispiel 1: Unterhaltung; Sprache zum Thema machen (auch durch die „Fehler").
   Beispiel 4: Jemand anderen dazu bewegen, etwas zu tun.
2. Der Empfänger fühlt sich (als Empfänger einer Aussage) angesprochen und ist bereit, aufgrund der Situation die Äußerung als sinnvoll zu betrachten. Er ist bereit, die Bitte als solche zu verstehen, und akzeptiert, dass er nun entscheiden muss, wie er sich verhält.
3. Die Rolle des Mediums: Das Medium verlangt, dass die Mitteilung möglichst reduziert wird, oft auch auf nicht sprachliche Zeichen wie etwa Smileys.

4.5

1. A: Spezialfirma (ergibt sich aus Z. 37 ff.)
   B: Campregeln (Z. 76: ein „Verbot jeglicher technischer Gerätschaften" kann nur die Campregeln betreffen. Darüber hinaus: Es würde keinen „Mitarbeiterstab aus Betreuern, Psychologen und Erziehern" brauchen, damit die Rangordnung oder die Schlafenszeiten eingehalten werden)
   C: Wildnis (Z. 45: Das Camp liegt „in der einsamen Wildnis Utahs".)
2. Im Original:
   Kein Ort für Spaß. Der Mormonenstaat ist schon dank seiner wertkonservativen und streng religiösen Bevölkerung keine Spaßdestination. Neuankömmlinge im Redcliff-Camp erwarten tagelange Gewaltmärsche durch die Wüsten, Berge und Wälder und Übernachtungen unter dem freien Himmel – den Schlafsack und Decken muss man sich in den ersten paar Wochen des Programms erst einmal verdienen. Dazu kommt der kalte Entzug – viele der Jugendlichen haben neben emotionalem Ballast auch Suchtprobleme im Gepäck. Aber Alkohol, Marihuana, Tabak: Nichts davon ist in der einsamen Wildnis Utahs erlaubt oder zu beschaffen. Das stellt die unfreiwilligen Camper vor zusätzliche Herausforderungen. Die Wiltons wussten, wohin sie ihren Sohn schickten. „Wir haben uns verschiedene dieser Camps

angesehen, sie haben alle mit einer gewissen Härte und Strenge geworben. Dass wir uns dann für das härteste und strengste von allen entschieden haben, wurde uns erst später bewusst", sagt Barbara. Sie hat sich von den Erfolgsgeschichten auf der Homepage von Redcliff überzeugen lassen. Geschichten, die beschreiben, wie die harten Monate Jugendliche zurück auf den richtigen Weg brachten.
Folgt man dem Originaltext, ist die richtige Nummerierung der gelben Kästchen: 4 – 5 – 3 – 1 – 6 – 8 – 2 – 7

4.6

1. (Beispiele:)
Ersatzformen: Ehepaar, Jugendliche
Wiederholungen: Eltern, Jugendliche
Pro-Formen (Pronomen): sein, die beiden, ihren, die, er
Pro-Formen (Adverbien): dazu, darunter, (Pronominaladverbien), daher (Konjunktionaladverb; unterscheidet sich von der (satzverbindenden) Konjunktion (z. B. weil, obwohl) dadurch, dass es auch im Satzinneren stehen kann), dann
Ellipse: Das Ziel: Enterprise, Utah – Geschichten, die beschreiben, wie die harten Monate Jugendliche zurück auf den richtigen Weg bringen. – verzweifelte Eltern, die im Erziehungskampf mit ihren mehr als widerborstigen Teenagern zum Äußersten greifen –

2. und, aber, dass, denn, sowie, doch, oder, wie, wenn, sobald, ob

3. Der Doppeltpunkt signalisiert, dass man die Teile, zwischen denen er steht, aufeinander beziehen muss.
Z. 11: Der zweite Satz erklärt den ersten. – Z. 43: Der Doppelpunkt ersetzt „ist", er verbindet 2 Satzglieder. – Z. 44: Der erste Teil wird aus dem zweiten, in dem er mit „davon" wieder aufgenommen wird, herausgehoben, um besonders betont zu werden.

4. Z. 30: Platzhalter für den Nebensatz (wenn der Nebensatz ins Vorfeld gerückt wird, entfällt „es")
Z. 32: Akkusativobjekt, das auf den Hauptsatz verweist

5. a) Kyle: Sohn, mehr als widerborstige[r] Teenager, Kind
Jugendliche, die sich im Redcliff-Camp aufhalten (im Buch heißt es aus Versehen „in"): schwer erziehbare Jugendliche, Kind, unfreiwillige Camper, Neuankömmlinge, diese Generation
b) Die Verwendung dieser Ersatzformen würde eine Bewertung durch den Verfasser bedeuten.

4.9

1. Beispiele (Antwortmöglichkeiten):
a) real vorstellbare Menschen; real vorstellbare Situationen und Orte.
b) Wissen, dass der Autor v. a. Literatur (also Erfundenes) schreibt; Merkwürdigkeit der dargestellten Situationen; dass Eingeborene (woher auch immer), die Donau herauffahren, ist in unserer Zeit sehr unwahrscheinlich.

2. Bezeichnung als „Bericht" (bezieht sich gewöhnlich auf Wirkliches – im Unterschied zu „Erzählung" oder „Geschichte" oder „Roman"); Berichtsform; Präteritum (gibt vor, dass etwas tatsächlich geschehen ist); Situationen und Figuren aus der wirklichen Welt

3. Lügen: beziehen sich auf die „wirkliche Welt", auf unsere Wirklichkeit; Täuschungsabsicht; erfundene Geschichten: stellen eine „erfundene Welt" dar; keine Täuschungsabsicht; kein Anspruch, dass „es wirklich so war".

4.10

2. (Lösungshinweise, Antwortmöglichkeiten)
a) Die Geschichte endet im Original mit B. Diese Lösung ist insofern konsequent, als sie der Geschichte eine klare Botschaft gibt. Sie führt die Konstellationen in der Geschichte – „guter" Durchschnittsmensch im Alltag, „böse", betrügerische Fremde – folgerichtig zu Ende. Für B spricht auch, dass – gegenüber den anderen Lösungsmöglichkeiten die offene Ausländerfeindlichkeit der Geschichte konsequent durchgespielt wird. Lösung A könnte plausibel sein; allerdings stellt sie die Einkäuferin, die in der bisherigen Geschichte als Durchschnittsmensch dargestellt wird, plötzlich mit einer übermäßigen Portion an Schläue dar, die in der Stresssituation nicht unbedingt zu erwarten ist. Lösung C ist insofern unwahrscheinlich, als sie recht unmotiviert plötzlich „Gut" und „Böse" umkehrt und die Einkäuferin, die als Identifikationsfigur dient (sie stellt „unseren" Alltag dar), als aggressiv und gewalttätig darstellt; sie hat Recht, setzt sich selbst aber ins Unrecht.
c) Für „nicht erfunden" spricht: Textsignale: Reale Orte und Zeit, Alltagsmenschen, Alltagsprobleme (z. B. Ausländerfeindlichkeit), alltägliches Geschehen, relativ sachliche Darstellung (nach Art eines mündlichen Berichts); Gewährsleute werden angeführt (von wem man diese Geschichte weiß)
Signale außerhalb des Texts: keine Hinweise auf „nicht erfunden"

Für „erfunden" spricht:
Textsignale: wiederholte Wahrheitsbeteuerungen (wozu sind sie nötig, wenn die Geschichte ohnedies wahr ist?); Charaktere sind sehr eindimensional („Gut" vs. „Böse"), das ist unrealistisch; auch das Verhalten der Betrogenen am Ende erscheint nicht realistisch.
Die Geschichte hat eine sehr einfache, klare Botschaft. So einfach ist das Leben gewöhnlich nicht.
Signale außerhalb des Texts: unklare Quelle trotz einer Quellenangabe (die allerdings kaum nachvollziehbar ist; es geht immer um „mehrere Ecken", z. B. „ein Freund eines Arbeitskollegen der Tochter meiner Nachbarin hat erzählt ..."); Verbreitung der Geschichten ist informell, oft anonym (jedenfalls nicht in anerkannten Nachrichtenmedien); Versionen von solchen Geschichten existieren inhaltsgleich über verschiedene Orte (z. B. ist dem Autor/der Autorin die „Kassabon"-Geschichte mit den Schauplätzen Innsbruck, SCS (Vösendorf), Graz und Mattighofen bekannt).

4. Mögliche Funktionen: Appell, im Alltag bestimmte Verhaltensregeln einzuhalten; Warnung (in „Der Kassabon": vor „Ausländern/Ausländerinnen", vor „dem Fremden"), Unterhaltung

4.11:

Zweck	Textsorte
den Verkauf einer Spielkonsole mit dem Käufer fixieren	Vertrag
sich informieren, wer für eine Website verantwortlich ist	Impressum
Grundsätze des Zusammenlebens in der Schule regeln	Verhaltensvereinbarung
herausfinden, welchen Film man sich ansehen soll	Filmkritik
seine Arbeitskraft anbieten	Bewerbungsschreiben
sich informieren, was in der letzten Sitzung vereinbart worden ist	Protokoll
einen Kunden auffordern, seine Geldschulden zu begleichen	Mahnschreiben
sich eine Meinung zu einem aktuellen Thema bilden	Zeitungskommentar
eine Sachfrage/einen Sachverhalt aus Expertensicht beurteilen	Gutachten
Menschen zur Teilnahme an einer Wahl bewegen	Aufruf
zu einem Problem öffentlich Stellung nehmen	Leserbrief
die Beziehung zu einem Freund pflegen	Ansichtskartentext
herausfinden, ob ein bestimmtes Buch interessant sein könnte	Klappentext

3.1 Texte in Situationen: E-Mails verfassen
Für dieses kurze Kapitel wurde das Medium des E-Mails gewählt, weil es in der nicht-privaten, mithin geschäftlichen oder behördlichen Kommunikation nach wie vor große Bedeutung hat. Jugendliche verwenden E-Mails in ihrer privaten Kommunikation praktisch nicht mehr. Wenn Sie gezwungen sind, das Medium zu verwenden, sollte sie es situationsangemessen einsetzen können und jedenfalls von der Sprache, die in diversen Messenger-Diensten verwendet wird, abzusehen.

Modul 4 – Kompetenztest 1:

1.
- Absicht: Information über Missstände im US-Justizsystem; Aufklärung der Lesenden
- Situation: Es handelt sich um einen öffentlichen Text, der in einer österreichischen Qualitätszeitung erschienen ist.
  Es muss daher eine allgemein verständliche, eher einfache Sprache (z. B. keine Fachsprache) verwendet werden. Die Absicht, die Leser/innen zu informieren, führt zu einem bestimmten Aufbau des Texts.
- Kohärenz: Das Thema ist „Justizirrtum in den USA im Zusammenhang mit der Todesstrafe"; der Text geht von einem konkreten Fall aus und kommt zur generellen Problematik der Fehlurteile in Gerichtsprozessen, die besonders schwer wiegen, wenn die Todesstrafe verhängt wird, sowie dem Bemühen, Justizirrtümer aufzudecken. Zum Thema „Justizirrtum" wird auch ein Fall erwähnt, bei dem das Fehlurteil im Nachhinein, aber rechtzeitig erkannt worden ist.

2. fünf verschiedene Kohäsionsmittel (jeweils ein Beispiel):
- Ersatzform: *der Texaner*
- Wiederholung: *Experten*
- Pro-Formen: *sie*
- Konjunktion: *aber*
- Ellipse: *möglicherweise zu Unrecht*
- Satzzeichen: *Justizirrtum in den USA: (Doppelpunkt)*

3.

a) Funktion: Information

b) Medium: Printmedium (zeigt sich an der typischen Form des Berichts: Lead, Beantwortung der W-Fragen)

c) Aufbau: Lead (fasst das Wesentliche zusammen) – danach von den wesentlichen, grundlegenden Informationen (der Fall) zu den Details und Zusammenhängen (Expertensicht, parallele Fälle). Zusammenhang zwischen Aufbau und Funktion/Medium: Man erfährt zuerst das Allerwichtigste, nach und nach die Details und Hintergründe. Man kann also jederzeit die Lektüre des Texts beenden und ist trotzdem informiert.

Modul 5

Dieses Modul betont die Bedeutung des sicheren Lesens als Voraussetzung für das Zusammenfassen. In Kapitel 1 werden sehr basale Übungen für die Leseflüssigkeit angeboten. Selbstverständlich richten Sie sich zuerst an Schüler/innen, die in dieser Hinsicht einen gewissen Nachholbedarf haben. Darüber hinaus ist die Erhöhung der Lesegeschwindigkeit (bei gleichzeitiger Sinnerfassung) auch für geübte Leser/innen interessant – allein schon aufgrund der Tatsache, dass das schulische Lernen zu einem sehr großen Teil textbasiert ist, eine größere Lesegeschwindigkeit also Lese- und Lernzeit für Schüler/innen verkürzen kann.
Kapitel 2 widmet sich verschiedenen Lesetechniken und -strategien, die auf das sinnerfassende Lesen zielen. Wichtig ist, dass die Schüler/innen verschiedene Techniken kennen lernen, die sie je nach Bedarf und Leseinteresse zu Strategien bündeln können sollen. Das setzt voraus, dass das Verwenden von Lesetechniken immer wieder eingefordert wird, idealerweise fächerübergreifend.
Mit der Zusammenfassung in Kapitel 3 lernen die Schüler/innen ihre erste RP-Textsorte kennen. Sie sollte allerdings nicht nur in dieser Rolle vermittelt werden. Vielmehr hat eine Zusammenfassung einen kommunikativen Zweck, nämlich jemandem mitzuteilen, was jemand anderer geschrieben hat. Das setzt distanzierendes Schreiben voraus (das Referieren), das in vielen anderen Zusammenhängen – auch in anderen Maturatextsorten – bedeutsam ist. Ein besonderes Augenmerk sollte in diesem Modul also auch den Mitteln der Redewiedergabe (Kapitel 3.1) geschenkt werden.

5.3

1. navigierendes Lesen
2. Querlesen (diagonales Lesen)
3. navigierendes Lesen
4. kursorisches, dann intensives Lesen
5. intensives Lesen
6. navigierendes Lesen
7. zuerst kursorisches, dann intensives Lesen
8. selektives Lesen

5.6

Beispiel 2: Ich lese gerne Zeitungen im Internet.
Beispiel 3: Im Satz 4 ist das 1. Wort falsch: „erstatett“ statt „erstattet“

5.7

2. (Lösungsvorschläge; eine Reihe anderer Formulierungen ist denkbar)
Vor Z. 8: Liebeskummer: psychische Ausnahmesituation und regulierender Mechanismus
Vor Z. 24: Liebeskummer: extremer Stress für den Körper
Vor Z. 39: Depression durch niedrigen Dopamin-Spiegel
Vor Z. 57: Frauen leiden vermutlich stärker
Vor Z. 70: Verliebt sein ist wie süchtig sein
Vor Z. 80: Zeit (mit Freunden) zur Überwindung
Vor Z. 90: Ablenkung suchen!

5.8

1.

Graffiti als eigenes Medium

„Züge erreichen die meisten Kunden", erklärt Sozialarbeiterin Stefanie Purer die Gründe für die beliebtesten „spots" – Orte, an welchen Graffitisprayer ihre Bilder anbringen.
Robert (18), selbst seit zwei Jahren in der Szene tätig, bestätigt diese Aussage, denn für ihn und seine Clique ist es besonders wichtig, dass „die Motive von möglichst vielen Leuten gesehen werden". Wenn man am Abend durch die Straßen streife, gebe es keine vorgefassten Pläne, ob und wie viel heute gesprayt werde. „Ein Schnellmotiv, welches den eigenen Künstlernamen beinhaltet, ist in einer Minute fertig", erzählt Robert. Auch Jaye weiß von den künstlerischen Tätigkeiten zu erzählen: „Jeder hat seinen Namen, der durch Schönheit verbreitet wird."
Purer definiert zwei Arten von Sprayern. Jene, die nur „taggen" – also ihren Namen verbreiten –, und jene, „die große Motive sprayen." – „Großmotive zeichne ich immer vor, um zu wissen, welche Farben ich verwenden muss", erläutert Robert. Um bei einer solchen Aktion, welche meist fünf Stunden dauert, nicht erwischt zu werden, stehen Robert zufolge andere Mitglieder der Gang Schmiere.
Auf die Frage, warum Graffiti in unserer Gesellschaft nicht als Kunst anerkannt ist, antwortet Jaye: „Meist enthält es anarchistische Strukturen und respektiert weder Privateigentum noch ethnische Hintergründe. Ich benutze es als Medium, um mich auszudrücken."
Robert findet Spaß am Nervenkitzel, es sei so, dass „man unter großem Druck – denn die Angst, erwischt zu werden, ist immer präsent – eine gute Arbeit vollbringt. Graffitisprayen ist unsere Droge."

2.

	Beispiele aus Text 2	**Kennzeichnung durch:**
direkte Rede (Zitat)	• „Züge erreichen die meisten Kunden" • „Meist enthält es anarchistische Strukturen und respektiert weder Privateigentum noch ethnische Hintergründe. Ich benutze es als Medium, um mich auszudrücken."	Anführungszeichen
indirekte Rede	• Wenn man am Abend durch die Straßen streife, gebe es keine vorgefassten Pläne, ob und wie viel heute gesprayt werde.	Konjunktiv
Quellenangabe	• Robert zufolge	Wortgruppe, mit der die Quelle angegeben wird
Redebericht	• Robert (18) [...] bestätigt diese Aussage • Purer definiert zwei Arten von Sprayern.	Verben, die ausdrücken, was jemand sprachlich macht
Slipping	• es sei so, dass „man unter großem Druck – denn die Angst, erwischt zu werden, ist immer präsent – eine gute Arbeit vollbringt. Graffitisprayen ist unsere Droge."	Merkmale der indirekten und der direkten Rede

Schüler/innen sollen die verschiedenen Mittel der Redewiedergabe in eigenen Text einsetzen können (eine zu dichte und ausführliche Verwendung des Konjunktivs macht einen Sachtext schwerfällig).
Weitere Aufgaben zum Konjunktiv in der indirekten Rede finden Sie im Trainingsteil.

5.11

c) Lösungsvorschlag:
Bei der Zusammenfassung des Texts „Gebrochene Herzen schmerzen" und bei der vorangehenden Reduzierung muss die Information, dass sich die Verfasserin auf verschiedene Studien bezieht, erhalten bleiben.

Gebrochene Herzen schmerzen

Das „Broken-Heart-Syndrome": Warum Liebeskummer auch körperlich wehtun kann.

Von Heike Stüvel

~~Für die Literatur sind gebrochene Herzen seit jeher ein „Must-have". Der unglücklich verliebte „junge Werther" etwa machte Goethe auf einen Schlag berühmt.~~ Für die Wissenschaft ~~von der Medizin bis zur Humanbiologie hingegen~~ ist das Thema Liebeskummer eher schwierig zu definieren, einheitliche Erklärungen fehlen. ~~Wer ist zuständig für die Liebe?~~

~~Eine der wenigen humanbiologischen Studien zum Thema „Broken-Heart-Syndrome" wurde Ende der 90er-Jahre am Ludwig-Boltzmann-Institut für Stadtethologie an der Universität Wien durchgeführt. Der Verhaltensforscher Michael Bechinie untersuchte die Gefühle und das Verhalten zahlreicher von Liebeskummer geplagter Menschen.~~ Für Bechinie ist Liebeskummer eine schlimme psychische Ausnahmesituation und ähnelt der Reaktion bei der Trauer um einen engen Verwandten. ~~Immerhin 45 Prozent der Studienteilnehmer plagten sogar Selbstmordgedanken.~~

Als mögliche Funktion des Broken-Heart-Syndroms sieht Bechinie dessen „adaptive Wirkung". ~~Liebeskummer könnte als regulierender Mechanismus des Selbstbildes dienen und helfe bei der zukünftigen Selbsteinschätzung auf dem „Partnermarkt".~~

~~Nichtsdestotrotz handelt es sich um eine~~ extreme Stresssituation für den Körper, betont die amerikanische Anthropologin Helen Fisher. „~~Stressbedingt können unzählige Erkrankungen auftreten, beispielsweise wird die Immunfunktion des Körpers herabgesetzt." Und auch Erzählungen, in denen von Menschen berichtet wird, die an schwerem Liebeskummer sogar verstorben sind, seien nicht unbedingt von der Hand zu weisen.~~

~~„Ich habe vor allem zwei Gefühle in ihrer denkbar stärksten Ausprägung gesehen:~~ Wut und Verzweiflung~~", sagt Fisher. Bis dahin nie erlebte Gefühle von Ohnmacht, Hilflosigkeit, Antriebslosigkeit, angeschlagenes Selbstbewusstsein, Schwermütigkeit, Angst und Hass breiten sich aus.~~ Eine nachweisbare physiologische Veränderung ist der Rückgang des „Glückshormons" Serotonin im Gehirn.

~~„Während einer anfänglichen Protestphase versucht der Verlassene, mit allen Mitteln wieder zu gewinnen", sagt Fischer. „Das Ende der Beziehung aktiviert den Liebesbotenstoff Dopamin zu Höchstleistungen, weil die Belohnung ausbleibt." Je mehr sich unser Partner von uns abkehrt, desto intensiver wird unsere Leidenschaft. Der Ex-Partner wird nochmals zum Mittelpunkt allen Handelns, die Liebe aktiviert sich noch. Irgendwann spürt der verlassene Partner, dass er aufgeben muss, und verfällt in Verzweiflung oder wird sogar depressiv.~~ Depressive haben einen niedrigen Dopamin-Level im Gehirn.

~~Wut auf den Ex-Partner, Hass- und Rachegefühle haben vor allem diejenigen im Bauch, die verlassen worden sind.~~ Dabei leiden auch diejenigen, die eine Beziehung selbst beendet haben nicht weniger, als die Verlassenen, ~~fand die Psychologin~~ Ina Grau ~~heraus. Nur die Wut auf den anderen ist seltener.~~

Frauen schienen nach der ersten Untersuchung viel stärker als Männer unter Liebeskummer zu leiden. ~~Ist der Liebeskummer tatsächlich intensiver bei ihnen, oder geben die Männer die Verletztheit nicht zu? In einer zweiten Untersuchung kam Ina Grau zu dem Ergebnis, dass Frauen vor allem an Kopf-, Bauch- und Gliederschmerzen, Kreislaufbeschwerden, Erschöpfung und Schlaflosigkeit leiden. Sie fand auch heraus, dass~~ die Anfälligkeit gegenüber Liebeskummer zudem von persönlichen Merkmalen ~~abhängt.~~ Menschen, die zu „besitzergreifender Liebe" neigen, haben häufiger Liebeskummer. ~~Das gilt auch für Menschen mit geringem Selbstwertgefühl und für Schüchterne.~~

~~„Verliebte sind wie Drogensüchtige", sagt Fischer. „In ihren Gehirnen treten die gleichen Aktivitätsmuster auf."~~ Die gleichen Schritte, die Süchtigen helfen, erleichtern eine Trennung: ~~Alle Bindungen zu dem früheren Partner müssen abgebrochen werden, da er die Droge für den Liebeskranken ist. Geschenke und Briefe sollte man wegpacken und keinen Ort aufsuchen, der an den Partner erinnert. Auch wenn es schwerfällt, sollte man versuchen, neue Dinge zu unternehmen: Neues lenkt ab und erhöht den Dopaminspiegel.~~

~~Das Tröstliche:~~ Die Zeit heilt in den meisten Fällen auch die Wunden eines gebrochenen Herzens, ~~wie die Wiener~~ Studie von Bechinie ~~zeigen konnte. Je länger der Zeitpunkt der Trennung zurückliegt, desto mehr weichen depressive Gemütslage und Introvertiertheit, während Konzentration, Selbstvertrauen und gute Stimmung langsam wieder zunehmen. Auch wenn es kein sicheres Mittel gegen Liebeskummer gibt, empfiehlt Grau, viel Zeit mit Freunden zu verbringen, und sei es auch nur zur Ablenkung.~~

~~Liebeskummer darf man auf keinen Fall auf die leichte Schulter nehmen: Vor allem Personen, die in schwach ausgeprägten sozialen Netzwerken leben, sollten, wenn das Leiden länger anhält, zu einer~~ therapeutischen Behandlung ~~gehen.~~

~~Goethes jungen Werther trieb die verschmähte Liebe zu Lotte in den Selbstmord. Der Dichter griff zum besten Mittel:~~ Ablenkung. ~~Denn nach eigener Aussage schrieb Goethe innerhalb von nur vier Wochen „Die Leiden des jungen Werthers" – um seinen eigenen Liebeskummer zu kompensieren. Und um sich von Selbstmordgedanken zu befreien.~~

e) Die passendste Formulierung ist „Was Liebeskummer ist und wie man damit umgehen soll". Alle anderen Vorschläge sprechen nur Teilaspekte des Texts an.

5.12

Der erste Punkt der Vorarbeit dient einer wesentlichen Voraussetzung des Textverständnisses, dem Aktivieren des Vorwissens.

Modul 5 – Kompetenztest 1

Aufgabe 1:

1. (Lösungsvorschläge; es ist eine Reihe anderer Formulierungen denkbar)
   - Vor Zeile 21: Viele Gründe für Prüfungsangst
   - Vor Zeile 41: Gut zureden hilft wenig
   - Vor Zeile 54: Gute Vorbereitung zur Reduktion der Angst
   - Vor Zeile 66: Viele Prüfungen – weniger Angst
2. (Beispiele; es ist eine Reihe anderer Fragen denkbar)
   - Warum haben Menschen Prüfungsangst?
   - Welche Gründe gibt es für Prüfungsangst?
   - Welche Folgen hat Prüfungsangst?
   - Was kann man gegen Prüfungsangst tun?
   - Was raten Experten/Expertinnen?
3.

Angelika Wienerroither: Keine Angst vor Prüfungen

[...] ~~Das Herz rast, der Mund schnappt nach Luft. Die Hände sind nass vor Schweiß und der Magen zieht sich zusammen:~~ Ein Drittel der Studierenden gab bei einer Sozialerhebung an, dass sie unter erheblichen Prüfungsängsten leiden. ~~Die Vorstellung, schriftlich oder mündlich ihr Wissen unter Beweis stellen zu müssen, löse bei ihnen Panik aus. Sie können nicht mehr logisch denken, sich nicht konzentrieren, in ihrem Kopf ist nur Leere. „Dieser Zustand ist für Betroffene sehr bedrohlich – und von klassischem Lampenfieber klar zu unterscheiden", sagt Gertraud Meusburger von der Psychologischen Studierendenberatung Salzburg. Während eine „positive Aufgeregtheit" sogar leistungssteigernd wirken kann,~~ führe Prüfungsangst zu Denkblockaden. ~~„Bei nicht angemessener Verarbeitung dieser Symptome ziehen sich die Betroffenen zurück und vermeiden Prüfungen – was die Versagensängste verstärkt."~~

~~Angst vor Prüfungssituationen bestehe meist schon seit der Schulzeit.~~ „Ein zu hoher Leistungsanspruch, falsche Lerntechniken oder intellektuelle Überforderung ~~können eine bedrohliche Spirale auslösen", sagt Meusburger.~~

~~Die Vorstellung einer Blamage, die mögliche Reaktion der Eltern, aber auch Autoritätsängste können Herzrasen und Blackouts hervorrufen. Es müssten jedoch nicht immer negative Erfahrungen traumatisieren. Allein die Tatsache, dass der Betroffene~~ Prüfungen immer wieder vermieden habe, ~~könne zu Ängsten führen. Vermeidung bringe jedoch nichts: „Fehlt Hilfe, dann reicht die latente Angst bis ins Erwachsenenalter hinein." Bei der Führerscheinprüfung, bei Vorstellungsgesprächen oder Präsentationen im Arbeitsalltag tauche die Angst wieder auf. Meusburger rät deshalb auch Studierenden, keinesfalls vorschnell das Studium abzubrechen. „Die Prüfungsangst holt Betroffene sehr rasch ein."~~

~~„Wird schon alles gut gehen", „Du kannst eh alles", „Du schaffst das": Wer tatsächlich unter Prüfungsangst leidet, dem helfen solche Phrasen wenig.~~ „Gut zureden kann bei leichter Prüfungsangst durchaus hilfreich sein. Bei hohem Leidensdruck sollte man jedoch professionelle Hilfe in Anspruch nehmen", ~~sagt Meusburger. Die Psychologische Studierendenberatung bietet kostenlos Coachings, Leistungsdiagnostik, Beratung und auch ein Behandlungsmodell mit unterschiedlichen Schwerpunkten wie Lerntechnik, Prüfungsvorbereitung, Angstkontrolle und Selbstwertstärkung.~~

~~Die Erwartung,~~ eine Prüfung völlig angstfrei zu erleben, sei jedoch unrealistisch. ~~„Es ist wichtig zu lernen, trotz Angst eine Prüfungssituation zu bewältigen", sagt Meusburger.~~ Eine gute Vorbereitung vermittle jedoch Zuversicht, Sicherheit und Selbstvertrauen. ~~„Wir empfehlen, ausreichend Lernzeit einzuplanen, die eigene Arbeitskapazität realistisch einzuschätzen und gegebenenfalls die Lerntechniken zu verbessern." Den Prüfungsstoff und die Bedingungen sollte der Studierende zudem vorher abklären.~~

~~Wer seine Prüfungsangst überwinden will, muss jedoch eines unbedingt tun:~~ sich möglichst vielen Examen stellen.

~~„Jede Gelegenheit sollte genützt werden", sagt Meusburger. Es muss aber nicht immer der~~

~~Professor vor einem sitzen – auch der Lernpartner kann das Wissen abfragen. So findet der Studierende Wissenslücken, die aufgefüllt werden können. „Die Grundannahme ist, je öfter ich mir eine Prüfungssituation in der gewünschten Weise vorstelle, umso vertrauter wird sie mir." […]~~

Modul 5 – Kompetenztest 2

Aufgabe 1:

1. Christiane Spiel sagte, ein „Science"-Artikel habe über viele Studien hinweg analysiert, ob Monoedukation besser sei als gemeinsame Erziehung. Da komme klar heraus, dass man diese Aussage nicht treffen könne. Es sei auch schwierig, ein gutes Studiendesign zu diesem Thema zu machen. Denn die Eltern, die ihre Töchter in eine monoedukative Schule gäben, seien nicht repräsentativ für alle anderen. Das Gleiche gelte auch für die Lehrer an solchen Schulen.
2. (Lösungsbeispiel; eine Reihe anderer Lösungen ist denkbar)
   Christiane Spiel kritisiert das traditionelle Geschlechtsstereotyp und weist darauf hin, dass durch die Weitergabe dieser Vorstellungen Mädchen und Buben tatsächlich dem Stereotyp entsprechen.
3. (Lösungsbeispiel; eine Reihe anderer Lösungen ist denkbar)
   Laut Christiane Spiel ist die Verbreitung von Geschlechtsstereotypen kein Problem der Schule alleine.

Modul 6

Das Anliegen des ersten Kapitels ist es, den Schülern/Schülerinnen einen persönlichen Zugang zu den Texten zu verschaffen, der mit einer genauen Lektüre verbunden ist. Damit sich die produktiven Aufgaben (6.2, 6.4, 6.5, 6.7) nicht in Beliebigkeit verlaufen, sollen die Schüler/innen in der gemeinsamen (!) Reflexion (6.3, 6.4, 6.6) ihre Produktionen an die literarischen Texte rückbinden: Welche Signale in den Texten haben sie veranlasst, ihre Texte so, wie sie es gemacht haben, zu verfassen? (Das gilt auch für alle weiteren produktiven Aufgaben.)
An die produktiven Aufgaben schließt sich eine erste Analyse einer zentralen Kategorie von erzählenden Texten – der Figuren – an.
„Streuselschnecke" und „Mein erster Achttausender" thematisieren das Versagen der Erwachsenen (Eltern) ihren Kindern gegenüber; die Aufgaben, die sie in ihren Rollen eigentlich übernehmen sollten (z. B. Fürsorge, Ansprechpartner und emotionale Stütze sein) nehmen an ihrer Stelle die heranwachsenden Protagonistinnen wahr. Auffällig ist auch die Beziehungslosigkeit der Eltern.

6.8

1. Rolle der Ich-Erzählerin in der Familie: Erwachsenenrolle, weil die Erwachsenen diese Rolle nicht einnehmen: Pflegerin und Haushaltsführende; hält Familie zusammen; Vermittlerin zwischen Vater und Mutter, die nicht miteinander reden.
   - Funktion für Mutter: Kindermädchen; Zuhörerin, der die Mutter ihre Erlebnisse berichten kann.
   - Funktion für Vater: Pflegerin
2.
   - Mutter: lässt die Tochter durch Erzählungen teilhaben; lebt vor, was Freisein heißt
   - Vater: versucht Mitleid zu erregen; gibt sich hilflos und schwach
3. Textstellen:
   1. Haltung gegenüber der Mutter: „Jeden Tag saß ich auf dem Hometrainer, damit ich auch solche Muskeln bekäme wie sie."/„Mama", sagte ich schließlich, „wir müssen dir die Haare waschen!"
   2. Haltung gegenüber dem Vater: „Wenn er nach ihr schrie, ging ich zu ihm und gab ihm Johanniskrauttropfen. Wenn er dann immer noch schrie, gab ich ihm Diazepam."/„Eines Nachts wachte ich auf, weil mir einfiel, dass Papa seine Einschlafmilch nicht bekommen hatte."

   Der Vater raubt der Tochter die Freiheit, sie ist durch ihn völlig fremdbestimmt; die Mutter lebt einen Ausweg vor. Tochter erzählt (dem Vater) bewundernd von den Reisen der Mutter; Erwähnung Lopsangs könnte Provokation sein.
4. Aufbruch am Ende: Ausbruch aus Rolle, die sie eingenommen hat; ihr „erster Achttausender" ist nicht nur der buchstäbliche Aufbruch, um einen Berg zu besteigen, sondern auch der Sieg, die Rolle, in die sie gedrängt worden ist (Rolle, in der sie nur von anderen bestimmt wird), zu überwinden.

5.

	Mutter	Vater
Geruch	Geruch nach ranziger Yakbutter, nach Qualm und verdorbenem Magen, widerlich stinkenden Bergschuhen	Wick Vapo Rub
Körper	sehr dünn, muskulös, übersät mit blauen Flecken und Insektenstichen, an vielen Stellen kann man die Adern sehen	Fettrolle am Bauch, schwach, wundgelegen
Ernährung	Yakbutter, Gerstenmehl, Tee, Seehundfleisch, Exotisches	Cornflakes, Kaffee, Milch; Medikamente
Arbeit	aktiv, schöpferisch, in der Natur; Kontakt zu Menschen	arbeitet elektronisch, künstlich, ohne direkten Kontakt zu Menschen
Bewegung	sehr aktiv	unbeweglich
Kommunikation miteinander	ignoriert ihn vollkommen („Sie hatte Papa noch immer nicht guten Tag gesagt. Wenn er nach ihr schrie, ging ich zu ihm und gab ihm Johanniskrauttropfen.")	benützt Tochter als Nachrichtenüberbringerin; beschimpft sie
Selbstbild	Abenteuerin; Drang, sich selbst zu verwirklichen; das Ungewöhnliche machen	fühlt sich geplagt, betrogen, schwach
Verhältnis zur Welt „draußen"	sehr kontaktfreudig, Fremde ziehen sie an „natürliche" Welt	abgeschottet virtuelle Welt

6.10

Diese Aufgabe dient der Reflexion des Gelernten, einer wichtigen Voraussetzung für nachhaltiges Lernen.

6.12

	Erzählform: Wessen Geschichte erzählt der Erzähler/ die Erzählerin?	Aus welcher Perspektive wird erzählt?	Werden Gedanken oder Gefühle geschildert?	Darbietungsformen: Wer spricht?
Text 3	Er-Erzählung; Geschichte eines anderen wird erzählt	Perspektive des personalen Erzählers	Ja: „Er wollte allein sein."/„Alles wie immer, dachte er, und doch war alles ganz anders."	Erzählbericht, erlebte Rede
Text 4	Er-Erzählung; Geschichte eines anderen wird erzählt	Perspektive des neutralen Erzählers	Nein, keine Innensicht	Erzählbericht, direkte Rede
Text 5	Ich-Erzählung; Erzähler erzählt seine eigene Geschichte	Perspektive des personalen Erzählers	Ja, z. B. „Immer war ich der Kleine gewesen, bei meinen Eltern, bei meinen Freunden, im College, immer hatte ich kämpfen müssen. Einmal wollte ich der Große sein und hatte alles auf eine Karte gesetzt."	Erzählbericht, innerer Monolog („Diese verfluchten Spekulanten hatten mir alles genommen!")
Text 6	Er-Erzählung; Erzähler erzählt die Geschichte eines anderen	Perspektive des auktorialen Erzählers	Nein	Erzählbericht, erlebte Rede? („Vielleicht saß irgendwo in den Schluchten von Manhattan einer, der alles vernichtet hatte.")
Text 7	Ich-Erzählung; eigene Geschichte wird erzählt	Perspektive des personalen Erzählers; Ich-Erzählung	Ja	innerer Monolog

6.14

1. *Mit dieser Aufgabe soll Schüler/innen die Anforderung an das Darstellen in großen Schritten bzw. das kleinschrittige Darstellen intuitiv bewusst werden (erst anschließend erfolge die Reflexion). Zwar wird auch in der zweiten Übung (Weg vom Schuleingang in die Klasse) zeitraffend erzählt werden müssen, allerdings muss die Erzählung um einiges detaillierter ausfallen, als wenn große Zeiträume erzählerisch durchschritten werden.*

6.15

Die Schüler/innen sollen jedenfalls nicht weniger als 350 Wörter schreiben, damit die Retardation und das zeitdehnende Erzählen deutlich realisiert werden können. Damit kann ein Kontrapunkt zum Erzählen als bloße Abfolge von einzelnen Ereignissen gesetzt werden und wesentliche erzählerische Mittel können erprobt werden. Mithin muss man Schüler/innen darauf aufmerksam machen, dass es in dieser Aufgabe nicht um eine Bildbeschreibung, sondern eben um das Erzählen geht.

6.16

Text 4: in etwa Zeitdeckung
Text 6: Zeitraffung; Rückblende

Kapitel 3.1 stellt das Epos in den Mittelpunkt. Es bietet damit nicht nur Einblicke in eine epische Großform, sondern kommt auch der Lehrplanforderung, wonach „ästhetische Texte, insbesondere aus der Antike, im historischen und kulturellen Kontext" (6.17) erfasst und „Bezüge zur Gegenwart" hergestellt werden sollen (6.18, 6.19), entgegen.

Modul 6 – Kompetenztest 1

Aufgabe 1:

1. außenstehender Beobachter („Sie-Erzähler"), an der Handlung nicht beteiligt
2. neutral anmutende Perspektive mit auktorialen Einsprengseln (Erzähler kennt Gedanken der Socke und des Fisches)
3. sachlich-distanziert, berichtend; einfache Sprache in Wortwahl, Satzgliedern und Satzbau; auffällig wenige Adjektive
4. streng chronologisch (angezeigt auch durch Phrasen – z. B. „eines Sommermorgens", „am Ende des Sommers" – und durch Konjunktionen bzw. Adverbien – z. B. „als", „nachdem", „schließlich");
   Zeit sehr unbestimmt, vermutlich nicht Gegenwart („Magd"!);
   zeitraffend (erzählte Zeit: mindestens ein Jahr)

Modul 6 – Kompetenztest 2

Aufgabe 1:

1. Er-Erzählung
2. Über weite Strecken erscheint die Erzählperspektive neutral, aber im letzten Absatz zeigt sich, dass der Erzähler Gedanken verschiedener Figuren kennt und sich erklärend einschaltet (z. B. „Von dieser Geschichte konnte der einzig Überlebende auf jener Insel trefflich leben; Mitleid und das Hochgefühl, einen Menschen mit einem solchen Schicksal zu kennen, ernährten ihn. Nur schien den Leuten, daß sein Verstand gelitten haben mußte"), also aus einer auktorialen Perspektive erzählt.
3. Der Erzähler erzählt betont nüchtern und fast nur äußere Vorgänge beobachtend. Der Stil ist sachlich.
4. Zeitraffung

Modul 7

Modul 7 bietet eine grundlegende Einführung in die Gattung „Drama". Ihr Anliegen ist es, grundlegende Merkmale der Dramatik bewusst zu machen und zugleich basales Wissen über Herkunft, Charakteristik und Merkmale der Dramatik zu vermitteln. Der Lehrplanforderung, wonach eine Auseinandersetzung mit ästhetischen Texten aus der Antike erfolgen soll, wird mit verschiedenen Beispielen Rechnung getragen; das Modul beschränkt sich aber nicht darauf. Methodisch wird das Modul vorerst von einem überwiegend analytischen Zugang getragen, Kapitel 3 bietet Schüler/innen die Möglichkeit, produktiv tätig zu werden.

7.1
- Eine mögliche Lösung: Der „dramatische Dialog" ist spannend, hinter dem vordergründigen Dialog spielt sich noch etwas anderes ab, ist „doppelbödig".
- Auf der Bühne: Monolog, Chor. (Episches Theater: Erzählerkommentar, Gesang). In Dramentexten: Regieanweisungen etc.

7.6
- Erheiterndes, Lustiges
- Ja, weil auch in Filmkomödien von Qualität die Absicht besteht, „Wahrheiten", schön bemäntelt, ans Publikum zu bringen. Der Rest ist individuell zu beantworten.
- Comedy: Ist häufig nur seichte Unterhaltung, Witzelei, manchmal aber nahe dem Kabarett, also sehr wohl im Sinne der Beschreibung Dürrenmatts.

7.7
- Aristophanes: „Die Frösche": a) Komödie, b) in Szenen
- Euripides: „Medea": a) Tragödie, b) keine Einteilung in Abschnitte
- Friedrich Schiller: „Maria Stuart": a) Trauerspiel, b) Aufzüge (und Auftritte)
- Johann Wolfgang von Goethe: „Iphigenie auf Tauris": a) Schauspiel, b) Aufzüge (und Auftritte)

7.8
1. Wer ist wer (von den auf der Bühne Agierenden)? Wo und wann spielt das Ganze?
2. Auf den Ausgang der Handlung/die Lösung des Konflikts
3. Individuell zu beantworten
4. Beispiel für Enthüllungsdrama: Sophokles: König Ödipus; Lessing: Nathan der Weise; Schiller: Maria Stuart; Kleist: Der zerbrochene Krug; Ibsen: Gespenster
   Beispiele für das Zieldrama: Schiller: Kabale und Liebe; Lessing: Emilia Galotti

7.9 Wilhelm Tell

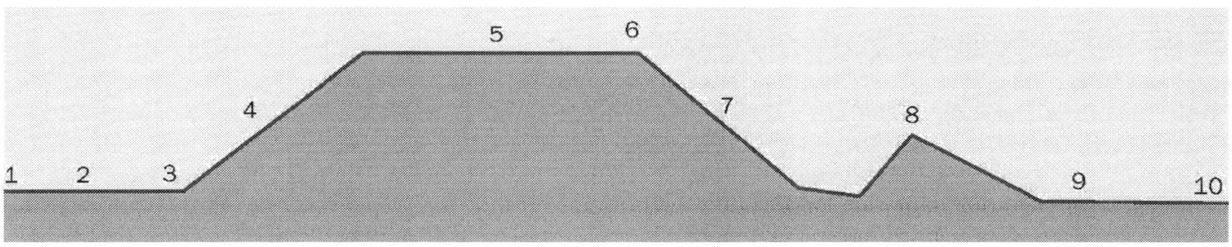

Kein Prolog, Epilog
2: Exposition: 1. Aufzug, Szenen 1 bis 3
3: Moment der ersten Spannung: Szene 4 Vorbereitung des gemeinsamen Aufstandes
4: Steigende Handlung: 2. und 3. Aufzug bis Szene 2
5: Höhe: Szene 3: Tell grüßt nicht, Apfelschussszene
6: Umkehr: Szene 3, Verhaftung Tells
7: Fallende Handlung: 4. Aufzug
8: Moment der letzten Spannung: Szene 1: Ermordung König Albrechts
9: Rest

7.10
1. Die Grundsituation: Das Volk bittet den König um Hilfe; damit wissen auch alle, wer die im Folgenden auftretende Gestalt ist.
2. Kursiv: Anweisungen für Regie, Bühne usw.
3. Zusammenfassung individuell unterschiedlich
4. Das Schlimmstmögliche: Jemand erschlägt den eigenen Vater und heiratet die eigene Mutter (ohne zu wissen, wer die beiden sind).
5. Analytisch: Mit dem Beginn ist bereits der Vatermord und die Heirat mit der Mutter geschehen. Spannung wird dadurch erreicht, dass die (wissenden) Zuseher/innen doch auf eine glückliche Wendung hoffen oder auf Erklärungen, Begründungen gespannt sind, sie leiden mit.

6. Amphitheater; schwierig: durch entsprechende Lautstärke vernommen zu werden; heute: Dreh- oder Versenkbühnen, Bildprojektionen mit Beamer
7. Sprache: rhythmische Gliederung, getragene, pathetische Sprache; sprachliche Bilder (Metaphern wie „die Stadt dumpf stöhnt", Wiederholungen)

7.12

1. Für Leser/innen! Teilweise auch für Intendanz/Regie ...
2. Nicht alle, weil sich z. B. Sätze wie von Zeile 6 bis 15 nicht auf einer Bühne umsetzen lassen.
3. Fett gedruckter Satz: Dürrenmatt wählt die klassische Einhaltung der drei Einheiten, um dem Wahnsinn (der Handlung) eine strenge Form zu geben.
4. Realismus der Bühne: Der Salon ist so, wie er in Wirklichkeit auch sein könnte.

7.14

1. Vorankündigungen: Die Spannung auf den „Ausgang" wird genommen.
2. Konzentration auf die „Argumentation" ist möglich.

7.15

Fragen zu Nestroy:

a) Der „sprechende Name" drückt eine bestimmte Eigenschaft aus (Feuerfuchs = Rothaariger).
b) Anforderungen in Bezug auf das Alter (Geselle, ältere Damen), ansonsten lässt sich durch Maske und Kostüme viel kaschieren.
c) Alter, Leibesfülle, Größe (in Maßen durch hohe Schuhe), Gesichts- und Haarfarbe ...

Fragen zu Aristophanes:

d) Alle anderen sind dem Publikum bekannt.
e) Der Tote kann „auferstehen", zum Publikum sprechen ...

Modul 8

Als dritte literarische Gattung wird die Lyrik eingeführt. Auch in diesem Modul geht es darum, dass die Schüler/innen die grundlegenden Merkmale der Gattung erfassen, insbesondere formal, die zum Grundrüstzeug des Umgangs mit Lyrik gehören. Dabei wird eine Reihe von Begriffen eingeführt. Sie sollen nicht allein als solche im Sinne einer Benennungsdidaktik im Mittelpunkt stehen, sondern zwei Funktionen erfüllen: Einerseits helfen sie, bestimmte Phänomen, z. B. klangliche, besser wahrzunehmen (da man einen Begriff für das Phänomen hat), andererseits gehören sie zur Fachsprache, mit der man über Gedichte präzise sprechen kann. Der Zugang erfolgt sowohl produktiv als auch analytisch. In Kapitel 3 werden die Schüler/innen auch zur eigenen Produktion angeregt.

8.8

5-a, 6-d, 7-h, 8-c, 9-e, 10-f, 12-g, 13-b

8.10

Endreim: 1, 2, 5 (unrein), 6, 10
Stabreim/Alliteration: 3, 4, 8, 11
Vokalreim/Assonanz: 7, 9

8.12

Heine: a-b-a-b; c-d-c-d
Claudius: a-a-b-c-c-b

8.13

Jambus: verschnürt, befreit, Verlust
Trochäus: Datum, scherzend, Laube, Mädchen, Finger, trotzig, Trotzkopf, lustig
Anapäst: Parodie, Blasphemie, Idiot, Hexerei
Daktylus: Eisenherz, wunderbar, Hühnerei

8.16
klingend: Verse 1 und 3
stumpf: Verse 2 und 4
Enjambement: Vers 3 – 4

8.17

Lyrik	Dramatik	Epik
Verse	Dialog, Figurenrede	Erzähler, Prosa (Ausn.: Versepos)
lyrisches Ich	–	ggf. auktorialer Erzähler
metrisch gebundene Sprache, oft Präsens, Stilfiguren	kann gebunden (z. B. klass. Drama) oder ungebunden (Bsp.: naturalistisches oder modernes Drama) sein, meistens Präsens	meistens Präsens

Kapitel 3 soll selbstverständlich nicht in einem Zug durchgearbeitet werden. Da es eine Reihe von Anregungen bietet, selbst Lyrik zu produzieren, kann man die Schüler/innen Aufgaben selbst wählen lassen. Es bietet sich auch an, zu geeigneten Zeitpunkten immer wieder zu diesem Kapitel zurückzukehren.

Modul 8 – Kompetenztest

Aufgabe 1:

1. Strophen, Reime, Klänge, Rhythmen
2. Kreuzreime, 4 Verse
3. 1 – 3, 5 – 7, 9 – 11
4. 3-hebige Jamben
5. ungerade Verse
6. 1 – 2, 3 – 4, 9 – 10
7. Metaphern: Vers 2, 4, 5, 7, 9, 10, 11.

Modul 9

Das Modul bietet einen schüler/innen-orientierten Zugang zum Thema „Medien", indem es vor allem die Reflexion der eigenen Mediennutzung und produktive Zugänge anregt. Funktionen von Medien werden nicht als abstrakte gesellschaftliche Funktion thematisiert, sondern als individuelle Zwecke.

9.2
Die angeführten Medien sind Beispiele dafür, dass sich die Grenze zwischen Print- und digitalen/interaktiven Medien ([Tages-]Zeitungsportale im Internet, E-Book, E-Paper) bzw. traditionellem Fernsehen (audiovisuelle Medien) und digitalen/interaktiven Medien (Video on Demand; Web-TV) auflöst.
Auch die Funktionen der Medien haben sich gegenüber traditionellen Vorstellungen (Information, Unterhaltung, Meinungsbildung) durch die „neuen" Medien verändert. Neue Funktionen sind z. B. Selbstdarstellung, Kommunikation, Einkaufen.

9.3
(Beispiele)

- individuelle Bedürfnisse: Selbstdarstellung in sozialen Medien, Posten von eigenen Fotos; Schreiben von Leserbriefen
- soziale Bedürfnisse: Kontakte in sozialen Medien, Gruppen in sozialen Medien, Lektüre von Fach- und Spezialzeitschriften (Gruppenzugehörigkeit)
- kognitive Bedürfnisse: Informationen über Aktuelles in Zeitungen, Fernsehen, Internet; Nutzung von Online-Lexika, Online-Wörterbüchern etc.
- Selbstverwirklichung: Produktion und Veröffentlichungen von Video-und Audioclips, Diskussionen in Online-Foren, in sozialen Netzwerken

Modul 9 – Kompetenztest

Aufgabe 1:

1.

- Printmedien: alles Gedruckte; man nutzt sie durch Lesen, wenn Bilder beteiligt sind, auch durch Sehen; als Massenmedien v. a. Zeitungen und Zeitschriften
- Auditive Medien: Medien, die man durch Hören nutzt, z. B. Radio, Hörbücher
- Audiovisuelle Medien: Medien, die man durch Sehen und Hören nutzt, z. B. Filme, Videoclips, das Massenmedium Fernsehen.
- Digitale/interaktive Medien: Medien, deren Nutzungsweise man weitgehend selber steuert (z. B. indem man in Hypertexten bestimmten Links folgt – oder auch nicht) und die man mitgestalten kann, z. B. computerbasierte Medien, Internet.

Aufgabe 2:

Mögliche Gesichtspunkte:

- „Neue" Medien führen einzelne Funktionen der alten Medien zusammen.
- „Neue" Medien erweitern die Möglichkeiten der Nutzung, z. B. Interaktivität, (Mit-)Gestaltung von Medien (z. B. Websites, Foren);
- ... bieten Einzelnen viele Möglichkeiten, sich öffentlich auszudrücken (z. B. Blogs);
- die Mobilität („mobiles Internet") verändert die Nutzungsmöglichkeiten (z. B. konnte man früher Filme und Fernsehen nicht einfach „mitnehmen");
- Verfügbarkeit der neuen Medien praktisch überall.

Modul 10

Modul 10 widmet sich mit dem Argumentieren einem Vertextungsmuster, das im Verlauf der Oberstufe zunehmend bedeutsam wird und etwa in sechs von neun RP-Textsorten eine wesentliche Rolle spielt. Das bedeutet aber auch, dass eine entscheidende Grundlage für das Verfassen von sechs RP-Textsorten gelegt ist, wenn man das Argumentieren beherrscht. Das Modul trägt dem insofern Rechnung als es vorerst nicht textsortenorientiert vorgeht, sondern eine Reihe von Übungen zum Argumentieren bietet. Erst danach erfolgt der Zugriff auf die schulische Textsorte Erörterung, die traditionell das Hauptbetätigungsfeld des schriftlichen schulischen Argumentierens ist. Die Erörterung wird in der 5. Klasse noch nicht systematisch als RP-Textsorte dargestellt.

Darüber hinaus wird in Kapitel 3 das mündliche Argumentieren thematisiert. Es unterstützt bei der Entwicklung der mündlichen Argumentierfähigkeit durch die Bereitstellung und Übung von bewährten strukturellen und strategischen Mitteln des Argumentierens.

Eine weitere Anwendung des Argumentierens erfolgt in Modul 11, das sich mit der RP-Textsorte Leserbrief beschäftigt.

10.4

1. „Der Stress, der mit den herkömmlichen Schulnoten verbunden ist, ist schädlich und bringt nichts."
2. ... weil punktuelle Prüfungen kein verlässliches Gesamtbild der Leistungsfähigkeit liefern;
   ... weil diese zu stark von Zufallsfaktoren wie der Art der Aufgabenstellungen und der Tagesverfassung der Prüflinge abhängig sind;
   ... weil „learning to the test" dazu führt, dass Schüler/innen bloß zu erraten versuchen, was von ihnen erwartet wird; statt Neugier, Interesse und Lust an Horizonterweiterung entwickeln sie minimalistische Lernstrategien. Laut britischen Studien beeinträchtigen insbesondere bei lernschwachen SchülerInnen ...;
   ... weil negative Prüfungsergebnisse die Lernfreude beeinträchtigen und das Selbstvertrauen schwächen;
   ... weil Prüfungsangst zu lebenslangen Denkblockaden führen kann.
3. Gegenargument: „SchülerInnen würden ohne Notendruck, also mehr oder weniger freiwillig, nichts lernen."
   Entkräftung: „Dem widersprechen erfolgreiche Volksschulversuche und langjährige Erfahrungen in Alternativschulen. Der Verzicht auf Notendruck hat keineswegs schlechtere Lernleistungen zur Folge, sondern gesteigerte Lernfreude und mehr Selbstständigkeit."
4. Lernpsychologie; „britische Studien"; „erfolgreiche Volksschulversuche und langjährige Erfahrungen in Alternativschulen"; erkannter Reformbedarf bei Ministerium, Schulen und vielen Lehrer/innen

10.9
Linear: 1, 3, 4
Dialektisch: 2, 5

Modul 11

Modul 11 führt in die RP-Textsorte Leserbrief ein. Es folgt einem Muster, das auch in den Folgebänden für die weiteren RP-Textsorten beibehalten wird: Nach einer induktiven Annäherung (Beispiel(e) für die Textsorte) wird die Textsorte in einer INFO-BOX (Konzeptwissen) und einem So-geht's-Kasten (Handlungswissen: Wie gehe ich vor, um die Textsorte zu realisieren) beschrieben. Dem folgt eine Aufgabe zur Verarbeitung der Informationen, zuerst explizit (hier durch eine Richtig-falsch-Aufgabe), danach durch die Anwendung der Informationen, einerseits anhand der Analyse weiterer Beispiele, andererseits durch eigenes Schreiben. Die Aufgaben zu Maturatextsorten folgen weitgehend dem bei der Matura verwendeten Format. Vielfach werden als Formulierungshilfe auch sog. „Textbausteine" angeboten.

11.1

1. Leserbrief 2 ist eine Reaktion auf Leserbrief 1
2. Leserbrief 1: Empörung, Wut; – Leserbrief 2: Ärger über Brief 1. Die Gefühle merkt man an direkter Nennung („empörend") und an ironischen Formulierungen. – Tonfall in beiden Briefen: ärgerlich, spöttisch
3. Allgemein: sich „Luft machen" = Ärger äußern; Missstände aufzeigen, eine Änderung herbeiführen wollen, falsche Verhaltensweisen korrigieren, Anteilnahme/Zustimmung ausdrücken (= eine bereits geäußerte Position unterstützen); loben etc.
4. Ironie: jeweils ab dem 2. Absatz
5. stichhaltige Argumente: Leserbrief 1: keines – Leserbrief 2: eines („... weil ältere Menschen sich ein Recht auf Ruhe verdient haben")

11.2

2.

Checkliste zur Textsorte Leserbrief		richtig	falsch
1.	Man soll aus dem Text, auf den man sich bezieht, möglichst viel wörtlich übernehmen.		x
2.	Überschriften oder Titel sind bei Leserbriefen verboten.		x
3.	Was man mit dem Leserbrief erreichen will, ergibt sich am Ende von selbst.		x
4.	Mit einem Leserbrief will man das (Leser/innen-)Publikum beeinflussen.	x	
5.	Am Beginn des Leserbriefs muss zu allererst das wichtigste Argument stehen.		x
6.	Leserbriefe müssen nüchtern-sachlich verfasst sein.		x
7.	Beispiele sind notwendig, um Argumente zu verdeutlichen.	x	
8.	Referenz heißt, dass man sich auf die folgenden Argumente bezieht.		x
9.	In einem Leserbrief muss man sorgfältig das Pro und Kontra abwägen.		x
10.	Wo der Leserbrief erscheinen wird, ist egal.		x
11.	Der Schluss eines Leserbriefs sind immer die Kontaktdaten und der Name.	x	
12.	Mit einem Leserbrief will man Einfluss auf die öffentliche Meinung nehmen.	x	
13.	Leserbriefe sollen möglichst kurz sein.	x	
14.	Für wen man schreibt, ist egal, das kann man ja nicht wissen.		x
15.	Leserbriefe schreibt man im Präteritum.		x

3.

	Erörterung	Leserbrief
Funktion	Entwicklung und Begründung eines eigenen Standpunktes; im eigentlichen Sinn keine kommunikative Funktion	die öffentliche Meinung beeinflussen
Aufbau	Titel – Einleitung (Interesse des Lesers/der Leserin wecken; Hinführung zum Thema) – Argumentationsteil – Schluss (Zusammenfassung und Schlussfolgerung; Konsequenzen für das Handeln)	Titel – Einleitung: Herstellung der Referenz (Bezug auf Artikel/Beitrag in einer Zeitung/Zeitschrift) – Argumentationsteil – Schluss: Name, Kontaktdaten

Argumentationsstruktur	linear oder dialektisch je nach Aufgabenstellung	lineare Argumentation
Sprache	sachlich	günstig ist eine deutlich erkennbare Schreibhaltung, z. B. ironisch, nüchtern-sachlich, euphorisch, gelassen, wütend; Bilder und Stilmittel; Sprache orientiert sich auch am Medium

Modul 12

Modul 12 sollte im Wesentlichen eine Wiederholung und Vertiefung von grammatischem Wissen sowie der Beherrschung von sprachlichem und orthografischem Wissen sein. Es erfolgt daher keine systematische Darstellung – weder der Grammatik noch der Rechtschreibung –, sondern es werden einzelne Aspekte aufgesucht, die zur Reflexion und Vertiefung angeboten werden. Umfangreiche Übungsmöglichkeiten zu Sprach- und Schreibrichtigkeit finden sich im Trainingsteil.

Beispiele:
Bsp. 1: ... mit mehr als eine**m** Kind
Bsp. 2: Grillschmankerl vom Schwein**,** gewürzt
Bsp. 3: ... der zum **Milchaufschäumen** verwendet wird

12.1

1. *Was ist er?*
   Als ihn bezeichnet man ihn für sie an ihnen, der zu ihm verwendet wird. Es vereinfacht sie für ihn oder sie.
   - Leistung von Nomen: bezeichnen Dinge, Lebewesen und abstrakte Vorstellung genau.
   - Leistung von Pronomen: Gewisse Pronomen können Nomen ersetzen; sie haben für sich keine Bedeutung, d. h., sie brauchen immer ein Wort oder eine Wortgruppe oder eine Vorstellung, auf die sie sich beziehen können. Sie verweisen auf etwas.
2. Weil man aufgrund der Situation das Verb erkennt.
3. ist, bezeichnet, aufschäumen, verwendet, wird, vereinfacht
4. 7 (ab, mit, aus, vom ([von + dem], für, an, zum [zu + dem])
5. 1 (perfekt)
6. die: Artikel
   der: Pronomen (Relativpronomen)
   die: Artikel

Zur Darstellung der Wortarten im So-geht's-Kasten:
Dieser So-geht's-Kasten soll den Schülern/Schülerinnen ein sicheres Werkzeug an die Hand geben, Wortarten zu bestimmen. Dazu sollte Folgendes beachtet werden:

- *Die Klassifizierung erfolgt nach formalen (morpho-syntaktischen) und syntaktischen Kriterien. Die Frage nach der Veränderbarkeit eines Wortes ist eine nach der Form. Bei den veränderbaren Wortarten wird dieses Kriterium beibehalten; bei den nicht veränderbaren Wortarten erfolgt die Klassifizierung nach syntaktischen Kriterien. Formale und syntaktische Kriterien haben sich gegenüber inhaltlichen als – v. a. didaktisch – sinnvoller erwiesen, weil a) Wortarten damit zutreffender beschrieben sind, b) Wortarten damit besser voneinander unterschieden werden können.*
  Beispiel zu a): Das Verb als eine Wortart zu beschreiben, die eine Tätigkeit ausdrückt, wird der Sache nicht gerecht. Denn die überwiegende Zahl der im Deutschen am häufigsten verwendeten Verben drückt tatsächlich keine Tätigkeit aus (z. B.: haben, sein, können, müssen, sollen, wollen, lassen, werden, leben, dürfen, mögen, wissen).
  Zu b): Sowohl das Verb als auch das Nomen können eine Tätigkeit ausdrücken, z. B. „arbeiten" – „Arbeit".
- *Die im So-geht's-Kasten angebotene Klassifizierung gilt für typische Vertreter der jeweiligen Wortart. Eine für die Schule brauchbare Systematik kann untypische Vertreter („Ausnahmen") nicht erfassen. Im Zweifelsfall ist es günstig, neben einem formalen Kriterium auch ein syntaktisches heranzuziehen (siehe INFO-BOX S. 167).*
- *Es empfiehlt sich, in der Oberstufe die lateinischen Bezeichnungen für grammatische Phänomene zu verwenden, weil diese kaum falsch interpretiert werden können – was bei den deutschen Bezeichnungen sehr wohl geschieht. Warum sollte etwa ein Nomen ein „Hauptwort" sein, wo sich doch im Satz alles um das Verb dreht, dieses also das „Haupt"wort sein sollte? Ebenso: Warum sollte „gestern" kein „Zeit"wort sein?*

12.2

Bezeichnung	Hauptmerkmal(e)	Beispiele
Verb	konjugierbar	essen, sein, müssen
Nomen	deklinierbar, festes Genus	Hut, Huflattich, Hoffnung
Adjektiv	deklinierbar, kein festes Genus, steigerbar	strebsam, schnell, schön
Artikel und Pronomen	deklinierbar, kein festes Genus	du, dein, diese, alle, manche, der/die/das (beides, Artikel oder Pronomen, möglich), dieselbe
Adverb	nicht veränderbar; kann alleine Satzglied sein	gestern, jedenfalls, dort, hier, darüber, immerhin, wenigstens, dummerweise, deswegen, trotzdem, sonst, dazu, vielleicht
Konjunktion	verbindet Wörter, Satzteile und Teilsätze	und, oder, sowohl – als auch, aber, weil, obwohl, wenn
Präposition	legt den Kasus fest	durch, mit, wegen, von, in, hinter, für, gegen, entlang
Interjektion	steht im Satz völlig isoliert	oh, ah, huch, pfui, hoppala, yippi, he

12.3
- früher: Adjektiv
- zumindest: Adverb
- auf: Präposition
- ihres: Pronomen
- dann: Adverb
- je – desto: Konjunktion
- Infarktes: Nomen
- dass: Konjunktion
- schlecht: Adjektiv
- ernähren: Verb

12.4
1. dennoch: ist als Satzglied alleine verschiebbar
2. zulässig: Adjektiv; veränderbar, kein festes Genus, steigerbar
3. fast: Ich hätte fast gewonnen. Fast hätte ich gewonnen.
4. durch: ... durch bewusst freundlichen Umgang mit anderen: Akkusativ (4. Fall)
   mit: ... mit anderen: Dativ (3. Fall)
5. als: „wir" und „nette Menschen"

12.6
(Lösungshinweis:) Nach formalen Kriterien gehören diese Wörter verschiedenen Wortarten an.
- fünf: Adjektiv (Sonderform! Nicht steigerbar, aber wie ein Adjektiv zu verwenden)
- Fünfte: Nomen
- Million: Nomen
- viele: Pronomen
- einige: Pronomen
- verfünffachen: Verb

12.7
„Genug" und „zu" sind Adverbien (nicht veränderbar). Sie werden hier wie (veränderbare) Adjektive verwendet. „Okay" und „k. o." sind Adjektive. Sie sind in der Standardsprache aber nicht veränderbar (= untypische Adjektive). Sie werden in der Standardsprache nur nach Formen von „sein" (= prädikativ) oder aber auch als nähere Bestimmung zu einem Verb (= adverbiell) verwendet. In den beiden Beispielen werden sie aber a) dekliniert (d. h. verändert) und b) zwischen Begleiter und Nomen (= attributiv) verwendet.

12.8

1. 4 oder 5 Satzglieder, je nachdem, ob man „Geld für seine Familie im Sudan“ als ein oder zwei Satzglieder betrachtet (Verschiebeprobe!); beides ist möglich.
2. 5
3. 3

Das Prädikat ist kein Satzglied, weil man ja das finite Verb nicht vor sich selber schieben kann.

12.10

Ausdrucksstellung: „Mitten in der Unterschrift ...“, „Und dass er nicht freiwillig gestorben ist, ...“ (Gliedsatz vertritt Satzglied), „Unter dem Hemd ...“
Die erste Ausdrucksstellung betont den plötzlichen Eintritt einer neuen Situation. Die folgenden Sätze weisen eine neutrale Satzgliedstellung (Grundstellung) auf, d. h., es wird betont sachlich beschrieben. Zugleich bewirkt der parallele Satzbau („Seine runden Augen ...“, „Sein Kopf ...“, „Seine Kopfstöße ...“) eine gewisse Gedrängtheit. Diese Sequenz wird abgeschlossen mit einem kurzen, auf das Nötigste reduzierten Satz in Grundstellung: Die Feststellung ist vollkommen sachlich, es geht nicht sachlicher (nicht emotionsloser). Es folgt eine Ausdrucksstellung. Damit ist jener Teil, in dem sachlich beobachtet wird, zu Ende. „Und dass er nicht freiwillig gestorben ist“ ist keine Beobachtung, sondern eine Schlussfolgerung.
Der Satzbau zeigt also in diesem Textauszug auch an, was der Ich-Erzähler macht: Der überraschende Eintritt einer neuen Situation wird durch eine Ausdrucksstellung angezeigt. Sachliche Beobachtung wird durch die neutrale Satzgliedstellung angezeigt. Ein abermaliger Wechsel (von der Beobachtung zur Schlussfolgerung) wird durch Ausdrucksstellung angezeigt.

12.12

2. Den roten Bikini im Schaufenster möchte ich gerne anprobieren.
3. Missverständnis: Die Verkäuferin versteht „im Schaufester“ als Satzglied, nicht als Attribut zum Gliedkern „Bikini“.

12.13

(kursiv: Attribute; fett: Gliedkerne; Unterstreichung: notwendige Informationen)
die *absoluten* **Höhepunkte** <u>*Brasiliens*</u>
die *prickelnde* **Metropole** <u>*Rio de Janeiro*</u>
die *atemberaubenden* **Wasserfälle** <u>*von Iguacú*</u>
das *koloniale* **Ouro Preto**
die *futuristische* **Hauptstadt** <u>*Brasilia*</u>
das *afro-asiatische* **Salvador da Bahia**
erholsame **Stunden**
am *herrlichen* **Traumstrand** <u>*von Praia do Forte*</u>
Wirkung: nüchtern, sachlich, Emotionen werden nicht angesprochen

12.16

V^2: Der mächtige Yangze mit seiner spektakulären und monumentalen Landschaftskulisse beherrscht die Mitte Chinas.
V^1: Erleben Sie während ihrer Rundreise die riesige und pulsierende Metropole Tokyo,
V^{letzt}: ... ein Land, das durch seine atemberaubenden Landschaften und seine einzigartige Kultur fasziniert.

12.7

Wie Aufgabe 12.17 zeigt, ist die traditionelle, inhaltliche Klassifizierung von Sätzen höchst fragwürdig, v. a. wenn Sie – traditionell – mit bestimmten Satzformen (in der Folge auch Satzendzeichen) in Zusammenhang gebracht wird. Sie setzt auch einzelne Sprachhandlungen (das Aussagen, das Auffordern, das Fragen) absolut, was der Sprachverwendungspraxis in keiner Weise entspricht (wir teilen auch mit, wir überreden, wir belegen etwas, wir warnen vor etwas – ohne dass es einen Mitteilungs-, einen Überredungs-, einen Beleg-, einen Warn- oder sonstige Sätze gäbe).
Die formale Klassifizierung von Sätzen als V^1-, V^2- und V^{letzt}-Satz dagegen gibt Schülern/Schülerinnen ein sicheres Werkzeug, Satzformen zu unterscheiden.

	Aussage-/Aufforderungs-/Fragesatz	Satzform
Du wirst die Schule erfolgreich abschließen.	Aussage	V^2
Du wirst die Schule erfolgreich abschließen?	Frage	V^2
Du wirst die Schule erfolgreich abschließen!	Aufforderung	V^2
Ob sie meinen Geburtstag abermals vergessen hat?	Frage	V^{letzt}
Du willst jetzt aber nicht das Gegenteil behaupten!	Aufforderung	V^2
Nimm Rücksicht auf die Nachbarn!	Aufforderung	V^1
Habt ihr schon gegessen?	Frage	V^1
Wer von euch kennt einen lesenswerten Roman?	Frage	V^2
Dass du schon wieder widersprechen musst!	Aussage	V^1

Ob es sich bei einem Satz um einen Aussage-, Aufforderungs- oder Fragesatz handelt, lässt sich an der Satzform (V^2, V^1 oder V^{letzt}) nicht ablesen, sondern man kann das gewöhnlich an der Satzmelodie (Intonation) hören oder an den Satzzeichen (Punkt, Rufzeichen, Fragezeichen) erkennen. Anders als der Punkt, sind Rufzeichen und Fragezeichen Signale, dass vom Adressaten eine Reaktion erwartet wird.

12.19

finites Verb, Einleitewort, vollständige Haupt- und Nebensätze

Eine Wandersage

Die Freundin einer Arbeitskollegin hatte schreckliche Angst im Dunkeln und vor dem Alleinsein. Da sie sie von dieser Angst befreien wollten, schenkten ihr ihre Eltern einen Hund, der als gefürchteter Wachhund gilt: einen Dobermann. Sie durfte ihn bereits im zarten Hundealter von wenigen Wochen in Händen halten und großziehen. Wie man weiß, werden solche Hunde ihrem Besitzer besonders treu und weichen nicht mehr von seiner Seite. Der Hund hatte seinen Schlafplatz direkt neben ihrem Bett. Wenn sie nachts von Ängsten geplagt wurde, hielt sie einfach die Hand aus dem Bett. Der Hund roch mit seiner kalten Schnauze an ihrer Hand und schleckte ihr diese, weil er sein Frauchen erkannt hatte. Sie war immer sehr beruhigt, dass ihr „Beschützer" da war, und schlief dann ein.

Als sie zu einer jungen Frau herangewachsen war, zog sie aus ihrem Elternhaus weg in ein mehrstöckiges Hochhaus. Ihren Hund, der mittlerweile zu einem kindhohen Muskelpaket gewachsen war, nahm sie natürlich mit.

Kurz nachdem sie in ihre Wohnung gezogen war, kam eine gewaltige Gewitternacht, die von einem totalen Stromausfall begleitet wurde. Sie legte sich zu Bett. Weil es draußen so stürmte und gewitterte, wurde sie fast panisch, worauf sie – wie bereits als Kind und in einigen Nächten zuvor – ihre Hand aus dem Bett streckte und nach ihrem Hund fühlte. Sie spürte das Schlecken ihres treuen Freundes und schlief daraufhin beruhigt ein.

Am nächsten Morgen war von dem Gewitter und dem Stromausfall nichts mehr zu spüren, alles war wie am Vortag. Sie stand auf und blickte auf den Hundekorb, der neben ihrem Bett stand. Da dieser leer war, rief sie mehrmals nach ihrem Hund. Schließlich verließ sie das Schlafzimmer und suchte in ihrer Wohnung, die im vierten Stock lag und die recht geräumig war, nach ihm. Sie durchsuchte jeden Raum ihrer Wohnung und kam zuletzt ins Badezimmer. Dort stockte ihr der Atem, denn sie fand ihren Hund tot und total zerfetzt in der Badewanne. Und mit dem Blut des Hundes standen in großen Buchstaben die Worte an die weißen Kacheln der Wand geschrieben: Auch Geister können abschlecken!

12.20

a) Sie lassen sich wie Satzglieder und Gliedsätze verschieben.
b) Sie haben kein finites Verb.
c) individuelle Lösungen

12.21

- Infinitivgruppe: Wir verbrauchen immer mehr Energie, anstatt ans Einsparen zu denken.
- Partizipialgruppe: Immer wieder um Fassung ringend, erzählte er von den Ereignissen./Von den Gelsen zerstochen, tauchte er Gesicht und Arme ins Wasser.
- Adjektivgruppe: Über das Erreichte glücklich, setzte er sich zur Ruhe.
- absoluter Akkusativ: Die Beine auf dem Tisch, zeigte er sich von seiner schlechtesten Seite.

12.22

Hektisch in der Kiste wühlend, suchte er nach dem Ring. (Partizipialgruppe)
Anstatt die Maschine ein paar Tage zu testen, kaufte er sie sofort. (Infinitivgruppe)
Von den Anstrengungen der letzten Tage müde, konnte er sich kaum mehr wach halten. (Adjektivgruppe)
Er legte sein Geld auf ein Sparbuch, ohne hohe Zinsen zu erwarten. (Infinitivgruppe)
Er kam auf mich zu, sein schweißtriefendes T-Shirt in der Hand. (absoluter Akkusativ)
Die Stirn in Falten, musterte er mich misstrauisch. (absoluter Akkusativ)
Um die Nachtruhe nicht zu stören, stellten wir den Fernseher auf „lautlos". (Infinitivgruppe)
Sie brachen in Tränen aus, von ihren Gefühlen überwältigt. (Partizipialgruppe)
In Innsbruck wohnhaft, litt er unter dem Föhn ganz besonders. (Adjektivgruppe)

12.23

2. Die Direktorin betonte: „Ich bin von den Leistungen der Schüler/innen begeistert. Schon immer habe ich beobachtet, dass in der Klasse großes Potenzial steckt und dass die Lehrer/innen höchst engagiert arbeiten ~~würden~~. Arbeitsmoral und Bereitschaft der Schüler/innen sind hoch entwickelt und es macht sich bezahlt, dass die Lehrer/innen auf die individuellen Stärken und Schwächen der Schüler/innen gezielt eingehen. Die Lehrer/innen genießen ~~würden~~ es, solche Schüler/innen zu unterrichten.

12.24

	Konj. I: er ...	**Konj. II: wir ...**
lieben	liebe	liebten
bitten	bitte	bäten
lügen	lüge	lögen
haben	habe	hätten
sein	sei	wären
können	könne	könnten
scheinen	scheine	schienen

12.25

steige; standhalte; dahertrieben (dahertreiben würden); bestehe; verbringen könnten; machten (machen würden); tun könnten; stapelten (würden ... aufstapeln); falle; spitze; aufsuchen sollen; bestehe; brächen (brechen würden); sei

12.28

Alkoholkonsum: Niedrigeres Einstiegsalter und mehr Mädchen

Dass das Einstiegsalter in den Alkoholkonsum bei einem durchschnittlichen Jugendlichen viel niedriger liegt als vor 20 Jahren, kann die Suchtforscher nicht überraschen, wenn auch eine ihrer neuen Studien durchaus Bedenkenswertes zu Tage fördert. Der Untersuchung zufolge greifen heute bereits Elf- oder Zwölfjährige zum Alkohol. Daher sprechen die Forscher von einem Zuwachs bei den problematischen Konsumenten.
Es zeigt sich auch, dass der Anteil der Mädchen am Alkoholtrinken deutlich zunimmt und durchaus Beunruhigendes voraussagen lässt. Während bei den alkoholkranken Erwachsenen das Verhältnis zwischen Frauen und Männern 1:3,5 ist, beträgt es bei den Jugendlichen unter 16 1:2. Auf ein Mädchen, das nicht mehr mit Softdrinks vorliebnimmt, kommen also nur noch zwei ebensolche Burschen.
Diese Entwicklungen müssen laut Forscher vor allem daherkommen, dass heute der Zugang zu Alkohol erheblich erleichtert ist. Erstens verfügen junge Leute heute über mehr Geld, daher sind sie beim Geldausgeben weniger zurückhaltend.
Und zweitens ist die Lokalszene viel größer, wodurch Fortgehen einfacher geworden ist.
Der Anstieg bei den Mädchen ist auch auf den Umstand zurückzuführen, dass es heute – anders als früher – nicht mehr verpönt ist, wenn Frauen Alkohol konsumieren. Mit Trinken soll ebenso wie mit Rauchen Emanzipation und Gleichstellung signalisiert werden.

12.29

zunichtemachen, aufeinandergeprallt, dazugekommen, vorwärtsdrängen, wiedergeben, zurechtfinden, zusammen führen, beiseitegelegt, aufeinander achten, wieder hergestellt.

Modul 12 – Kompetenztest 1

Aufgabe 1:

1. Seit: Präposition
   mehr: Adjektiv
   als: Konjunktion
   zehn: Adjektiv
   Jahren: Nomen
   lebten: Verb
   wieder: Adverb
   Wölfe: Nomen
   in: Präposition
   Deutschland: Nomen
   nachdem: Konjunktion
   sie: Pronomen
   vor: Präposition
   etwa: Adverb
   150: Adjektiv
   Jahren: Nomen
   ausgerottet: Verb
   worden: Verb
   waren: Verb
2. Grundstellung (hier:) Im Vorfeld würde das Subjekt stehen.
   Ausdrucksstellung: Anderes Satzglied steht im Vorfeld. Es wird emotional hervorgehoben.
3. Verschiebeprobe (Gliedsatz verschieben):
   Nachdem sie vor etwa 150 Jahren ausgerottet worden waren, lebten seit mehr als zehn Jahren wieder Wölfe in Deutschland.
   Es habe keinen Angriff auf einen Menschen gegeben, seit der Wolf wieder in seine alte Heimat zurückgekehrt sei.
4. Nach Ihrer Ausrottung vor etwa 150 Jahren lebten seit mehr als zehn Jahren wieder Wölfe in Deutschland.
   Seit seiner Rückkehr in seine alte Heimat habe es keinen Angriff auf einen Menschen gegeben.
   (Wirkung mit Gliedsätzen: wegen der Verben mehr Handlung/Action; mit Satzgliedern: kürzer, gedrängter; Tendenz zur Schwerfälligkeit)
5. Lebensräume, die geeignet sind, gebe es bundesweit.
6. Es handelt sich nicht um das Präteritum, sondern um Konjunktiv I.
7. „Fräßen" ist Konjunktiv II. Er wird hier verwendet, weil der Konjunktiv I (sie fressen) gleichlautend wie der Indikativ Präsens ist. Deshalb weicht man in den Konjunktiv II aus. Eine Alternative ist „würden fressen".
8. Berichten im ersten Satz: Tatsachenfeststellung durch den/die Verfasser/in des Texts.
   Referieren in der direkten Rede hier entweder um Abwechslung zur indirekten Rede zu schaffen oder um besonders wichtige Aussagen im Originalton wiederzugeben.
   Referieren in der indirekten Rede: distanzierte, neutrale Wiedergabe dessen, was jemand gesagt hat. Der Verfasser ist „objektiv", indem er nicht ausdrückt, was er von den wiedergegebenen Aussagen hält.

Aufgabe 2:

Argumentation Verb: Es handelt sich um Partizipien. Diese sind Formen des Verbs.
Argumentation Adjektiv: Die Wörter werden im Satz wie typische Adjektive verwendet; sie können gesteigert werden.

Aufgabe 3:

Doppeldeutigkeit: Erzählte sie von der Reise, bevor sie ihren Unfall hatte, oder erzählte sie von der Reise, die sie vor ihrem Unfall gemacht hatte?
Doppeldeutig, weil „vor ihrem Unfall" ein Satzglied sein kann – oder aber ein Attribut zum Gliedkern „Reise".

Modul 13

Modul 13 beschäftigt sich mit dem populären Film, weil sich mit diesem eher an die Erfahrungswelt der Schüler/innen anschließen lässt und man anhand seiner Muster eine Einführung in den reflexiven Umgang mit Filmen gut einüben kann. Analytische Aussagen über Filme (z. B. Kapitel 1.4 Die „Sprache" des Films) sollten kein Selbstzweck sein, sondern der Reflexion der Wirkungspotenziale und der Wirkung eines Films bzw. einer Szene dienen.

13.1

(Lösungsmöglichkeiten): Bild 1: Horrorfilm, Bild 2: Actionfilm, Thriller, Bild 3: Liebesfilm, Drama

13.3
(Hinweise auf typische Genremerkmale):
- Epos: häufig historische Stoffe (unruhige Zeit, Umbruchsituationen), außergewöhnliche Figuren (keine Alltagsmenschen), häufig bedeutsame Persönlichkeiten, aufwendige Ausstattung, breit angelegte Erzählung, Länge
- Romanze: Thema Liebe, häufig im Zusammenhang mit einem Ausbruch aus alltäglichen Zwängen, sentimentale Darstellung, Nähe zum Kitsch
- Horrorkomödie: Genremix aus Horror und Komödie, in dem die Angstlust bei den Zusehern/Zuseherinnen durch komische Effekte untergraben wird; Übersteigerung durch Spezialeffekte (Horror), groteske Überzeichnung (z. B. Blutbad), typische Horror-Figuren: Frankenstein, Mumien, Unsichtbar, (Serien-)Mörder, Vampire; Humor durch Slapstick oder Horrorparodie (z. B. erkennbare Spezialeffekte, schematische Figuren)
- Antikriegsfilm: Thema Krieg, Kritik am Krieg (keine Propaganda, kein Heldentum); Untergrabung von Patriotismus und Männlichkeitsbildern; Figuren: Soldaten; Handlungsmuster: Zug in den Krieg, Kriegshandlungen; realistische, auch überzeichnende Darstellung von Gewalt; Spezialeffekte

13.8
Aufgabe 13.8 soll sich nicht auf das bloße Feststellen der filmsprachlichen Mittel beschränken. Wichtig ist die Frage, welche Wirkung mit diesen Mitteln erzielt wird. Die Beantwortung dieser Frage setzt aber eben einen analytischen Zugang voraus. Dieser kann dazu beitragen, bewusst zu machen, welche Bedeutung uns ein Bild nahelegt.

- Bild 1: Halbnah (Axt: groß), Normalperspektive, Handlungsachse und Kameraachse vorerst identisch; Frau scharf, Axt unscharf; zu 13.11: Figur (Blick) und Axt im rechten Winkel zueinander; Figur blickt Richtung Zuseher/innen; Handlungsachse (einschlagende Axt) „durchtrennt" Kameraachse; realistische Ausleuchtung (Realitätseindruck); kaltes Weiß; leicht schräge Linien (durch die Figur und die Bewegungsrichtung der Axt) durchbrechen (harmonische) senkrechte und waagrechte Linien.
- Bild 2: Halbtotale, leichte Vogelperspektive, Handlungsachse = Kameraachse; Figur scharf, Vordergrund unscharf
- Bild 3: Groß, Normalperspektive, Handlungsachse läuft seitlich an Kamera vorbei
- Bild 4: Halbnah, Normalperspektive, Handlungsachse (Blick) quer zur Kameraachse, Schärfentiefe groß
- Bild 5: Amerikanisch, Froschperspektive, Handlungsachse läuft seitlich an Kamera vorbei, geringe Schärfentiefe (Hintergrund ist unscharf)
- Bild 6: Halbtotale (aufgrund der Gesamtkomposition; Umgebung der Figuren, inkl. Straßenflucht deutlich sichtbar); Normalperspektive; Handlungsachse läuft an Kameraachse vorbei (Blicke der Figuren); relativ große Schärfentiefe. Zu 13.11: Ausleuchtung betont die Figur im Vordergrund; geringe Ausleuchtung der Nebenfiguren; warme vs. kalte Farben entspricht der Konstellation der Figuren (Einzelner vs. Gruppe), Mise-en-scène charakterisiert Position des Einzelnen (Grenouille aus „Das Parfum") gegenüber der Gesellschaft
- Bild 7: Halbtotale, Froschperspektive, Handlungsachse läuft seitlich an Kamera vorbei, Schärfe betont übermächtige Tiere; Unschärfe betont Bewegung; Dynamik entsteht durch Betonung der Diagonale (gedachte Linie von links oben nach rechts unten)
- Bild 8: Totale, Vogelperspektive, Handlungsachse beinahe im rechten Winkel zur Kameraachse, große Schärfentiefe.
- Bild 9: Nah, Normalperspektive, Handlungs- und Kameraachse im rechten Winkel; geringe Schärfentiefe.
- Bild 10: Halbtotale, Froschperspektive, Handlungsachse läuft seitlich an Kameraachse vorbei (nahe an Kameraachse), große Schärfentiefe.
- Bild 11: Detail, Normalperspektive, Handlungsachse = Kameraachse.

13.10
- Bild 8: Aufmerksamkeitslenkung durch Beleuchtung, Hell-Dunkel-Kontraste; Figur wird nicht ausgeleuchtet
- Bild 9: Beleuchtung betont den Rauch zwischen und hinter den Figuren
- Bild 10: Aufmerksamkeitslenkung durch Lichtstrahlen, starker Hell-Dunkel-Kontrast, Beleuchtung charakterisiert die Figur als Erleuchteten, etwas Göttliches (?)
- Bild 11: Aufmerksamkeitslenkung durch starke Hell-Dunkel- und Farbkontraste

Hinweise und Zusatzmaterialien zu den einzelnen Modulen

Alle Zusatzmaterialien – und einige zusätzliche – finden sich auch auf der DVD.

Modul 1

S. 9 – Aufgabe 1.5: Eine Kopiervorlage für das „Sprachenmännchen" findet sich im Anhang.

Modul 2

S. 14 – Kapitel 1.3: Eine Zusatzaufgabe zum Thema „Informationen beschaffen" findet sich im Anhang.

S. 22 – Kapitel 1.5: Eine Zusatzaufgabe zum Thema „Zitieren/Geistiges Eigentum" findet sich im Anhang.

S. 23 f. – Aufgabe 2.16: Eine Kopiervorlage für die Checkliste zum Überarbeiten von Texten findet sich auf der DVD.

Gesamtes Modul: Zum Üben der Fähigkeiten, die in diesem Modul erarbeitet worden sind, bietet sich ein Projekt an:

RECHERCHE FÜR EIN HÖRFUNK-FEATURE ZUM THEMA „SCHOOL SHOOTINGS" *PROJEKT*

Ziel: Material recherchieren und verarbeiten

Gestalten Sie gemeinsam als Klasse ein Feature (= Hörbild) als Radiosendung zum Themenbereich **„School Shootings".**

Ablauf:

1. Bevor Sie beginnen, hören Sie gemeinsam ein aktuelles Radiobeispiel (z. B. aus einer Ö1-Sendung „Diagonal"), um die Möglichkeiten des Mediums zu erkunden: Enthalten können Features Moderationstexte, Interviews mit Experten/Expertinnen oder Zeugen/Zeuginnen, Einspielungen von Hörbeispielen aus Filmen, Literatur und Musik. Es beginnt mit einer Einstiegs-„Signation".
2. Themenreflexion, erste Überblicksrecherche
3. Eingrenzung und Strukturierung des Themas
4. Festlegen eines Zeit- und Arbeitsplans:
   a. Welche Teilprojekte/Kleingruppen muss es geben?
   b. Wer macht was?
   c. Was machen Sie in der Schule, was zu Hause? Bis wann?
   d. Recherchen: Bibliotheken, Internet, Experten/Expertinnen (z. B. Schulpsychologe/Schulpsychologin)
5. Manuskript verfassen
6. Technische Umsetzung planen (Mitschüler/innen, Musik- und Deutschlehrer/innen)
7. Aufnahme bzw. Gestaltung (z. B. mit dem Freeware-Programm „Audacity")
8. Möglichkeiten weiterer Verwertung (z. B. Podcast)
9. Produktion
10. Präsentation

Modul 3

S. 28 – Schritt 3: Eine Zusatzaufgabe zum Schritt „Das Thema präzisieren" findet sich im Anhang.

S. 32 – Schritt 7: Anstelle von Stichwortzetteln kann das freie Sprechen auch mit Gegenständen oder Bildern erprobt werden, etwa indem ein/e Schüler/in das nur ihm/ihr sichtbare Bild (ohne Blickkontakt, ohne Gestik) beschreibt, die anderen zeichnen mit (Hörverstehen). Am Ende wird das Beispielbild mit den von den Zuhörenden angefertigten Skizzen verglichen.
Vorschlag für ein geeignetes Bild: Piet Mondrian, Komposition Nr. II, 1929. In: Ingo F. Walther (Hg.): Kunst des 20. Jahrhunderts. Tl. 1: Malerei. Köln: Taschen 2012. S. 168.

S. 38 – Aufgabe 3.20: Die Kopiervorlage eines Rückmeldebogens für Präsentationen findet sich im Anhang.

Modul 5

S. 57 – Kapitel 1.2.2: Zur Erstellung von Blitzkartenübungen verwendet man am besten eine Schriftart, bei der alle Buchstaben gleich breit sind (nichtproportionale Schriftart), z. B. Courier New oder Miriam Fixed (Kopiervorlage für eine Blitzkartenübung im Anhang).

S. 59 – Lesetraining:
Weitere Übungsformen zum Lesetraining:
Die Schüler/innen sollen selber solche Übungen erstellen. Diese können in der Klasse weitergegeben werden, sodass jede/r eine Reihe von verschiedenen Übungen hat.

Beobachtungsübung
Anleitung: Schreiben Sie eine Buchstaben- oder Ziffernkombination nach diesem Muster in eine Tabelle, und zwar immer Zeilenpaare.

önq	önq	önq	önq	önq
önq	önq	önq	önp	önq

Ein Zeilenpaar enthält gleiche Buchstabenkombinationen – mit einer Ausnahme (Beispiel oben: 4. Kombination in der 2. Zeile). Diese Ausnahme ist zu finden.
Füllen Sie ein ganzes Blatt mit verschiedenen solcher Kombinationen (Beispiel als Kopiervorlage im Anhang).

Durchführung: Schauen Sie das Blatt durch und finden Sie möglichst schnell alle Abweichungen. Eine Seite sollte in eineinhalb Minuten bewältigt werden.

Variationen: eine unbekannte Anzahl von Abweichungen; längere Kombinationen sind schwieriger; man kann auch Wörter, z. B. Namen, verwenden (z. B. New York – New Yrok).

Geheimschrift
Anleitung: Ersetzen Sie mit Hilfe eines Textverarbeitungsprogramms in einem etwa 15-zeiligen Text zwei Buchstaben („e“ sollte dabei sein!) durch ein oder zwei beliebige Zeichen (Beispiel als Kopiervorlage im Anhang).

Di◊Σ Mod◊Σ h☺t k◊Σnen Schutz durch irg◊Σnd◊Σin R◊Σcht od◊Σr di◊Σ Poliz◊Σi. K◊Σin Mod◊Σd◊Σsign◊Σr ◊Σrw☺rt◊Σt d☺s. Di◊Σ M◊Σnsch◊Σn tr☺g◊Σn ☺ll◊Σ nur d☺s, w☺s si◊Σ li◊Σb◊Σn. Vi◊Σl◊Σ woll◊Σn ◊Σinf☺ch nur chic ☺ng◊Σzog◊Σn s◊Σin.

Durchführung: Der Text sollte möglichst flüssig gelesen werden.

Fehlende Buchstaben
Anleitung: Lassen Sie in einem etwa 15-zeiligen Text in jedem Wort, das aus mehr als drei Buchstaben besteht, mindestens einen Buchstaben aus. Achten Sie darauf, dass die Wörter noch erkennbar bleiben (Beispiel als Kopiervorlage im Anhang).

Ein be..on..ers ve..werf..ich..s E..pe..iment st..rte..e der de..tsch.. Fe..nseh..ender RTL: Für die Dok..soap „Er..achs..n auf Pr..be“ wu..den Säu..li..ge und K..eink..nder von ih..en El..ern g..tr..nnt und für r..nd vie.. Ta..e in die O..hut von Tee..a..ern ge..eb..n.

Durchführung: Der Text sollte möglichst flüssig gelesen werden.

Modul 6

S. 89 ff. – Kapitel 4: Weitere Texte für Inhaltsangaben finden sich im Anhang.

Modul 7

Gesamtes Modul: Eine Zusatzaufgabe findet sich im Anhang.

Modul 10

S. 148 – Kapitel 3: Eine zusätzliche Aufgabe zum mündlichen Argumentieren findet sich im Anhang als Kopiervorlage. Am besten eignet sie sich zur Durchführung am Ende des Kapitels.

Quelle: nach Martin, Beth Ann: Coloured language: identity perception of children in bilingual programmes. In: Language Awareness 21/1-2 (2012)

Zusatzaufgabe zu Kapitel 1.3 – „Informationen beschaffen"

ÖAMTC: „Nix wie weg" – Jugendliche auf Reisen.

Club hat jugendliches Reiseverhalten mit qualitativen Interviews erhoben.

Freiheit, Individualität, Spontaneität und Selbständigkeit sind Faktoren, die für Jugendliche besonders wichtig sind. Das hat auch Einfluss auf ihr Reiseverhalten, wie der ÖAMTC in Zusammenarbeit mit dem Institut tFactory anhand von qualitativen Interviews mit 20 Jugendlichen erhoben hat. „Demnächst beginnt die Festival-Saison, außerdem stehen bereits die ersten Maturareisen an. Da sich der Club auch für Jugendliche als Ansprechpartner und Sicherheitsnetz rund um das Thema Reisen sieht, hat er über diese qualitative Erhebung versucht, mehr über ihr Reiseverhalten in Erfahrung zu bringen", erklärt ÖAMTC-Touristikerin[1] Maria Renner.

Reiseziel, Mobilität und Budget bei Jugendlichen

* Reiseziel: In den Interviews hat sich gezeigt, dass der Begriff „Reisen" von Jugendlichen vorwiegend mit Europa verbunden wird. Vor allem zwei- bis dreitägige Städtetrips sind bei Jugendlichen beliebt. „Aber auch der klassische Strandurlaub in Italien, Kroatien oder Spanien genießt nach wie vor großen Stellenwert", schildert Renner. „Und: In Österreich fahren junge Menschen besonders gerne zu den verschiedenen Musikfestivals."

* Mobilität: Welches Transportmittel genutzt wird, hängt von Destination[2] und Kosten ab. Und zwar sowohl für die Anreise zum Urlaubsort, als auch, um vor Ort von A nach B zu kommen. „Vor allem Auto und Bahn stehen bei den Jugendlichen hoch im Kurs. Bei weiter entfernten Zielen kann es auch das Flugzeug sein, wenn der Preis stimmt", berichtet ÖAMTC-Touristikerin Renner. „Busse werden nur vereinzelt genutzt." Egal, wie man reist, ein Blick in die Beförderungsbedingungen lohnt sich. „Beispielsweise kann es vorkommen, dass eine Fluglinie Jugendliche unter 16 Jahren nicht ohne Begleitperson befördert", erklärt die ÖAMTC-Expertin.

Am Urlaubsort angekommen, wird dann eher spontan entschieden, wohin man geht und wie man dorthin kommt. Aber gerade hier gibt es einiges zu beachten, wie ÖAMTC-Juristin Verena Pronebner erklärt: „Beispielsweise wird der L17-Führerschein nicht in allen Ländern anerkannt. Außerdem gelten für Führerschein-Neulinge beim Mieten von Autos teils höhere Versicherungssummen." Gerade beim Ausborgen von Mietwagen oder Mopeds sollten Jugendliche außerdem genau auf den technischen Zustand achten. „Leider kommt es immer wieder zu Unfällen, weil die Fahrzeuge nicht ordentlich gewartet sind", so Pronebner.

* Budget: Sowohl die Wahl des Verkehrsmittels als auch des Reiseziels hängen stark vom Geld ab, das den Jugendlichen zur Verfügung steht. Ist die Entscheidung einmal gefallen, wird vor Ort hauptsächlich Bargeld genutzt. Besonders für Reisen geeignet, aber am wenigsten bekannt bei den Jugendlichen, ist die Möglichkeit der Prepaid-Kreditkarte, die mit einem Guthaben aufgeladen werden kann. „Der Vorteil einer solchen Karte ist, dass nicht mehr Geld ausgegeben werden kann, als vorhanden ist. Damit tappt man nicht in die Schuldenfalle. Sollte ein Notfall eintreten, können die Eltern von zu Hause aus immer noch Geld auf die Karte laden", erklärt ÖAMTC-Touristikerin Renner.

Erlaubt ist (nicht alles), was gefällt

In einer Erhebung, die der ÖAMTC zum Reiseverhalten von Jugendlichen durchgeführt hat, hat sich eine deutliche Tendenz zu kurzfristiger, spontaner Reiseplanung gezeigt. Dadurch können Probleme und Konflikte im Urlaub entstehen, die oft die Folge mangelnder Information sind. „Erlaubt ist auch im Urlaub nicht alles, was gefällt", hält ÖAMTC-Juristin Verena Pronebner fest. „Gesetzliche Bestimmungen, vor allem auch Jugendschutzbestimmungen in Bezug auf Alkohol, Rauchen oder Aufenthaltsdauer bei Veranstaltungen können in fremden Ländern deutlich von Österreich abweichen." Beispielsweise ist in vielen Gebieten Spaniens der Alkoholgenuss in der Öffentlichkeit generell verboten und strafbar. Aber auch wenn man sich nichts zuschulden kommen lässt, kann es vorkommen, dass man mit Behördenvertretern in Konflikt gerät: Manchmal führen Sprachbarrieren zu Missverständnissen, aber auch von regelrechten Schikanen wie dem ungerechtfertigten Verlangen der „Grünen Karte" (Fahrzeugversicherung) wird dem ÖAMTC immer wieder berichtet.

Auch an die Möglichkeit einer Erkrankung oder Verletzung im Ausland muss immer gedacht werden. „Die e-Card gehört deshalb genauso ins Reisegepäck, wie eine adäquate Reiseabsicherung", stellt ÖAMTC-Touristikerin Maria Renner klar. „Die Kosten für eine medizinische Behandlung im Ausland können schnell explodieren." Eine regelrechte „Spaßbremse" im Urlaub kann der Verlust bzw. Diebstahl von Zahlungsmitteln, Handy und Reisedokumenten sein. „Vernünftig ist es, wichtige Daten, Geld und Dokumente möglichst getrennt voneinander bei sich zu tragen", empfiehlt die ÖAMTC-Expertin. „Dann ist zumindest nicht alles auf einmal weg." Es ist auch ratsam, vor der Abreise Scans der wichtigsten Dokumente im eigenen Mailpostfach zu speichern oder an die Eltern zu mailen.

Auch bereits auf dem Weg in den Urlaub können Tücken lauern, wenn beispielsweise notwendige Reisedokumente fehlen. „In viele Länder darf man auch mit abgelaufenem Reisepass einreisen. Allerdings kann es passieren, dass die Airline strenger ist und einen abgelaufenen Pass nicht akzeptiert", erklärt ÖAMTC-Juristin Pronebner. Auch Gepäckverlust oder ein verpasster Flug sorgen immer wieder für Frust unter jugendlichen Urlaubern.

Jugend auf Reisen – Rechte und Pflichten der Erziehungsberechtigten

Eine eindeutige gesetzliche Definition der Begriffe „Kind" oder „Jugendlicher" gibt es in Österreich nicht. Als „mündige Minderjährige" können Jugendliche ab 14 Jahren aber eine Reise alleine buchen, wenn sie bereits eigenes Geld verdienen. „Viele Reiseveranstalter verlangen dennoch eine Zustimmungserklärung der Erziehungsberechtigten", so die ÖAMTC-Expertin.

Die Aufsichtspflicht kann von den Erziehungsberechtigten vertraglich auch auf Dritte, beispielsweise Reiseveranstalter oder Jugend-Reisebetreuer, übertragen werden. „Das bringt speziell bei ausgewiesenen Jugendreisen erhöhte Ansprüche an die Aufsichtspflicht mit sich", erklärt die ÖAMTC-Juristin.

Jugendliche wollen beim Reisen selbständig und unabhängig sein, sowohl Planung als auch Gestaltung der Reise vor Ort erfolgen meist kurzfristig und spontan. „Unzureichende Planung bzw. mangelnde Informationen können weitreichende Probleme mit sich bringen. Der ÖAMTC steht – vorab, aber auch in allen Notsituationen – als Ansprechpartner zur Verfügung", sagt ÖAMTC-Touristikerin Maria Renner abschließend. [...]

Quelle: Pressemitteilung des ÖAMTC, 6. 5. 2014; http://www.oeamtc.at/portal/oeamtc-nix-wie-weg-jugendliche-auf-reisen+2500+1603692, 15. 6. 2014.

[1] ***Touristikerin*** *– Fachfrau für Tourismus*
[2] ***Destination*** *– Reiseziel*

Aufgabe Eine Gruppe Ihrer Mitschüler/innen plant gemeinsam mit älteren Freunden/Freundinnen eine Reise zu einem Musikfestival. – Gestalten Sie für die Gruppe ein Merkblatt mit den wichtigsten Informationen aus dem beiliegenden Text. Verwenden Sie aber nur jene Informationen, die Sie für diese Art von Reise brauchen.

Zusatzaufgabe zu Kapitel 1.5 – „Zitieren/Geistiges Eigentum"

Plagiat in der Schule: Was Karlchen nicht lernt ...

Im Zeitalter von Google müssen Schüler begreifen, was geistiges Eigentum bedeutet.
Von Inge Kutter. Mitarbeit: Angelika Dietrich

Aglaia hatte sich vorbereitet. Sie hatte im Internet Informationen zur Umweltverschmutzung durch Ozon gesucht und war sofort fündig geworden. Stolz trug sie der Klasse die Ergebnisse vor. „Sehr schön", sagte der Chemielehrer am Ende. „Nur inhaltlich leider völlig falsch." Aglaia kichert verlegen, als sie sich daran erinnert. „Das war in der achten Klasse", sagt die 19-Jährige, die inzwischen die Oberstufe am Chiemgau-Gymnasium in Traunstein besucht. „Seitdem weiß ich, dass Wikipedia eine unzuverlässige Quelle ist."

Die sogenannten Digital Natives wachsen mit einer Technik auf, der sich ihre Eltern und Lehrer oft erst mühsam nähern. Bereits 71 Prozent der Grundschüler nutzen einer Studie der Bitkom[1] zufolge das Internet, sofern sie einen Anschluss haben; im Alter von 15 bis 17 Jahren sind es sogar 99 Prozent der Jugendlichen. Intuitiv klicken sie auf Wiki und Co, anstatt das Lexikon aus dem Regal zu wälzen; SchülerVZ[2] ist ihr zweites Zuhause. Aber wie gehen diese Schüler mit den Texten um, die in den Weiten des Webs scheinbar so frei zur Verfügung stehen? Können sie deren Qualität bewerten, und kennen sie überhaupt noch den Unterschied zwischen Mein und Dein? Auf den ersten Blick scheint es manchem, als wüchse da eine ganze Generation von Kopierern heran; die sich ohne zu zögern und ohne Unrechtsbewusstsein vom geistigen Eigentum anderer Leute bedient.

„Ich kopiere erst einmal alles Wichtige zusammen, dann schreibe ich es um", sagt Aglaia pragmatisch. Ihr Merksatz: „In Seminararbeiten darf kein wörtliches Zitat aus dem Internet stehen, außer, es ist als solches gekennzeichnet." Auch ihr Klassenkamerad Benedikt, 18, hat seine letzte Recherche über die amerikanische Revolution 1770 bis 1783 mit einer Google-Suche begonnen. „Anschließend mische ich die Informationen." Texte von privaten Seiten, „wenn etwa ein Hobbyhistoriker was dazu veröffentlicht", übernimmt er einfach – aber einen Wissenschaftler würde er schon zitieren, überlegt der junge Mann mit dem Piercing an der Nasenwurzel.

„Kopieren ist für Schüler zunächst einfach ein Arbeitsschritt", sagt Jan Hodel. Der Historiker von der Pädagogischen Hochschule Nordwestschweiz geht in seiner Dissertation der Frage nach, wie Gymnasiasten das Internet für den Geschichtsunterricht nutzen. Rund vierzig 16- und 17-Jährige hat er dazu befragt. Zwar gebe es durchaus den einen oder anderen, der sein Referat unverfroren von einem einzigen Wikipedia-Ausdruck abläse; die gängige Praxis sei es jedoch eher, verschiedene Informationen aus dem Netz zusammenzutragen.

Das geht heute einfacher denn je. Anstatt schwere Bücher aus der Bibliothek nach Hause zu schleppen und ihren Inhalt Wort für Wort abzupinnen, surfen die Schüler von einer Website zur nächsten. Mit wenigen Mausklicks haben sie sich ein Textstück zu eigen gemacht. Und warum sollten sie damit nicht verfahren wie mit den Musikdateien, die im Internet ebenfalls gemixt und recycled werden?

„Schüler haben durchaus ein Verständnis dafür, dass sie Texte nicht eins zu eins übernehmen dürfen", sagt Hodel. Tiefer gehende Gedanken über das Warum machten sie sich allerdings selten. Die einen hätten schlicht Angst, beim Kopieren erwischt zu werden und eine schlechte Note zu bekommen. Andere sagten sich: Was ich mit eigenen Worten schreibe, lerne ich besser. „Geistiges Eigentum als solches ist aber Schülern oft noch kein Begriff." Woher sollten sie es auch wissen?

„Ein Unrechtsbewusstsein können Schüler nicht von sich aus ausbilden", sagt Paul Bartsch, Professor für Kindheit und Medien an der Hochschule Merseburg. Texte im Internet seien schwerer auf ihre Urheber zurückzuführen als Bücher, auf deren Cover stets der Name des Autors prange. „Schüler betrachten Webinhalte oft als Allgemeinwissen und damit automatisch auch als Allgemeingut", sagt Jan Hodel. Eine Sichtweise, die sie aus der Schule übernähmen: „In den Schulbüchern steht ja auch nur, wie hoch der Kilimandscharo ist – aber nicht, wer das als Erster gemessen und aufgeschrieben hat. Dass es wichtig ist, die Herkunft von Fakten zu kennzeichnen, muss erst gelehrt werden." [...]

Quelle: Die Zeit, Nr. 09/2011, 25. Februar 2011

[1] ***Bitkom*** – *Interessenvertretung der elektronischen Medienbranche in Deutschland (Bundesverband Informationswirtschaft, Telekommunikation und neue Medien e.V.)*
[2] ***SchülerVZ*** – *„Schülerverzeichnis" – Online-Community für Schüler/innen (2013 eingestellt, weil viele Schüler/innen zu Facebook, Twitter etc. abwanderten)*

Aufgabe

Schreiben Sie – unter Zuhilfenahme der Informationen aus dem oben stehenden Text – einen kurzen informierenden Text für eine Schüler/innenzeitung: „Was ist ein Plagiat?".

Zusatzaufgabe zum Schritt „Das Thema präzisieren"

Aufgabe Lesen Sie die beiden folgenden Textbeispiele. Überlegen Sie mit einem Partner/einer Partnerin, welchen Gesichtspunkt Sie aufgrund der beiden Texte in den Mittelpunkt einer Präsentation des Romans „Nichts" stellen könnten. Was könnte für Ihr Publikum besonders interessant sein?

Ein besonders bemerkenswertes Buch ist „Nichts. Was im Leben wichtig ist" (2000) der dänischen Autorin Janne Teller. Der Roman war eines der umstrittensten Bücher der letzten Jahre.

Text 1:
Text des Verlags über „Nichts" (Janne Teller)

„Nichts bedeutet irgendetwas, das weiß ich seit Langem. Deshalb lohnt es sich nicht, irgendetwas zu tun. Das habe ich gerade herausgefunden." Mit diesen Worten schockiert Pierre alle in der Schule. Um das Gegenteil zu beweisen, beginnt die Klasse alles zu sammeln, was Bedeutung hat. Doch was mit alten Fotos beginnt, droht bald zu eskalieren: Gerda muss sich von ihrem Hamster trennen. Auch Lis Adoptionsurkunde, der Sarg des kleinen Emil und eine Jesusstatue landen auf dem Berg der Bedeutung. Als Sofie ihre Unschuld und Johan seinen Zeigefinger opfern mussten, schreiten Eltern und Polizei ein. Nur Pierre bleibt unbeeindruckt. Und die Klasse rächt sich an ihm ... Eine erschütternde Parabel über das Erwachsenwerden, Erziehung und Gewalt in unserer Gesellschaft.

Quelle: http://www.hanser-literaturverlage.de/buecher/buch.html?isbn=978-3-446-23596-0, 15. 6. 2014

Text 2:
Interview mit Janne Teller (Ausschnitt)

ZEIT ONLINE: Um Nichts hat es, seit das Buch vor zehn Jahren im dänischen Original erschien, in Skandinavien eine heftige Kontroverse gegeben. Immer wieder wurde von Behörden versucht, das Buch aus dem Schulunterricht herauszuhalten. Zugleich bekam es auch einen Literaturpreis des dänischen Kultusministeriums.

Teller: Ja, es ist schon erstaunlich, dass ein Buch heutzutage in Westeuropa derart bekämpft werden kann. Nicht wegen brutaler oder sexistischer[1] oder verhetzender Inhalte, sondern nur wegen der Fragen, die es aufwirft. Es gab in verschiedenen Ländern Schwierigkeiten, nicht nur in Dänemark, sondern in Frankreich und Norwegen, wo es in manchen Schulen noch immer nicht gelesen werden darf. Die Hauptdebatte fand zwischen Lehrern, Bibliothekarinnen und Pädagogen statt, von denen viele meinten, das Buch mute jungen Lesern zu viel zu.

ZEIT ONLINE: Es gibt ja auch drastische Szenen darin: Um ihren Mitschüler Pierre Anthon zu überzeugen, dass seine nihilistischen[2] Parolen Unfug sind, beginnt eine siebte Klasse ein seltsames Projekt. Die Schüler häufen einen „Berg aus Bedeutung" an, für den jeder einzelne schlimme Opfer bringen muss. Einem muslimischen Jungen wird der Gebetsteppich weggenommen. Einem hoffnungsvollen Gitarristen wird der Zeigefinger abgehackt. Ein Mädchen muss ihre „Unschuld" opfern.

Teller: Witzigerweise ist Nichts heute auf vielen Lehrplänen zu finden und wird häufig als Prüfungsstoff verwendet. Manche Pastoren setzen es sogar im Konfirmandenunterricht ein. Aber über Jahre gab es erbitterten Widerstand. Manche Lehrer und Bibliothekare sagen: Dieses Buch ist schädlich für junge Leser, weil es ihnen jede positive Einstellung zum Leben raubt. Das sehe ich völlig anders, und glücklicherweise habe ich recht. Junge Leute stellen sich alle fundamentalen Fragen ganz von allein. Es sind die Erwachsenen, die sich unwohl fühlen, wenn an der Lackierung all dessen gekratzt wird, was wir aus reinem Konformismus[3] täglich mitmachen. Das, was Pierre Anthon und seine Mitschüler tun, um welchen Preis auch immer, ist es doch, die Frage „Hat das Leben überhaupt einen Sinn" in die Frage umzuformen, welchen Sinn es haben sollte. [...]

Quelle: http://www.zeit.de/kultur/literatur/2010-08/janne-teller, 15. 6. 2014

[1] ***sexistisch*** – *Sexismus: Benachteiligung aufgrund des Geschlechts, v. a. von Frauen*
[2] ***nihilistisch*** – *negativ, von Sinnlosigkeit überzeugt*
[3] ***Konformismus*** – *kritiklose Angepasstheit*

Rückmeldebogen für Präsentationen

Name des Referenten/der Referentin:

____

	++	+	–	– –	Anmerkungen
Situationsgestaltung					
Der Raum war für die Präsentation gut vorbereitet.					
Den Zuhörern/Zuhörerinnen wurden aussagekräftige Unterlagen zur Verfügung gestellt.					
Die Bedienung der Technik bereitete keine Probleme.					
Das Material für die Visualisierung war so aufbereitet, dass es gut wahrnehmbar war.					
Ziel der Präsentation					
Die Präsentation war zielorientiert.					
Das Ziel wurde erreicht.					
Strukturierung des Themas					
Die Präsentation hatte einen „roten“ Faden.					
Die Präsentation war zeitlich passend strukturiert.					
Die Präsentation war inhaltlich schlüssig strukturiert.					
Zentrale Aspekte wurden ausführlich dargestellt und Nebensächliches nachrangig behandelt.					
Fachliches Können					
Die Ausführungen waren sachlich richtig.					
Das Thema wurde kompetent und differenziert dargestellt.					
Technik und Medien					
Die Präsentationstechnik (PowerPoint, Plakat, Filmeinspielung, Spielszenen etc.) passte zum Thema.					
Aufwand und Nutzen standen bei der Präsentationstechnik in einem passenden Verhältnis.					
Thema und Inhalt wurden ansprechend und sinnvoll visualisiert.					
Die Präsentationsmedien (Bild, Grafik etc.) waren dem Thema angemessen ausgewählt.					
Auftreten					
Der Vortrag wurde frei gehalten.					
Der/die Referent/in verwendete die Standardsprache, auch bei der Beantwortung von Fragen.					
Der/die Referent/in hatte Blickkontakt zu den Zuhörern/Zuschauern.					
Der Vortrag war verständlich formuliert.					
Der/die Referent/in hat laut und deutlich gesprochen.					
Die Körpersprache des Referenten/der Referentin hat den Vortrag unterstützt.					

Rückmeldebogen nach: Beste, Gisela: Sprechen und Zuhören. In: Beste, Gisela (Hrsg.): Deutsch-Methodik. Handbuch für die Sekundarstufe I und II. Berlin: Cornelsen Verlag Scriptor 2007, S. 161 f.

Blitzkartenübung

du
elf
Bank
braun
so alt
es geht
rot sein
gegen ihn
heute Früh
richtig fad
grober Unfug
im neuen Turm
wie eine Ziege
niemals spenden
bis zum Abendrot
oberhalb der Burg
in ein solches Bad
treuloses Verhalten
vom zuständigen Mann
wie ist das geschehen
dreizehntes Lebensjahr
sie verkauften den Trog
widerlich lautes Rülpsen
singen sie noch ein wenig
maschinentaugliches Format
richtig wird das nicht sein
das zuckende Licht im Keller
Tragödien der Sportgeschichte
schon wieder ein falsches Bild
sie verstehen die Sprache nicht
hier folgen zwei leichte Übungen
in allen erwähnten Bezirksstädten
er antwortete überraschend schnell
die überwiegend unbrauchbaren Eimer
gestern fiel die Stromversorgung aus

Lesetraining „Beobachtungsübung"

abc	abc	abc	abc	abc
abc	acd	abc	abc	abc
qay	qay	qay	qay	qay
qay	qay	qsd	qay	qay
qwe	qwe	qwe	qwe	qwe
qwe	qwe	qwe	qwe	qwl
asd	asd	asd	asd	asd
asm	asd	asd	asd	asd
yxc	yxc	yxc	yxc	yxc
yxc	yxc	yxc	yqp	yxc
wsx	wsx	wsx	wsx	wsx
wsx	wsx	wsx	wsu	wsx
qdy	qdy	qdy	qdy	qdy
qüy	qdy	qdy	qdy	qdy
üöä	üöä	üöä	üöä	üöä
üöä	üot	üöä	üöä	üöä
öäü	öäü	öäü	öäü	öäü
öäü	öäü	öäü	öäq	öäü
iuz	iuz	iuz	iuz	iuz
iuz	iuz	iuu	iuz	iuz
ert	ert	ert	ert	ert
ert	ert	est	ert	ert
qwa	qwa	qwa	qwa	qwa
qwa	qwa	qwa	qwq	qwa
poi	poi	poi	poi	poi
poi	püi	poi	poi	poi
bnm	bnm	bnm	bnm	bnm
bnm	bnm	bnm	bim	bnm
ynb	ynb	ynb	ynb	ynb
ypp	ynb	ynb	ynb	ynb
plö	plö	plö	plö	plö
plö	plö	plü	plö	plö
omb	omb	omb	omb	omb
omo	omb	omb	omb	omb
bce	bce	bce	bce	bce
bce	bce	bou	bce	bce
kqa	kqa	kqa	kqa	kqa
kqa	kqa	kqa	kqw	kqa

Lesetraining „Geheimschrift“ und „fehlende Buchstaben“

„Geheimschrift“:

Di■ m■ist■n Umw■ltp✱obl■m■ sind von M■nsch■n g■macht. Woll■n wi✱ uns■✱■n Nachkomm■n ■in■n Plan■t■n mit ■in■✱ ■inig■✱maß■n intakt■n Biosphä✱■ hint■✱lass■n, müss■n wi✱ uns ökologisch s■nsib■l v■✱halt■n, da✱an füh✱t k■in W■g vo✱b■i. Vi■l■n Bü✱g■✱n d■✱ w■stlich■n W■lt ist di■s■✱ Zusamm■nhang längst kla✱, nicht w■nig■ mach■n sich di■ Müh■, d■n Müll zu t✱■nn■n, si■ lass■n öft■✱ mal das Auto st■h■n, s■tz■n auf ■✱n■u■✱ba✱■ ◆n■✱gi■n. Ab■✱ ✱■icht das? Zu✱ Üb■✱p✱üfung bi■t■n Natu✱schutzo✱ganisation■n im Int■✱n■t ▲■chn■✱ zu✱ B■stimmung d■s „ökologisch■n Fußabd✱ucks“ an. Di■s■✱ st■llt ■in■ bildlich■ B■sch✱■ibung fü✱ uns■✱■n ▲■ssou✱c■nv■✱b✱auch da✱ und sagt aus, wi■ vi■l Biokapazität, g■m■ss■n in H■kta✱, fü✱ uns■✱■ P■✱son b■✱■itg■st■llt w■✱d■n muss. Hint■✱ d■m G✱atisang■bot st■ckt di■ Hoffnung: J■ b■ss■✱ wi✱ info✱mi■✱t sind, w■lch■ B■lastung wi✱ tatsächlich mit uns■✱■m L■b■nsstil fü✱ das Ökosyst■m ◆✱d■ da✱st■ll■n, d■sto motivi■✱t■✱ w■✱d■n wi✱ s■in, uns■✱■ L■b■nsw■is■ ■ntsp✱■ch■nd umzug■stalt■n. Fü✱ ■in■n du✱chschnittlich■n B■wohn■✱ d■✱ w■stlich■n W■lt fällt di■ Fußabd✱uckb■✱■chnung ■twa folg■nd■✱maß■n aus: „W■nn all■ M■nsch■n auf d■✱ ◆✱d■ wi■ Si■ l■b■n wü✱d■n, b✱aucht■n wi✱ 3,6 Plan■t■n.“ Ist so ■in F■■dback, das di■ m■ist■n sich■✱ schocki■✱t, hilf✱■ich?

„Fehlende Buchstaben“:

Tatsä...lich las...n Stud...n sta...e Z...eifel da...n aufk...men. In ei...r Onlin...tudie aus dem J...hr 2006 sah...n in so einer Rü...eldung zum Ressourcenverb...uch nur 38 Pro...ent einen „Ans...orn“, den Fuß...druck zu ve...ingern, elf P...zent füh...ten sich „demotiv...rt“. Auch eine akt...lle Stu...ie kommt zu ä...lichen Erge...issen. Über 200 Freiwill...e, die Fra...bögen zu ihr...m Sel...tbild und ihrer Sel...t-achtung aus...efüllt, sowie einen Onli...test zum öko...gischen Fußab...uck ab...olviert hatten, er-hi...ten für ihr U...weltverhalten ein manip...iertes Feedb...k: Ein...ge bek...en die Rückm...dung, dass ihr ök...ogischer Fu...druck im V...gleich mit dem ihrer Kommilitonen viel grö...r au...fiel; and...e hö...ten, eb...so fingiert, das Gegenteil.

Die Ergebn...se zei...ten zunä...st ein...al die erhoff...n, wenn auch geri...en Wirk...gen: Jene, die sich vor dem Ressour...encheck als umw...tsensibler Men...ch defi...iert hat...n und aus ihrem umweltbe-wus...en Han...eln auch einen Teil ihrer Selb...achtung schöpf...n, en...gierten sich nach ei...r ne...ativen Rückmel...ng tatsä...lich noch ein w...nig stär...r in Sa...en Öko...gie. Aber bei all...n an...ren, die sich vom Se...stbild her gar nicht als „Umweltschü...er“ versta...en, zei...te sich ein be-denkli...er gegen...eiliger Effe...t: Sie v...hielten sich n...h ein...r neg...iven Rüc...eldung deu...ich we...ger en...agiert.

Zusatzaufgabe zu Kapitel 4 – Inhaltsangaben verfassen

Langston Hughes: Vielen Dank, M'am *(Text in originaler Schreibung)*

Sie war eine große Frau mit einer großen Handtasche, in der bis auf einen Hammer und Nägel alles enthalten war. Die Handtasche hatte einen langen Riemen, und sie trug sie quer über der Schulter. Es war gegen elf Uhr abends, es war dunkel, und sie war allein, als ein Junge von hinten auf sie zurannte und versuchte, die Handtasche an sich zu reißen. Der Riemen riß bei dem plötzlichen Ruck, den der Junge ihm von hinten gab. Aber das Gewicht des Jungen und der Handtasche zusammengenommen ließen ihn das Gleichgewicht verlieren. Statt sich mit vollem Tempo aus dem Staub zu machen, wie er es gehofft hatte, fiel der Junge hinterrücks auf den Bürgersteig, und seine Beine flogen in die Luft. Die große Frau drehte sich einfach um und versetzte ihm einen gutgezielten Tritt in seinen bluejeansbekleideten Hosenboden. Dann bückte sie sich, zog den Jungen am Hemdkragen hoch und schüttelte ihn, bis seine Zähne klapperten.

Danach sagte die Frau: „Heb' meine Handtasche auf, Junge, und gib sie hierher."

Sie hatte ihn immer noch fest gepackt. Aber sie bückte sich so weit, dass der Junge sich vorbeugen und ihre Handtasche aufheben konnte. Dann sagte sie: „Sag mal, schämst du dich eigentlich nicht?"

Am Hemdkragen gepackt sagte der Junge: „Doch, M'am." Die Frau sagte: „Warum hast du das gemacht?" Der Junge sagte: „Ich habe es nicht gewollt." Sie sagte: „Du lügst."

Inzwischen kamen zwei oder drei Leute vorbei, blieben stehen, drehten sich noch einmal um, und ein paar standen da und beobachteten die Szene.

„Läufst du weg, wenn ich dich loslasse?", fragte die Frau.

„Ja, M'am", sagte der Junge.

„Dann lasse ich dich nicht los", sagte die Frau. Und sie ließ ihn nicht los.

„Lady, es tut mir leid", flüsterte der Junge.

„Hm, hm! Dein Gesicht ist dreckig. Ich hätte gute Lust, dir das Gesicht zu waschen. Hast du daheim niemanden, der dir sagt, dass du dir das Gesicht waschen sollst?"

„Nein, M'am", sagte der Junge.

„Dann wird es heute Abend gewaschen", sagte die große Frau und fing an, die Straße entlangzugehen, wobei sie den verängstigten Jungen hinter sich herzerrte.

Er sah aus, als wäre er vierzehn oder fünfzehn, schmal und sehnig, in Turnschuhen und Jeans.

Die Frau sagte: „Du müsstest mein Sohn sein. Ich würde dir den Unterschied zwischen Gut und Böse schon beibringen. So werde ich dir wenigstens das Gesicht waschen. Es ist das Mindeste, was ich tun kann. Hast du Hunger?"

„Nein, M'am", sagte der mitgezerrte Junge. „Ich will nur, dass Sie mich loslassen."

„Habe ich dich belästigt, als ich da hinten um die Ecke kam?", fragte die Frau.

„Nein, M'am."

„Aber du hast dich mit mir in Kontakt gebracht", sagte die Frau. „Wenn du jetzt denkst, dass dieser Kontakt nicht noch eine Weile dauern wird, dann kannst du gleich nochmal denken. Wenn ich mit dir fertig bin, junger Mann, wirst du dich an Mrs. Luella Bates Washington Jones erinnern."

Auf dem Gesicht des Jungen brach der Schweiß aus, und er fing an, sich zu wehren. Mrs. Jones blieb stehen, zerrte ihn mit einem Ruck um sich herum nach vorn, legte einen halben Nackenhebel um seinen Hals und schleppte ihn weiter die Straße entlang. Als sie ihre Tür erreicht hatte, zerrte sie den Jungen ins Haus, einen Flur entlang, und in ein großes Zimmer mit Kochnische im hinteren Teil des Hauses. Sie schaltete das Licht ein und ließ die Tür offenstehen. Der Junge konnte andere Mieter in dem großen Haus lachen und reden hören. Ein paar ihrer Türen standen auch offen, also wusste er, dass er und die Frau nicht allein waren. Die Frau hatte ihn in der Mitte ihres Zimmers immer noch am Hals gepackt.

Sie sagte: „Wie heißt du?"

„Roger", antwortete der Junge.

„Dann gehst du jetzt an dieses Waschbecken, Roger, und wäschst dir das Gesicht", sagte die Frau, woraufhin sie ihn losließ – endlich. Roger sah auf die Tür – sah auf die Frau – sah auf die Tür – und ging ans Waschbecken.

„Lass das Wasser laufen, bis es warm ist", sagte sie. „Hier ist ein sauberes Handtuch."

„Werden Sie mich ins Gefängnis bringen?", fragte der Junge und beugte sich über das Waschbecken.

„Nicht mit dem Gesicht, damit würde ich dich nirgends hinbringen", sagte die Frau. „Da will ich nichts weiter als nach Hause gehen, um mir einen Happen zu kochen, und dann kommst du und klaust mir die Handtasche! Vielleicht hast du auch noch kein Abendessen gehabt, spät wie es ist. Hast du?"

„Bei mir ist niemand zu Hause", sagte der Junge.

„Dann essen wir", sagte die Frau. „Ich glaube, dass du Hunger hast – oder gehabt hast –, dass du versucht hast, mir die Handtasche zu klauen!"

„Ich will ein Paar blaue Wildlederschuhe haben", sagte der Junge.

„Du hättest doch nicht meine Handtasche klauen müssen, um deine Wildlederschuhe zu kriegen", sagte Mrs. Luella Bates Washington Jones. „Du hättest mich fragen können."

„M'am?"

Während das Wasser von seinem Gesicht tropfte, sah der Junge sie an. Es entstand eine lange Pause. Eine sehr lange Pause. Nachdem er sich das Gesicht abgetrocknet hatte und es dann, da er nicht wusste, was er sonst tun sollte, ein zweites Mal abtrocknete, drehte der Junge sich um und fragte sich, was als Nächstes kommen würde. Die Tür stand offen. Er konnte versuchen, durch den Flur zu rennen und abzuhauen. Er konnte wegrennen, wegrennen, wegrennen, wegrennen!

Die Frau saß auf der Klappcouch. Nach einer Weile sagte sie: „Ich war auch mal jung und wollte Sachen haben, die ich nicht kriegen konnte."

Eine weitere lange Pause. Der Junge machte den Mund auf. Dann runzelte er die Stirn, ohne zu wissen, dass er sie runzelte.

Die Frau sagte: „Hm, hm! Du hast gedacht, ich würde aber sagen, nicht wahr? Du hast gedacht, ich würde sagen, aber ich habe anderen Leuten nicht die Handtaschen geklaut. Also, ich hatte nicht die Absicht, das zu sagen." Pause. Schweigen. „Ich habe auch Sachen gemacht, die ich dir nicht sagen würde, Sohn – die ich nicht einmal Gott sagen würde, wenn Er sie nicht sowieso wüsste. Alle Leute haben was gemeinsam. Also setz dich, während ich uns was zu essen mache. Und vielleicht könntest du dir noch mit dem Kamm durch die Haare fahren, damit du etwas anständiger aussiehst."

In einer anderen Ecke des Zimmers, hinter einem Wandschirm, befanden sich ein Gaskocher und ein Kühlschrank. Mrs. Jones stand auf und ging hinter den Wandschirm. Die Frau behielt den Jungen nicht im Auge, um zu sehen, ob er jetzt weglaufen würde, noch behielt sie ihre Handtasche im Auge, die sie auf der Couch liegengelassen hatte. Aber der Junge achtete sorgfältig darauf, sich auf die andere Seite des Zimmers zu setzen, weit weg von der Handtasche, wo sie ihn, wie er dachte, leicht aus den Augenwinkeln sehen konnte, wenn sie wollte. Er traute der Frau nicht zu, ihm nicht zu misstrauen. Und er wollte jetzt nicht, dass ihm misstraut wurde.

„Brauchen Sie noch etwas aus dem Laden?", fragte der Junge. „Vielleicht Milch, oder sonst was?"

„Ich denke nicht", sagte die Frau. „Außer, du selbst hättest lieber frische Milch. Ich wollte Kakao aus der Dosenmilch machen, die ich hier habe."

„Das wäre prima", sagte der Junge.

Sie wärmte Bohnen und Schinken auf, die sie im Kühlschrank hatte, machte den Kakao und deckte den Tisch. Die Frau stellte dem Jungen keine Fragen darüber, wo er wohnte oder wer seine Leute waren oder sonst etwas, was ihn in Verlegenheit bringen könnte. Stattdessen erzählte sie ihm beim Essen von ihrer Arbeit im Schönheitssalon eines Hotels, der bis spät geöffnet hatte, wie die Arbeit war und dass alle Arten von Frauen kamen und gingen, Blondinen und Rothaarige und Dunkelhaarige. Dann schnitt sie ihm die Hälfte ihres Zehn-Cent-Kuchens ab.

„Iss noch was, Sohn", sagte sie.

Als sie fertig waren, stand sie auf und sagte: „Und jetzt nimmst du die zehn Dollar hier und kaufst dir deine blauen Wildlederschuhe. Und das nächste Mal machst du nicht den Fehler, dich an meiner Handtasche zu vergreifen, und auch nicht an der von irgendjemandem sonst – weil einem nämlich Schuhe, die man auf teuflische Art bekommen hat, die Füße verbrennen. Ich muss jetzt meine Ruhe haben. Aber ich hoffe, Sohn, dass du dich von jetzt an anständig benimmst."

Sie führte ihn durch den Flur zur Haustür und öffnete sie.

„Gute Nacht! Benimm dich, Junge!" sagte sie, den Blick auf die Straße gerichtet, während er die Treppe hinunterging.

Der Junge hätte gerne etwas anderes als „Vielen Dank, M'am" zu Mrs. Luella Bates Washington Jones gesagt, aber obwohl seine Lippen sich bewegten, konnte er nicht einmal das sagen, als er sich am Fuß der armseligen Treppe umdrehte und zu der großen Frau hinaufsah, die in der Tür stand. Dann machte sie die Tür zu.

Quelle: Geschichten, die glücklich machen. Herausgegeben von Clara Paul. Berlin: Insel Verlag 2014, S. 73 – 78.

Aufgabe Legen Sie die Handlungsschritte der Geschichte „Vielen Dank, M'am" fest und verfassen Sie auf dieser Grundlage eine Inhaltsangabe im Ausmaß von ca. 250 Wörtern.

Biografische Information:

Langston Hughes (1902 – 1967) war ein US-amerikanischer Schriftsteller, der das Leben der Afroamerikaner zum Hauptthema seines Schreibens machte. Er engagierte sich gegen Rassendiskriminierung und war in der schwarzen Bürgerrechtsbewegung aktiv. „Vielen Dank, M'am" („Thank you, M'am") wurde im englischen Original erstmals 1958 veröffentlicht.

Zusatzaufgabe zu Kapitel 4 – Inhaltsangaben verfassen

Yaşar Kemal: Die Melonen *(Text in originaler Schreibung)*

In der glühenden Mittagshitze kamen sie aus dem Wasser. Am Ufer, gleich einem Ball, schwarz und grün, war ein Brombeerstrauch. Hastig verkrochen sie sich unter den Strauch. Es war dunkel und naß, die Frische einer Höhle. Wenn sie gewollt hätten, hätten sie tagelang dort bleiben können. Lust hatten sie schon, doch der Mut fehlte ihnen. Es kam vor, daß sie von morgens bis abends auf der feuchten Erde lagen und nachdachten. Ohne sich zu rühren, dachten sie träge nach. Unter dem Busch waren sie gewöhnlich höchstens zu sechst, mindestens zu dritt. Jeder von ihnen hatte unter den Brombeeren die Spuren seines Körpers hinterlassen, jeder nahm seinen Platz ein und legte sich lang.

Nachdem sie sich ausgestreckt hatten, sagte der blonde Ali: „Heda, bewegt euch nicht. Die Zweige dürfen sich nicht bewegen."

Sie hielten ihren Atem an. Zu ihren Fußspitzen glitt der Fluß, still, wie tot. Leise begann er zu grollen. Der Fluß glitt von hier bis zum abwärtsliegenden Dorf, bis zu ihrem eigenen Dorf schlenderte er durch die Ebene, glitzerte wie auf die Erde gegossenes flüssiges Zinn. Der blonde Ali, der deshalb Sari Ali hieß, war fröhlich: „Wenn Murat doch einschlafen würde", sagte er, „wenn er doch nur schnell einschlafen würde."

Alle Jungen sagten gemeinsam, aus allen Ecken, kaum hörbar: „Und wie er schlafen wird."

Einer von ihnen, es war der elfjährige Durmuş, meinte: „Und wie er schlafen wird. Nichts wird er mehr hören."

Sari Alis großer Zeh bohrte ununterbrochen im Schlamm. Er war so dünn, daß man seine Rippen zählen konnte. Sein Bauch war ganz mager. Er hatte keinen Vater, und er war der größte Lump unter den Kindern des Dorfes.

Wütend sagte er: „Er wird nicht schlafen, er wird nicht schlafen!"

Der am äußersten Ende liegende Junge preßte seine Augen an das Loch, das er sich zwischen den Zweigen geöffnet hatte. Jeder konnte sagen, was er wollte, er nahm es nicht einmal wahr. Durch das Loch sah man das gesamte Melonenfeld. Die aufgesprungene Erde, an manchen Stellen des Feldes ein frisches, saftiges Grün, das Grün wurde an anderen Stellen dunkel, pechschwarz, staubig. Die vergilbten und verwelkten Blätter, die Ausläufer, die Zuckermelonen, die Wassermelonen. Zucker- und Wassermelonen lagen aneinandergelehnt, die Zuckermelonen lang, blütengelb, aufgeplatzt. Die Luft war von dem Duft der Zuckermelonen erfüllt. In der Hitze war es ein warm aufsteigender Duft.

Da war noch Murat. Eine rote Schärpe um seine Taille gebunden. Hochgewachsen, mit breiten Schultern. Sein zorniges Gesicht, sein langer Schnurrbart herunterhängend, ein strohblonder Schnurrbart. Murat besaß auf dieser Erde nichts weiter als sein Melonenfeld. Keinen Weinberg, keinen Acker, kein Pferd, keinen Esel. Nichts von alledem besaß er. Aber ein Melonenfeld wie jenes von Murat gab es in dieser Gegend nicht noch einmal. Es erstreckte sich an dem sandigen Ufer des Flusses.

Murat ging zornig unter der Laube auf und ab, stets tat er es. An den Seiten und vor die Laube waren Zuckermelonenschalen hingeworfen worden, und auch schlechtgewordene Zucker- und Wassermelonen lagen herum. Der Duft der Wassermelonen ähnelt dem Duft des Weines. Schwärme von Wespen, Hummeln, grün und blau schlugen ihre Flügelchen im Sonnenlicht. Der Junge, der am äußersten Ende lag, seine Name war Durmuş, sah er sie? Oder schwirrten sie ihm im Kopf, ohne daß er sie erblickte? Es war nicht deutlich. Auf den Körpern der Hummeln waren rote, scheckige, der Farbe des Traubensirups ähnliche feine Streifen. Auf ihren Flügeln grüne Äderchen. Es ist nicht gut, sich den Hummeln zu nähern, mit einem Stöckchen in ihren Nestern zu wühlen. Die Flügel der Hummeln waren blau. Die Waben der Wespen sind milchweiß. Massen von Wespen. Bienen in der Hitze.

Durmuş war aufgeregt: „Jetzt, jetzt wird er einschlafen." Gleich daraufhin bereute er es, nicht leise gesprochen zu haben: „Es ist mir aus dem Mund gerutscht." Er hatte es kaum gesagt, da warf auch schon Sari Ali, die Zähne zusammenbeißend, ein:

„Du Schuft du, du wirst uns noch alle umbringen. Und wenn er es hört."

Durmuş sagte keinen Ton.

Dann wiederholte er seinen Befehl:

„Schau gut hin! Sobald er eingeschlafen ist, gib ..."

Durmuş konnte noch so weit entfernt sein, er wußte genau, ob Murat schlief oder döste, ob er nachdachte oder nach wie langer Zeit er einschlafen würde. Dies war seine Aufgabe. Durmuş hatte es so weit gebracht, daß selbst, wenn er behaupten würde, Murats Gedanken lesen zu können, niemand ihm widersprechen, sondern jeder ihm glauben würde. Manchmal kam es auch vor, daß Durmuş nicht zum Melonen-Klauen mitging. Gerade dann lief die ganze Sache schief. Jedesmal, wenn Durmuş nicht mitgekommen war, hatten sie nicht feststellen können, ob Murat schlief oder nur döste, und waren alle von Murat erwischt und verprügelt worden.

Sari Ali stupste Durmuş an: „He, was'n los?"

Durmuş war ziemlich betrübt: „Er sitzt und denkt nach."

Gerade das befürchtete Durmuş. Er wußte es ganz genau. Auch wenn Murat sich an einen der Pfosten lehnte und vor sich hindöste, würde er, und wäre er noch so müde, nicht einschlafen.

„Wird er denn gar nicht einschlafen?" fragte Sari.

Durmuş erwiderte: „Woher soll ich es wissen!"

Er war ärgerlich. Sari Ali widersprach ihm nicht.

Danach gab keiner mehr einen Ton von sich. Nur noch

das Rauschen des Wassers, das Summen einer Wespe, das Schlagen der Flügel einer Fliege.

Nach einer ziemlich langen Zeit sagte Durmuş, zitternd: „Er ist eingeschlafen!"

Sari Ali war im Halbschlaf. Langsam schlug er die Augen auf. Auf einmal wurde ihm die Sache klar.

Durmuş kostete das Gefühl voll aus. „Er schläft!" wiederholte er.

Die drei nackten Jungen verließen die Frische des Brombeerstrauches und rannten in Murats Feld. Die glühende Hitze des Ackerbodens verbrannte ihnen die Füße. Sie sammelten die Zucker- und Wassermelonen hastig ein und füllten sie in die Säcke, die sie mitgebracht hatten. Nachdem sie die Säcke gefüllt hatten, schmissen sie sie ins Wasser. Dann hielten sie sich an ihnen fest und ließen sich von der Strömung abwärtstreiben.

Sie hatten sich schon weit vom Melonenfeld entfernt, als hinter ihnen eine laute Stimme ertönte und nach der Stimme ein Schuß und ausgedehntes Gelächter.

Jedesmals war es das gleiche. Die Kinder kamen, versteckten sich unter dem Brombeerbusch, und Durmuş hielt Wache. Das Einschlafen, die Jungen überfielen das Melonenfeld, die Strömung des Flusses, eine Frische streifte die Rücken der Kinder, die laute Stimme, der Schuß, das lange, schallende Gelächter.

Das Gelächter schien sich über die ganze Çukurova auszubreiten. Dieses Gelächter verbarg Fröhlichkeit und Besonnenheit. Es war jeden Sommer so. Die Jahre vergingen. Die Jungen wurden Männer, legten sich Haus, Familie, Kind und Kinder zu, gaben es auf, aus Murats Feld Melonen zu klauen, und überließen dies den Kindern, die nach ihnen kamen. Deren Platz nahmen wiederum andere Kinder ein. Die Kinder der Erwachsenen wurden selber erwachsen. Nun übernahmen sie Murats Melonenfeld. Murat wurde älter. Sein blonder Schnurrbart hatte sich schneeweiß verfärbt, sein hochgewachsener Körper hatte sich durch einen Buckel verkürzt, sein Kreuz sich gekrümmt. Das Melonenfeld war stets das gleiche; die Kinder klauten Jahr für Jahr, an jedem Tag klauten sie die Melonen. Hinter ihnen ertönte eine Stimme, wurde ein Schuß gefeuert. Eines hatte sich jedoch verändert, die Stimme war schwächer geworden. Hell und leise erklang sie. Nach dem Schuß sank eine Finsternis nieder. Das ängstigte zwar die Kinder und deren Väter, aber was sollten sie tun? Die Kinder konnten es einfach nicht aufgeben.

Eines Tages, es war um die Mittagszeit, wieder glühte die pralle Sonne. Etwa fünf splitternackte Knaben rannten schreiend und brüllend in ihre Häuser. Kurz darauf sammelten sich am Ufer des Flusses weinende Frauen und Kinder. Junge Männer zogen aus dem Wasser die wachsbleiche Leiche eines Knaben, der nur aus Haut und Knochen bestand, sein Bauch war aufgerissen.

Auf der rechten Seite des Toten war der Leib in der Größe einer Handfläche purpurrot aufgeklafft, das Fleisch war zerfetzt, auseinandergerissen.

Einige Dörfler, die sich auskannten: „Wehe, du gottloser Mensch, wehe", sagten sie, „ein Dumdumgeschoß hat er in das Gewehr geladen."

Gegen Abend führten sie Murat mit Handschellen durch das Dorf. Sein Kopf nach vorn hängend, sein Gesicht bleich, sein Kreuz noch stärker gekrümmt, seine Füße verhakten sich ineinander. Als Murat durch das Dorf ging, beschmissen die Dörfler ihn mit Steinen und Kuhfladen. Murat hob nicht einmal den Kopf, um sich umzusehen. Zwischen den beiden Gendarmen, mit Dreck und Schlamm bedeckt, verschwand er.

Quelle: Yaşar Kemal: Gelbe Hitze. Erzählungen. 4. Auflage. München: dtv, 1988.

Aufgabe Legen Sie die Handlungsschritte der Geschichte „Die Melonen" fest und verfassen Sie auf dieser Grundlage eine Inhaltsangabe im Ausmaß von ca. 250 Wörtern.

Biografische Information:

Yaşar Kemal (geb. 1923) gilt als einer der bedeutendsten Schriftsteller der Türkei. Er stammt aus Südanatolien (Süd-Türkei, östlich der Mittelmeerküste) und lebt heute in Istanbul. Kemal wurde 1972 für den Nobelpreis für Literatur vorgeschlagen und vielfach ausgezeichnet, z. B. 2008 mit dem höchsten türkischen Kulturpreis. „Die Melonen" (Originaltitel „Kavun Karpuz") erschien erstmals im Erzählband „Sarı Sıcak" („Gelbe Hitze") 1955.

Zusatzaufgabe: Dialogisieren/Dramatisieren

Heinrich v. Kleist: Sonderbarer Rechtsfall in England (1811) *(Text in originaler Schreibung)*

Man weiß, daß in England jeder Beklagte zwölf Geschworne von seinem Stande zu Richtern hat, deren Ausspruch einstimmig sein muß, und die, damit die Entscheidung sich nicht zu sehr in die Länge verziehe, ohne Essen und Trinken so lange eingeschlossen bleiben, bis sie eines Sinnes sind. Zwei Gentlemen, die einige Meilen von London lebten, hatten in Gegenwart von Zeugen einen sehr lebhaften Streit miteinander; der eine drohte dem andern, und setzte hinzu, daß ehe vier und zwanzig Stunden vergingen, ihn sein Betragen reuen solle. Gegen Abend wurde dieser Edelmann erschossen gefunden; der Verdacht fiel natürlich auf den, der die Drohungen gegen ihn ausgestoßen hatte. Man brachte ihn zu gefänglicher Haft, das Gericht wurde gehalten, es fanden sich noch mehrere Beweise, und 11 Beisitzer verdammten ihn zum Tode; allein der zwölfte bestand hartnäckig darauf, nicht einzuwilligen, weil er ihn für unschuldig hielte.

Seine Kollegen baten ihn, Gründe anzuführen, warum er dies glaubte; allein er ließ sich nicht darauf ein, und beharrte bei seiner Meinung. Es war schon spät in der Nacht, und der Hunger plagte die Richter heftig; einer stand endlich auf, und meinte, daß es besser sei, einen Schuldigen loszusprechen, als 11 Unschuldige verhungern zu lassen; man fertigte also die Begnadigung aus, führte aber auch zugleich die Umstände an, die das Gericht dazu gezwungen hätten. Das ganze Publikum war wider den einzigen Starrkopf; die Sache kam sogar vor den König, der ihn zu sprechen verlangte; der Edelmann erschien, und nachdem er sich vom Könige das Wort geben lassen, daß seine Aufrichtigkeit nicht von nachteiligen Folgen für ihn sein sollte, so erzählte er dem Monarchen, daß, als er im Dunkeln von der Jagd gekommen, und sein Gewehr losgeschossen, es unglücklicher Weise diesen Edelmann, der hinter einem Busche gestanden, getötet habe. Da ich, fuhr er fort, weder Zeugen meiner Tat, noch meiner Unschuld hatte, so beschloß ich, Stillschweigen zu beobachten; aber als ich hörte, daß man einen Unschuldigen anklagte, so wandte ich alles an, um einer von den Geschwornen zu werden; fest entschlossen, eher zu verhungern, als den Beklagten umkommen zu lassen. Der König hielt sein Wort, und der Edelmann bekam seine Begnadigung.

Quelle: Heinrich v. Kleist: Sämtliche Werke und Briefe. Hg. v. Helmut Sembdner. Bd. 2. München: dtv, 281 f.

Aufgabe

Verfassen Sie nach diesem Text von Heinrich v. Kleist ein Hörspiel in drei Szenen: „Der Streit der beiden Edelleute und die Drohung" – „Die Diskussion der Geschworenen und der Beschluss" – „Der zwölfte Richter und der König". Geben Sie alles an, was zu hören sein wird (vergessen Sie auch nicht auf die Hintergrundgeräusche).

Zusatzaufgabe:

Kannst du dir ein Leben als digitaler Vagabund vorstellen?

Laptop, Handy, iPod und ein paar Klamotten vielleicht – was braucht man mehr? Die BBC berichtet über junge US-Amerikaner, die sich dem „Cult Of Less“ verschreiben und als sogenannte „Minimalisten des 21. Jahrhunderts“ ohne größeres analoges Besitztum auskommen wollen.

Von Mercedes Lauenstein

Als Kind war meine größte Horrorvorstellung ein Hausbrand. Der Gedanke daran, mein Leben ohne Familienfotoalben, Tagebücher und mühsam zusammengesparte Lieblings-CDs fortführen zu müssen, machte mich verrückt. Als in unserem Nachbardorf ein Feuerteufel kursierte, stopfte ich meine wichtigsten Habseligkeiten in einen Rucksack und schob ihn unter mein Bett. Im Falle eines Feuers würde ich ihn einfach herausziehen und loslaufen. Natürlich passte nicht alles in diesen kleinen bunten Rucksack und so lauerte in mir stets eine Restverzweiflung in Hinblick auf eine eventuelle Feuertragödie.

Heute sind solche Sorgen überholt. Wie viele andere meiner Generation bin ich eine Heranwachsende des digitalen Zeitalters. Würde es heute brennen, schnappte ich mir bloß meinen Laptop oder die externe Festplatte und wähnte meine wirklich bedeutsamen Sachen in Sicherheit. Schließlich birgt sie die Gesamtheit meiner Fotos, meiner Musik, meiner Tagebücher, meiner Adressbücher, Kalender und das ganze andere bedeutsame Allerlei. In digitaler Form. Ganz schön praktisch.

Einem Artikel der BBC zufolge finden das derzeit auch mehrere junge Menschen in den USA. Aber nicht nur das – sie gehen sogar so weit zu behaupten, dass, bis auf ein paar Kleinigkeiten wie Klamotten und eine Zahnbürste, ihr Laptop tatsächlich alles sei, was sie überhaupt benötigen. Den Rest verkaufen sie, oft mitsamt Wohnung und mieten sich in einem möblierten Apartment ein. Einige schlafen fortan auch bei Freunden oder in Hostels. Diese Geisteshaltung bezeichnet man mittlerweile als das sich verbreitende Phänomen des „Minimalisten des 21. Jahrhunderts“[1]. In dem erwähnten BBC-Artikel erscheint der 22-jährige Softwareentwickler Kelly Sutton aus New York als einer von ihnen. Er ist auch der Gründer der Website „Cult of Less“. Als er vor vielen Monaten merkte, dass die steigende Anzahl digitaler Güter ein absolut adäquater[2] Ersatz für seine vorherigen analogen Besitztümer war, habe er sie ins Leben gerufen, um darüber Stück für Stück sein für überflüssig erklärtes Hab und Gut zu verkaufen. Und bis auf ein paar notwendige Klamotten und einen Bettbezug hat er davon heute schon nichts mehr übrig. Die Seite nutzt er allerdings weiterhin – um den „Cult of Less“ anzupreisen.

Auch der 27-jährige New Yorker DJ Chris Yurista wird in dem Artikel nach seiner Identität als digitaler Vagabund[3] gefragt. „Es ist natürlich schön ein Zuhause zu haben, aber das Internet hat für mich die Notwendigkeit einer Adresse einfach ersetzt“, erzählt er der BBC. Alles, was er nun noch besitzt, seien ein Rucksack voller Designer-Kleidung, eine externe Festplatte, ein kleines Keyboard und ein Fahrrad. So freut er sich, nicht einmal mehr putzen zu müssen, und schläft einfach bei seinen Freunden auf der Couch.

So weit, so gut – ein bisschen gruselig wird es erst, als ein gewisser Dr. Sandberg von dem „Future of Humanity Institute“ der Universität Oxford über „mind uploading“ spricht. Dies ist ein Konzept, das die Digitalisierung des Gehirns vorsieht – und so eine Art digitales Weiterleben nach dem Tod ermöglichen soll. Auf die Frage nach einer Meinung hält DJ Chris Yurista diese Alternative für die „ultimative Form des Minimalismus“.

Und was hältst du von dieser Geschichte? Kannst du das neue Phänomen nachvollziehen? Ist es vielleicht bloß wieder amerikanisches Spinnertum – oder hältst du es durchaus für möglich, dass dein bester Freund dich demnächst anruft, um zu fragen, ob er auf deiner Couch schlafen dürfe, weil er seine Wohnung aufgegeben hat? Hast du das spannende Gedankenspiel der radikalen Besitztumsaufgabe auch schon einmal durchdacht?

Quelle: Süddeutsche Zeitung, jetzt!, 20. 8. 2010.

[1] ***Minimalist*** – *jemand, der etwas nur in sehr geringem Ausmaß betreibt, beherrscht; sich wenig bemüht*

[2] ***adäquat*** – *angemessen, passend*

[3] ***Vagabund*** – *Herumziehender, Herumtreiber*

Aufgabe

Lesen Sie den Text „Kannst du dir ein Leben als digitaler Vagabund vorstellen?".

Textverständnis:

- Beschreiben Sie, was ein „digitaler Vagabund" bzw. ein „Minimalist des 21. Jahrhunderts" ist.
- Erläutern Sie, was die im Text beschriebenen Menschen treibt, „digitale Vagabunden" zu sein.

Stellung beziehen und argumentieren:

- Sammeln Sie in Kleingruppen Argumente für und gegen das Leben als „digitale Vagabunden/ Vagabundinnen". Wenn Sie für jede Seite 3 bis 5 gute Argumente formuliert haben, wählen Sie ein Gruppenmitglied, das die Rolle eines/einer solchen Vagabunden/Vagabundin übernimmt und sein/ihr Leben anpreist, und eines, das sich ein solches Leben nicht vorstellen kann. Formulieren Sie gemeinsam beide Statements nach dem Fünfsatz-Prinzip.

Leserbriefe schreiben: Aufgaben

A.
Situation: Sie sind auf den Bericht „Experte fordert Freigabe von Drogen“ gestoßen und reagieren mit einem Leserbrief an die Redaktion der Tageszeitung.
Lesen Sie den Bericht „Experte fordert Freigabe von Drogen“ aus der Tageszeitung „Linzer Merkur“.
Verfassen Sie danach Ihren Leserbrief und bearbeiten Sie dabei die folgenden Arbeitsaufträge:

- Benennen Sie den Sachverhalt, den Sie thematisieren möchten.
- Nehmen Sie zu diesem Sachverhalt kritisch Stellung.
- Appellieren Sie im Sinne Ihrer eigenen Position.

Schreiben Sie 405 bis 495 Wörter. Markieren Sie Absätze durch Leerzeilen.

Experte: Freigabe von Drogen

Im Zuge der jüngsten Kokainaffären in Linz ist auch in Oberösterreich die Drogendiskussion neu entflammt. Einen brisanten Ansatz verfolgt dabei der Linzer Strafrechtsexperte Karl Hanf. Er verlangt die völlige Freigabe von Drogen.
Seine radikale Forderung begründet Hanf wie folgt: „Man sollte die Abhängigkeit von Drogen wie vor 100 Jahren sehen, nämlich als Krankheit. Auf Krankheiten muss man aber mit Mitteln der Medizin reagieren, nicht mit Mitteln des Strafrechts. Wir geben viel zu viel Geld für die – weitgehend erfolglose – Bekämpfung von Drogen aus; das ist eine Verschwendung von Ressourcen, die wir in der medizinischen Behandlung von Drogensucht viel besser brauchen könnten.“ Auch die Folgekriminalität würde wegfallen, wirft der Jurist außerdem in die Waagschale.

(Linzer Merkur, 29. April 2015)

OPERATOR „BENENNEN“ SO GEHT'S

„Benennen“ heißt, dass Sie aus einem Text Informationen nach den Gesichtspunkten, die für Ihr Thema wichtig sind, auswählen und nach ihrer Bedeutung auflisten.
Es geht also darum, möglichst prägnante Begriffe für Sachverhalte, Informationen etc. zu finden.

OPERATOR „APPELLIEREN“ SO GEHT'S

„Appellieren“ heißt, dass Sie eine oder mehrere Personen, eine Behörde, eine Institution etc. auffordern, etwas Bestimmtes zu tun bzw. zu unterlassen. Ihr Anliegen muss begründet sein.

OPERATOR „STELLUNG NEHMEN“ („KOMMENTIEREN“) SO GEHT'S

Der Operator „Stellung nehmen“ ist gleichbedeutend mit „Kommentieren“.
Wenn Sie „Stellung nehmen“ müssen Sie formulieren, wie Sie einen Sachverhalt, ein Problem etc. einschätzen. Sie müssen dazu eine klare Position beziehen. Dazu ist es nötig,

- sich mit der Sache, dem Problem etc. gut vertraut zu machen;
- Zusammenhänge herzustellen;
- Ursachen und Folgen zu bedenken;
- kritisch zu prüfen,

sodass man sagen kann, wie man persönlich einen Sachverhalt sieht.

B.

Situation: Sie sind auf den Bericht „Schüler wollen Gratis-Nachhilfe im Sommer" gestoßen und reagieren mit einem Leserbrief an die Redaktion der Tageszeitung.

Lesen Sie den Bericht „Schüler wollen Gratis-Nachhilfe im Sommer" aus der Tageszeitung „Grazer Morgenpost". Verfassen Sie danach Ihren Leserbrief und bearbeiten Sie dabei die folgenden Arbeitsaufträge:

- Geben Sie den Inhalt des Berichts sehr knapp wieder.
- Untersuchen Sie Motive der im Bericht erhobenen Forderung.
- Setzen Sie sich mit der Forderung auseinander.

Schreiben Sie 405 bis 495 Wörter. Markieren Sie Absätze durch Leerzeilen.

Schüler wollen Gratis-Nachhilfe im Sommer

ASS: Lehrer sollen im Sommer 40 Stunden Nachhilfe geben – Schulautonome Tage sollen trotzdem bleiben

Aufhorchen lässt die Achse Steirischer Schüler (ASS) mit einem neuen Vorschlag zur Diskussion um die Verlängerung der Lehrerarbeitszeit. „Sowohl für Schüler als auch für Lehrer sollen die schulautonomen Tage bleiben – als freie Tage. Aber die Lehrer sollen für diesen Sonderurlaub Kompensation leisten. Statt des bezahlten Förderunterrichts während des Schuljahres sollen die Lehrer unbezahlte Sommerkurse anbieten", fordert Tamara Nimmervoll, Landesobfrau der ASS.

Statt der immer wieder diskutierten Abschaffung der schulautonomen Tage sollten die Lehrer in den Sommerferien 40 Stunden mehr arbeiten. „Das ist die Arbeitszeit von fünf schulautonomen Tagen und zumutbar", sagt die Schülervertreterin.

„Das ist die einzig sinnvolle Unterstützung für Schüler und Schülerinnen. Diesen können etwa im Falle von Wiederholungsprüfungen oder später bei Semesterprüfungen im Rahmen der Neuen Oberstufe gezielt Hilfe in Anspruch nehmen. Und die Eltern sparen viel Geld für Nachhilfeunterricht", so Nimmervoll.

(Grazer Morgenpost, 24. April 2015)

OPERATOR „BENENNEN" SO GEHT'S

„Benennen" heißt, dass Sie aus einem Text Informationen nach den Gesichtspunkten, die für Ihr Thema wichtig sind, auswählen und nach ihrer Bedeutung auflisten.
Es geht also darum, möglichst prägnante Begriffe für Sachverhalte, Informationen etc. zu finden.

OPERATOR „UNTERSUCHEN" SO GEHT'S

„Untersuchen" heißt, dass Sie an einen Text unter bestimmten Gesichtspunkten oder mit bestimmten Kriterien herantreten müssen, um das Geforderte zu erarbeiten.

OPERATOR „SICH AUSEINANDERSETZEN" SO GEHT'S

„Sich auseinandersetzen" (gleichbedeutend mit „Erörtern"/„Diskutieren") heißt, dass Sie eine These, Problemstellung oder eine Forderung prüfen, indem Sie abwägen und argumentieren, und eine eigenständige Schlussfolgerung ziehen bzw. auf dieser Grundlage eine Stellungnahme verfassen, die widerspruchsfrei ist.

Kopiervorlage

EINSTELLUNGSPROTOKOLL

Einstellung Nr.	Handlung	Dialoge/ Sprache	Visuelle filmsprachliche Mittel			Akustische filmsprachliche Mittel	
			Einstellungslänge/ Montage Schnitt	Kameraperspektive, -einstellungsgrößen, -bewegung	Bildkomposition	Musik	Geräusche
1							
2							
3							
4							
5							
6							
7							
8							
9							
10							
11							
12							
13							

Kopiervorlage

SEQUENZPROTOKOLL

Sequenz Nr.	Dauer	Inhalt		Wichtige filmsprachliche Beobachtungen
		Figuren	Schauplätze, Handlung	
1				
2				
3				
4				
5				
6				
7				
8				
9				
10				
11				
12				
13				
14				

Kopiervorlage

SEQUENZPROTOKOLL

Sequenz Nr.	Dauer	Inhalt		Wichtige filmsprachliche Beobachtungen
		Figuren	Schauplätze, Handlung	
1				
2				
3				
4				
5				
6				
7				
8				
9				
10				
11				
12				
13				
14				

EINSTELLUNGSPROTOKOLL

Einstellung Nr.	Handlung	Dialoge/ Sprache	Visuelle filmsprachliche Mittel			Akustische filmsprachliche Mittel	
			Einstellungslänge/ Montage Schnitt	Kameraperspektive, -einstellungsgrößen, -bewegung	Bildkomposition	Musik	Geräusche
1							
2							
3							
4							
5							
6							
7							
8							
9							
10							
11							
12							
13							

In „KOMPETENZ:*DEUTSCH* – modular. Trainingsteil 1“ wird daher im Modul „Grammatische Grundlagen“ eine weithin anerkannte, fachsprachlich präzise, gleichwohl für Schüler/innen aber gut nachvollziehbare Terminologie verwendet; und es wird konsequent auf inhaltlich-semantische Kategorisierungen verzichtet. Stattdessen werden formale Kriterien herangezogen, die es Schülern/Schülerinnen erlauben, Phänomene einfacher, kaum missverständlich und trennschärfer zu erkennen. Die Wortarten werden nach ihrer grammatischen Veränderbarkeit dargestellt und mit einem Katalog von bis zu lediglich fünf Fragen, der wie ein Algorithmus verwendet werden kann, identifiziert. Dabei wird der Gedanke verfolgt, dass Grammatik zuerst anhand von Prototypen gelernt werden soll: Schüler/innen sollen Regularitäten an prototypischen Beispielen entdecken. Bei weiteren Differenzierungen sowie bei Abweichungen von prototypischen Merkmalen kommt – anstatt einer verwirrenden Liste von „Ausnahmen“ – ein zweites Kriterium ins Spiel, nämlich ein funktionales (syntaktisches). Damit beschränkt sich die grammatische Analyse auf zwei Zugriffsarten: zuerst eine formale, dann eine funktionale, ohne dass semantische Störfeuer auf Abwege führen. So werden etwa Adjektive als jene Wörter eingeführt, die steigerbar sind (formales Kriterium). Für den Randbereich jener Fälle, die nicht steigerbar sind (z. B. „schwanger“, „dreieckig“), und zur Unterscheidung der wenigen steigerbaren Adverbien (z. B. „oft“, „gern“) wird in einem späteren Schritt das funktionale Kriterium der Attributfähigkeit herangezogen.

Ähnlich verhält es sich in „KOMPETENZ:*DEUTSCH* – modular. Trainingsteil 1“ mit syntaktischen Fragen. Auch hier gelten einfach nachvollziehbare, formale Kriterien, sodass etwa die ebenso hartnäckig tradierte wie problematische Einteilung der Sätze in Aussage-, Frage- und Aufforderungs- bzw. Wunschsätze vermieden werden kann[10] und durch die recht einfache Kategorisierung nach der Stellung des finiten Verbs ersetzt wird – die im Übrigen ausreicht, einen – vor allem was die Fehlerhäufigkeit betrifft – großen Teil der Kommasetzung („Komma zwischen Sätzen“) zu durchschauen.

Das Modul „Grammatische Grundlagen“ verbindet den Aufbau von sprachlichem Wissen, das orthografisch nutzbar gemacht werden kann, mit der Behandlung typischer Problemfelder einer normgerechten Sprachverwendung. Es gilt vor allem für diesen Abschnitt des Unterrichtswerks, dass auf Erfordernisse für Deutsch als Zweitsprache besonders Bedacht genommen wird.

Zitierte Quellen:

Der Zeitgeist ist grün – die Natur bleibt fremd: www.deutschewildtierstiftung.de/content/10-presse/1-pressemitteilungen/pm_dewist_allensbach-02.pdf, 11. Jänner 2019.

Grammatische Terminologie: www.grammatischeterminologie.de, 11. Jänner 2019.

Hinney, Gabriele (2017): Wortschreibung. In: Baurmann, Jürgen/Kammler, Clemens/Müller, Astrid (Hg.): Handbuch Deutschunterricht. Theorie und Praxis des Lehrens und Lernens. Seelze: Klett Kallmeyer, S. 263 – 267.

Ingendahl, Werner (1999): Sprachreflexion statt Grammatikunterricht. Ein didaktisches Konzept für alle Schulstufen. Tübingen: Niemeyer.

Müller, Astrid (²2017): Rechtschreiben lernen. Die Schriftstruktur entdecken – Grundlagen und Übungsvorschläge. Seelze: Klett Kallmeyer.

Pittner, Karin/Berman, Judith (⁶2015): Deutsche Syntax. Ein Arbeitsbuch. Tübingen: Narr.

Rautenberg, Iris (2017): Groß- und Kleinschreibung. In: Baurmann, Jürgen/Kammler, Clemens/Müller, Astrid (Hg.): Handbuch Deutschunterricht. Theorie und Praxis des Lehrens und Lernens. Seelze: Klett Kallmeyer, S. 268 – 271.

Granzow-Emden, Matthias (²2014): Deutsche Grammatik verstehen und unterrichten. Unter Mitarbeit von Johannes Luber. Tübingen: Narr Francke Attempto Verlag.

[10] In dieser Einteilung werden Form und kommunikative Funktion gleichgesetzt („In einem Aussagesatz steht die Personalform an 2. Stelle“). Tatsächlich ist das Signal für die kommunikative Funktion in diesem Zusammenhang das Satzschlusszeichen, nicht die Stellung des finiten Verbs: Du gehst jetzt nach Hause. – Du gehst jetzt nach Hause! – Du gehst jetzt nach Hause?
Zur kommunikativen Funktion der Stellung des finiten Verbs erläutert Granzow-Emden (²2014, S. 115): Verbzweitstellung: unmarkiert; Verberststellung: Vom Angesprochenen wird „eine besondere Handlung, Reaktion oder Aufmerksamkeit“ erwartet; Verbletztstellung: Dem Angesprochenen wird signalisiert, dass er den Satz auf „eine andere Einheit“ beziehen muss.

 ISBN 978-3-230-04881-3

Grammatisches Basiswissen

Allerdings sind nicht alle Rechtschreib- und grammatischen Probleme mit einfach verwendbaren Proben zu lösen. Um bei der satzinternen Groß- und Kleinschreibung zu bleiben: Die Erweiterungsprobe erfasst mehr als 70 Prozent aller satzinternen Großschreibungen.[4] Das ist für eine einfache Probe eine beachtliche Quote. In der Sekundarstufe II muss aber der Anspruch bestehen, für alle für Schüler/innen relevanten orthografischen und sprachnormativen Fragen Lösungen zu bieten. Zwar wird sich v. a. „KOMPETENZ:*DEUTSCH* – modular. Trainingsteil 2+“ (erscheint im Jänner 2020) neben einer Absicherung des Gelernten mit diffizileren Fragen auseinandersetzen, doch muss auch „Trainingsteil 1“ über Werkzeuge hinaus den Aufbau sprachlichen Wissens zumindest für die orthografischen und grammatischen Basisbereiche fördern. Zu einem solchen sprachlichen Wissen gehört unzweifelhaft grammatisches Wissen.

Es scheint daher nötig, in einem Modul eine kleinschrittige Einführung in grammatische Basics zu bieten, die etwaige fehlende Eingangsvoraussetzungen ebenso ausgleichen wie in einem besonderen Maß Bedürfnisse von Zweitsprach-Lernern/-Lernerinnen ansprechen. Das Hauptaugenmerk liegt dabei auf Grundlagen, die vor allem Begriffs- und Strukturwissen für das Sprach- und Schreibnormentraining aufbauen. Darüber hinaus wird auch der Wissensaufbau im Sinne des Lernbereichs Sprachreflexion gefördert.

Aber welche Terminologie, welche Begriffe, welche Grammatik soll das sein? Kennen Sie so etwas wie das Folgende? „Nein, ‚schlafen‘ ist kein Tunwort. Wenn ich schlafe, tu‘ ich ja nichts.“ Oder: „‚Arbeit‘ ist ein Tätigkeitswort, da tut man was; schreibt man klein.“ Oder: „Ja, klar, ‚morgen‘ ist ein Zeitwort, klar: gestern, heute, morgen. Zeitwörter.“ Oder: „Nach dem Prädikat fragt man mit ‚Was geschieht?‘.“[5] Oder: „Das Hauptwort im Satz ‚Lauft schnell in das Haus!‘ lässt sich nicht genau feststellen. Einerseits ist ‚laufen‘ wichtig, man muss aber andererseits ‚schnell‘ laufen, sonst ist es vielleicht zu spät. Also, doch eher ‚schnell‘, ‚schnell‘ ist das Hauptwort.“ Oder: „Personalformen? Also, in diesem Text habe ich genau vier gefunden: ‚er‘, ‚ihm‘, ‚es‘, und noch einmal ‚er‘.“[6]

Woher kommen solche Perlen? Ein Grund liegt gewiss in der Tatsache, dass die traditionelle Schulgrammatik abgesehen von ihrem Geburtsfehler, sich am Lateinischen zu orientieren, mit inkonsistenten konzeptuellen Grundlagen[7], Verkürzungen, Uminterpretationen und dergleichen ein erstaunliches Arsenal an Möglichkeiten für Missverständnisse und Verwechslungen entwickelt hat, das es nur allzu verständlich macht, dass Schüler/innen rasch in die eine oder andere Falle tappen oder einem Phänomen verständnislos gegenüberstehen.[8] Außer den angeführten Gründen dürfte dabei eine Missverständnisse begünstigende inhaltlich-semantische Orientierung sowie eine ebenso leicht irreführende wie uneinheitliche (deutsche) Terminologie eine Rolle spielen.[9]

---

[4] In diesem Sinne spricht Müller (²2017, S. 74) vom Vorzug der Erweiterungsprobe, „die Großschreibung *im Kernbereich* (Hervorhebung W. S.) widerspruchsfrei begründen zu können.“ Weiterhin ist damit gemeint, dass diese Probe natürlich auch die Großschreibung von Nomen, nicht nur von Nominalisierungen erfasst.

[5] Abgesehen vom offensichtlichen Unsinn dieser Frage wäre die Antwort für den Satz „Seit Tagen geschieht nichts“ besonders interessant. „Was macht das Subjekt?“ ist eine ähnlich bizarre Frage nach dem Prädikat. – Tatsächlich sind die verbalen Teile eines Satzes („Prädikat“) nicht erfragbar und sollten u. a. aus diesem Grund nicht als Satzglied betrachtet werden (auch die Verschiebeprobe/der Vorfeldtest sowie die Pronominalisierungsprobe greifen nicht. Vgl. Pittner/Berman ⁶2015, S. 39).

[6] Diese Blüten aus dem Dschungel der Grammatik stammen allesamt aus den ersten Monaten des Deutschunterrichts in der 9. Schulstufe, wenn der Verfasser dieser Zeilen versucht herauszufinden, was denn bei den neuen Schülern/Schülerinnen an grammatischem Wissen und Verständnis bereits vorhanden ist.

[7] So werden etwa in der noch immer gängigen 12-Wortarten-Lehre die Wörter nach höchst unterschiedlichen, zueinander quer liegenden Kriterien kategorisiert: semantisch (Nomen, Verb, Numerale, Adjektiv, [Possessiv-]Pronomen), syntaktisch (Präposition, Konjunktion, Adverb), morpho-syntaktisch (Nomen, Verb, Adjektiv, Artikel, Pronomen), pragmatisch (Interjektion), textuell (Pronomen).

[8] Werner Ingendahl warf schon vor 20 Jahren dem traditionellen Grammatikunterricht u. a. vor, „Beispielsätze“ würden „dem Leser“ zeigen, „dass das Beschriebene mit seinen eigenen Spracherfahrungen nichts zu tun hat“ (Ingendahl 1999, S. 8).

[9] Deutsche Begriffe laden dazu ein, nicht fachsprachlich, sondern alltagssprachlich verstanden zu werden. Dann wird eben aus einem „Zeitwort“ ein Wort, das (semantisch!) „Zeit“ (nicht [grammatisch!] Tempus) zeigt, ein „Vorwort“ ein Wort, das vor einem anderen Wort steht, und eine „Beifügung“ etwas, was schlichtweg irgendwo hinzukommt. Verben als „Tun-“ oder „Tätigkeitswörter“ zu bezeichnen, ist eine problematische Verkürzung: Bestenfalls 10 der 25 häufigsten deutschen Verben können bei großzügiger Interpretation als solche betrachtet werden, die eine Tätigkeit bezeichnen (Granzow-Emden ²2014, S. 23).
Eine halbwegs einheitliche Terminologie in der Schulgrammatik ist ein Desiderat. In Deutschland wird eine solche von wissenschaftlicher Seite vorgeschlagen (http://www.grammatischeterminologie.de/, 11. Jänner 2019).

Breites Angebot zur Individualisierung

Schüler/innen, die in die 9. Schulstufe kommen, machen sprachlich sehr viel richtig. Sie bauen in der Regel wohlgeformte Sätze, stellen syntaktische Beziehungen überwiegend richtig dar und zeigen eine Orthografie, die im Normalfall eine relativ ungehinderte Lektüre zulässt. Es gibt aber einerseits jene Bereiche, in denen sich auch mit steigender literaler Erfahrung der Schüler/innen keine weitgehende Fehlerfreiheit einstellt. Wie sich zeigt, sind das in der Orthografie die satzinterne Großschreibung und die Getrennt- und Zusammenschreibung sowie die Kommasetzung, und zwar aufgrund der Tatsache, dass Schüler/innen zunehmend komplexe Sätze formulieren können. Andererseits muss nicht nur, aber auch mit Blick auf Schüler/innen mit Deutsch als Zweitsprache auf mithin enorme individuelle Unterschiede Bedacht genommen werden, die auch die Wortschreibung und eine Reihe von sprachnormativen Phänomenen betreffen.

Der neue „Trainingsteil 1" geht daher von einem basalen Niveau aus und bietet Informationen, Beispiele und viele Übungen zu einer sehr breiten Palette von relevanten Phänomenen. Es wurde darauf geachtet, dass es Aufgaben auf verschiedenen Anforderungsstufen sowie eine kleinschrittige Strukturierung ermöglichen, die Arbeit mit dem Trainingsband auf individuelle Erfordernisse abzustimmen. Wie in allen Bänden von „KOMPETENZ:*DEUTSCH*" kommen dabei INFO-BOXen (Fakten- und Konzeptwissen) und So-geht's-Kästen (Handlungswissen) zum Einsatz, und zwar in einer Form, die beim Aufbau von Wissen die aktive Auseinandersetzung der Schüler/innen fördert. Einerseits können INFO-BOXen nicht einfach rezipiert werden, weil Schüler/innen etwa Regularitäten anhand von Beispielen selbst erkennen sollen. Andererseits können Lehrer/innen die aktive Verarbeitung der Informationen anregen, indem Schüler/innen beispielsweise aufgefordert werden, die angebotenen Informationen stichwortartig auf das Allerwesentlichste zu reduzieren, sie grafisch aufzubereiten oder Kontrollfragen dazu zu formulieren. Gleichwohl können INFO-BOX und So-geht's-Kasten auch zum Nachschlagen und Wiederholen verwendet werden.

Werkzeuge in der Hand der Schüler/innen

Das Ziel der Beschäftigung mit Orthografie und sprachnormativen Fragen ist es, dass Schüler/innen eigene Texte normgerecht verfassen können. Dazu braucht es die orthografische Praxis sowie sprachliches Wissen. Dazu braucht es aber auch Werkzeuge, die es Schülern/Schülerinnen ermöglichen, auf Problemstellen in eigenen Texten aufmerksam zu werden und solche Problemstellen zu klären. Deshalb setzt „KOMPETENZ:*DEUTSCH* – modular. Trainingsteil 1" stark auf die Vermittlung solcher Werkzeuge, will heißen: Proben. Das soll hier anhand der satzinternen Großschreibung kurz dargestellt werden:

Satzintern großgeschrieben werden (außer Namen und Anredepronomen) Nomen und Nominalisierungen. Diese zeichnen sich durch ihre Attribuierfähigkeit aus: Der Kern einer nominalen Gruppe, d. h. ein Nomen oder eine Nominalisierung, kann um ein Attribut erweitert werden, insbesondere um ein flektiertes Adjektiv. Daraus ergibt sich die Nützlichkeit einer so verfassten Erweiterungsprobe: Wörter in einem Satz – orthografische Fragen sind immer im Satzzusammenhang zu klären –, vor die ein flektiertes Adjektiv gesetzt werden kann, sind großzuschreiben.[3] Ähnlich einfach verhält es sich mit der Ersatzprobe: Kann ein Wort an einer bestimmten Stelle des Satzes ausschließlich durch ein Nomen ersetzt werden, so ist es großzuschreiben (Nominalisierung).

Informationen zu und Anleitungen zum Gebrauch solch relativ einfach handhabbarer Proben finden sich an vielen Stellen des „Trainingsteils 1". Damit wird das Ziel verfolgt, die Schüler/innen nicht nur mit orthografischen und grammatischen Fähigkeiten auszustatten bzw. diese Fähigkeiten abzusichern, sondern sie auch im Gebrauch einfacher und brauchbarer Werkzeuge für die Lösung von Problemfällen anzuleiten und zu schulen. Die Bedeutung von Proben könnte im Unterricht etwa dadurch unterstrichen werden, dass die Schüler/innen angehalten werden, sich einen „Werkzeugkasten" anzulegen, in dem sie die „Werkzeuge" (Proben) sammeln. Dazu reicht eine dreispaltige Tabelle: Bezeichnung der Probe – „Nützlich für ..." – Anwendung mit Beispielen. Ein solcher „Werkzeugkasten" kann dann – zusammen mit einer im „Trainingsteil 1" ebenfalls vorgeschlagenen Fehlerkartei (eigentlich: „Richtigstellungskartei") – bei der Überarbeitung von Texten immer wieder herangezogen werden.

---

[3] Ein Beispiel: *Das plätschern des wassers war daran schuld, dass er abends regelmäßig in einen dämmerzustand verfiel. – Erweiterungsprobe: Das ruhige Plätschern des klaren Wassers war daran ~~wirkliche~~ schuld (!), dass er ~~späten~~ abends (!) in einen leichten Dämmerzustand verfiel. – Das Beispiel zeigt, dass nur attributiv verwendete Adjektive, also solche mit einer Deklinationsendung, die Großschreibung anzeigen, adverbial verwendete hingegen die Kleinschreibung (vgl. „wirklich schuld sein", „spät abends").

STOCKINGER | SCHÖRKHUBER | HOFBAUER | GEISLER

KOMPETENZ:*DEUTSCH* – *modular*

Sprachbuch für höhere Schulen
Trainingsteil 1

NEU!

Was ist neu am überarbeiteten Trainingsteil 1?

Der Trainingsteil 1 ist

- für alle höheren Schulen (AHS und BHS) approbiert,
- in einem mehrfarbigen Layout gesetzt,
- auf die besonderen Herausforderungen des Unterrichtens in heterogenen Klassen abgestimmt, indem er von einem basalen Niveau ausgeht.

Was bietet der Trainingsteil 1?

Der Trainingsteil 1 bietet u. a.

- einen grundlegend neu konzipierten Abschnitt „Grammatische Grundlagen“, um eventuell fehlende Eingangsvoraussetzungen auszugleichen,
- gekennzeichnete Aufgaben, die auf die Bedürfnisse von Schülern/Schülerinnen mit Deutsch als Zweitsprache besonders Bedacht nehmen,
- eine fachsprachlich präzise und für Schüler/Schülerinnen gut nachvollziehbare Terminologie,
- ein breites Angebot zum individualisierten und differenzierten Training,
- Übungen, die besonders bei den erfahrungsgemäß schwierigen Themen und häufigen Fehlern ansetzen,
- Rechtschreibübungen, die einerseits die häufig falsch geschriebenen Wörter abdecken, und andererseits darauf ausgerichtet sind, den Wortschatz der Schüler/Schülerinnen zu erweitern,
- Aufgaben mit Audio-Dateien,
- zwei Beilagen: *Grammatik – kompakt* und *Rechtschreibung – kompakt,*
- eine Vorschau auf Lehrvideos in der **hpthek.**

Im folgenden Artikel werden didaktische und methodische Überlegungen zum neuen Trainingsteil 1 erläutert.

Einige didaktische und methodische Hinweise

von Wolfgang Schörkhuber

Im Jahr 2016 gab die „Deutsche Wildtier Stiftung“ beim Institut für Demoskopie Allensbach (IfD) eine Umfrage in Auftrag, in deren Rahmen u. a. gefragt wurde: „Wo sollte man sich auskennen?“ 25 % der Befragten nannten die Natur, 46 % „bei Computern“, 52 % die Gesundheitsvorsorge – und 81 % die Rechtschreibung.[1] – Vermutlich muss nicht erst betont werden, dass eine richtige Schreibung eine wichtige Serviceleistung für Leser/innen darstellt.[2] Dass sie auch gesellschaftlich (noch immer) sehr hoch angesehen ist, erstaunt aber angesichts der orthografischen Abweichungen, die allenthalben zu beobachten sind, doch einigermaßen, deutet allerdings auf ihre nach wie vor hohe soziale Relevanz hin. Eine stichhaltige sachliche und eine soziale Begründung – es braucht wohl nicht mehr an Legitimation dafür, sich am Beginn der Sekundarstufe II (noch einmal) gründlich sprach- und schreibnormativen Fragen zu widmen. Dazu liegt „KOMPETENZ:*DEUTSCH* – modular. Trainingsteil 1“ vor.

[1] https://www.deutschewildtierstiftung.de/content/10-presse/1-pressemitteilungen/pm_dewist_allensbach-02.pdf, 11. Jänner 2019. Für Österreich sind leider keine diesbezüglichen Daten bekannt.

[2] Vgl. etwa Hinney (2017, S. 263): „[…] die Wortschreibung zeigt im Kernbereich Baumuster bzw. Strukturen, die vor allem für das Lesen funktional sind“. Rautenberg (2017, S. 268): Die satzinterne Großschreibung erleichtert „das stille Lesen durch die Gliederung des Texts“.

Reinhard STOCKINGER
Wolfgang SCHÖRKHUBER
Barbara HOFBAUER
Gertraud GEISLER

TRAININGSTEIL

KOMPETENZ: DEUTSCH 1 MODULAR

SPRACHBUCH FÜR HÖHERE SCHULEN

Verlag Hölder-Pichler-Tempsky GmbH
www.hpt.at

Mit Bescheid des Bundesministeriums für Bildung, Wissenschaft und Forschung vom 11. Mai 2018, BMB-5.034/0076-IT/3/2017, als für den Unterrichtsgebrauch für die 5. Klasse an allgemein bildenden höheren Schulen – Oberstufe im Unterrichtsgegenstand Deutsch (Lehrplan 2017), für den I. Jahrgang an Höheren technischen und gewerblichen Lehranstalten im Unterrichtsgegenstand Deutsch (Lehrplan 2015), für den I. Jahrgang an Handelsakademien im Unterrichtsgegenstand Deutsch (Lehrplan 2014), für den I. Jahrgang an Höheren Lehranstalten für wirtschaftliche Berufe im Unterrichtsgegenstand Deutsch (Lehrplan 2016), für den I. Jahrgang an Höheren Lehranstalten für Mode im Unterrichtsgegenstand Deutsch (Lehrplan 2016), für den I. Jahrgang an Höheren Lehranstalten für Kunst und Gestaltung im Unterrichtsgegenstand Deutsch (Lehrplan 2016), für den I. Jahrgang an Höheren Lehranstalten für Tourismus im Unterrichtsgegenstand Deutsch (2016), für den I. Jahrgang an Bildungsanstalten für Elementarpädagogik im Unterrichtsgegenstand Deutsch (einschließlich Sprecherziehung, Kinder- und Jugendliteratur) (Lehrplan 2016), für den I. Jahrgang an Bildungsanstalten für Sozialpädagogik im Unterrichtsgegenstand Deutsch (einschließlich Sprecherziehung, Kinder- und Jugendliteratur) (Lehrplan 2016), für den I. Jahrgang an Höheren land- und forstwirtschaftlichen Lehranstalten im Unterrichtsgegenstand Deutsch (Lehrplan 2016) geeignet erklärt.

Änderungen aufgrund von Veränderungen der Rechtsordnung und des Normenwesens, in der Statistik und im Bereich von Wirtschaftsdaten sowie Software-Aktualisierung liegen in der Verantwortung des Verlages und werden nicht neuerlich approbiert.

Dieses Schulbuch wurde auf Grundlage eines Rahmenlehrplans erstellt; die Auswahl und die Gewichtung der Inhalte erfolgen durch die Lehrerinnen und Lehrer.

SBNR Buch: 190006
SBNR Buch mit E-Book: 190964

Liebe Schülerin, lieber Schüler, Sie bekommen dieses Schulbuch von der Republik Österreich für Ihre Ausbildung. Bücher helfen nicht nur beim Lernen, sondern sind auch Freunde fürs Leben.

Die Autoren/Autorinnen und der Verlag bitten, alle Anregungen und Vorschläge, die dieses Schulbuch betreffen, an folgende Adresse zu senden:
Verlag Hölder-Pichler-Tempsky GmbH
Frankgasse 4, 1090 Wien
E-Mail: service@hpt.at

1. Auflage 2019 (1,00)

Satz: LIGATUR – Brigitte Puschmann, 1120 Wien
Druck und Bindung: Brüder Glöckler GmbH, 2752 Wöllersdorf
ISBN: 978-3-230-04577-5

Vorwort

Hinweise zur Verwendung dieses Buches

Mit diesem Trainingsteil können Sie Ihre Kenntnisse und Fähigkeiten in Grammatik, Rechtschreibung und Zeichensetzung erweitern und überprüfen.

Der Trainingsteil umfasst

- dieses Buch sowie
- zwei Hefte mit einem Überblick zu allen wichtigen Regeln der Rechtschreibung und Zeichensetzung sowie einer Systematik der Grammatik, die Sie als Broschüre in Ihre Mappe/Ihren Ordner geben können.

Kompetenzen erwerben und testen

Diese Tipps können Ihnen bei der Arbeit mit diesem Buch helfen:

- Sehr wichtig: Machen Sie sich zuerst bewusst, in welchen Bereichen Sie noch Schwierigkeiten haben. Bestimmen Sie diese Bereiche ganz genau, also z. B. nicht „Grammatik“, sondern „Unterscheidung von Dativ und Akkusativ“.
- Arbeiten Sie möglichst viel gemeinsam (in Kleingruppen oder zu zweit). Sie können voneinander lernen.
- Verwenden Sie beim Trainieren Hilfsmittel, z. B. Computerprogramme mit Korrekturhilfen, Suchmaschinen, Wörterbücher, Lexika.
- Ihren Lernfortschritt können Sie am Ende der Kapitel mit Hilfe von Kompetenztests überprüfen.

Aufgaben mit Zusatzmaterialien, z. B. Audio-Dateien, sind mit diesem Symbol gekennzeichnet: SB PLUS
Sie stehen Ihnen unter **www.hpt.at/190006** zur Verfügung.

Mit Hilfe des QR-Codes können Sie diese Files auch auf Ihren Computer oder Ihr Smartphone laden.

Übungen, die speziell auf Schüler/innen mit Deutsch als Zweitsprache (DaZ) zugeschnitten sind, werden wie folgt gekennzeichnet: **DaZ**
Bitte beachten Sie aber, dass viele dieser Übungen für alle hilfreich sein können.

Wir wünschen Ihnen viel Freude und wenig Ärger mit diesem Buch!

Die Verfasser/innen

Inhaltsverzeichnis

Abschnitt A: Mit Fehlern richtig umgehen

Abschnitt B: Grammatische Grundlagen

Abschnitt C: Richtig schreiben

Abschnitt D: Zeichensetzung trainieren

Anhang

Mit Fehlern richtig umgehen

SB PLUS
VIDEO
Weitere multimediale Inhalte finden Sie in der hpthek.
www.hpthek.at

In diesem Abschnitt lernen Sie,
- wie man mit eigenen Rechtschreib-, Grammatik-, Zeichensetzungs- und Stilfehlern sinnvoll umgeht und
- wie man sich allein oder in Schreibkonferenzen verbessern kann.

1 FEHLERKATALOG, FEHLERKARTEI

A 1 Lesen Sie den folgenden So-geht's-Kasten und folgen Sie den Anweisungen auf der nächsten Seite.

FEHLERKATALOGE/FEHLERKARTEIEN — ***SO GEHT'S***

Ein Fehlerkatalog wird ähnlich geführt wie ein Vokabelheft, er ist eine eigene Abteilung in Ihrer Deutsch-Mappe.

Fehlerkartei: in Form einzelner Karten (pro Fehler eine Karte), die man am besten nach Satzzeichen, Kasusfehler, einzelne Wörter ... ordnet und in einem Karteikasten ablegt.

Ein Fehlerkatalog/eine Fehlerkartei ist **die Sammlung all Ihrer individuellen Fehler**, die Sie in Schularbeiten, Hausübungen, Mitschriften usw. machen und die von jemandem korrigiert worden sind.

Sinnvoll ist dabei folgende Spaltengliederung:

Korrigierte Fehler	Regel oder Probe	Analogiebeispiele (= ähnliche Fälle)
bestätigen, Bestätigung	***langgesprochener Vokal („ä“) → nur ein „t“***	*jäten, wüten, sie baten*
Alles, was ich weiß, ist, dass ...	***Einschub eines Nebensatzes zwischen zwei Kommas***	*Alles, was er konnte, war vergessen. Der Bewerb, der am Anfang kommt, ist am schwierigsten.*

Vorgangsweise:
1. Entscheiden Sie sich für Fehlerkatalog oder Fehlerkartei.
2. Nehmen Sie (mindestens) eine **korrigierte** Hausübung (im Bedarfsfall Themen unten) oder Schularbeit zur Hand. Dieser korrigierte Text dient als Basis für das Anlegen eines Fehlerkatalogs/einer Fehlerkartei: Sie listen alle Ihre Fehler in drei Spalten auf, wie oben beschrieben.
3. **Achtung! Keine falschen Wörter aufschreiben.** Farblich und typografisch deutlich machen, was **richtig** ist (z. B. Farbe, markieren).
4. Ständiges Update: Fehlerverzeichnis nach jeder Korrektur von Fehlern (Hausübungen, Schularbeiten, Mitschriften, Schreibkonferenzen ...) ergänzen und ab und zu (am besten beim Überarbeiten von Texten und vor Schularbeiten) genau durchschauen oder sich Wörter/Wendungen diktieren lassen.

Verfassen Sie zu einem der folgenden Vorschläge einen Text. Verwenden Sie Ihren Text als Basis für einen Fehlerkatalog oder eine Fehlerkartei.

a) Verfassen Sie einen Sensationsbericht für eine Tageszeitung auf der Basis der folgenden Meldung. Realistische Details müssen Sie dazuerfinden.

Ehe- und Genickbruch

Weil sie gerade per Handy erfahren hatte, dass ihr Mann sie betrogen hatte und verlassen wolle, stürzte sich Frau Evelyn W. aus dem Fenster ihrer Wohnung im vierten Stock eines Mietshauses in Wien. Sie landete jedoch nicht auf der Straße, sondern auf ihrem treulosen Gatten, der zufällig gerade zum Hauseingang gehen wollte: Die Springerin überlebte leicht verletzt, ihr Mann starb an einem Genickbruch.

b) Schreiben Sie eine Kriminalgeschichte zu folgendem Anfangs- und Schlusssatz:
- Anfangssatz: „Sie knebelte ihn sorgfältig."
- Schlusssatz: „Das Bankschließfach war völlig leer."

2 FEHLERKULTUR – STRATEGIEN ZUR FEHLER-VERMEIDUNG

A 2

1. Lesen Sie die folgende INFO-BOX und den So-geht's-Kasten.
2. Wenden Sie danach die dort erklärten Strategien zur Fehlervermeidung an.

FEHLERKULTUR, FEHLERVERMEIDUNG — ***INFO-BOX***

Fehlerkultur:
Eine „konstruktive Fehlerkultur" ist ein positives Klima, in dem einerseits die Angst vor dem Fehlermachen abgebaut wird, andererseits das Lernen aus Fehlern stattfindet. Fehler sind **beim Lernen** kein Zeichen von Schwäche, sondern **„Fenster zum Lernen"**: Man sieht, was man noch verbessern muss. Und beim kreativen Schreiben ist der kreative Prozess wichtiger, als keine Fehler zu machen.

Zum richtigen Zeitpunkt keine Fehler machen:
Zu verschiedenen Anlässen sollten Sie trotz aller Fehlerfreundlichkeit **möglichst wenige Fehler** machen, in manchen Fällen kann davon viel abhängen (z. B. Schularbeiten, Bewerbungsschreiben, Vorlagen für den Druck von Dokumenten in großer Zahl).

Warum macht man beim Schreiben Fehler?
Der Hauptgrund dafür ist, dass man beim Schreiben **die eigene Aufmerksamkeit auf etwas ganz anderes lenkt als auf die normative Sprachrichtigkeit**: auf den Inhalt, auf Ideen, auf gute Formulierungen. Dagegen ist nichts einzuwenden. Aber wenn alles formuliert ist, sollte man sich um die Sprachrichtigkeit kümmern.

STRATEGIEN ZUR FEHLERVERMEIDUNG — ***SO GEHT'S***

Was kann man tun, um Fehler beim Schreiben zu vermindern?

1. Lesen Sie sich **vor dem Schreiben** diejenigen Rechtschreib- oder Zeichensetzungsregeln durch, die **Ihre häufigsten „typischen" Fehler** betreffen.
2. Sehen Sie **Ihren Fehlerkatalog/Ihre Fehlerkartei** regelmäßig durch (siehe Seite 6).
3. Machen Sie sich während des Schreibens ein **Zeichen an den Rand, wenn Sie unsicher sind**, ob etwas richtig oder falsch ist. Das stört den Schreibfluss nicht und Sie können sich später um die fraglichen Stellen kümmern.
4. Planen Sie unbedingt **ausreichend Zeit** ein, um sorgfältiges **Redigieren nach dem Schreiben** möglich zu machen. Beachten Sie die Überarbeitungstipps (siehe nächste Seite).
5. Nutzen Sie **Wörterbücher** und den **Computer**, um nachzuschlagen, wenn Sie etwas nicht sicher wissen.

6. **Wenn möglich: Schreiben Sie auf dem PC/Notebook.** Das verhindert einige Fehler, z. B. durch die automatische Rechtschreib-/Grammatikkorrektur, durch die Möglichkeit, ganz rasch nachzuschlagen (rechte Maustaste, elektronische Wörterbücher).
7. **Gezielte Fehlervermeidung:** Erfahrene Schreiber/innen kennen ihre Schwachstellen und versuchen oft, ihnen mehr oder weniger geschickt aus dem Weg zu gehen. Man schreibt z. B. anstelle von *„Ich liebe **S**urfen“* *„Ich liebe **das S**urfen“*.

Verfassen Sie einen Text zur folgenden Aufgabe:
Sie sollen ein möglichst fehlerloses Flugblatt (A4) für alle Haushalte in Ihrer Straße oder in Ihrer Gemeinde gestalten, in dem Sie darüber informieren, dass der Haushaltsmüll in Restmüll, Bio-Müll, Verpackungsmüll, Sondermüll (Giftstoffe) und „Verwertbare Altstoffe“ (Glas, Metall, Textilien) getrennt und entsorgt werden soll. Sie erklären, was zu den angeführten Müllsorten gehört. Recherchieren Sie, wenn nötig, wie in Ihrer Gemeinde der Müll getrennt werden muss.

3 ÜBERARBEITEN IN BEZUG AUF NORMATIVE SPRACHRICHTIGKEIT

A 3

1. Lesen Sie die folgenden Regeln für das Redigieren (Korrigieren) in Bezug auf normative Sprachrichtigkeit (Rechtschreibung, Grammatik, Zeichensetzung).
2. Korrigieren Sie gemäß diesen Anleitungen in Einzelarbeit den folgenden Text eines Schülers.

TEXTE IN BEZUG AUF NORMATIVE SPRACHRICHTIGKEIT ÜBERARBEITEN — SO GEHT'S

Fremde Texte:

1. Erstes Lesen und Markieren: Markieren Sie beim ersten Lesen alles, was Ihnen verdächtig oder möglicherweise falsch vorkommt.
2. Überprüfen Sie das Markierte mit Hilfe von Wörterbüchern oder dem Internet.
3. Überprüfen Sie nun getrennt, **jeweils nur einen Bereich**:
   a) Groß-/Kleinschreibung
   b) Schreibung der Vokale, *z. B. i – ie – ieh, e – ä; Dehnungs-h*
   c) Getrennt-/Zusammenschreibung
   d) s-Schreibung, inklusive das/dass
   e) Kasusfehler, *z. B. dem – den, einem – einen*
   f) Beistrichsetzung, sonstige Satzzeichen
   g) Tempussystem: Wird jeweils das richtige Tempus verwendet?
4. Lesen Sie den bereits korrigierten Text noch einmal, und zwar
   a) Wort für Wort **von hinten nach vorne** (um Rechtschreibfehler zu finden),
   b) Satz für Satz **von hinten nach vorne** (um Grammatik- und Kommafehler zu finden).
   Das Lesen von hinten nach vorne verhindert, dass Sie sich vom Inhalt des Texts ablenken lassen.

Eigene Texte:

- Wenden Sie diese Überarbeitungsregeln auch **bei eigenen Texten** an.
- Achten Sie dabei besonders auf diejenigen Fehler, von denen Sie wissen, dass sie für Sie **„typisch“** sind. (Sie wissen z. B., dass Sie immer wieder das-/dass-Fehler machen.)
- Wichtig für **Schularbeiten:** Planen Sie unbedingt einige Minuten für das Überarbeiten ein.

Text 1:

In der Kurzgeschichte „Geräusch der Grille – Geräusch des Geldes“ von Frederic Hetmann geht es darum, dass nicht ein Jeder das selbe hört.

Ein Indianer[1] besucht seinen Freund in einer großen Stadt und ist von dem sie umschwirrendem Lärm ziehmlich verwirrt. Die beiden Freunde gehen der Straße entlang und da sagt der Indianer, dass er eine Grille zirpen hört. Der Mann aus der Stadt höhrt aber keine Grille, sondern nur den Lärm der Autos. Er denkt sich, dass sich der Indianer getäuscht haben müsse, weil es viel zu laut ist, dass man ein Grillen Zirpen hören kann. Aber da zeigt ihm der Indianer eine Grille vor einer Hauswand. Jetzt höhrt natürlich auch der Weiße das Feine zirpen und meint, das Indianerohren besser geschult sein müssen, als die der weißen. Der indianische Freund aber wiederspricht. Um seinem Freund zu beweißen, dass dessen Annahme falsch ist schlägt er einen Test vor in dem er ein 50 Cent Stück auf den Asphalt wirft. Passanten, die sogar einige Meter entfernt sind bleiben darauf hin stehen und schauen nach dem Geklimpere, dass in wahrheit nicht lauter ist, als das Zirpen einer Grille. Das beweißt dem Weißen Mann, dass Menschen aus unterschiedlichen Kulturen unterschiedlich hören, nämlich nur das, das für Sie selbst wichtig ist.

[1] *Der Begriff „Indianer" gilt heute als diskriminierend; zur Zeit der Veröffentlichung der Kurzgeschichte von Frederic Hetmann in den 1970er Jahren war diese Bezeichnung üblich.*

4 GEMEINSAM IST MAN STÄRKER – SCHREIBKONFERENZEN

A 4

1. Lesen Sie den folgenden So-geht's-Kasten.
2. Bilden Sie Schreibkonferenz-Gruppen (je etwa vier Schüler/innen).
3. Korrigieren Sie gemeinsam die folgenden Schüler/innentexte, die viele Rechtschreib-, Grammatik-, Stil- und Zeichensetzungsfehler enthalten.

Achtung: Nach 30 Minuten sollen Sie weitgehend fehlerlose Texte vorlegen können. Hilfe bieten die Überarbeitungsregeln auf Seite 8.

SCHREIBKONFERENZEN ZUR NORMATIVEN SPRACHRICHTIGKEIT — ***SO GEHT'S***

Schreibkonferenz ist die Bezeichnung für eine bestimmte Methode zur Besprechung von Texten. Achtung: Hier beziehen sich die Schreibkonferenzen nur auf die **normative Sprachrichtigkeit** (Rechtschreibung, Grammatik, Zeichensetzung).

Das Ziel von Schreibkonferenzen: Ein vorgelegter Text/Text-Entwurf soll von einer Gruppe überarbeitet und verbessert werden. Dabei lernen die Gruppenmitglieder voneinander und miteinander.

Die Unterrichtsform: Eine Kleingruppe (drei oder vier Schüler/innen) führt ein längeres Beratungsgespräch, der/die Lehrer/in steht außerhalb, gibt nur auf Anfrage Hilfestellung.

Ablauf:

Schritt 1: Der vorgelegte Text wird laut gelesen. Was sofort auffällt, wird angemerkt.
Schritt 2: Verbesserung von Rechtschreibung, Grammatik, Zeichensetzung: erste gemeinsame Korrektur Satz für Satz, alle Hilfsmittel dürfen eingesetzt werden (Wörterbücher, Internet).
Schritt 3: Korrektur gemäß den Überarbeitungsregeln (Seite 8).

Text 2:
Charakteristik: „Ein Verwandter"

Mein Onkel Willi war ettliche Jahre in Kanada und kann viele interessanten Geschichten erzählen. Er ist der erstgeborene Sohn von Maximilian und Maria Meckler und somit Franz älterer Bruder, Franz ist mein Vater. Ich glaube er war schon immer Unternehmungslustiger wie mein Vater, der nie ins Ausland wollte. Willi hat nach der Schule Kellner gelernt und ein paar Jahre in Tirol und Schweiz gearbeitet, dann hat er meine Tante Resi geheiratet die in einem Lebensmittelgeschäft gearbeitet hat. Mein Onkel ist heute äusserst dick und glatzköpfig, aber auf alten Fotos kann man sehen, dass er einmal sehr „fesch" war, wie meine Tante immer sagt.

Sie hat mir erzählt, dass er sehr Liebe voll gewesen ist und überhaupt eine Person, die sich überall durchsetzte. Ich glaube, er ist ein Mensch, der sehr Emotional und wenig überlegenswert ist. Er überlegt nicht, wie er aus schwierigen Situationen herauskommt und was vielleicht dahinter steckt. Sein Arbeitgeber in Tirol hat in immer bis weit in die Nacht Arbeiten lassen und auch an Wochenenden und er hat nichts gewusst, wie er dagegen vorgehen soll. Das sie dann nach Kanada gegangen sind, war auch ein arges Risiko, weil sie keine Ahnung gehabt haben was sie dort Drüben erwartet. Aber sie haben sich als Kellner in Goldmienen viel Geld verdient und sind am Ende als Besitzer von mehreren Mietshäusern sehr reich gewesen. Als reicher Mensch war er sehr barmhertzig und hat eine Küche für arme und bedürftige gegründet und bezahlt und Bettler oft Geld gegeben.

Auffällig an ihm ist auch, dass er die Gesellschaft immer scharf kretisiert hat, die Kirche, die Justiz und besonders die Regierungen. Jedoch folgte auf seine Kritik kein handeln: er hat trotzdem immer die gleiche Partei gewählt. Diese ganzen Eigenschaften machen den Onkel Willi zu einem zwiespältigen Menschen. Einerseits sehr Entschluss freudig, andererseits unentschlossen. Er hat z. B. in einen Brief, den er meinem Vater aus Kanada schrieb angekündigt, dass er in ein paar Monaten wieder nach Österreich kommen wird, auf was er sich schon sehr freut, ist aber dann noch vier Jahre in Kanada geblieben. Mit seinen alten Schulfreunden redet er aus gekränkten Stolz kein Wort, weil die ihn als „Landesflüchtling“ beschimpft haben. [...]

Text 3:
Ein Kurzporträt

Lukas ist fünfzehn ein halb Jahre alt. Er macht Derzeit eine Lehre bei Nuhl-Krammer als Tischler und Möbelrestarator. In Regel mässigen Abstenden muss er in eine Beruf Schule in Niederösterreich gehen. Lukas berichtet, das ihn sein Beruf und seine Ausbildung viel Freude macht.

Sein neuntes Schul Jahr hatte Lukas in einer landwirtschaftlichen Fachschule abgeschlossen. Davor ist er in die Unterstufe des Gymnasium Warstadt-Breugel gegangen. Obwohl ihm das lernen nicht schwer viel, wollte Lukas nicht weiter in eine Schule gehen. Er sagt, das er viel lieber Handwerklich arbeiten würde. Als Tischler und Möbelrestarator hat er außerdem die Change, seine Kreativität auszuleben. Das sich ein junger Mensch für alte Möbel interessiert, ist wohl eher untypisch. Aber Lukas sagt, dass er den Duft von den alten Möbeln in der Wohnung von seiner Uroma schon immer gemocht hat.

Zusammen mit seinen Eltern und seinen Bruder lebt Lukas in Hirschberg bei Lessighausen, wesshalb ich ihn kenne. Wir kennen sich seid der Volksschule und sind die Besten freunde, weil man kann sich auf Lukas zu Hundertprozent verlassen. Wir haben auch sehr endliche Freizeit Interessen. Außerdem ist sein Humor ein Grund dafür, das wir so gute Freunde sind.

A 5

1. Vergleichen Sie Ihr Ergebnis aus A 4 mit dem einer anderen Gruppe/aller Gruppen.
2. Berichten Sie im Plenum über Ihre Erfahrungen beim gemeinsamen Korrigieren, z. B. was Ihnen Schwierigkeiten bereitet hat oder ob Sie erfolgversprechende Strategien zur Fehlerverbesserung gefunden haben.

KOMPETENZTEST zum Abschnitt „Aus Fehlern lernen"

Kompetenzbereich:	Sprachbewusstsein
Was Sie können sollen:	a) Sprachnormen kennen und anwenden b) Mit Fehlern konstruktiv umgehen c) Häufige Fehlerquellen erkennen
Erlaubte Hilfsmittel:	Wörterbuch, Internet
Testzeit:	Aufgabe 1: 15 Minuten Aufgabe 2: 20 Minuten

Aufgabe 1

Überarbeiten Sie in Einzelarbeit den folgenden Text, wie im So-geht's-Kasten auf Seite 8 beschrieben. Der Text enthält sehr viele Fehler, einige Teile müssen Sie neu formulieren.

Ein Leserbrief:

Sehr geehrte Redaktion,

ich bin Schülerin und möchte zu dem Thema „Kaufsucht" die ich in dem Kurier gelesen habe, Stellung nehmen, da ich selber viel einkaufe.

In diesen Artikeln steht, dass in Österreich rund 30 % Kaufsucht gefährdet sind. Die Jugendliche gehen statt dem unerfreulichen Alltag lieber shoppen und verbrauchen alles Geld, dass sie bekommen oder verdient haben. Im Internet einzukaufen, ist noch viel gefährlicher, da kaufen dort noch schneller geht. Bankomat- und Kreditkarten erleichtern auch das unüberlegte Geld ausgeben. Die Zeitungsartikeln definieren übrigens „Kaufsucht" als eine Art Zwangsstörung mit der kathastrophalen Nebenwirkung hoher Schulden.

Ich gehe selber sehr viel einkaufen und wenn ich nicht in die Stadt komme, kauf ich über das Internet ein. Meistens ist es bei mir auch so, dass ich unnötige Sachen kaufe oder etwas, dass ich schon im Kasten habe. Das ist zugegebener Maßen einfach Geld Verschwendung, aber ich glaube nicht, das ich gleich abhängig davon bin. Wenn ich kein Geld habe kaufe ich nichts. Außerdem bin ich der Ansicht, dass man meist nur aus Fadheit Shoppen geht, das ist auf jedem Fall bei mir so.

Ich glaube man sollte die Vorschläge, die sie erwähnt haben, wie Verbraucherbildung in den Schulen oder Teraphien für solche, die wirklich süchtig sind ausprobieren. Um die eigenen Problem zu verringern, kann man sich ja jeden Kauf notieren und die Summen bilden oder nur mit dem Bargeld shoppen gehen, das man gerade zur verfügung hat.

Aufgabe 2

Verbessern Sie Ihre Korrektur von Aufgabe 1 in einer Schreibkonferenz.

Was ich jetzt kann und verstehe

Ich ...	Schätzen Sie sich ein (+2 = ganz gut, -2 = nicht).			
	+2	+1	-1	-2
... kann einen Fehlerkatalog/eine Fehlerkartei anlegen und führen.				
... kenne Strategien zur Fehlervermeidung.				
... kann fremde und eigene Texte alleine oder in Schreibkonferenzen redigieren.				

1 LAUTE UND BUCHSTABEN

In diesem Kapitel lernen Sie,

- unterschiedliche Arten von Lauten zu unterscheiden,
- wie Laute wirken und
- wie man sie schreibt.

1.1 Die Wirkung von Lauten

B 1

Lesen Sie den untenstehenden Auszug aus einem Gedicht. Die meisten Wörter gibt es im Deutschen nicht. Stellen Sie sich die Szene trotzdem vor.

1. Beschreiben Sie diese Szene. Tipps: Gibt es eine Landschaft? Gibt es Menschen oder Tiere? Wie ist das Wetter?
2. Vergleichen Sie Ihre Beschreibung mit jenen Ihrer Mitschüler/innen. Stellen Sie Gemeinsamkeiten und Abweichungen fest.
3. Besprechen Sie in einer Gruppe, wonach die einzelnen Wörter klingen: Welche Wörter klingen düster, bedrohlich, fröhlich, aggressiv, kalt, warm usw.? Beschreiben Sie, was diese Eindrücke hervorruft, und vergleichen Sie Ihre Ergebnisse im Plenum.

Text 1:
Lewis Carroll: Der Zipferlake *(übersetzt von Christian Enzensberger)*

Verdaustig wars, und glasse Wieben
Rotterten gorkicht im Gemank;
Gar elump war der Pluckerwank,
Und die gabben Schweisel frieben.

Hab acht vorm Zipferlak, mein Kind!
Sein Maul ist beiß, sein Griff ist bohr.
Vorm Fliegelflagel sieh dich vor,
dem mampfen Schnatterrind.

[...]

Quelle: Lewis Carroll: Der Zipferlake. In: Alice hinter den Spiegeln. Übersetzt von Christian Enzensberger. Frankfurt/Main: Insel Taschenbücher 1974

1.2 Arten von Lauten

Lesen Sie die folgende INFO-BOX. Ergänzen Sie die Lücken, nötigenfalls gemeinsam.

B 2

LAUTE — **INFO-BOX**

Im Deutschen gibt es folgende Laute:

- **Vokale** (______________________): Es gibt fünf Vokale, nämlich ______________________
- **Umlaute** sind von einem Vokal abgeleitet. Es gibt drei: ______________________
- Bei **Diphthongen** (______________________) werden zwei Vokale zusammengezogen. Sie gehören zu einer einzigen Silbe. Beispiele: ______________________
- **Konsonanten** (______________________): Die meisten Laute im Deutschen sind Konsonanten. Wenn man diese Laute im Alphabet spricht, stellt man einen Vokal voran oder ergänzt ihn. Beispiele: ______________________

Ergänzen Sie die folgende Tabelle.

B 3

1. Finden Sie jeweils drei Wörter, auf die die Beschreibung zutrifft.
2. Finden Sie weitere, ähnliche Aufgaben und stellen Sie sie Ihren Mitschülern/Mitschülerinnen vor.

Aufgaben	Beispiele
Von allen Vokalen kommt nur der Vokal e vor.	*Besen, …*
Das Wort hat nur einen einzigen Vokal.	*Gruß, …*
Das Wort enthält mindestens einen Umlaut.	
Es kommt ein Diphthong vor.	
Das Wort enthält genau zwei Vokale: ein e und ein i. Die Reihenfolge ist egal.	
Das Wort hat drei verschiedene Konsonanten.	
In dem Wort kommen drei Konsonanten direkt hintereinander vor.	
Das Wort beginnt mit „sch“.	
Am Ende des Wortes steht „ch“.	

1.3 Unterschiedliche Laute sprechen, hören und schreiben

DaZ B 4

Üben Sie das deutliche Sprechen.

1. Lesen Sie die folgenden Unsinns-Wörter so deutlich wie möglich.
   Regeln:
   - st und sp werden wie s-t und s-p gesprochen.
   - Die Betonung liegt auf der ersten Silbe (auf dem ersten Vokal/Diphthong),
   - bei Wörtern mit drei Vokalen auf der zweiten Silbe.

   In der letzten Zeile sind die Vokale, die Sie beim Lesen betonen sollen, unterstrichen.

2. Stoppen Sie, wie lange Sie für das deutliche Lesen brauchen.
   - Je öfter Sie diese Übung wiederholen, desto schneller sollten Sie werden.
   - Wenn Sie mit Ihrem Lesetempo zufrieden sind, nehmen Sie sich selbst mit dem Smartphone beim Lesen auf.
3. Hören Sie sich einige Tage später die Aufnahme an und schreiben Sie die Unsinns-Wörter, die Sie hören, auf. Kontrollieren Sie anschließend, ob Sie alles richtig verstanden haben.

Almit	Sondu	Korte	Mingo	Pflabo	Hakul
Ewont	Trusp	Forge	Blista	Kegin	Wilte
Preumi	Neipfo	Znaust	Steupo	Hauwi	Bleieg
Schrüter	Ödefopf	Gnäsizo	Hüdeupe	Kebröles	Meitüfe
Gnakultide	Melteuniwü	Zrinautino	Behötinat	Fleuperko	Seidifölt

DaZ **B 5** SB PLUS

1. Hören Sie ein Diktat und schreiben Sie die Wörter auf, wie Sie sie hören. Wenn es mehrere richtige Schreibweisen gibt, notieren Sie diese.
2. Vergleichen Sie Ihre Ergebnisse mit denen Ihrer Mitschüler/innen.
3. Schreiben Sie unterschiedliche Schreibweisen eines Wortes in die Tabelle unten.

Diktat

Gleich klingende Wörter (Homophone)	
malen	*mahlen*

B 6

1. Lesen Sie den folgenden So-geht's-Kasten.
2. Ergänzen Sie danach die Tabelle unten: Wie können die angeführten Laute im Deutschen geschrieben werden?
   - Führen Sie Wörter als Beispiele an.
   - Kennzeichnen Sie Fremdwörter mit „FW".
3. Entscheiden Sie sich im Plenum für zwei Sprachen, die in Ihrer Klasse gesprochen werden (Sie können auch Englisch wählen). Ergänzen Sie die Tabelle für die gewählten Sprachen gemeinsam.

LAUTE SCHREIBEN **SO GEHT'S**

- Im Idealfall wird ein Laut durch genau einen Buchstaben dargestellt, *z. B. [k] → K: Kraft.*
- Für manche Laute gibt es Buchstabenkombinationen, *z. B. ch.*
- Für manche Lautkombinationen gibt es nur einen Buchstaben, *z. B. [**ts**] – **Z**ug.*
- Manche Vokale werden lang ausgesprochen. Dafür kann es verschiedene Zeichen geben, *z. B. malen – mahlen; Lied – Lid – (ihr) lieht (von „leihen").*

Für solche Fälle gibt es einige Regeln (siehe Kapitel „Vokalschreibung"), vielfach muss man sich die Schreibung aber einfach **einprägen**, sie also **auswendig** lernen.

Laut	Deutsch	__________	__________
sch			
f			
ei			
ts			
ks			
w			

2 WÖRTER

In diesem Kapitel lernen Sie,
- wie man im Deutschen neue Wörter bilden kann,
- wie man Wortarten sicher bestimmen kann und
- welche wichtigen Merkmale einzelne Wortarten haben.

2.1 Wortbildung

2.1.1 Komposita

DaZ B 7

Lesen Sie die folgende INFO-BOX und lösen Sie – diesen Informationen entsprechend – die angeschlossene Aufgabe.

KOMPOSITA (ZUSAMMENSETZUNGEN) ***INFO-BOX***

Der Wortschatz des Deutschen wird dadurch erweitert, dass man zwei oder mehrere Wörter zu einem neuen Wort zusammensetzen kann, *z. B.* ***Gemüse** und **Lieferant** zu Gemüselieferant, **tiefer** und **legen** zu tieferlegen, **Stein** und **hart** zu steinhart.*

Dabei unterscheidet man Bestimmungswort und Grundwort:

Gemüselieferant

Grundwort: Das ist dasjenige Wort, das durch ein anderes näher bestimmt wird, in den Beispielen oben *Lieferant, legen* und *hart*.
Das Grundwort legt die Wortart fest: *Feuer (Nomen) + fest (Adjektiv) = feuerfest (Adjektiv)*
Bei Nomen: Das Grundwort legt das Genus des Kompositums fest: ***das** Gemüse + **der** Lieferant = **der** Gemüselieferant*

Bestimmungswort: Das ist dasjenige Wort, das ein anderes Wort näher bestimmt, in den Beispielen oben *Gemüse, tiefer* und *Stein*.

Auch Mehrfachzusammensetzungen sind üblich: *Schlechtwetterfront, Haustürschlüssel*

Verbinden Sie die Bestimmungswörter in der linken Spalte mit den passenden Grundwörtern in der mittleren Spalte so, dass sinnvolle neue Zusammensetzungen entstehen.

Bestimmungswort	Grundwort	Kompositum
Eltern	Essen	
Klima	Blüte	
wider	kommen	
mehr	rasiert	
Kinder	Zeichen	
näher	setzen	
Baum	Abend	
glatt	teilig	
Finanz	Erwärmung	
dafür	grün	

Frage	Artikel	
Abend	Garten	
hell	halten	
Fan	Krise	

2.1.2 Ableitungen

DaZ **B 8**

Lesen Sie die folgende INFO-BOX und lösen Sie die angeschlossenen Aufgaben.

ABLEITUNGEN (DERIVATIONEN) ***INFO-BOX***

Eine andere Form der Wortschatzerweiterung sind sogenannte Ableitungen (Derivationen):
An einen **Wortstamm** wird angefügt:

- ein Präfix (Vorsilbe)
  *Un**schuld***
- ein Suffix (Nachsilbe)
  ***schuld**ig*
- ein Präfix + ein Suffix
  *Ver**schuld**ung*

Es können auch mehrere Präfixe bzw. Suffixe angefügt werden, z. B.
*Un | ent | **schuld** | bar | keit* *un | ent | **schuld** | ig | **t*** ***Schuld** | los | ig | keit*
Weitere Beispiele zum Stamm {SCHULD}: *umschulden, beschuldigen, verschulden, unschuldig, entschuldigen, entschuldbar, Schuldner, Überschuldung.*

Häufige Präfixe: be-, ent-, ge-, un-, ver-, zer-

Häufige Suffixe: -ig, -lig, -lich, -bar, -sam (bilden **Adjektive**), *z. B. saftig, brennbar, strebsam*
-heit, -keit, - nis, -schaft, -tion, -ung, -tum, -chen, -erl, -lein (bilden **Nomen**), *z. B. Schönheit, Reichtum*
-e-, -el-, -er-, -ier- (bilden **Verben**), *z. B. arbeit**e**n, köch**el**n, verschön**er**n, marsch**ier**en*

Verbinden Sie die Präfixe in der 1. Spalte mit den passenden Wortstämmen in der 2. Spalte und den Suffixen in der 3. Spalte so, dass sinnvolle neue Ableitungen entstehen.

Präfix	Wortstamm	Suffix	Ableitung
Ent	freund	nis	
be	wandt	ung	
un	hand	schaft	
Ver	würf	lich	
Zer	deck	eln	

B 9

Bilden Sie je drei Ableitungen zu Nomen, Verb und Adjektiv zum Wortstamm {BILD}.
*Beispiele: Verb: **be**bilder**n**; Nomen: **Aus**bild**ung**; Adjektiv: **nach**bild**bar***

B 10

Markieren Sie die **Komposita** und **Ableitungen** im folgenden Text.

Text 2:
Sebastian 23: Glatzenkalender *(Ausschnitt)*

Samuel Kleinschmitt wurde von seinen Freunden Sam genannt, was ihm sehr gut gefiel. Nicht nur, weil das so cool und amerikanisch klang, sondern auch, weil dadurch etwas von seinem Namen abgeschnitten wurde und dieser hinterher besser aussah.

Schöner machen durch Kürzung war genau sein Ding, Sam war Frisör. Sein Laden war einer der raren Frisöre in Deutschland, die es schafften, ohne grauseliges Wortspiel im Namen auszukommen. Er hieß nicht „Haarem“ oder „Hairzklopfen“ oder „Ruhm und Schere“, sein Salon hieß einfach „Sam Klein“. Bei „Kleinschmitt“ hatte er auch was abgeschnitten, weil er schon mal dabei war.

Sam war ein untersetzter Mann, dessen rundliche Finger in so manche Schere kaum passen wollten. Das waren schon keine Wurstfinger mehr, das waren Schnitzelfinger. Aber er hatte zauberhaft wallendes, dunkelblondes Haar, das er mit einem Haarreif bändigte und das dennoch aus seinem Kopf zu strömen schien, als stünde er unter Strom. Dazu trug er gerne Neonfarben und eine Brille mit dickem, schwarzem Rahmen. Natürlich war eine exzentrische Erscheinung wie Sam in einer Stadt wie Pirna bekannt wie ein sprechender Chihuahua.

Eines Tages, kurz vor der Mittagspause, klingelte die Türglocke mal wieder den Refrain von „Material Girl“ und kündigte einen neuen Kunden an. Sam fegte gerade die Haarreste von Frau Bollmann zusammen, die vor wenigen Minuten den Laden verlassen hatte, woraufhin eine segensreiche Stille eingetreten war. Nun sah Sam auf, um zu sehen, wer diese Stille unterbrach. Es waren drei junge Männer.

„Ach, guck mal“, dachte Sam, „Nazis“.

Vorneweg ging ein kleinerer Typ mit Seitenscheitel und einem akkurat teilrasierten Schnauzbart, das war wohl der Anführer dieses Trüppchens. Hinter ihm folgten zwei lupenreine Skinheads mit nassrasiertem Schädel, Bomberjacke, engen Jeans und dicken Stiefeln. Sexy, dachte Sam, auch wenn der eine der beiden etwas zu dick für seinen Geschmack war.

Die Attraktivität des großgewachsenen Nazis ließ dann auch recht abrupt nach, als er lauthals rief: „Igel Style!“, im Anschluss lautstark rülpste, kurz grübelte, dann nochmal rülpste, dann nochmal grübelte, den Mund aufmachte, um etwas zu sagen, diesen aber sofort wieder schloss.

Dann hob er den Zeigefinger, als wäre ihm eingefallen, was er sagen wollte. Schließlich, nach gefühlten fünf Minuten, in denen ihn sowohl Sam als auch die beiden anderen Nazis gespannt angestarrt hatten, sagte er: „Ne, Moment, nicht Igel Style! Ich meinte „Sieg Heil!“[1]

[...]

[1] „Sieg Heil!“ – sogenannter „Hitlergruß“, wie er in der nationalsozialistischen Zeit üblich war

Quelle: Sebastian 23: Glatzenkalender. In: Hinfallen ist wie Anlehnen, nur später. Paderborn: Lektora-Verlag 2016

B 11

1. Analysieren Sie die Wortbildung der folgenden Wörter (Wortstämme, Komposition, Ableitung).
2. In manchen Wörtern findet sich zwischen den einzelnen Teilen „-(e)s-“, „-(e)n-“. Welche Aufgabe übernehmen solche Elemente?

1. bearbeiten
2. Anbahnungsinstitut
3. wasserdicht
4. Mitbringsel
5. Überraschungsei
6. Ferkelei
7. Autobahnraststätte
8. Schweigeminute
9. straußenähnlich
10. bewerkstelligen
11. todesmutig
12. Unentrinnbarkeit

KOMPETENZTEST zur Wortbildung	
Kompetenzbereich:	Sprachbewusstsein
Was Sie können sollen:	[...] Wortbildungsmuster erkennen und anwenden
Erlaubte Hilfsmittel:	keines
Testzeit:	Aufgabe 1: 20 Minuten Aufgabe 2: 15 Minuten

Aufgabe 1 Bilden Sie 20 Komposita und Ableitungen zum Wortstamm {STELL} und kennzeichnen Sie jeweils diesen Wortstamm.

Aufgabe 2 Kennzeichnen Sie im folgenden Text alle Komposita und Ableitungen.

Heute ist alles ganz anders oder WWWW

(Text einer Schülerin nach Jürgen Beckers „Früher war das alles ganz anders")

Heute ist das alles ganz anders, heute sitzen die Leute nur noch vor dem Computer oder dem Handy. Heute gibt es keine Freundesrunden in Wirtshäusern, heute geht man nicht mehr am Wochenende auf den Berg. Heute ist keiner mehr an Politik interessiert, heute will jeder nur in Ruhe gelassen werden. Heute zählen nur noch Erfolge, das Geld und die Karriere. Heute sind echte Freundschaften veraltet, dafür hat man tausend Facebook-Freunde. Heute telefoniert man nicht, sondern skypt übers Internet. Heute kennen sie nicht einmal die Wiesenblumen mit Namen. Heutzutage lernt keiner mehr tanzen, aber alle gehen in die Diskothek. Heute haben alle ein Zweitauto, niemand macht freiwillig einen Schritt zu Fuß, alle werden so dick wie Rollmöpse. Heute verschlingen wir gentechnikverseuchtes Zeug und haben Pollenallergien und Neurodermitis. Heute ist alles hundsmiserabel, aber heute haben wir Wohnung, Warmwasser, WC und keinen Weltkrieg.

Was ich jetzt kann und verstehe

Ich ...	Schätzen Sie sich ein (+2 = ganz gut, -2 = nicht).			
	+2	+1	-1	-2
... kann Komposita und Ableitungen erkennen und bilden.				
... kenne die häufigsten Präfixe.				
... weiß, welche Suffixe welche Wortart bilden.				

2.2 Wortarten – ein Überblick

B 12

Was wissen Sie bereits über Wortarten?

1. Lesen Sie Text 3.
2. Bestimmen Sie die Wortart aller Wörter, bei denen Sie sich sicher sind, welcher Wortart sie angehören. Die nebenstehende Liste hilft Ihnen dabei.
3. Vergleichen Sie Ihre Ergebnisse in einer Gruppe. Erklären Sie einander, wie Sie einzelne Wortarten erkennen.

WORTARTEN DES DEUTSCHEN ***INFO-BOX***

Im Deutschen gibt es folgende Wortarten:

- Verb
- Nomen
- Adjektiv
- Artikel
- Pronomen
- Adverb
- Präposition
- Konjunktion
- Interjektion

Text 3:

Tierchen attackierten Schüler

Der Jugendliche musste ins Spital. Experten stehen vor einem Rätsel.

MELBOURNE. An Australiens Stränden droht möglicherweise neue Gefahr – nicht von Haien, Quallen oder Stachelrochen, sondern von kleinen Kreaturen, deren Identität noch nicht geklärt ist. Der 16-jährige Schüler Sam aus einem Vorort von Melbourne musste nach einem Bad im Meer mit heftig blutenden Beinen ins Krankenhaus gebracht werden. Die Ärzte stellten zahlreiche Bisswunden in der Größe von Stecknadeln fest. Erst nach mehreren Stunden konnten die Blutungen zum Stillstand gebracht werden.

[...] Der Meeresbiologe Jeff Weir vom australischen Delfin-Forschungszentrum in Hastings vermutete am Montag, dass der Schüler von Seeläusen gebissen wurde, die sich normalerweise in tieferen Gewässern aufhalten. Der Parasiten-Experte Thomas Cribb von der University of Queensland sagte dazu allerdings, es wäre „extrem ungewöhnlich“, wenn Seeläuse solch starke Blutungen auslösen könnten.

Ein weiterer Experte, Michael Brown, meinte in einem TV-Interview, dass der Schüler Opfer von Quallenlarven geworden sein könnte, sagte aber: „Ich mache das seit 20 Jahren – und so etwas habe ich noch nie gesehen. Das ist ein Rätsel für mich.“ Seeläuse sind kleine Krebstiere, die unter anderem durch Schäden in der Lachszucht bekannt geworden sind.

Quelle: Salzburger Nachrichten, 8. Aug. 2017

B 13

Studieren Sie den folgenden So-geht's-Kasten.
Bearbeiten Sie danach die darunter angeführte Aufgabe.

WORTARTEN BESTIMMEN — SO GEHT'S

Bei der Bestimmung der Wortarten hilft Ihnen die folgende Vorgangsweise. Stellen Sie die unten angeführten Fragen **in genau dieser Reihenfolge**.

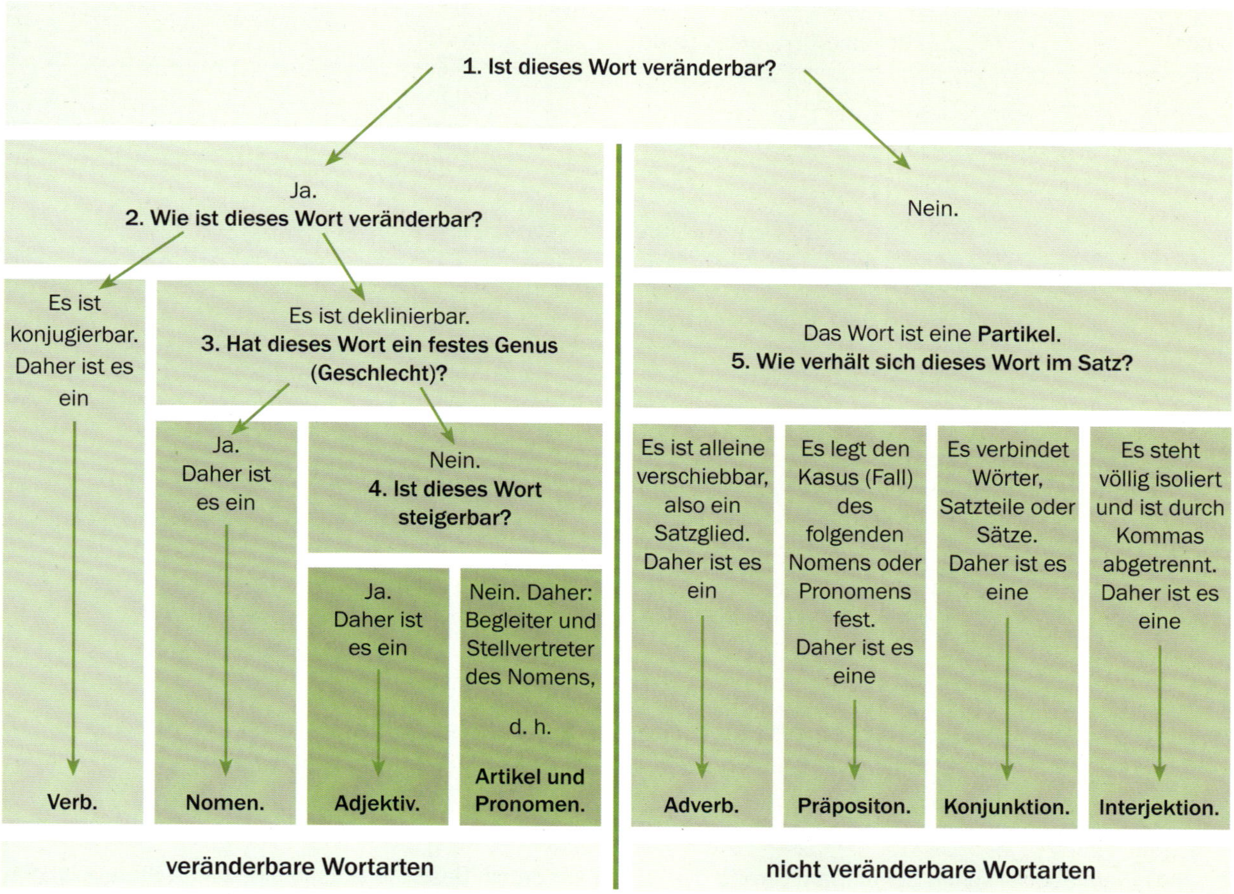

Erläuterungen:

- „Veränderbar" heißt hier: grammatisch veränderbar, also:
  - Kann man das Wort in eine Person und einen Numerus (Zahl) setzen, *z. B. genießen – ich genieße, sehen – (ihr) saht?* = Ist das Wort **konjugierbar**?
    Konjugation: Konjugieren kann man nur **Verben**.
  - Kann man einen Kasus (Fall) bilden, *z. B. (der) Herr – (des) Herr**n**, (die) Dame – (der) Dame; groß – (mit) groß**em** Getöse; ich – mir – mich; der – des – dem – den?* = Ist das Wort **deklinierbar**?
    Deklination: Deklinieren kann man **Nomen, Adjektive, Artikel und Pronomen**.
- „Veränderbar" heißt hier **nicht**, dass man **neue Wörter** bilden kann, z. B. Ableitungen mit Prä- oder Suffixen (*laufen – Vorlauf; gestern – gestrig*) oder Zusammensetzungen (*steinhart*).
- „Stellvertreter eines Nomens" heißt auch: Stellvertreter einer Wortgruppe, deren Kern ein Nomen ist, *z. B. der von einem Sturm arg zugerichtete Turm der Kirche = er („Turm" ist der Kern der Wortgruppe).*

Stellen Sie bei der Bestimmung der Wortart zuerst immer die Frage, ob das Wort veränderbar ist.

Bestimmen Sie die Wortart von Wörtern immer in einem Satz, nicht isoliert.
Beispiel: FLOH kann ein Nomen (der Floh) oder ein Verb (ich floh) sein; was es tatsächlich ist, zeigt sich in einem Satz.

Mit dieser Methode können Sie die allermeisten Wörter einer Wortart zuordnen. Natürlich gibt es Ausnahmen. Wie man damit umgehen kann, erfahren Sie im Laufe dieses Kapitels.

Erstellen Sie mit Hilfe des So-geht's-Kastens gemeinsam eine Übersicht über die Wortarten und ihre Merkmale. Füllen Sie dazu die Tabelle auf der nächsten Seite aus.
Führen Sie weitere Beispiele aus Text 3 an.

veränderbare Wortarten		
Bezeichnung	**Hauptmerkmal(e)**	**Beispiele**
Verb	konjugierbar	*drohen,*
Nomen	deklinierbar, festes Genus	*Strand,*
		neu,

nicht veränderbare Wortarten			
	Bezeichnung	**Hauptmerkmal(e)**	**Beispiele**
Partikeln		im Satz alleine verschiebbar	*möglicherweise*
		im Satz völlig isoliert, durch Kommas abgetrennt	*(keine Beispiele in Text 3)* *oh, ach, hurra, pfui, igitt, huch, nanu, juhu, pst/pscht*

B 14 Lesen Sie Text 4. Bearbeiten Sie danach die darunter angeführten Aufgaben.

Text 4:

Rätselhafte Attacke auf Schüler ist geklärt

Meeresbiologin weiß, welche Tierchen einen 16-Jährigen gebissen haben.

MELBOURNE. Das Rätsel um winzig kleine Meerestierchen, die einem australischen Schüler am Strand die Beine blutig gebissen hatten, ist gelöst. Die Meeresbiologin Genefor Walker-Smith identifizierte die Tiere am Dienstag als kleine Flohkrebse (Amphipoden) – wie sie in allen Weltmeeren vorkommen. Normalerweise gehen die Krebse auf tote Fische oder Seevögel los. [...] Walker-Smith erklärte die starken Blutungen des 16-jährigen Sam damit, dass der Bursch eine halbe Stunde lang in kaltem Meerwasser stand. Wegen der niedrigen Temperaturen habe er die Bisse vermutlich nicht bemerkt. [...] Walker-Smith glaubt, dass der Schüler in der Nähe eines toten Tieres stand und die Amphipoden dann auf ihn wechselten. [...]

Quelle: Salzburger Nachrichten, 9. Aug. 2017

1. Beweisen Sie, dass die folgenden Zuordnungen richtig sind. Verwenden Sie dazu die Vorgangsweise aus dem So-geht's-Kasten auf Seite 21.

Wort	Wortart	Beweis
rätselhafte (Titel)	Adjektiv	*veränderbar, deklinierbar, steigerbar*
Attacke (Titel)	Nomen	
ist (Titel)	Verb	
die (Z. 2, erstes „die")	Pronomen	
als (Z. 5)	Konjunktion	

2. Geben Sie aus Text 4 an:
   a) alle Verben
   b) alle Nomen
   c) alle Pronomen
3. Bestimmen Sie, welcher Wortart die folgenden Wörter in Text 4 angehören. Verwenden Sie dazu die Vorgangsweise aus dem So-geht's-Kasten auf Seite 21.
   a) einen (Untertitel)
   b) winzig (Z. 1)
   c) wie (Z. 5)
   d) allen (Z. 6)
   e) normalerweise (Z. 6)
   f) auf (Z. 7)
   g) damit (Z. 9)
   h) dass (Z. 9)
   i) in (Z. 9)
   j) der (Z. 10)
   k) und (Z. 13)
   l) dann (Z. 13)

B 15

Studieren Sie den folgenden So-geht's-Kasten.
Bearbeiten Sie danach die darunter angeführten Aufgaben.

ADJEKTIVE UND ADVERBIEN UNTERSCHEIDEN — SO GEHT'S

1. Das Hauptmerkmal von **Adjektiven** ist, dass sie steigerbar sind. Das trifft auf die allermeisten Adjektive zu:
   dünn – dünner – am dünnsten *gut – besser – am besten*
2. Manche Adjektive kann man aber nicht sinnvoll steigern, z. B. *schwanger, schriftlich, dreieckig, kinderlos, total, unvergleichlich, absolut, maximal, minimal, leer, einzig, ewig.*
3. Solche Wörter überprüft man am besten mit der **Einsetzprobe**:
   Wörter, die **zwischen Begleiter und Nomen** stehen können, sind **Adjektive** – auch wenn man sie nicht steigern kann. Manche sind auch nicht deklinierbar.

	Begleiter	*Adjektiv*	*Nomen*	Anmerkung
Sie machen	*eine*	*längere*	*Reise.*	deklinierbar, steigerbar
Sie verhafteten	*die*	*schwangere*	*Frau.*	deklinierbar, nicht steigerbar
Das ist	*mein*	*schriftlicher*	*Bericht.*	deklinierbar, nicht steigerbar
Wir besitzen	*einen*	*grünen*	*Papagei.*	Farbadjektiv, deklinierbar, nicht steigerbar
Das sind	*seine*	*fünf*	*Baseballkappen.*	Zahladjektiv, nicht deklinierbar, nicht steigerbar

4. **Adverbien** sind grundsätzlich nicht veränderbar. Allerdings gibt es einige wenige, die steigerbar sind.
   oft – öfter – am öftesten *bald – eher – am ehesten*
   gern – lieber – am liebsten *wohl – wohler – am wohlsten*

   Sie sind keine Adjektive, sondern Adverbien, weil sie nicht zwischen Begleiter und Nomen verwendet werden können (**Einsetzprobe**).

	Begleiter		*Nomen*	Anmerkung
Sie machen	*eine*	~~*ofte/öftere*~~	*Reise.*	nicht deklinierbar
Sie liest	*ihr*	~~*gernes*~~	*Buch.*	nicht deklinierbar

1. Beweisen Sie,
   a) dass die im So-geht's-Kasten unter Punkt 2 angeführten Beispiele Adjektive sind. Wenden Sie die Einsetzprobe an.
   b) dass „bald" und „wohl" (So-geht's-Kasten, Punkt 4)
      - keine Adjektive sind; wenden Sie dazu die Einsetzprobe an;
      - Adverbien sind, indem Sie die Verschiebeprobe anwenden.
2. In Text 4 kommt „16-JÄHRIGEN" zweimal vor (Untertitel, Z. 8). Weisen Sie nach, dass es sich einmal um ein Nomen, einmal um ein Adjektiv handelt.
3. „Vermutlich" (Text 4, Z. 11) ist nicht steigerbar. Überprüfen Sie, ob es sich um ein Adjektiv oder um ein Adverb handelt.
4. Halten Sie „australischen" (Z. 2) für steigerbar? (Zum Vergleich: „Er ist der deutscheste unter allen deutschen Schriftstellern." – „Amerikanischer geht es nicht mehr!") Begründen Sie.
   Belegen Sie, dass es sich dabei um ein Adjektiv handelt.
5. In Text 4 werden zwei weitere Adjektive verwendet, die nicht sinnvoll steigerbar sind. Wie lauten sie?

KOMPETENZTEST zur Bestimmung von Wortarten

Kompetenzbereich:	Sprachbewusstsein
Was Sie können sollen:	Wortarten [...] erkennen und anwenden
Erlaubte Hilfsmittel:	keines
Testzeit:	Aufgabe 1: 3 Minuten Aufgabe 2: 15 Minuten Aufgabe 3: 5 Minuten

Aufgabe 1
a) Nennen Sie die fünf Fragen, mit denen Sie Wortarten feststellen können.
b) Benennen Sie die Wortarten, die es im Deutschen gibt.

Aufgabe 2 Bestimmen Sie jeweils die Wortart der fett gedruckten Wörter im folgenden Text.

Flohkrebse fallen Jungen in Australien an

(Ausschnitt aus einem Interview; der Ausschnitt ist hier in Kleinschreibung wiedergegeben)

[...] **flohkrebse gibt es** auf der **ganzen** welt. **mit ihren sieben paar** beinen sehen sie aus **wie** kleine garnelen. **aber** sie sind **winzig** klein, meistens **deutlich** unter einem zentimeter groß. nur wenige arten **werden** bis zu **zwei** zentimeter groß. sie ernähren sich von plankton und algen, aber auch **von** aas, also von toten insekten und anderen toten kleinkrebsen. so ein schlimmer unfall wie **bei** dem australischen jungen ist **allerdings** selten. **biologen** gehen **davon** aus, dass der **junge** durch langes stehen im kalten wasser **schmerzunempfindlich** wurde und die bisse der flohkrebse nicht gespürt **hat**. [...]

Quelle: https://www.swr.de/natuerlich/blutige-beine-flohkrebse-fallen-jungen-in-australien-an/-/id=100810/did=20058948/nid=100810/1c13wlb/index.html, 9. Aug. 2017

Aufgabe 3 Besonders in der Umgangssprache – aber auch in der Literatur – kommt es immer wieder zu ungewöhnlichen Verwendungen einzelner Wortarten, die in der Standardsprache grammatikalisch falsch sind. Beschreiben Sie, was an den folgenden Verwendungen ungewöhnlich ist.

übliche Verwendung	ungewöhnliche Verwendung	Inwiefern ist die Verwendung ungewöhnlich?
Die Tür ist **zu**.	eine **zuene** Tür	
Das Gerät ist teuer **genug**.	ein teuer **genuges** Gerät	
Der Abstand betrug **ungefähr** 100 Meter.	der **ungefähre** Abstand	
Der Gegner ist **k. o.**	ein **k. o.er** Gegner	
Der Vorschlag ist **okay**.	ein **okayer** Vorschlag	

Was ich jetzt kann und verstehe

Ich ...	Schätzen Sie sich ein (+2 = ganz gut, -2 = nicht).			
	+2	+1	-1	-2
... weiß, wie man Wortarten bestimmen kann.				
... kann Wortarten beschreiben und bestimmen.				

2.3 Das Verb

Benötigtes Vorwissen:
- Wortarten, insbesondere Verben, erkennen → B 2.2

2.3.1 Verbformen: finites und infinites Verb

B 16

1. Ergänzen Sie den folgenden Text sinnvoll mit jeweils **einem** Wort. Verwenden Sie **keine Nomen**. (Achtung: Manchmal gibt es mehrere Lösungen.)
2. Kennzeichnen Sie im Text jene Verben, die Ihnen zur Lösung verhelfen.
3. Kennzeichnen Sie im Text Verben, die Ihnen nicht zur Lösung verhelfen können.

WORTART VERB — ***INFO-BOX***

Erinnern Sie sich: Das Verb ist jene Wortart, die man konjugieren kann (= an der man u. a. Person und Numerus erkennen kann), *z. B. sprechen: (ich) spreche – (du) sprach**st** – (wir) sprech**en***

Text 5:

__Sie__ legt großen Wert auf gute Noten. __________ ist schon immer so gewesen und __________ mag merkwürdig klingen. Denn in letzter Zeit fallen die Noten alles andere als überragend aus. __________ dürfte an der fehlenden Motivation liegen oder __________ gelingt derzeit nicht, die nötige Konzentration aufzubringen. Dabei hat __________ seit Schuleintritt solche Probleme bisher nicht gekannt. Mit den Lehrern hat __________ bereits gesprochen. __________ nannten einige Tipps, wie __________ wieder in die Spur zurückfinden kann. __________ hoffe, bei Gelegenheit auch helfen zu können.

B 17

Lesen Sie die folgende INFO-BOX und ergänzen Sie sie mit Beispielen aus Text 5.

VERBFORMEN — ***INFO-BOX***

Im Deutschen wird das Verb in verschiedenen Formen verwendet:

- Ein **infinites Verb** gibt keine Auskunft über Person und Numerus:
  - Der **Infinitiv** ist die **Grundform** des Verbs und ist jene Form, die man in einem Wörterbuch nachschlägt.
    Beispiele: __________
    Manchmal wird der Infinitiv mit „zu" verwendet.
    Beispiele: __________
  - Das **Partizip I** wird gebildet, indem man an den Wortstamm **-end** anhängt. Es wird häufig als Adjektiv verwendet.
    Beispiele: __________
  - Das **Partizip II** wird üblicherweise mit **ge-** und der Endung **-(e)t** oder **-en** gebildet.
    Beispiele: __________
- Das **finite Verb** (die finite Verbform/Personalform) ist die konjugierte Form des Verbs. Es zeigt **Person** und **Numerus** an und ist an seiner Endung erkennbar. Solche Endungen heißen **Personalendungen**.
  Beispiele: __________

In der 1. und 3. Person Plural („wir“, „sie“) sehen die finiten Verbformen wie der Infinitiv aus, weil für diese Personen die Personalendung **-en** lautet:
*Wir **können** heute nicht kommen.*
*Sie **kommen** zur Party.*

(finites Verb) *(Infinitiv)*

B 18

1. Schreiben Sie aus Text 5 alle finiten Verben heraus. Bilden Sie dazu den Infinitiv.
2. Text 5 enthält zwei Partizipien I. Wie lauten sie?
3. Weisen Sie an den beiden Partizipien I nach, dass das Partizip I gewöhnlich als Adjektiv verwendet wird.

B 19

Überprüfen Sie, ob bzw. inwiefern es sich in Text 5 bei „klingen“ (Z. 3), „fallen“ (Z. 3) und „liegen“ (Z. 5) um finite Verben bzw. Infinitive handelt.

2.3.2 Verben konjugieren

DaZ
B 20

Lesen Sie Text 6.

1. Unterstreichen Sie alle Verben, und zwar finite und infinite, in unterschiedlichen Farben.
2. Schreiben Sie drei finite Verben aus Text 6 in das richtige Feld der Tabelle unten.
3. Schreiben Sie den Text um, indem Sie für „er“ oder „Krabat“ „ich“ einsetzen und für „der Meister“, „Lyschko“ oder „die Mühlknappen“ „du“ oder „ihr“. Beim Umschreiben müssen Sie die finiten Verben und einzelne andere Wörter verändern.
4. Unterstreichen Sie in Ihrem neuen Text alle finiten Verben und ergänzen Sie in der untenstehenden Tabelle weitere Verbformen.

Text 6:

Krabats Entschluss steht fest. Keinen Tag länger bleibt er in dieser Mühle! Er stiehlt sich ins Haus, holt vom Dachboden Rock und Mütze, dann schleicht er davon. Niemand sieht ihn. Der Meister hat sich in seine Stube zurückgezogen, die Fenster sind wegen der Hitze mit Tüchern verhängt; die Mühlknappen arbeiten auf dem Speicher und an den Mahlgängen; selbst Lyschko hat keine Zeit, sich um Krabat zu scheren. Und dennoch fühlt sich der Junge heimlich beobachtet.
Wie er sich umblickt, bemerkt er, dass auf dem Dach des Holzschuppens jemand sitzt und ihn anstarrt: ein struppiger schwarzer Kater, fremd hier – und einäugig.

Quelle: Ottfried Preußler: Krabat. Stuttgart: Thienemann 2012

Person		Singular (Einzahl)		Plural (Mehrzahl)
1.	ich	*bleibe*	wir	
2.	du		ihr	
3.	er, sie, es	*steht*	sie	*arbeiten*

DaZ **B 21**

1. Lesen Sie die Sätze unten links. Was lässt sich am Stammvokal der Verben (Infinitiv – finites Verb) feststellen?
2. Bilden Sie ähnliche Sätze mit den rechts angeführten Verben. Wenn Sie Schwierigkeiten haben, fragen Sie Ihren Lehrer/Ihre Lehrerin oder suchen Sie im Internet nach der richtigen Lösung.
3. Teilen Sie die Verben (links und rechts) in zwei Gruppen ein, und zwar aufgrund Ihrer Beobachtungen zum Stammvokal.
4. Lesen Sie danach die INFO-BOX und ergänzen Sie sie.

feststehen: Krabats Entschluss steht fest.	leiden: Er ______
stehlen: Er stiehlt sich ins Haus.	geben: Du ______
holen: Er holt Rock und Mütze.	schlafen: Keiner ______
sehen: Niemand sieht ihn.	fahren: Du ______
fühlen: Der Junge fühlt sich beobachtet.	laufen: Er ______

VERBEN KONJUGIEREN *INFO-BOX*

Verben können regelmäßig oder unregelmäßig konjugiert werden.

- Bei der **regelmäßigen Konjugation** verändert sich der Stammvokal nicht. Zu dieser Gruppe gehören die meisten Verben:

Singular:	Plural:
1. P.: ich *gehe*	1. P.: wir ______
2. P.: du ______	2. P.: ihr ______
3. P.: er, sie, es ______	3. P.: sie ______

- Bei der **unregelmäßigen Konjugation** verändert sich der Stammvokal in der 2. und 3. Person Singular. Dabei zeigen einige Verben Gemeinsamkeiten:

  Der **Stammvokal e** wird häufig zu ______ (geben), geschrieben auch ______ (sehen).

  Der **Stammvokal a** wird häufig zu ______ (fahren).

  Der **Stammvokal au** wird in „laufen“ und „saufen“ zu ______

DaZ **B 22**

Verwenden Sie die untenstehenden Verben in Sätzen. Beginnen Sie Ihre Sätze mit „Du“, „Er“ oder „Es“ und verwenden Sie die jeweilige finite Verbform.
Beispiel: befehlen: Du befiehlst mir nichts.

Verben mit e-i/ieh-Wechsel:

1. befehlen	8. verderben	15. schwellen	22. messen
2. dreschen	9. werden	16. treffen	23. schelten
3. fressen	10. bergen	17. vergessen	24. sprechen
4. helfen	11. essen	18. werfen	25. treten
5. nehmen	12. gelten	19. brechen	26. werben
6. schmelzen	13. lesen	20. flechten	27. erschrecken
7. stechen	14. quellen	21. geschehen	28. empfehlen

DaZ
B 23 Setzen Sie die folgenden Verben in die 2. und 3. Person Singular und bilden Sie Sätze.
Tipp: Nehmen Sie das Internet zu Hilfe, wenn Sie unsicher sind (Suche: [Verb] konjugieren).

Verben mit unterschiedlichem Vokalwechsel:

1. wollen
2. erlöschen
3. mögen
4. stoßen
5. wissen

Verben mit a-ä-Wechsel:

1. blasen
2. fangen
3. halten
4. raten
5. tragen
6. empfangen
7. geraten
8. laden
9. schlafen
10. wachsen
11. fallen
12. graben
13. lassen
14. schlagen
15. waschen

2.3.3 Die wichtigsten Verbarten

B 24 Studieren Sie die folgende INFO-BOX.
Bearbeiten Sie danach die darunter angeführte Aufgabe.

DIE WICHTIGSTEN VERBARTEN — ***INFO-BOX***

Die wichtigsten Verbarten des Deutschen sind:

Vollverben	Modalverben	Hilfsverben
• haben eine eigenständige Bedeutung • können alleine das Prädikat bilden	• bilden das Prädikat zusammen mit einem Infinitiv.	• „helfen“, zusammen mit einem Vollverb zusammengesetzte Tempora (Zeitformen) und die Formen des Passivs zu bilden.
z. B. laufen, kleben, helfen, identifizieren	**-o-: *wollen, sollen*** **-ö-: *können, mögen/möchten*** **-ü-: *dürfen, müssen***	**haben** **sein** **werden**
Beispiele: *Wir **schlafen** in einem Zelt.* *Wir **wachten** zu spät **auf**.*	*Beispiele:* *Wir **sollen** in einem Zelt **schlafen**.* *Wir **müssen** rechtzeitig **aufwachen**.* *Es **dürfte** 10 Uhr **gewesen sein**.*	*Beispiele:* *Wir **haben** in einem Zelt **geschlafen**.* *Wir **sind aufgewacht**.* *Wir **werden** in einem Zelt **schlafen**.*

Bei einigen Verben hängt es von der **Verwendung** ab, welcher Verbart sie angehören.
Beispiele:

- „Haben“ kann Hilfsverb oder Vollverb sein.
  - *Wir haben schon länger nichts gegessen:* Hilfsverb
  - *Wir haben nur geringe Essensvorräte:* Vollverb in der Bedeutung von „besitzen“ (auch im weitesten Sinne)
    Wir haben großen Hunger: Vollverb in der Bedeutung von „befallen sein von“
  - *Du hast die Vorräte mit den anderen zu teilen:* ähnlich einem Modalverb, allerdings Infinitiv mit „zu“; Bedeutung: „müssen“
- „Mögen“ kann Modalverb oder Vollverb sein:
  - *Sie mag rote Rosen:* Vollverb
  - *Sie mag noch nicht gehen:* Modalverb

Kennzeichnen Sie im folgenden Text alle Verben, und zwar Voll-, Modal- und Hilfsverben unterschiedlich. Geben Sie an, um welche Verbart es sich handelt.

Text 7:
Fahrzeuge mit Beton übergossen

In Kärnten hat ein Mischfahrzeug acht Pkws mit Beton übergossen. Offenbar hatte der Lenker des Wagens zwei Hebel verwechselt, sodass die Mischtrommel während der Fahrt geöffnet war. Der ausfließende Beton ergoss sich auf die Fahrbahn und auf nachkommende Fahrzeuge. Erst nach drei Kilometern konnte die Polizei das Mischfahrzeug stoppen. Der Fahrer dürfte den Vorfall nicht bemerkt haben, er wurde angezeigt. An den betroffenen Pkws und an der Fahrbahn entstand erheblicher Sachschaden.

2.3.4 Die Tempora: Übersicht

DaZ **B 25**

Lesen Sie drei Versionen ein und derselben Wandersage.

1. Kennzeichnen Sie jene Stellen, an denen sich die Versionen unterscheiden.
2. Besprechen Sie:
   a) Was bewirken die Veränderungen?
   b) Was sagen die Veränderungen darüber aus, wann das Geschehen stattgefunden hat?
3. Lesen und ergänzen Sie danach die INFO-BOX.

Text 8:
Das chinesische Tattoo

Ein Grazer war in China auf Urlaub. Weil er von der chinesischen Kultur so begeistert war, ließ er sich einen Drachen auf den Oberarm tätowieren. Nachdem er schon bezahlt hatte, drängte er den Meister noch, ihm auch eine chinesische Weisheit dazuzuschreiben.
Zurück in Graz wollte er seinen Freunden seinen neuen Körperschmuck präsentieren. Dazu lud er sie in ein China-Restaurant ein. Allerdings lief die Einladung schlecht: Das Essen war elend und der Kellner mürrisch. Und vor allem: Der Kellner ließ sein Tattoo nicht aus den Augen. Da reichte es dem Grazer und er fragte nach der Bedeutung des Spruchs unterhalb seines Drachens. „Dieser Geizkragen gibt kein Trinkgeld“, übersetzte der Kellner.

Ein Grazer ist in China auf Urlaub. Weil er von der chinesischen Kultur so begeistert ist, lässt er sich einen Drachen auf den Oberarm tätowieren. Nachdem er schon bezahlt hat, drängt er den Meister noch, ihm auch eine chinesische Weisheit dazuzuschreiben.
Zurück in Graz will er seinen Freunden seinen neuen Körperschmuck präsentieren. Dazu lädt er sie in ein China-Restaurant ein. Allerdings läuft die Einladung schlecht: Das Essen ist elend und der Kellner mürrisch. Und vor allem: Der Kellner lässt sein Tattoo nicht aus den Augen. Da reicht es dem Grazer und er fragt nach der Bedeutung des Spruchs unterhalb seines Drachens. „Dieser Geizkragen gibt kein Trinkgeld“, übersetzt der Kellner.

Ein Grazer ist in China auf Urlaub gewesen. Weil er von der chinesischen Kultur so begeistert gewesen ist, hat er sich einen Drachen auf den Oberarm tätowieren lassen. Nachdem er schon bezahlt hat, hat er den Meister noch gedrängt, ihm auch eine chinesische Weisheit dazuzuschreiben.
Zurück in Graz hat er seinen Freunden seinen neuen Körperschmuck präsentieren wollen. Dazu hat er sie in ein China-Restaurant eingeladen. Allerdings ist die Einladung schlecht gelaufen: Das Essen ist elend gewesen und der Kellner mürrisch. Und vor allem: Der Kellner hat sein Tattoo nicht aus den Augen gelassen. Da hat es dem Grazer gereicht und er hat nach der Bedeutung des Spruchs unterhalb seines Drachens gefragt. „Dieser Geizkragen gibt kein Trinkgeld“, hat der Kellner übersetzt.

TEMPORA **INFO-BOX**

Tempora (Zeitformen) sind grammatische Formen des Verbs.
Im Deutschen gibt es sechs Tempora. Sie können in zwei Gruppen geteilt werden:

1. Einfache Tempora
bestehen aus einem einzigen Verb:

Präsens:
*Sein Tattoo **zeigt** einen Drachen.*

Bildung: Stamm des Infinitivs + Personalendung: *(ich) zeig + e, (wir) zeig + en*
Bei einigen Verben verändert sich dabei der Stammvokal (siehe 2.3.2, Seite 27).

Beispiele: ______________________

____

Präteritum:
*Er **ließ** sich einen Drachen tätowieren.*
*Er **bezahlte** für den Drachen.*

Bildung: Stamm des Infinitivs + (e)t + Personalendung: *(er) bezahl + te, (ihr) bezahl + te + t*
Oder: Stamm des Präteritums + Personalendung: *(sie) ließ + 0, (sie) ließ + en*

Beispiele: ______________________

____

Wegen der unterschiedlichen Bildung unterscheidet man zwischen **schwachen, starken und gemischten Verben** (siehe folgende Seite: „Stammformen des Verbs").

2. Zusammengesetzte Tempora
bestehen aus finitem Hilfsverb + infinitem Verb:

Perfekt (Präsensperfekt):
*Er **ist** in China **gewesen**.*
*Er **hat** ein Tattoo **mitgebracht**.*

Bildung: Präsens von „haben" oder „sein" + Partizip II: *(ich) habe ... gesehen, (du) bist ... eingeschlafen*

Beispiele: ______________________

____

Plusquamperfekt (Präteritumperfekt):
*Er **hatte** davor kein Tattoo **gehabt**.*
*Nachdem er sie **eingeladen hatte**, ...*

Bildung: Präteritum von „haben" oder „sein" + Partizip II: *(du) hattest gehofft, (wir) waren eingeschlafen*

Beispiele: ______________________

____

Wann Sie für die Bildung des Perfekts und des Plusquamperfekts „haben" bzw. „sein" verwenden müssen, erfahren Sie unter 2.3.6, Seite 35.

Futur I:
*Er **wird** sich über sein Tattoo **ärgern**.*
*Sie **werden** sich köstlich **amüsieren**.*

Bildung: Präsens von „werden" + Infinitiv

Beispiele: ______________________

____

Futur II:
*Er **wird** in China **gewesen sein**.*
*Sie **werden** ihn **belächelt haben**.*

Bildung: Präsens von „werden" + Partizip + „haben" oder „sein"

Beispiele: ______________________

____

2.3.5 Stammformen des Verbs

B 26

Ergänzen Sie die folgende Tabelle mit Beispielen aus Text 8.

Präteritum		Partizip II	
schwache Verben	**starke Verben**	**schwache Verben**	**starke Verben**
drängte, wollte,	*ließ, lud,*	*bezahlt, gedrängt,*	*eingeladen, gelassen,*

DaZ B 27

Lesen und ergänzen Sie die folgende INFO-BOX.

STAMMFORMEN DES VERBS — ***INFO-BOX***

Die Stammformen des Verbs sind: **Infinitiv, Präteritum und Partizip II.**
Nach der Bildung der Stammformen unterscheidet man starke, schwache und gemischte Verben.

Schwache Verben

- bilden das Präteritum mit **-(e)te** + Personalendung;
- bilden das Partizip II mit **ge-** und der Endung **-(e)t.**

Infinitiv	**Präteritum**	**Partizip II**
fragen	*fragte*	*gefragt*
arbeiten	*arbeitete*	*gearbeitet*
....	*wollte*	....

Starke Verben

- bilden das Präteritum mit einer **Veränderung des Stammvokals;**
- bilden das Partizip II mit **ge-** und der Endung **-en**, dazu evtl. einer weiteren **Veränderung des Stammvokals.**

Infinitiv	**Präteritum**	**Partizip II**
laufen	*lief*	*gelaufen*
sprechen	*sprach*	*gesprochen*
....	*fiel*	....

Gemischte Verben

- zeigen Merkmale von starken und von schwachen Verben.

Infinitiv	**Präteritum**	**Partizip II**
nennen	*nannte*	*genannt*
bringen	*brachte*	*gebracht*
....	....	*gedacht*

Besonderheiten:

Bei Verben auf **-ieren**, bei Verben, die **nicht auf der ersten Silbe betont** sind, und solchen mit **(unbetontem!) Präfix** (*z. B. be-, er-, ent-, ge-, ver-, zer-*) entfällt beim Partizip II *ge-*.

Infinitiv	**Präteritum**	**Partizip II**
trainieren	*trainierte*	*trainiert*
beschreiben	*beschrieb*	*beschrieben*
....	*überforderte*	....

Bei Verben mit **(betontem, trennbarem)** Verbzusatz (*z. B. auf-, durch-, unter-*) wird beim Partizip II *ge-* nach dem Verbzusatz eingefügt.

Infinitiv	**Präteritum**	**Partizip II**
umleiten	*leitete ... um*	*umgeleitet*
aufbringen	*brachte ... auf*	*aufgebracht*
__________	*band ... fest*	__________

Achten Sie in solchen Fällen also auf die Betonung und die Trennbarkeit:
umfàhren: Ich umfuhr das Hindernis. – Ich habe das Hindernis umfahren.
Ich fuhr das Hindernis um. – Ich habe das Hindernis umgefahren.

DaZ
B 28

Lesen Sie die folgende Wandersage.
Setzen Sie die richtigen Formen des Partizips II ein.
Tipp: Sehen Sie im Internet nach, wenn Sie unsicher sind (Suche: [Verb] Stammformen).

STAMMFORMEN — ***SO GEHT'S***

Ob ein Verb stark, schwach oder gemischt ist, dafür gibt es keine Regeln oder Proben. Solche Formen müssen Sie

- lernen,
- nachschlagen,
- genau wahrnehmen, wann immer Sie etwas lesen.

Text 9:
Antiautoritäre Erziehung

Eine junge Mutter ist mit Ihrem Sohn mit einer U-Bahn __________ (fahren). Der Bub ist vielleicht vier Jahre alt __________ (sein). Er ist unentwegt auf seinem Sitz __________ (umherrutschen) und ist dabei immer wieder mit seinen schmutzigen Schuhen am Kleid einer älteren Dame __________ (anstreifen). Die Frau hat ihn __________ (bitten), das zu unterlassen, aber der Bub hat sie __________ (ignorieren). Daraufhin hat die Dame die junge Mutter __________ (ersuchen) einzugreifen. Diese hat jedoch mit den Worten __________ (ablehnen), ihr Sohn brauche seine Freiheit, daher werde er antiautoritär erzogen.

An der nächsten Haltestelle ist ein junger Mann __________ (aufstehen), hat seine schmutzigen Schuhe am Kleid der jungen Mutter __________ (abwischen) und __________ (verkünden): „Ich bin auch antiautoritär erzogen __________ (werden)."

DaZ
B 29

Setzen Sie Text 9 ins Präteritum.

B 30

Manche Verben können sowohl starke als auch schwache Formen bilden – allerdings mit einem Bedeutungsunterschied.
Vergleichen Sie dazu die folgenden Satzpaare und ergänzen Sie die Tabelle darunter.

1. a) Sie wurden dazu **bewogen**, einen größeren Betrag zur Verfügung zu stellen.
   b) Ich glaube, er hat sich **bewegt**.
2. a) Ich **erschrak** beim Anblick der hässlichen Masken.
   b) Sie **erschreckten** mich mit der vermeintlich schlechten Nachricht.
3. a) Die Trophäen von der Jagd **hingen** an der Wand.
   b) Die Trophäen von der Jagd **hängten** sie an die Wand.
4. a) Wir haben an einem Tag mehr als die Hälfte der Arbeit **geschafft**.
   b) Sie hat sich eine gute Basis für weitere Erfolge **geschaffen**.
5. a) Was mich aufregte: Er **scherte** sich um gar nichts.
   b) Sie **schoren** die Alpakas in drei Tagen.
6. a) Sie haben die Säcke in die Scheune **geschleift**./
   Das Haus wurde wegen eines neuen Autobahnzubringers **geschleift**.
   b) Sie haben die Messer **geschliffen**.
7. a) Er **sendete** einen Funkspruch an seine Kameraden.
   b) Er **sandte/sendete** seinen Verwandten die besten Grüße.
8. a) Sie **wendeten** ihren Wagen und fuhren in die Gegenrichtung.
   Das Blatt **wendete** sich gegen uns.
   b) Ich **wandte** mich an die Behörde, um Auskunft zu erhalten.
9. a) Einer nach dem anderen **wiegten** wir das Baby im Arm.
   b) Das Baby **wog** bereits viereinhalb Kilo.

Infinitiv	Präteritum	Partizip II	Bedeutung
bewegen			die Lage verändern
			veranlassen
erschrecken			in Schrecken versetzen
			in Schrecken geraten
hängen			zum Hängen bringen
			aufgehängt sein
schaffen			(unter Mühe) zu Stande bringen
			hervorbringen, schöpfen
scheren			sich kümmern
			die Haare schneiden
schleifen			schärfen
			über den Boden ziehen; dem Erdboden gleichmachen

senden			schicken
			ausstrahlen
wenden			auf die andere Seite drehen/herumdrehen; eine Frage/Bitte an jemanden richten; jemandem bzw. einer Sache entgegentreten
			die Richtung während der Fortbewegung ändern; umkehren/umdrehen
wiegen			ein Gewicht haben; das Gewicht bestimmen
			schaukeln

2.3.6 Die Bildung des Perfekts (Präsensperfekts) und Plusquamperfekts (Präteritumperfekts) mit „haben“ oder „sein“

DaZ **B 31**

Lesen Sie den folgenden Text.

1. Unterstreichen Sie alle Perfektformen (die erste ist bereits unterstrichen).
2. Ergänzen Sie die Tabelle, indem Sie alle Perfektformen mit „haben“ und alle mit „sein“ zuordnen.

PERFEKT (PRÄSENSPERFEKT) ***INFO-BOX***

Erinnern Sie sich: Das Perfekt (Präsensperfekt) wird gebildet mit dem Präsens von „haben“ oder „sein“ + Partizip II:
*Wir **haben** den Weg schon wieder **verlassen**.*
*Ihr **seid** einen Umweg **gefahren**.*

Text 10:

Gestern ist es passiert. Gestern erst. Mir kommt es vor, als wäre es vor vielen Wochen geschehen – oder vor Monaten. Eine halbe Ewigkeit.

Der Tag hat begonnen wie jeder andere, jeder andere in diesem langweiligen Schuljahr. Mein Wecker hat geläutet, ich habe ihn ausgeschaltet und habe sofort weitergeschlafen, wie immer. Ein paar Minuten später hat mein Bruder, wie immer, die Badezimmertür zugeknallt und meine Schwester ist die Treppe nach unten getrampelt wie ein Elefant. Mann, wie asozial! Ich habe ihnen bestimmt schon tausendmal, eine Million Mal gesagt, dass sie das nicht tun sollen!

Also bin ich aufgestanden, habe mich angezogen, irgendwas, weil mir niemand mein Lieblingshemd gebügelt hat, typisch. Und dann bin ich nach unten gegangen. Ich habe meine laute Schwester und meinen lästigen Bruder ertragen, die haben um Cornflakes gestritten, warum nur? Die Eltern sind schon in der Arbeit gewesen, wie immer. Also nichts wie raus, raus aus diesem Irrenhaus, Test in der ersten Stunde. Also bin ich gelaufen.

Und dann. Ja, ich habe mit allem gerechnet an so einem langweiligen Tag. Oder nein: Das stimmt nicht, eigentlich habe ich mit überhaupt nichts gerechnet, so wach bin ich noch nicht gewesen, dass ich mit etwas Bestimmtem gerechnet hätte. Echt nicht. Aber das, das ist wirklich unglaublich gewesen. Das hat niemand gewollt. ...

Perfekt mit „haben“	Perfekt mit „sein“

DaZ **B 32**

Studieren Sie die folgende INFO-BOX. Erledigen Sie danach die darunter angeführte Aufgabe.

PERFEKT UND PLUSQUAMPERFEKT MIT „HABEN“ ODER MIT „SEIN“ — ***INFO-BOX***

Das Perfekt (Präsensperfekt) wird mit „**haben**“ oder „**sein**“ gebildet.

1. Die Bildung mit „haben“ ist der **Normalfall.**
   *Das Fahrzeug **hat** vor dem Schild **angehalten**. Der Arzt **hat** mich **geimpft**.*
   *Ich **habe** mich köstlich **amüsiert**. (alle Verben mit „sich“)*
2. Mit „sein“ bilden nur wenige Verben das Perfekt. Die am häufigsten verwendeten sehen Sie in der Tabelle unten. Im Zweifel nachschlagen! Die genauen Regeln finden Sie auch auf **www.hpt.at/190006**.

sein, bleiben, werden	Nur in Österreich: liegen sitzen stehen	treten
laufen		folgen
gehen/durchgehen/eingehen		starten
kommen/ankommen		sinken
fahren: Aber: *Er hat ihn/mich zur Schule gefahren.*	steigen, auch: aussteigen, einsteigen, umsteigen	sterben
fliegen	einschlafen; aber: „schlafen“ bildet das Perfekt mit „haben“: *Ich habe lange geschlafen.*	wachsen
fallen		passieren (= geschehen)
springen		reisen
aufwachen	schwimmen	entstehen
aufwachsen	rennen	geschehen (= passieren)
ausziehen (aus einer Wohnung), einziehen (in eine Wohnung)	Aber: ausziehen (Kleidung, sich) mit „haben“: *Ich habe mich/die Schuhe ausgezogen.*	hüpfen

Manchmal hängt es von der **Verwendung** ab, ob das Perfekt mit „haben“ oder „sein“ gebildet wird, z. B.:

*Ich **bin** auf den Wurm **getreten**.* — *Sie **hat** ihre Gegnerin in den Bauch **getreten**.*

*Das Flugzeug **ist** bereits **gestartet**.* — *Er **hat** den Motor **gestartet**.*

Für das Plusquamperfekt (Präteritumperfekt) gelten dieselben Regeln wie für das Perfekt.

Wählen Sie zehn Verben aus der Tabelle in der INFO-BOX und schreiben Sie damit jeweils einen Satz im Perfekt.

2.3.7 Tempussysteme

B 33 Lesen Sie die folgende Erklärung. Erschließen Sie die Regeln aufgrund der Beispiele. Ergänzen Sie danach in der Tabelle das richtige Tempus.

TEMPUSSYSTEME ***INFO-BOX***

Tempora drücken auch aus, in welchem zeitlichen Verhältnis verschiedene Geschehen zueinander stehen. In einem geschlossenen Text werden sie in festen Beziehungen zueinander verwendet. Das nennt man **Tempussysteme**.

Es gibt **zwei grundlegende Tempussysteme**:

Tempussystem des Präsens

Davor ←	Jetzt	→ Danach
....	**Präsens**	....
Nachdem er den Schaden festgestellt hat,	*kann er sagen,*	*welche Entschädigung ich erhalten werde.*
Seit ich sie so traurig gesehen habe,	*weiß ich,*	*dass ich ihr helfen werde.*

Das Tempussystem des Präsens ist typisch für Beschreibungen, Erklärungen, Erörterungen, direkte Reden und das Sprechen/Schreiben über literarische Werke *(z. B. Inhaltsangabe, Interpretation)*.

Tempussystem des Präteritums

Davor ←	Jetzt	→ Danach
....	**Präteritum**	....
Nachdem wir zugesagt hatten,	*erzählten sie allen,*	*dass wir bei dem Treffen auftauchen würden.*
Obwohl ich nichts bemerkt hatte,	*war mir,*	*als sollte in dem Haus ein Geheimnis stecken.*

Das Tempussystem des Präteritums ist typisch für Erzählungen, Romane, Märchen, Berichte.

Davor	Jetzt	Danach	Tempussystem
Kaum .... er die Straße .... (verlassen)	traf er auf einen Wanderer,	der ihm tags darauf wieder begegnen	
Nachdem sie die Blumen .... (pflücken),	.... (gehen) sie in die Küche,	wo sie später ein Blumengesteck arrangieren wird.	
Jetzt	**Davor**	**---**	**Tempussystem**
Drehen Sie nun Schraube 8 in die Eisenstange,	die Sie zuvor in Öffnung 3 .... (stecken).	---	
Danach	**Davor**	**Davor**	**Tempussystem**
Erst am nächsten Tag wird er sich erinnern,	dass er es .... (sein),	der den Schlüssel .... (verlegen).	

Setzen Sie das richtige Tempus ein.

B 34

1. Ich ____________ (sein) überrascht, dass er noch nicht geliefert hatte, obwohl wir es ____________ (vereinbaren).
2. Die Zahlung wird erfolgen, nachdem sie ____________ (liefern).
3. Die Sonne ____________ (den Zenit erreichen), als die Bande in das Haus eindrang, das sie Minuten später ____________ (in Brand setzen).
4. Ich werde den Termin für die Zahnbehandlung vereinbaren, sobald ich ____________ (wissen), wann die Schularbeiten ____________ (stattfinden).
5. Er ____________ (feststellen), dass der Koffer, dessen Inhalt er in den nächsten Tagen so dringend ____________ (brauchen), am Flughafen ____________ (nicht ankommen).

2.3.8 Das Passiv

Benötigtes Vorwissen:
- infinite Verbformen ➔ B 2.3.1
- Tempora von „werden" und „sein" ➔ B 2.3.4
- Modalverben ➔ B 2.3.3

B 35

1. Lesen Sie den folgenden Text.
   a) Warum sagt eine Anleitung wie diese nichts darüber, wer die beschriebenen Handlungen ausführt?
   b) Kennzeichnen Sie jene Prädikate, die aus mehr als einem Wort bestehen.
2. Studieren Sie die INFO-BOX. Ergänzen Sie sie mit Beispielen aus Text 11.

Text 11:
Schnitt- und Schürfwunden richtig versorgen

Bei einer Schnittwunde ist die Haut durch einen scharfen Gegenstand gewöhnlich tiefer verletzt. Tiefe Schnittwunden müssen von einem Arzt genäht, geklammert oder geklebt werden.

Bei einer Schürfwunde ist normalerweise nur die oberste Hautschicht verletzt. Solche Wunden werden folgendermaßen versorgt: Vor der Versorgung wäscht man sich die Hände gründlich, am besten werden Einweghandschuhe verwendet. Die Wunde muss sodann gereinigt werden, indem Verunreinigungen vorsichtig entfernt werden. Am besten lassen sich Wunden mit einem sterilen Wundspray reinigen. Steht dieser nicht zur Verfügung, wird sauberes, kaltes Wasser verwendet. Kleine Gegenstände, die sich durch die Reinigung nicht entfernen lassen, weil sie tiefer in der Wunde stecken, müssen medizinischem Fachpersonal überlassen werden.

Wenn die verletzte Stelle gereinigt ist, wird sie trockengetupft. Besteht Infektionsgefahr, sollte ein Wunddesinfektionsmittel verwendet werden. Schließlich wird die Wunde mit einem Pflaster abgedeckt. Bei größeren Verletzungen verwendet man sterile Kompressen bzw. größere Wundauflagen. Diese werden mit einer elastischen Mullbinde befestigt. Achtung: Solche Kompressen können natürlich nur einmal verwendet werden.

DAS PASSIV — INFO-BOX

Manchmal ist es **nicht wichtig** zu sagen, **wer** etwas macht *(Beispiel: Jemand reinigt die Wunde)*, sondern zu sagen, **dass** etwas geschieht (Vorgang) bzw. dass ein bestimmter Zustand besteht.
Beispiele:
Die Wunde wird gereinigt. (Vorgang)
Die Wunde ist gereinigt. (Zustand; das Resultat ist wichtig)

Dafür verwendet man das Passiv.

	Vorgangspassiv	Zustandspassiv
Bildung:	Tempus von „**werden**" + **Partizip II**	Tempus von „**sein**" + **Partizip II**
Beispiele:	*Die Wunde wird/wurde gereinigt.* ______	*Die Wunde ist/war gereinigt.* ______
Mit Modalverb:	*Die Wunde muss gereinigt werden.* ______ *können* ______	Die Wunde muss gereinigt sein. ______

- Soll der Handelnde erwähnt werden, wird er mit „von" angeschlossen:
  *Beispiel: Die Wunde muss **von einem Arzt** versorgt werden.*
- Wird der/die Handelnde im **Subjekt** genannt, spricht man von **Aktiv**.
  Passiv: Die Wunde wird versorgt. *Aktiv: Jemand/Der Arzt versorgt die Wunde.*

B 36

Ergänzen Sie die Tabelle.

	Vorgangspassiv	Zustandspassiv
Präsens	Der Spray wird verwendet.	Die Wunde ist verheilt.
Perfekt (Präsensperfekt)	Der Spray ______ verwendet worden.	Die Wunde ______ verheilt gewesen.
Präteritum	Der Spray ______ verwendet.	Die Wunde ______ verheilt.
Plusquamperfekt (Präteritumperfekt)	Der Spray ______ verwendet ______	Die Wunde ______ verheilt ______
Futur I	Der Spray ______ verwendet ______	Die Wunde ______ verheilt ______
Futur II	Der Spray ______ verwendet ______	Die Wunde ______ verheilt ______
mit Modalverb (Präsens)	Der Spray ______ verwendet ______	Die Wunde ______ verheilt ______
mit Modalverb (Präteritum)	Der Spray ______ verwendet ______	Die Wunde ______ verheilt ______

B 37

Schreiben Sie den folgenden Text ins Passiv um. Verwenden Sie statt der markierten Aktiv-Verben Passivkonstruktionen.
Beispiel (1. Satz): Meist werden Biss- oder Kratzwunden von Tieren verursacht.

Text 12:
Biss- und Kratzwunden

Meist verursachen Tiere Biss- oder Kratzwunden, manche Menschen beißen auch andere Menschen. Unabhängig davon, wer gebissen hat, besteht eine hohe Infektionsgefahr. Krankheitserreger, die durch einen Biss in eine Wunde gelangen, können schwere Infektionen, etwa eine Blutvergiftung oder Wundstarrkrampf, hervorrufen. Deshalb muss ein Arzt eine Bisswunde untersuchen und fachgerecht reinigen. Darüber hinaus muss jemand klären, ob Tollwutgefahr besteht. Bei Bissen, etwa von Füchsen oder Dachsen, kann Speichel diese Krankheit übertragen.

Nach einem Biss soll jemand die Wunde mit heißem Seifenwasser auswaschen. Dadurch tötet man die Viren ab. Danach versorgt jemand die Wunde mit einem Desinfektionsmittel und legt einen keimfreien Wundverband an. Anschließend bringt jemand den Patienten zu einem Arzt oder ins Krankenhaus.

KOMPETENZTEST 1 zum Verb

Kompetenzbereich:	Sprachbewusstsein
Was Sie können sollen:	Wortarten [...] erkennen und anwenden
Erlaubte Hilfsmittel:	keines
Testzeit:	Aufgabe 1: 2 Minuten Aufgabe 2: 15 Minuten Aufgabe 3: 5 Minuten Aufgabe 4: 10 Minuten

Aufgabe 1

a) Nennen Sie die Verbformen und führen Sie je ein Beispiel an.
b) Nennen Sie die wichtigsten Verbarten und führen Sie je ein Beispiel an.
c) Nennen Sie die Tempora und führen Sie je ein Beispiel an.

Aufgabe 2

Lesen Sie den folgenden Text.
a) Geben Sie zu jedem Verb an, in welcher Form es an der betreffenden Stelle verwendet wird.
b) Geben Sie die Hilfsverben des Texts an (finites Verb und Infinitiv).
c) Geben Sie die finiten Modalverben des Texts an.
d) Geben Sie von allen Verben in der linken Spalte des Texts die Stammformen an.
e) Geben Sie zu jedem Prädikat an, in welchem Tempus es steht.
f) Setzen Sie die Überschrift in das Futur I und in das Futur II.

Eingeschlossener Kunde winkt aus dem Schaufenster

Ein Kunde ist im bayerischen Straubing in einer Umkleide eingedöst und versehentlich eingeschlossen worden. Er musste nach Ladenschluss befreit werden. Passanten entdeckten den Mann am Abend winkend in einem Schaufenster. Wie die Polizei mitteilte, konnte eine Angestellte des Ladens gerufen werden, die die Tür aufschloss und den 23-Jährigen befreite.

Quelle: http://www.sueddeutsche.de/panorama/stuss-mit-lustig-eingeschlossener-kunde-winkt-aus-dem-schaufenster-1.1683759, 19. Sept. 2017

Aufgabe 3 Setzen Sie die richtige Form des Verbs im Präsens ein.

1. Ich fürchte, du ______________________ mir etwas. (verbergen)
2. Jetzt ______________________ das schon wieder an. (anfangen)
3. Ab heute ______________________ unsere Vereinbarung nicht mehr. (gelten)
4. Wenn du nichts ______________________, wird das Ergebnis mager ausfallen. (beitragen)
5. Er ______________________ schon lange keine Gäste mehr. (empfangen)
6. Die Konkurrenzfirma ______________________ immer aggressiver um Kunden. (werben)

Aufgabe 4 Setzen Sie die richtige Form des Verbs ein.

1. Wir ______________________ nicht von der Stelle. (weichen, Präteritum)
2. Sei leise, sonst ______________________ das Reh. (erschrecken)
3. Sie haben die Kiste in den Schuppen ______________________. (schleifen)
4. Beim Anblick der grässlichen Figur ______________________ ich. (erschrecken, Präteritum)
5. Mit einem Stein ______________________ Max sein verbeultes Messer. (schleifen, Präteritum)
6. Die Mafia ______________________ ein Killerkommando. (senden, Präteritum)
7. Er ______________________ sein Auto und fuhr in die andere Richtung davon. (wenden, Präteritum)
8. Immer hat er seinen Kopf hin und her ______________________, wenn er eine Entscheidung treffen musste. (wiegen)
9. Die Gegner waren bereits ______________________. (zurückweichen)
10. Ein unangenehmer Vorfall ______________________ mich zum Umdenken. (bewegen, Präteritum)

KOMPETENZTEST 2 zum Verb

Kompetenzbereich:	Sprachbewusstsein
Was Sie können sollen:	Fundierte Kenntnisse und Fertigkeiten in der [...] Formenlehre einsetzen
Erlaubte Hilfsmittel:	keines
Testzeit:	Aufgabe 1: 15 Minuten Aufgabe 2: 10 Minuten

Aufgabe 1
a) Setzen Sie den folgenden Text ins Passiv.
b) Formulieren Sie den Titel des Texts als vollständigen Satz
- im Vorgangspassiv, Präteritum,
- im Zustandspassiv, Präsens,
- im Vorgangspassiv, Futur II.

Gummipuppe aus Schwarzem Meer gerettet

Türkische Rettungsschwimmer haben eine Gummipuppe aus dem Schwarzen Meer geborgen. Besorgte Anwohner hatten die Polizei alarmiert, nachdem sie den vermeintlichen Körper einer Frau in Küstennähe im Wasser gesehen hatten. Wie die Zeitung Milliyet am Sonntag berichtete, ließen die Einsatzkräfte die Luft aus der vermeintlich Ertrinkenden und warfen die aufblasbare Puppe in den Müll.

Quelle: http://www.sueddeutsche.de/panorama/stuss-mit-lustig-taxifahrer-verschluckt-bonbon-autounfall-rettet-sein-leben-1.1459256-17, 19. Sept. 2017

Setzen Sie das richtige Tempus ein und kreuzen Sie an, um welches Tempussystem es sich handelt. **Aufgabe 2**

	Tempussystem
Nachdem der Reifen ______ ______ (platzen), versuchte er verzweifelt, das Lenkrad zu halten, weil er wusste, dass er sonst gegen die Leitschiene ______ ______ (knallen).	☐ des Präsens ☐ des Präteritums
Wer das nicht ______ (tun), muss damit rechnen, dass er bestraft wird, weil er nicht sorgfältig genug ______ (sein).	☐ des Präsens ☐ des Präteritums
Kaum ______ er das Auto ______ (verlassen), öffnete sich die Tür des angefahrenen Wagens, und der Lenker drohte ihm, dass er ihn ______ (verprügeln).	☐ des Präsens ☐ des Präteritums
Wenn der Verursacher eines Parkschadens diesen nicht ______ (melden), muss man Anzeige erstatten und darauf hoffen, dass der Übeltäter ______ (ausforschen).	☐ des Präsens ☐ des Präteritums
Einer der am Unfall Beteiligten wurde ins Krankenhaus eingeliefert, weil er einen Beinbruch ______ (erleiden).	☐ des Präsens ☐ des Präteritums
Er fürchtete, dass die Verletzung, die er ______ (erleiden), erst nach Wochen ______ sein ______ (verheilen).	☐ des Präsens ☐ des Präteritums

Was ich jetzt kann und verstehe

Ich ...	Schätzen Sie sich ein (+2 = ganz gut, -2 = nicht).			
	+2	+1	-1	-2
... kenne die Verbformen.				
... kann Verben konjugieren.				
... kann die Stammformen der Verben bilden.				
... kenne die wichtigsten Verbarten.				
... kann die Tempora bilden.				
... kann das Passiv verwenden.				

2.4 Das Nomen

2.4.1 Was macht ein Nomen aus?

Benötigtes Vorwissen:
- Wortarten erkennen → B 2.2

B 38

1. Lesen Sie die beiden INFO-BOXen.
2. Kennzeichnen Sie im folgenden Text die echten Nomen und die Nominalisierungen unterschiedlich.

WORTART NOMEN — **INFO-BOX**

Erinnern Sie sich: Das **Nomen** ist jene Wortart, die ein festes Genus hat, z. B.
der Stein, die Finsternis, das Gefühl.

Das Genus wird vom **Artikel** angezeigt.

GENUS, NUMERUS UND KASUS — **INFO-BOX**

Neben dem
- Genus (Geschlecht)
  - **maskulin**
    der Stein, der Irrsinn
  - **feminin**
    die Finsternis, die Liebe
  - **neutral**
    das Gefühl, das Hindernis

zeigen Nomen immer auch
- einen Numerus (Zahl),
  - **Singular**
    der Gesang, die Welt, das Wort
  - **Plural**
    die Gesänge, die Welten, die Wörter
- und einen Kasus (Fall):

	maskulin	**feminin**	**neutral**
	Singular/Plural	**Singular/Plural**	**Singular/Plural**
Nominativ	*der Stein/die Steine*	*die Wahl/die Wahlen*	*das Haus/die Häuser*
Genitiv	*des Steins/der Steine*	*der Wahl/der Wahlen*	*des Hauses/der Häuser*
Dativ	*dem Stein/den Steinen*	*der Wahl/den Wahlen*	*dem Haus/den Häusern*
Akkusativ	*den Stein/die Steine*	*die Wahl/die Wahlen*	*das Haus/die Häuser*

Andere Wortarten werden häufig nominalisiert, also zu einem Nomen – und demnach großgeschrieben, z. B.
schön: Auch das Schöne ist vergänglich.
lachen: Das ist ja zum Lachen.
geeignet: Nur die wirklich Geeigneten werden in das Team aufgenommen.
auf/ab: Sein Leben war ein Auf und Ab.
Auch Nominalisierungen zeigen Genus, Numerus und Kasus.

Text 13:
Zwei Brüder – Variante 1

Zwei Brüder hatten sich in ihrer Kindheit bestens verstanden, gemeinsam wild gespielt, waren herumgetollt und hatten vor allem gegen andere, auch die Eltern, zusammengehalten wie Pech und Schwefel, dann jedoch eine merklich unterschiedliche Lebensentwicklung genommen. Und da sie über lange Jahre und große Entfernungen entgegengesetzte Wege gegangen waren und sich also mit der Zeit vollkommen auseinandergelebt hatten, schien ihr erneutes Zusammentreffen von vorneherein unter keinem guten Stern zu stehen.
Nach der Scheidung der Eltern – die Buben waren gerade 9 und 8 Jahre alt – war der Ältere bei seiner Mutter, einer Religionslehrerin, in Tirol geblieben und schon mit 10 der katholischen Jugend beigetreten, der Jüngere war dem Vater, einem Friedensaktivisten und ebenso Religionslehrer, nach Norddeutschland gefolgt und hatte sich

früh unter der wohlwollenden Zustimmung des wenig erziehenden Vaters einer Punk-Gruppe angeschlossen und schon mit zwölf unzählige Piercings und schwere Stahlklammern in Wangen, Ohren, Bauch und Genitalien sowie einen Irokesenschnitt, den er mit Lebensmittelfarben abwechselnd pink, grellrot oder grellgrün färbte. Während der eine nach Ministrantenkarriere, Klosterschule, Jungscharführertum und mit Auszeichnung bestandenem Stiftsgymnasium das Theologiestudium begann, hatte der andere völlig überraschend mit seiner Band, in der er als Lead-Sänger und E-Gitarrist dominant tätig war, beträchtlichen lokalen Erfolg, was heißt, dass sie ab und zu in irgendwelchen Kellern gegen geringes Entgelt auftreten durften und auf YouTube mit 2000 Klicks vorhanden waren.

Anlässlich des Todes ihrer Großmutter, einer Hüttenwirtin in Vorarlberg, trafen die beiden nach Jahren wieder aufeinander. Beim Begräbnis – die Urne wurde mit Sondergenehmigung auf dem steilen Gipfel eines Berges am Rande einer tiefen Schlucht beigesetzt – verstanden sich, trotz der schweren Bedenken der beiden alleinerziehenden Elternteile, die beiden so unterschiedlichen Brüder in kürzester Zeit allerbestens und schwelgten in den Erinnerungen an ihre Kindheit, an Versteckenspielen, Streiche, Drachenbasteln usw., bis die wenigen verbliebenen Trauergäste und sonstigen Bergsteiger längst ins Tal gewandert waren. Die Eltern aber hatten sich sehr rasch in ihre endlosen Streitereien gestürzt und sich wie einst die schwersten Vorwürfe an den Kopf geworfen.

Es wird berichtet, dass man am nächsten Morgen die Leichen der Eltern in der tiefen Schlucht gefunden habe. Ihr Tod blieb ungeklärt.

Zwei Brüder – Variante 2

(Bis Zeile 32 wie Variante 1)

Anlässlich eines Friedensfestes in Köln trafen sich die beiden Brüder wieder, der eine war mit einer Abordnung der katholischen Jugend erschienen, die etwas verstört einem Konzert beiwohnte, das der andere auf Bitte des Vaters auf irgendeinem Vorplatz gab.

Die Brüder erkannten einander nicht.

2.4.2 Das Genus der Nomen

DaZ B 39

Lesen Sie den So-geht's-Kasten unten. Bestimmen Sie jeweils das Genus der Nomen und Nominalisierungen im zweiten Absatz von Text 13 (bis Z. 22).

DAS GENUS BESTIMMEN — ***SO GEHT'S***

Das Genus eines Nomens bestimmt man nach dem **Nominativ Singular**.

Beispiel: Nach ***der Scheidung*** *der Eltern ... ➔ Nominativ Singular: die Scheidung ➔ feminin*

Falsch: nach ***der*** *Scheidung ➔ der = maskulin*

WELCHES GENUS HAT EIN NOMEN? — INFO-BOX

Wenn Sie mit dem Genus von Nomen Probleme haben: **Lernen Sie das Vokabel zusammen mit seinem Artikel.** Wörterbücher geben ihn immer mit dem Nomen an.

Orientierung können einige Endungen bieten:

- Maskulin sind Nomen auf

-ling	-and	-ant/-ent	-är	-ig
-ier	-ismus	-ist	-or	-ör/-eur
-ler	-ner	-ich		

- Feminin sind Nomen auf

-heit	-keit	-schaft	-ung	-ei
-in	-ade	-age	-anz/-enz	-erie
-ie	-ik	-ion	-ität	-ur

- Neutral sind Nomen auf

-lein	-ma (außer: die Firma)	-ment (außer: der Zement),
-chen	-um	-tum (außer: der Reichtum, der Irrtum)
-ett		

DaZ
B 40

Studieren Sie die INFO-BOX oben. Bestimmen Sie danach das Genus der folgenden Nomen, indem Sie den Artikel hinzufügen. Kennzeichnen Sie die Endung, die Aufschluss über das Genus gibt.

1. ____ Frisur	6. ____ Wachstum	11. ____ Honig	16. ____ Teppich	21. ____ Schönheit
2. ____ Lektüre	7. ____ Koma	12. ____ Heizung	17. ____ Tischlerei	22. ____ Partei
3. ____ Kranich	8. ____ Heiligtum	13. ____ Bürschchen	18. ____ Realismus	23. ____ Distanz
4. ____ Rotor	9. ____ Routinier	14. ____ Blamage	19. ____ Zünder	24. ____ Botschaft
5. ____ Argument	10. ____ Mädchen	15. ____ Politik	20. ____ Duett	25. ____ Hysterie

B 41

Vergleichen Sie das Genus von Nomen in verschiedenen Sprachen, die in Ihrer Klasse bekannt sind. Achtung: Kein Genus haben Nomen etwa im Englischen, Türkischen, Ungarischen und Chinesischen. Diese Sprachen können Sie also nicht wählen. Sie könnten eine zweite Fremdsprache, die Sie lernen, wählen.
Ergänzen Sie dazu die Tabelle unten. Im Deutschen geben Sie den jeweiligen Artikel an, in den anderen Sprachen m (maskulin), f (feminin) und n (neutral).

Deutsch	____________	____________
____ Gurke		
____ Felsen		
____ Sonne		
____ Mond		
____ Stern		
____ Liebe		
____ Reise		
____ Ende		

_______ Wasser		
_______ Leder		

DaZ

B 42

Die folgenden Wörter haben unterschiedliches Genus – mit unterschiedlicher Bedeutung.
Ermitteln Sie die jeweilige Bedeutung mit Hilfe eines Wörterbuchs und bilden Sie mit jedem Wort einen sinnvollen Satz.

1. der/das Ekel
2. der/das Gehalt
3. der/das Junge
4. der/das Lama
5. der/das Laster
6. der/das Moment
7. der/das Schild
8. der/das Tau
9. der/das Tor
10. der/das Verdienst
11. der/die Heide
12. der/die Leiter
13. der/die Mast
14. der/die See
15. die/das Steuer
16. die/der Kiefer
17. die/der Kunde
18. der/das Band
19. der/das Teil
20. die/das Erkenntnis

2.4.3 Der Kasus

B 43

Studieren Sie den folgenden So-geht's-Kasten. Bearbeiten Sie danach die darunter angeführte Aufgabe.

VIER KASUS — ***INFO-BOX***

Erinnern Sie sich: Im Deutschen gibt es vier Kasus (Fälle):

- Nominativ
- Genitiv
- Dativ
- Akkusativ

DEN KASUS ERMITTELN — ***SO GEHT'S***

Die häufigste Fehlerquelle ist die Unterscheidung zwischen **Dativ und Akkusativ**.
Um den Kasus sicher zu ermitteln, können Sie verschiedene Proben anwenden.

Ersatzprobe

- Ersetzen Sie die fragliche Stelle durch **„mir“** oder durch **„mich“**. Dabei muss die Grammatik stimmen, der Sinn ist zweitrangig.
  - **„mir“** = Dativ
  - **„mich“** = Akkusativ

  Eine Eselsbrücke: „mir“ – 3 Buchstaben – 3. Fall (Dativ)
  „mich“ – 4 Buchstaben – 4. Fall (Akkusativ)

  Beispiele:
  Sie erhielt die Nachricht von ***einem Freund.*** *→ ... von mir/~~mich~~ → Dativ*
  Er holte ***ein Päckchen*** *aus seiner Jackentasche. → Er holte ~~mir~~/mich ... → Akkusativ*
  Ich war an ***einem Vormittag*** *bei einem Facharzt. → Ich war an mir/~~mich~~ ... → Dativ*
  Ich warte seit ***meinem Unfall*** *auf Unterstützung. → Ich warte seit mir/~~mich~~ ... → Dativ*

- Bei **Ortsangaben** auch **„dort“** = Dativ; **„dorthin“** = Akkusativ
  Beispiele:
  Ich gehe in ***den Wald.*** *→ Ich gehe in mich/dorthin. → Akkusativ*
  Ich schlafe ***im Wald.*** *→ Ich schlafe in mir/dort. → Dativ*

- Ersatzprobe beim **Genitiv**: **„dessen“** (kommt sehr selten vor)
  Beispiel:
  Infolge des Unwetters war die Straße gesperrt. → Infolge dessen ... → Genitiv

Frageprobe
Fragen Sie nach der fraglichen Stelle im Satz so, als hätten Sie sie nicht verstanden.
- **Wem? Wo? Wann?** = Dativ
- **Wen? Was? Wohin? Wie lange?** = Akkusativ
- **Wessen?** = Genitiv

*Beispiele: Ich helfe **dem Uhu.** → Wem helfe ich? → Dativ*
*Ich füttere **das Tier.** → Wen füttere ich? → Akkusativ*
*Ich esse **das Schnitzel.** → Was esse ich? → Akkusativ*
*Das Auto **des Firmenchefs** wurde gestohlen. → Wessen Auto wurde gestohlen? → Genitiv*
*Sie war **an einem Vormittag** bei einem Facharzt. → Wann war sie ...? → Dativ*
*Sie war an einem Vormittag bei **einem Facharzt.** → Bei wem war sie ...? → Dativ*
*Ich warte seit **meiner Ankunft** auf Unterstützung. → Seit wann warte ich ...? → Dativ*
*Ich gehe **in den Wald.** → Wohin gehe ich? → Akkusativ*
*Ich schlafe **im Wald.** → Wo schlafe ich? → Dativ*

Ermitteln Sie den Kasus der fett gedruckten Teile aus Absatz 3 von Text 13. Wenden Sie eine Probe an, mit der Sie gut umgehen können.

Nomen	Probe	Kasus		
		Genitiv	Dativ	Akkusativ
Anlässlich **des Todes** ...	Ersatzprobe: Anlässlich dessen ... Frageprobe: Anlässlich wessen?	☐	☐	☐
... trafen die beiden nach **Jahren** wieder aufeinander.		☐	☐	☐
Beim **Begräbnis** ...		☐	☐	☐
... die Urne wurde mit **Sondergenehmigung** ...		☐	☐	☐
... auf **dem steilen Gipfel** ...		☐	☐	☐
... trotz **der schweren Bedenken** ...		☐	☐	☐
... in **kürzester Zeit** ...		☐	☐	☐
... längst ins **Tal** gewandert waren		☐	☐	☐
Die Eltern aber hatten sich ... wie einst **die schwersten Vorwürfe** ...		☐	☐	☐
... an **den Kopf** geworfen.		☐	☐	☐

2.4.4 Der richtige Kasus bei Präpositionen

B 44

1. Mit welchem Kasus stehen die grün gedruckten Präpositionen und Kontraktionen aus Präposition und Artikel (wie „im“ für „in dem“) im folgenden Text? Tragen Sie den richtigen Kasus in die Leerfelder ein.
2. Lesen Sie dann die INFO-BOX und den So-geht's-Kasten und überprüfen Sie Ihre Eintragungen mittels Ersatz- und/oder Frageprobe.

Text 14:

Was nervt?

*Schadenfreude ist ja **beim** Anschauen von Video-Clips (________) beliebt, aber dass die eigenen Nerven **auf** eine harte Probe (________) gestellt werden, weit weniger.*

Ein Video **mit** speziellem Inhalt (________) zerrt nun bewusst **am** Nervenkostüm (________) der Zuschauer: Nichts geschieht so, wie man es **nach** dem Beginn (________) erwarten würde. Normalerweise ist es **für** den Menschen (________) angenehm, wenn er **in** allem (________) eine feste Ordnung erkennen kann, wenn also alles so läuft, wie er es erwartet.

Doch **mit** Abweichungen, Verletzungen der Regeln und unerwarteten Wendungen (________) haben wir Probleme, **durch** die gestörte Harmonie (________) fühlen wir uns unwohl. So mancher möchte **in** das Geschehen (________) eingreifen und **um** die Kontrolle (________) kämpfen. Wie sehr wir **durch** Missgeschicke (________) verstört werden, zeigt YouTube-Videoproduzent Luksan Wunder **mit** dem Fünf-Minuten-Clip (________) „The Most Unsatisfying Video in the World ever made“ (ca. 3,5 Mio. Klicks).

In den einzelnen Sequenzen des Films (________) läuft nichts wie normal. Ein Kuchen wird **in** eigenwillige Stücke (________) zerteilt, ein hart gekochtes Ei lässt sich nicht **von** der Schale (________) trennen, und eine Tomate endet **nach** dem Schneiden (________) nicht **in** gleichförmigen Scheiben (________), sondern **in** völlig zermantschten Stückchen (________). Hilflos sitzt man **vor** dem Filmchen (________) und muss der Aneinanderreihung **von** Pannen (________) zuschauen.

Wer **zu** Neurosen (________) neigt, dürfte **an** den Rand des Wahnsinns (________) getrieben werden. **Gegen** das ungute Gefühl (________) **im** Bauch (________) **nach** der Fünf-Minuten-Tortur (________) hilft nur eines: der Clip „Most satisfying Videos“, da läuft alles **nach** Plan (________), die Dinge passen wunderbar zueinander.

PRÄPOSITIONEN + KASUS — ***INFO-BOX***

Präpositionen **legen den Kasus** des Nomens/Pronomens, bei dem sie stehen, **fest**:
Beispiele:
„mit“ fordert den Dativ: *Ich gehe **mit** einem Freund ins Kino.*
„statt“ fordert den Genitiv: *Sie aß **statt des** Schnitzels zwei Portionen Gemüse.*

Einige Präpositionen können je nach Verwendung unterschiedliche Kasus fordern.
Beispiel: „entlang“...
... mit Genitiv: *Sie gingen **entlang des** Flusses.*
... mit Dativ: *Sie gingen **entlang dem** Fluss.*
... mit Akkusativ: *Sie gingen **den** Fluss **entlang**.*

DEN KASUS ERMITTELN — ***SO GEHT'S***

Welchen Kasus eine Präposition verlangt, muss man **intuitiv wissen** – also **gelernt** haben oder **lernen**.
Wenn Sie dabei Fehler machen, wenden Sie am besten die

- Ersatzprobe („mir/mich“-Probe, bei Dativ – Akkusativ; „dessen“/„deren“ für Genitiv) oder die
- Frageprobe

an.

Zu den Proben siehe So-geht's-Kasten Seite 45 f.

B 45

Setzen Sie die fehlenden Buchstaben ein. Verwenden Sie die Ersatz- oder die Frageprobe.

Ich frage **wegen** de_____ Besuch_____ in Ihrem Ferien-Ressort an, und zwar **während** de_____ letzten Wochenende_____ im Juli. **Ungeachtet** de_____ großen Zustrom_____ an Touristen zu diesem Zeitpunkt wollen wir **diesseits** de_____ Grenzbalken_____ ein Zeltlager aufschlagen, und **statt** de_____ Hotelbetrieb_____ würden wir Selbstversorgung vorziehen. **Trotz** de_____ möglicherweise kalten Wetter_____ (2 Lösungen!) **zufolge** ein_____ drohenden Atlantik-Tief_____ (eine_____ Atlantik-Tief **zufolge**) werden wir uns die Laune nicht verderben lassen. **Mangels** warme_____ Kleidung bitten wir **zeit** unsere_____ Aufenthalt_____ um einen Heizstrahler, den wir **innerhalb** de_____ Zelt_____ aufstellen können.

PRÄPOSITIONEN + GENITIV ODER DATIV — **INFO-BOX**

Die häufigsten

Präpositionen mit Genitiv:
anstatt, abseits, abzüglich, angesichts, anhand, anlässlich, anstelle, aufgrund, außerhalb/innerhalb, bezüglich, diesseits/jenseits, einschließlich, halber (nachgestellt), infolge, innerhalb, längs, mangels, mithilfe, statt, um ... willen, ungeachtet, während, wegen
Bsp.: anstatt ***der*** *Bücher, mangels eine****s*** *Beweises*

Präpositionen mit Genitiv oder Dativ:

- laut, dank, trotz
  *Bsp.: laut eine****s*** *Bericht****s****/laut eine****m*** *Bericht*
  *trotz starke****n*** *Regen****s****/trotz starke****m*** *Regen*
- **Im Plural Dativ, wenn der Genitiv nicht ersichtlich ist:** abzüglich, anstatt, ausschließlich, hinsichtlich, innerhalb, mangels
  Bsp.: anstatt ***der*** *Bücher* (Genitiv ersichtlich);
  *anstatt Bücher****n*** (Genitiv nicht ersichtlich, daher Dativ)
- **„Wegen" mit Dativ:**
  Bsp.: wegen Ø Urlaub(s) geschlossen
  (Dativ ist möglich, wenn kein Artikel verwendet wird.)
  wegen ***etwas*** *anderem*

B 46

Setzen Sie die fehlenden Buchstaben ein. Verwenden Sie die Ersatz- oder die Frageprobe.

A.

bei diese_____ Vortrag ◆ bei neuerlich_____ Schwänzen der Schule ◆ von eine_____ Feind ◆ von Neue_____ beginnen ◆ außer seine_____ Freund ◆ zu jene_____ Treffen ◆ binnen eine_____ Monat ◆ nach eine_____ Anschlag ◆ entgegen seine_____ Vorschlag ◆ gegenüber de_____ Rathaus ◆ von ausgewogene_____ Geschmack ◆ mit freundliche_____ Gruß ◆ nach diese_____ Fiasko

PRÄPOSITIONEN + DATIV — **INFO-BOX**

Die häufigsten **Präpositionen mit Dativ**:
ab, aus, außer, bei, binnen, entgegen, entsprechend, gegenüber, gemäß, mit, mitsamt, nach, nahe, samt, seit, von, zu
*Bsp.: entgegen seine****m*** *Befehl; gegenüber seine****r*** *Mutter; nach de****m*** *Laufen*

B.

entgegen sein_____ Vermutung ◆ gemäß d_____ Vereinsstatuten ◆ gegenüber ihr_____ Brüdern ◆ bei all_____ Respekt ◆ mit voll_____ Absicht ◆ nahe d_____ Brücke ◆ ab dies_____ Zeitpunkt ◆ entsprechend uns_____ Vereinbarung ◆ zu all_____ Überdruss ◆ von mein_____ Seite ◆ seit geraum_____ Zeit ◆ außer dies_____ Ziege ◆ mitsamt sein_____ Hunden ◆ nach die_____ Desaster ◆ seit eur_____ Zerwürfnis

C.

mit neue_____, frische_____ Mut ◆ von eine_____ gute_____ Rat profitieren ◆ nach drei hart_____ Stunden ◆ zu eine_____ neue_____ Anfang kommen ◆ mit eine_____ kräftige_____ Schlag ◆ bei manch_____ fragwürdig_____

Treffen ◆ nach harte_____, schwere_____ Kampf ◆ außer zehn_____ Äpfeln ◆ mit dies_____ wichtige_____ Hinweis ◆ ab ein_____ bestimmt_____ Zeitpunkt ◆ bei dies_____ herrlich_____ Wetter ◆ mit all sein_____ Mut ◆ aus eine_____ bestimmte_____ Grund absagen ◆ seit ein_____ halb_____ Jahr ◆ aus ein_____ lächerlich_____, banal_____ Anlass

B 47

Setzen Sie die fehlenden Buchstaben ein. Verwenden Sie die Ersatz- oder die Frageprobe.

PRÄPOSITIONEN + DATIV ODER AKKUSATIV — INFO-BOX

Die folgenden Präpositionen fordern – je nach Bedeutung – den Dativ oder den Akkusativ:
an, auf, hinter, in, neben, über, unter, vor, zwischen

DATIV ODER AKKUSATIV NACH PRÄPOSITION? — SO GEHT'S

	Ersatzprobe	Frageprobe
Dativ	mir	(An, auf, ...) wem? Wo? Wann?
Akkusativ	mich	(An, auf, ...) wen/was? Wohin?

Sie glaubte **an** ihre_____ Favoriten, dessen Sieg dennoch **an** eine_____ seidenen Faden hing. ◆ Er setzt sich **an** de_____ Tisch, **an** de_____ seine Freundin Platz genommen hat. ◆ **An** eine_____ schöne_____ Morgen fuhren sie mit dem Sessellift **auf** de_____ ersten Schihang, **auf** de_____ ein weiterer Schlepplift war. ◆ **Hinter** de_____ Altar der Kirche war **unter** eine_____ Gipsverputz ein uraltes Gemälde verborgen. ◆ Er trat **hinter** de_____ Letzten der Warteschlange. ◆ **In** diese_____ Ausstellungsraum sind moderne Möbel, **in** d_____ man sich verlieben könnte. ◆ **In** eine_____ schwierige_____ Test setzte er durchwegs die falschen Buchstaben **in** de_____ dafür vorgesehenen Leerraum. ◆ **Neben** de_____ Lagergebäude befindet sich **unter** eine_____ Parkplatz die Tiefgarage. ◆ Er trat **neben** de_____ Kellner, legte sich **über** de_____ Tresen der Bar und holte **unter** de_____ Tischtuch den Kassenblock hervor, **auf** de_____ die Konsumation notiert war. ◆ **Unter** andere_____ ist es wichtig, sich **über** richtig_____ Essen und gesund_____ Ernährung zu informieren. ◆ **Vor** de_____ neue_____ Handy lag die Beschreibung **in** viel_____ Sprach_____, und **vor** diese_____ ein kurzgefasstes Merkblatt. ◆ Er trat **vor** de_____ Verkäufer und hielt ihm die Kreditkarte **vor** d_____ Nase. ◆ **Zwischen** di_____ und mi_____ ist ein kleiner Unterschied, aber ich werde nicht **zwischen** di_____ und dein_____ Hang zum Geldausgeben treten.

B 48

Setzen Sie die fehlenden Buchstaben ein. Verwenden Sie die Ersatz- oder die Frageprobe.

PRÄPOSITIONEN + AKKUSATIV — INFO-BOX

Die folgenden Präpositionen fordern den Akkusativ:
bis, durch, für, gegen, je, ohne, um, wider

Durch de_____ Zwischenfall war er **ohne** jede_____ Zweifel so verunsichert, dass er sich **ohne** nennenswert_____ Gegenwehr ergab. ◆ **Für** eine_____ derartige_____ Auftritt gibt es keine Entschuldigung. ◆ **Ohne** ih_____ können wir nicht gewinnen, er hat aber **gegen** mein_____ Rat ein dopingverdächtiges Medikament genommen. ◆ **Ohne** ein_____ Abstimmung wird nichts entschieden. ◆ Elvira hat verschlafen, gehen wir **ohne** ________. ◆ **Bis** nächste_____ Freitag bist du bereit! ◆ Er bemühte sich **um** ein_____ Richter, der ihm unbeeinflussbar schien. ◆ **Ohne** ein_____ finanziellen Zuschuss kann ich nicht auf Urlaub fahren. ◆ Das geschah **wider** de_____ Willen des Chefs. ◆ Einige demonstrierten **für** dies_____ Umfahrungsstraße, andere **gegen** dies_____ Vorhaben.

B 49 Bilden Sie mit den folgenden Präpositionen je einen Satz. Nennen Sie den Kasus, den die Präpositionen fordern.

an (2 Kasus), bei, anhand, einschließlich, innerhalb, pro (2 Kasus), statt, zwischen (2 Kasus)

B 50
1. Kennzeichnen Sie in den folgenden Sätzen die Präpositionen.
2. Überprüfen Sie, ob der richtige Kasus verwendet worden ist. Korrigieren Sie die Fehler.

1. Einschließlich den Zinsen musste er 220 Euro bezahlen.
2. Die Pizzeria liegt gegenüber des Bahnhofs.
3. Ich kenne sie seit einem halben Jahrzehnt.
4. Nur durch hartes Training kannst du dich verbessern.
5. Er fand seine Mappe hinter den Kasten.
6. Du wirst die Sache anhand dieses Beispiels verstehen.
7. Er nimmt an der Veranstaltung anstelle seinem besten Freund teil.
8. Ich werde sicher nicht ohne meinem Bruder gehen. (Achtung: Umgangssprache!)
9. Während dem Banküberfall versteckte sie sich hinter einer Säule.
10. Wir waren mit bis zu 30 Wanderer auf dem Weg.

2.4.5 Die Bildung des Plurals

B 51 Leiten Sie die Regeln zur Pluralbildung aus den Beispielen ab.

Singular	Plural	Regel
Hand, Bach, Boden, Haus, Maus, Kasten, Land, Stoß, Fuß	*Hände, Bäche, Böden, Häuser, Mäuse, Kästen, Länder, Stöße, Füße*	Normalerweise wird der Plural durch Endungen wie -e, -er, -(e)n angezeigt, bei „a", „o", „u", „au" aber zusätzlich durch einen ______
Fossil, Indiz, Utensil, Kleinod	*Fossilien, Indizien, Utensilien, Kleinodien*	Diese Wörter bilden den Plural mit ______
Waschmittel, Schlingel, Krügel, Igel, Kabel; Fenster, Hubstapler, Regenschauer	*Waschmittel, Schlingel, Krügel, Igel, Kabel; Fenster, Hubstapler*	Maskuline und neutrale Nomen auf -el und -er haben ______
aber: Schüssel, Kugel, Gabel; Mauer, Feier	*aber: Schüsse**ln**, Kuge**ln**, Gabe**ln**, Maue**rn**, Feie**rn***	Ausnahmen: *Muskel, Stachel, Pantoffel; Bauer, Vetter, Gevatter*
Bar, Club, Start, Tipp, Job, Baby, Lady	*Bars, Clubs, Starts, Tipps, Jobs, Babys, Ladys*	Nomen aus dem Englischen bilden den Plural ______
PKW, HTL, CD	*PKWs, HTLs, CDs*	______
Opa, Omi, Uhu, Marabu, Känguru, Komma, Radio, Gala	*Opas, Omis, Uhus, Marabus, Kängurus, Kommas (auch Kommata), Radios, Galas*	______
Tempo, Solo	*Tempi, Soli (auch: Tempos, Solos)*	______

Zoll, Liter, Kilo, Dezimeter, Zentner; Gramm, Fass, Dutzend	*Zoll, Liter, Kilo, Dezimeter, Zentner; Gramm, Fass, Dutzend*	Maskuline und neutrale Maße und Gewichte ______
Tonne, Meile	*Tonnen, Meilen*	Feminine ______
1 Euro (Münze) *1 Euro (Währung)*	*10 Euros in den Automaten einwerfen;* *aber: eine Rechnung über 10 Euro begleichen*	______
das Verkehrsmittel, ein Überholmanöver, ein Dackel, der Staffellauf	*mit den Verkehrsmitteln, bei Überholmanövern, von Dackeln, bei Staffelläufen*	Im Dativ Plural ______

B 52

Finden Sie in Text 14 (S. 47)
- drei Beispiele für Singularwörter,
- zwei Beispiele für Pluralwörter.

Siehe dazu die folgende INFO-BOX.

SINGULAR- UND PLURALWÖRTER — ***INFO-BOX***

Einige Nomen treten nur im Singular oder nur im Plural auf. Beispiele für
- **Singularwörter:** *Obst, Getreide, Milch, Liebe, Regen, Wut, Tabak*
- **Pluralwörter:** *Ferien, Spirituosen, Möbel, Kosten, die Anden, Niederlande*

B 53

Mutter	die Mütter die Muttern	Bank	die Bänke die Banken
Wort	die Wörter die Worte	Gehalt	die Gehälter die Gehalte
Strauß	die Sträuße die Strauße	Steuer	die Steuern die Steuer
Leiter	die Leiter die Leitern	Tor	die Tore die Toren

Vervollständigen Sie die unten angeführten Sätze mit einer jeweils passenden Pluralform aus den Kästen links.
Verwenden Sie bei Unklarheiten ein Wörterbuch oder das Internet.

1. Bei den meisten Maschinen müssen ______ ausgetauscht werden, weil sie defekt sind.
2. Keine der ______ will uns einen Kredit gewähren.
3. Argwöhnisch beäugten die ______ die jeweils anderen Kinder, ob sie nicht doch besser gekleidet waren als das eigene.
4. ______ waren so eingerostet, dass sie praktisch nicht zu lösen waren.
5. Die Zuhörer/innen waren von der Klarheit seiner ______ fasziniert.
6. Am Freitag trafen sich die ______ aller Schulen der Stadt zu einem Krisengipfel.
7. An die Wand waren einige ______ gekritzelt.
8. So viele ______ wie an jenem Samstag hatte die Blumenfrau bis dahin noch nie verkauft.
9. Nur Narren und ______ können so etwas glauben.
10. Die religiösen und die politischen ______ seiner Aussagen waren dürftig.
11. Jede Partei will die ______ senken.
12. ______ gehören zur Familie der Laufvögel.

KOMPETENZTEST zum Nomen	
Kompetenzbereich:	Sprachbewusstsein
Was Sie können sollen:	Fundierte Kenntnisse und Fertigkeiten in der [...] Formenlehre einsetzen
Erlaubte Hilfsmittel:	keines
Testzeit:	Aufgabe 1: 2 Minuten Aufgabe 2: 15 Minuten Aufgabe 3: 15 Minuten Aufgabe 4: 10 Minuten

Aufgabe 1 Erklären Sie, wie man im Zusammenhang mit dem Kasus
a) die Ersatzprobe,
b) die Frageprobe
durchführt und wozu man sie braucht.

Aufgabe 2 Lesen Sie den folgenden Text.
a) Geben Sie zu den fett gedruckten Nomen an: Genus, Kasus, Numerus.
b) Der Text enthält ein Pluralwort. Wie lautet es?

Schreien, bis die Polizei vor der Tür steht

Weil seine Eltern ihm das Spielen mit seinem **Computer** verboten hatten, löste ein Zehnjähriger einen **Polizeieinsatz** aus.

Der Bub schrie vor lauter **Wut** so laut und lange, dass besorgte Nachbarn schließlich eine **Streife** alarmierten. Das gab die Polizei am **Sonntag** bekannt.

Die **Ermittlungen** der eingesetzten **Polizisten** ergaben bei ihrem Besuch der **Familie** in einem Mehrfamilienhaus im pfälzischen Frankenthal, dass der elterliche Spielekonsole-Entzug **Auslöser** des **Gebrülls** war. Die Polizisten machten dem Zehnjährigen klar: Es sei nun **Schluss** mit dem Geschrei – und auch mit dem Computerspiel.

Quelle: Salzburger Nachrichten, 19. Sept. 2017

Aufgabe 3 Lösen Sie die folgenden Aufgaben.

1. Wie lautet der Plural Nominativ der folgenden Nomen?

   Kabel: ______

   Gabel: ______

   Gürtel: ______

   Dutzend (2 Pluralformen): ______

   Gramm (2 Pluralformen): ______

   Tempo: ______

   Fossil: ______

   Strauch: ______

   Geschmack: ______

   Spital: ______

2. Die folgenden Wörter können jeweils unterschiedliche Bedeutungen haben. Bilden Sie mit den Pluralformen Sätze, um die Bedeutungsunterschiede deutlich zu machen:

   - Wort
   - Gehalt
   - Laster
   - Band

Setzen Sie die richtigen Buchstaben ein.
Geben Sie den Kasus, den die Präposition fordert, an.

Aufgabe 4

ohne ihr_____ (_____) Mütze fortgehen ◆ ohne di_____ (_____) gewinnen ◆ das geht mir gegen de_____ Strich (_____) ◆ einige Sessel zwischen d_____ Bänke (_____) schieben ◆ an eine_____ Souvenir (_____) hängen ◆ hinter diese_____ Fensterglas (_____) gucken ◆ neben eine_____ Mathegenie (_____) sitzen ◆ nach klare_____ Sieg (_____) ◆ vor diese_____ Haus (_____) stehen ◆ eine_____ Fluss entlang (_____) gehen ◆ durch eine_____ Saunabesuch (_____) ◆ während eine_____ Sturm_____ (_____) ◆ ungeachtet seine_____ Sehfehler_____ (_____) ◆ trotz drei_____ Rechtschreibfehler (_____) ◆ dank seine_____ Ballgefühl_____ (_____ _____) (2 Lösungen!) ◆ das geht mir wider d_____ Natur (_____) ◆ zwischen d_____ Zuschauer (_____) treten ◆ an eine_____ Gott (_____) glauben ◆ sich hinter dichte_____ Büschen (_____) verstecken ◆ neben seine_____ Gegner (_____) treten ◆ bei sonnige_____ Wetter (_____) ◆ trotz eine_____ Fünfer_____ (_____ _____) (2 Lösungen!) ◆ statt eine_____ Einser_____ (_____) ◆ ungeachtet seine_____ Gipsbein_____ (_____) ◆ diesseits de_____ Fluss_____ (_____) ◆ binnen eine_____ Jahr (_____) ◆ gegenüber seine_____ Vater (_____)

Was ich jetzt kann und verstehe

Ich ...	Schätzen Sie sich ein (+2 = ganz gut, -2 = nicht). +2	+1	-1	-2
... weiß, was ein Nomen ausmacht.				
... kann das Genus eines Nomens erkennen.				
... kann die Ersatz- oder die Frageprobe durchführen.				
... kann den Kasus von Nomen bestimmen.				
... kann den richtigen Kasus bei Präpositionen verwenden.				
... kann den Plural von Nomen bilden.				

2.5 Das Adjektiv

Benötigtes Vorwissen
- Wortarten → B 2.2
- Kasus → B 2.4.3

2.5.1 Die Verwendung des Adjektivs

B 54

1. Kennzeichnen Sie in den folgenden Sätzen die Adjektive.
2. Ordnen Sie die Sätze den Erklärungen in der INFO-BOX unten zu. Ergänzen Sie die INFO-BOX unten.

WORTART ADJEKTIV — **INFO-BOX**

Erinnern Sie sich: Das Adjektiv ist jene Wortart,
- die man **steigern** kann, z. B. *laut – lauter – am lautesten,*
- die zwischen Begleiter/Präposition und Nomen stehen kann, *z. B. der laute Knall, ein lauter Knall, mit einem lauten Knall.*

1. Sie leiden unter dem feuchten Wetter.
2. Das Wetter bleibt unfreundlich.
3. Heute bläst ein kühler Wind.
4. Es stürmt erbarmungslos.
5. Trotz heftigen Regens gehen sie segeln.
6. Die Sonne schien heiß.
7. Der Herbst wird regnerisch.
8. Die Luft war eisig.
9. Die Sonne zeigte ihr freundliches Gesicht.
10. Schwere Wolken hingen über dem Tal.
11. Es regnet seit vier Tagen.

DIE VERWENDUNG DES ADJEKTIVS — **INFO-BOX**

Adjektive werden auf drei verschiedene Arten verwendet:
- **attributiv:** zwischen Begleiter/Präposition und ____________________

  Beispiele: ____________________

  In diesem Fall wird das Adjektiv dekliniert (siehe 2.5.2), außer einige Zahladjektive:

  Beispiele: ____________________

  Gelegentlich steht vor dem attributiven Adjektiv kein Begleiter.

  Beispiele: ____________________
- **prädikativ:** Das Adjektiv wird mit „sein“, „__________“ oder „bleiben“ verwendet.

  Beispiele: ____________________
- **adverbial:** Das Adjektiv bestimmt ein Vollverb näher.

  Beispiele: ____________________
  Im Englischen: Adjektiv + -ly

B 55

Lesen Sie den folgenden Text. Kennzeichnen Sie alle attributiv verwendeten Adjektive. Beachten Sie: Auch Partizipien können als attributive Adjektive verwendet werden.

Text 15:
Hawaii

Blütenweiße Strände, rauchende Vulkane, Hula-Tänzerinnen und Wellenreiter: Jährlich folgen Millionen von Reisenden dem verlockenden Ruf Hawaiis, das seit einem guten Jahrhundert zu den USA gehört. Sind es nach dem allmählichen Einsetzen des Massentourismus vor etwa 50 Jahren vor allem Ostasiaten und Amerikaner gewesen, so sind es zuletzt immer mehr Europäer, die ihrem ungestillten Drang nach der weiten Ferne nachgeben.

Die meisten von ihnen sind von dem traumhaften Urlaubsziel nicht enttäuscht worden. Ja, man kann tatsächlich auf einem palmengesäumten Strand dem dumpfen Rauschen des Pazifiks lauschen. Und ja, manch sentimentalem Urlauber wird ganz warm ums Herz, wenn Hula-Tänzerinnen mit ihrem gewinnenden Lächeln und wiegenden Körper die Exotik der Südsee hervorzaubern. Auch die Surfer gibt es, die mit halsbrecherischem Mut auf einem schäumenden, tosenden Meer reiten. Und aus dem mächtigen Kilauea, einem der aktivsten Vulkane der Erde, quillt Lava, die mit lautem, schäumendem Zischen ins Meer fließt.

Das sind die Klischees, zu denen auch der schicke Waikiki Beach in Honolulu gehört, vom bunten Lei, dem Blumenkranz und Symbol der Inselgruppe schlechthin, ganz zu schweigen. *(Fortsetzung unten)*

2.5.2 -m oder -n beim attributiven Adjektiv

Studieren Sie die folgende INFO-BOX. Ergänzen Sie sie mit Hilfe von Text 15. **B 56**

-M ODER -N BEIM ATTRIBUTIVEN ADJEKTIV ***INFO-BOX***

Attributive Adjektive werden dekliniert, d. h. in Kasus, Numerus und Genus angepasst.
Beispiele:

*der rauchend**e** Vulkan*	*die weit**e** Ferne*	*das traumhaft**e** Urlaubsziel*
*des rauchend**en** Vulkans*	*der weit**en** Ferne*	*die traumhaft**en** Urlaubsziele*

Im **Dativ Singular** kann das Adjektiv auf -m oder -n enden.

- Wenn der **Begleiter vor dem Adjektiv mit einem -m** den Dativ anzeigt, steht beim Adjektiv ______________________.
  Beispiel: ______________________
- Wenn vor dem Adjektiv **kein Begleiter mit -m** steht, steht beim Adjektiv ______________________.
  Beispiel: ______________________
  ____

Zwei nebengeordnete Adjektive (Komma, „und"/„oder" dazwischen!) haben die gleiche Endung, und zwar

- ________, wenn davor ein Begleiter mit -m den Dativ anzeigt.
  Beispiel: ______________________
- ________, wenn davor kein Begleiter mit ________ steht.
  Beispiel: ______________________

Setzen Sie -m oder -n beim Dativ ein. **DaZ B 57**

Text 16: *(Fortsetzung von Text 15)*

Aber Hawaii hat auch andere Seiten. Neben Regenwald, rauschende____ Ozean und exotischer Blütenpracht sind reichlich trockene Landschaften mit steppenartige____ Bewuchs und dürre____ Gras zu finden. In Honolulu, der Hauptstadt, huldigt man dem verführerische____ Gott des Geldes: Bettenburgen aus Stahl, Beton und Glas ragen am berühmte____ Strand von Waikiki in den Himmel. Ab den 1960er-Jahren wurde dort ein Tourismus-Mekka entwickelt und Hotel um Hotel auf einem früher unwirtliche____, sumpfige____ Areal erbaut.

Waikiki war also einmal ein Sumpfgebiet mit einem menschenleere____ Strand und herrlich feine____ Sand. Heute sind hinter einem vergleichsweise schmale____ Sandstrand Asphalt und Beton – und alles, was dem globale____ Massentourismus gefällt, vom weltweit einheitliche____ Fastfood-Restaurant über Mitbringsel-Kitsch bis zu den internationalen Modelabel-Boutiquen.

DaZ
B 58 Streichen Sie die falsche Alternative.

1. Wir erreichten die Insel mit unserem altem/alten Kahn bei herrlichem/herrlichen Wetter.
2. Außer etwas getrocknetem/getrockneten Fisch und einem halbleerem/halbleeren Krug Wasser hatten wir keine Lebensmittel.
3. Von einem jungem/jungen Eingeborenen erhielten wir gebackene Früchte des Brotfruchtbaumes, auf die wir uns mit unglaublichem/unglaublichen Heißhunger stürzten.
4. Dem bräunlichem/bräunlichen, leicht schäumendem/schäumenden Gebräu, das er uns reichte, schenkten wir kein Vertrauen – aus gutem/guten Grund, wie wir später erfahren sollten.
5. Denn neben einem uns unbekanntem/unbekannten Kräutergemisch enthält das Getränk Rindenextrakte, die bei Europäern zu starkem/starken, mitunter lebensbedrohlichem/lebensbedrohlichen Durchfall führen können.
6. Lieber öffneten wir mit einem schwerem/schweren, spitzem/spitzen Stein Kokosnüsse.
7. Was wir fälschlich Kokosmilch nennen, ist ein Gemisch aus fettem/fetten Fruchtfleisch und Wasser.
8. Milch oder nicht, mit diesem herrlichem/herrlichen Getränk löschten wir unseren Durst.
9. Schließlich dankten wir dem uns fremdem/fremden Inselgott für Speis‘ und Trank.

2.5.3 Die Steigerung des Adjektivs

DaZ
B 59 Lesen Sie den folgenden So-geht's-Kasten. Bearbeiten Sie danach die darunter angeführte Aufgabe.

ADJEKTIVE STEIGERN — **SO GEHT'S**

Die meisten Adjektive kann man steigern.

Grundform	Komparativ	Superlativ
leise	*leis**er***	***am** leis**esten***
spannend	*spannend**er***	***am** spannend**sten***
heiß	*heiß**er***	***am** heiß**esten***
edel	*edl**er** (!)*	***am** edel**sten***

Bei einigen einsilbigen Adjektiven wird der Stammvokal umgelautet:

groß	*größ**er***	***am** größ**ten***
jung	*jüng**er***	***am** jüng**sten***

Folgende Adjektive werden unregelmäßig gesteigert:

gut	*besser*	***am** besten*
hoch	*höher*	***am** höchsten*
nahe	*näher*	***am** nächsten*
viel	*mehr*	***am** meisten*

Ob man ein Adjektiv steigern kann, hängt allein von seiner Bedeutung ab.

Mit den Steigerungsformen stellt man Vergleiche her:
*Sie ist größer **als** er.* → *„als“ mit dem **Komparativ***
*Er ist nicht so groß **wie** sie.* → *„wie“ mit der **Grundform***

Ergänzen Sie die folgende Tabelle.

Grundform	Komparativ	Superlativ
häufig		
	ärger	
flexibel		
naturnah		
wild		
		am dümmsten
		am dunkelsten
	gröber	
	schwächer	
		am kältesten
wenig		
		am härtesten
	klüger	
	teurer	
	ärmer	
entscheidend		

B 60

Erklären Sie, warum man die folgenden Adjektive nicht sinnvoll steigern kann.

dreieckig, schriftlich, kinderlos, unvergleichbar, absolut, maximal, minimal, total, einzig

B 61

Ergänzen Sie die folgende INFO-BOX und erfüllen Sie den Arbeitsauftrag.

Beispiele: die bestmögliche (nicht: bestmöglichste) Wahl treffen – der größtmögliche (nicht: größtmöglichste) Gewinn – die meistgelesene (nicht: meistgelesenste) Zeitung

FALSCH: DOPPELTER SUPERLATIV — ***INFO-BOX***

Von einem zusammengesetzten Adjektiv darf nur ______________________ Teil gesteigert werden: *ein **viel**gerühmter Künstler – der **meist**gerühmte Künstler*

Bilden Sie den Superlativ zu:

vielgeliebt/-gehasst, hochbegabt/-talentiert, schwerverletzt, kleingewachsen

KOMPETENZTEST zum Adjektiv

Kompetenzbereich:	Sprachbewusstsein
Was Sie können sollen:	Fundierte Kenntnisse und Fertigkeiten in der [...] Formenlehre einsetzen
Erlaubte Hilfsmittel:	keines
Testzeit:	Aufgabe 1: 3 Minuten Aufgabe 2: 5 Minuten Aufgabe 3: 3 Minuten

Aufgabe 1 Geben Sie an, wie die Adjektive in den folgenden Sätzen verwendet werden.

Aufgaben	attributiv	prädikativ	adverbial
Leider stand am Straßenrand eine alte Ulme.	☐	☐	☐
Der Wagen prallte frontal gegen den Baum.	☐	☐	☐
Alle drei Insassen kamen mit dem Schrecken davon.	☐	☐	☐
Der Wagen war nach dem Unfall schrottreif.	☐	☐	☐
Der Abschleppdienst kam rasch.	☐	☐	☐
Die Unfallursache bleibt rätselhaft.	☐	☐	☐

Aufgabe 2 Setzen Sie -m oder -n ein.

1. Bei kräftige____ Wind macht Kite-Surfen am meisten Spaß.
2. Die berühmte Autorin las aus ihrem neue____ Roman.
3. Sie übergaben das Paket einem merkwürdige____, verwirrt wirkende____ Mann.
4. Außer säuerliche____ Rhabarbersaft gab es nur Wasser zu trinken.
5. Er machte mit laute____ Schreien auf sich aufmerksam.

Aufgabe 3 Geben Sie von folgenden Adjektiven den Komparativ und den Superlativ an:

arm			dunkel		
heiter			sauer		
bescheiden			nah		

Was ich jetzt kann und verstehe

Ich ...	Schätzen Sie sich ein (+2 = ganz gut, -2 = nicht). +2	+1	-1	-2
... weiß, wie Adjektive verwendet werden.				
... kann attributive Adjektive im Dativ Singular richtig beugen.				
... kann Adjektive steigern.				

2.6 Begleiter und Stellvertreter des Nomens

Benötigtes Vorwissen
- Wortarten ➔ B 2.2

2.6.1 Was zeichnet Begleiter und Stellvertreter des Nomens aus?

DaZ **B 62**

1. Lesen Sie die INFO-BOX.
2. Bestimmen Sie, welche der fett gedruckten Pronomen im nachfolgenden Text 17 Begleiter (B) und welche Stellvertreter (S) sind.

BEGLEITER UND STELLVERTRETER — ***INFO-BOX***

Begleiter und Stellvertreter des Nomens bedeutet, dass diese Wörter
- bei einem Nomen, *z. B.* ***eine*** App; *mit* ***dieser*** *App*, oder
- **an Stelle** eines **Nomens** bzw. **einer ganzen Wortgruppe**, deren Kern ein Nomen ist, stehen, *z. B. Das alte* ***Haus****, das du dort drüben siehst, gehörte dem verstorbenen* ***Urenkel*** *eines ehemaligen Landgrafen.* ➔ ***Es*** *gehörte* ***ihm****.*

Zu den Begleitern und Stellvertretern gehören:

1. Artikel sind jene Wörter, die das Genus der Nomen anzeigen (maskulin, feminin oder neutral). Sie treten immer zusammen mit einem Nomen auf.
   der *Wald,* ***die*** *Hoffnung,* ***dem*** *Hunger,* ***eine*** *hohe Zahl,* ***eines*** *verdammt bissigen Hundes*
2. Pronomen: Sie **verweisen** fast immer auf anderes/beziehen sich auf etwas, meist zuvor bereits Genanntes.
   Er *fuhr weg.* (Wer „er" ist, muss klar sein.)
   Was sollte er mit ***diesem*** *Auto?* (Welches Auto das ist, muss zuvor geklärt sein).
   ..., ***deren*** *Schwester ich kenne.* (Wer mit „deren" gemeint ist, muss zuvor genannt sein.)

Begleiter/Stellvertreter kann man beugen, *z. B. er, ihm, ihn; dieser, diese, dieses, dessen ...*

Genaue Informationen: Grammatik-Folder, Seite 8 f.

Text 17:
Verlass aufs Handy

Hanna war da. **Sie** öffnete nach dem Aussteigen aus dem Bus **ihre** Handtasche: Schlüssel, Geldtasche, Handy waren weg! Waren **ihr** im Autobus gestohlen worden. An der Haltestelle im weiten Umfeld **kein** Haus. **Ihr** schwerer Koffer! Ein Taxi hatte **sie** mit dem Handy rufen wollen, die Nummer eingespeichert. Der freundliche Mann, **der** mit **ihr** ausgestiegen war, sagte: „**Sie** können sehr gerne mit **mir** zum Gasthof fahren, **mein** Auto steht da drüben." **Sie** bedankte **sich** artig, stieg ein. Urlaub in den Bergen gerettet. **Sie** war erleichtert. Bis zu **dem** Moment, als **sie** aus der Sporttasche des Mannes den Klingelton **ihres** Handys hörte.

B/S	B/S	B/S

B 63

Beantworten Sie die folgenden Fragen zu Text 17.

1. Worauf verweisen die Pronomen „sie" und „ihre" in Zeile 1?
2. Worauf verweist das Pronomen „der" in Zeile 5?
3. Worauf verweisen die Pronomen „mir" und „mein" in Zeile 6 bzw. 7?
4. Worauf bezieht sich das Pronomen „sich" in Zeile 7?

2.6.2 Bestimmter oder unbestimmter Artikel

DaZ
B 64

1. Lesen Sie den So-geht's-Kasten.
2. Setzen Sie in Text 18 bestimmte oder unbestimmte Artikel ein. Geben Sie den Bedeutungsunterschied an, wenn beides möglich ist.

BESTIMMTE UND UNBESTIMMTE ARTIKEL VERWENDEN — **SO GEHT'S**

Unbestimmter Artikel: ein, eine	Bestimmter Artikel: der, die, das
• Prüfen Sie: Wird in einem Text ein Nomen **das erste Mal erwähnt oder ist es offenkundig unbekannt**, dann benutzt man einen **unbestimmten Artikel**.	• Ist **ein Nomen bereits erwähnt worden oder logischerweise bekannt**, was gemeint ist, verwendet man den bestimmten Artikel. • Der bestimmte Artikel zeigt auch an, dass es **nur ein Exemplar** gibt: *die Sonne, der Tresor unserer Firma*
*Ich sah morgens **eine** neue Schülerin. Das war **ein** Schauspiel! Sie hatte **ein** Hütchen auf! Doch ...*	*... **die** Schülerin* (ist den Lesern/Leserinnen bekannt) *hatte **den** Blick* (offenkundig bekannt; einmalig) *einer Verfolgten. Sie hatte **das** Hütchen* (muss bereits erwähnt worden sein, also den Lesern/Leserinnen bekannt sein) *gestohlen.*

Text 18:
Ist das wichtig?

________ vollbeladenes Taxi fuhr rechts an den Fahrbahnrand. ________ Fahrgast stieg aus. ________ Taxifahrer öffnete ________ Kofferraum, hob ________ Koffer heraus. Ich schaute ________ Ausgestiegenen an: Typisch Arno! Wieder einmal ________ falsch zugeknöpftes Hemd und ________ offenes Schuhband beim Turnschuh rechts.

„________ Schuhband ist offen, ________ Hemd falsch zugeknöpft!“, sagte ich. Er umarmte mich. „Du hast mich abgeholt? Wie nett von dir.“ Er küsste mich. „Hemd, Schuhband?“, hakte ich nach.

„Ist das wichtig?“, fragte er.

2.6.3 Pronomen & Co

B 65

Das folgende Quiz sollen Sie nur aufgrund Ihrer logischen Überlegungen zu lösen versuchen. Schaffen Sie das: sehr schön! Denn das zeigt, dass Sie viel von Grammatik verstehen. Schaffen Sie das nicht, gar kein Problem. Sie werden dennoch etwas lernen.

Kreuzen Sie 1, 2 oder 3 an. Achtung: Auch mehrere Antworten können richtig sein.

Fragen	Antwort 1	Antwort 2	Antwort 3
Wozu braucht die deutsche Sprache **Personalpronomen** (ich, du, er, sie, es, wir, ihr, sie)?	Weil sie so schön kurz sind.	Damit man nicht ständig Nomen und Namen verwenden muss.	Weil man dadurch eine handelnde oder sprechende Person kurz benennen kann.
Wozu braucht man die Wörter „mein“, „dein“, „sein“, „ihr“, „unser“, „euer“, „ihr“? (Tipp: Diese Wörter werden Possessivartikel genannt.)	Um auszudrücken, welches Genus das Nomen danach hat.	Um festzulegen, wem etwas gehört.	Um sich einen Nebensatz zu ersparen, der festlegt, wem etwas gehört.

Fragen	Antwort 1	Antwort 2	Antwort 3
Wozu braucht man Pronomen wie „wer", „was", „welche"?	Um fragen zu können.	Um einen Wunsch auszudrücken.	Um auszudrücken, von welcher Person oder welchem Ding man spricht.
Was sagt uns das (Relativ-)Pronomen „dem" im folgenden Satz? *Das Spiel, von **dem** ich dir neulich erzählt habe, ist unausgereift.*	Dass das Nomen, auf das es sich bezieht, maskulin ist.	Dass das Nomen, auf das es sich bezieht, im Singular steht.	Es gibt uns in einem eigenen Nebensatz Informationen zu dem Nomen, auf das es sich bezieht.
Wer ist „dieser" und „jener" im folgenden Satz: *Armin trifft Carlo: Dieser ist Single, jener verheiratet.*	Armin = dieser	Carlo = dieser	Armin = jener
Wodurch unterscheiden sich die beiden „sich" im folgenden Satz: *Er belügt sich, sie merkt sich alles.*	Das erste „sich" bezieht sich auf das Subjekt, das zweite „sich" nicht.	Das erste „sich" steht im Akkusativ, das zweite „sich" im Dativ.	Das erste „sich" ist maskulin, das zweite „sich" ist feminin.
Was haben die Pronomen „einige", „manche", „etwas" gemeinsam?	Sie können Stellvertreter und Begleiter sein.	Sie bestimmen nicht genau, wie viel/wie viele gemeint ist/sind.	Sie können nicht nach einem Artikel stehen.

KOMPETENZTEST zu Begleitern und Stellvertretern

Kompetenzbereich:	Sprachbewusstsein
Was Sie können sollen:	Fundierte Kenntnisse und Fertigkeiten in der [...] Formenlehre einsetzen
Erlaubte Hilfsmittel:	keines
Testzeit:	Aufgabe 1: 2 Minuten Aufgabe 2: 15 Minuten

Aufgabe 1

a) Geben Sie an, worauf sich die fett gedruckten Pronomen beziehen.
b) Der Text enthält ein Pronomen, das sich auf nichts bezieht. Nennen Sie es.

Griefing

1 Wie nennt man einen Internetnutzer, **der** in Videospielen bewusst anderen Menschen Leid zufügt? Etwa, indem **er ihre** Spielfiguren ohne jegliche Provokation erschießt oder sie auf andere Weise schikaniert? Im Deutschen gibt es keinen Begriff dafür. Im Englischen gilt **so jemand** als „Griefer", das kommt vom Wort „grief", das Trauer oder Kummer bedeutet. **Ich** halte „Griefing" für einen sehr guten Begriff, weil er präzise beschreibt, was dieses Verhalten bewirkt. Ein **solcher** Spieler löst bewusst bei anderen Kummer aus. **Das** ist nicht in Ordnung, selbst wenn **es** nur in einer digitalen Spielewelt geschieht.

Quelle: Brodnig, Ingrid: Hass im Netz. Was wir gegen Hetze, Mobbing und Lügen tun können. Wien: Christian Brandstätter Verlag 2016

Aufgabe 2 Setzen Sie bestimmte oder unbestimmte Artikel ein. Ist beides möglich, geben Sie den Bedeutungsunterschied an.

Lebensbaum *(Eine Wandersage)*

________ sehr alte Dame und ________ Mann in den „besten Jahren“ teilten sich im Krankenhaus aus Platzmangel dasselbe Zimmer. ________ Frau war schon stark geschwächt und sah ihrem Ende entgegen; ________ Mann sollte nur ________ Blinddarm entfernt werden. Im Krankenzimmer stand ________ Bäumchen, das nach und nach seine Blätter verlor. Bis auf zwölf Blätter war es kahl. Plötzlich sagte ________ alte Frau zu ________ jungen Mann: „Und wenn das letzte Blatt abgefallen ist, werden auch Sie sterben!“ Mit diesen Worten verabschiedete sich ________ Alte von ________ Welt. ________ Baum verlor weiter seine Blätter; jede Stunde fiel ________ Blatt. Der Mann wurde in ________ Operationssaal gebracht. Als das letzte Blatt gefallen war, fragte sich ________ Anästhesist[1], warum ________ Mann nicht aus ________ Narkose erwachte. Er wartete vergebens.

[1] Anästhesist – Narkosearzt

Quelle: Brednich, Rolf Wilhelm: Die Spinne in der Yucca-Palme. Sagenhafte Geschichten von heute. München: Beck 2007

Was ich jetzt kann und verstehe

Ich ...	Schätzen Sie sich ein (+2 = ganz gut, -2 = nicht).			
	+2	+1	-1	-2
... weiß, was bestimmte und unbestimmte Artikel sind.				
... kann bestimmte und unbestimmte Artikel richtig verwenden.				
... kann erkennen, worauf sich Pronomen beziehen.				

3 SÄTZE UND SATZTEILE

In diesem Kapitel lernen Sie,
- Satzglieder zu erkennen,
- den Bau von Satzgliedern zu durchschauen,
- Satzformen zu erkennen,
- Hauptsätze und Nebensätze zu unterscheiden.

Benötigtes Vorwissen:
- finite und infinite Verbformen → B 2.3.1
- Kasus → B 2.4.3

3.1 Satzglieder

3.1.1 Satzglieder ermitteln

B 66

1. Rekonstruieren Sie die Sätze des folgenden Texts, indem Sie die angeführten Elemente passend anordnen. Die Verben sind jeweils vorgegeben.
2. Vergleichen Sie danach Ihre Versionen.
3. Lesen Sie die INFO-BOX und den So-geht's-Kasten auf der nächsten Seite.
4. Erklären Sie anschließend mit Hilfe des Begriffs „Satzglied", warum Ihre Lösungen zu Text 19 unterschiedlich ausfallen können.

Text 19:
Elfjähriger in Kondomautomat gefangen

musste ... ergehen lassen: [über sich] [am Samstag] [ein elfjähriger Bub] [in Braunau am Inn] [eine peinliche Rettungsaktion]

war ... stecken geblieben: [im Ausgabeschlitz eines Kondomautomaten] [der Elfjährige] [mit den Fingern einer Hand]

wurde ... gerufen: [eine Angestellte des Movieplexx in Braunau] [gegen 17:00 Uhr] [in die Herrentoilette]

hing: [in einem Kondomautomaten] [ein verzweifelter Bub] [dort]

hatte ... gesteckt: [in den Ausgabeschlitz] [seine Finger] [der Elfjährige]

bekam ... heraus: [nicht mehr] [– und] [sie]

befreiten: [Notarzt und Feuerwehr] [nach einer Stunde] [den Buben]

Quelle: Nach: http://www.sagen.at/texte/gegenwart/kurios/kondomautomat.html, 22. Sept. 2017

SATZGLIEDER — ***INFO-BOX***

Die Bausteine eines Satzes heißen **Satzglieder**. Sie bestehen aus mindestens einem Wort, können aber auch sehr umfangreich sein. Sie können in einem Satz unterschiedlich angeordnet werden.

Wie man Satzglieder anordnet, hängt davon ab, wie man die Information verteilen möchte.

Beispiel:
Die Feuerwehr hat den Buben befreit: sachliche Information
Den Buben hat die Feuerwehr befreit: „Den Buben" wird betont/hervorgehoben.

SATZGLIEDER ERMITTELN — ***SO GEHT'S***

Am einfachsten ermittelt man Satzglieder mit Hilfe der **Verschiebeprobe**: Alles, was man als Ganzes verschieben kann **– am besten: vor das finite Verb –**, ist ein Satzglied.

Beispiel:
Wir **werden** *den großartigen Sieg unserer Mannschaft aus der 1. Klasse feiern.*
Den großartigen Sieg unserer Mannschaft aus der 1. Klasse **werden** *wir feiern.*
Der Satz hat also zwei Satzglieder.

Die **verbalen Teile** (= das „Prädikat") – im Beispiel „werden" + „feiern" – sind **kein Satzglied**, weil man sie nicht als Ganzes verschieben kann.

B 67 Stellen Sie fest, wie viele Satzglieder die folgenden Sätze jeweils beinhalten. Kennzeichnen Sie zuerst das finite Verb. Wenden Sie dann die Verschiebeprobe an.

1. Zwei Kinder wollen beim Baden in der Mur am Mittwoch ein ausgewachsenes Krokodil gesehen haben.
2. Laut den Angaben der beiden, eines Buben und eines Mädchens, sei das Reptil an den am Ufer abgelegten Kleidern der Kinder interessiert gewesen.
3. Währenddessen seien sie selbst auf einer Insel in dem Fluss gewesen.
4. Wegen ihrer großen Angst blieben die Kinder angeblich die ganze Zeit über auf der Insel.
5. Erst eine halbe Stunde nach Verschwinden des Krokodils hätten sie sich schwimmend ans Ufer gewagt.
6. Eine von der Polizei herbeigerufene Reptilienexpertin bestätigte Bissspuren des Krokodils an einem der Schuhe der Kinder.
7. Sie hält die Anwesenheit eines Krokodils, vor allem eines Afrikanischen Sumpfkrokodils, in der Mur für denkbar.
8. Weiters sollen möglicherweise vom Schwanz des Krokodils stammende Schleifspuren auf einer Schotterbank des Flusses gesichtet worden sein.
9. Der betroffene Abschnitt des Flusses muss laut Rechtsexperten von der zuständigen Gemeinde mit deutlich sichtbaren „Betreten verboten"- oder „Achtung Krokodil"-Schildern gesichert werden.
10. Wer's glaubt, wird selig.

3.1.2 Woraus Satzglieder bestehen: Gliedkern und Attribute

Text 20:
Im Schaufenster

Eine junge Frau sagt zur Verkäuferin in der Boutique: „Ich möchte bitte den roten Bikini im Schaufenster anprobieren." – „Gerne", antwortet diese, „Sie können aber auch eine Umkleidekabine benutzen."

B 68

1. Erklären Sie, worin das Missverständnis in Text 20 besteht.
2. Formulieren Sie den Wunsch der jungen Frau mit exakt denselben Worten so, dass kein Missverständnis entstehen kann.
3. Lesen Sie die INFO-BOX und den So-geht's-Kasten auf der nächsten Seite. Erläutern Sie mit Hilfe der grammatischen Begriffe „Satzglied", „Gliedkern" und „Attribut", warum das Missverständnis in Text 20 entsteht.

SATZGLIEDER: GLIEDKERN UND ATTRIBUTE — INFO-BOX

Ein Satzglied besteht zumindest aus einem Gliedkern. Um diesen Gliedkern können sich Attribute gruppieren.

Der Gliedkern ist jenes Element, ohne das ein Satzglied grammatisch nicht vollständig ist. Er kann nicht weggelassen werden.

Attribute sind jene Elemente, die man streichen könnte, ohne dass das Satzglied damit **grammatisch** unvollständig wäre. Attribute können sowohl **links** als auch **rechts** des Gliedkerns stehen.

Beispiel:

Satzglied

Letztendlich probierte die Frau ***den roten Bikini aus der Auslage*** *in der Umkleidekabine an.*

Attribut (roten) – Gliedkern (Bikini) – Attribut (aus der Auslage)

Attribute können ebenfalls aus einem Kern und weiteren Attributen bestehen.

Beispiel:

Attribut

... den roten Bikini ***aus der mit Muscheln dekorierten Auslage*** *...*

Attribut zum Attributskern; mit weiterem Kern („dekorierten") und weiterem Attribut („mit Muscheln")

Attributskern

GLIEDKERNE UND ATTRIBUTE ERMITTELN — SO GEHT'S

Gliedkerne und Attribute ermittelt man am besten mit Hilfe der **Weglassprobe (Streichprobe) innerhalb eines Satzgliedes**. Beim Weglassen (Streichen) muss ein **grammatisch** akzeptabler Satz übrig bleiben.

Beispiel:

|Am ~~späten~~ Vormittag| probierte |die ~~junge~~ Frau| |den ~~roten~~ Bikini ~~aus der Auslage~~| |in der Umkleidekabine| an.

Satzglied — Satzglied — Satzglied — Satzglied

Aus **inhaltlicher Sicht** kann man Attribute natürlich nicht einfach weglassen, weil sie wichtige Informationen tragen können.

B 69

1. Ermitteln Sie im folgenden Text die Gliedkerne mit Hilfe der Weglassprobe (Streichprobe).
2. Geben Sie jene Attribute an, die aus inhaltlicher Sicht nicht weggelassen werden können, weil sie wichtige Informationen tragen.
3. Was leisten die Attribute, die keine wesentliche Information tragen?

Text 21:
Japan

In das Land der aufgehenden Sonne

Japan – ein Land, das durch seine atemberaubenden Landschaften und seine einzigartige Kultur fasziniert. Geister, Götter und Glücksbeschwörungen [...] ergeben eine einzigartige Stimmung, die man nicht mehr vergisst. Erleben Sie während Ihrer Rundreise die riesige und pulsierende Metropole Tokyo, bewundern Sie die zahlreichen kulturgeschichtlich einzigartigen Baudenkmäler in Kyoto, genießen Sie die faszinierende Landschaft beim heiligen Berg Fuji und lassen Sie sich von der außergewöhnlichen Atmosphäre eines japanisch eingerichteten Traditionshotels verzaubern.

Quelle: Kultur- und Studienreisen 2012. Österreichisches Verkehrsbüro

B 70 Erweitern Sie die Satzglieder der folgenden Sätze um Attribute. Verwenden Sie Attribute sowohl links als auch rechts des Gliedkerns. Bauen Sie die Satzglieder möglichst weit aus.
Beispiel:
Bei einem Fußballspiel wurde ein Ball getestet.
→ *Bei einem* ***im Internet übertragenen*** *Fußballspiel* ***im renovierten Stadion*** *wurde ein* ***revolutionärer*** *Ball* ***aus einem neuartigen Material*** *getestet.*

(Die folgenden „Weisheiten", Alltagsmythen genannt, sind weit verbreitet. Sie sind aber falsch.)

1. Zahnpasta bekämpft Pickel.
2. Bitterschokolade macht schlank.
3. Wunden heilen besser an der Luft.
4. Essig macht die Wäsche weich.
5. Rasieren fördert den Haarwuchs.
6. Erkältungen bekommt man durch Kälte.
7. Bei Vollmond werden mehr Babys geboren.
8. Stiere reagieren auf Farben.

B 71 Die folgenden Sätze sind mehrdeutig.

1. Erklären Sie die Mehrdeutigkeit jeweils mit Hilfe der Begriffe „Satzglied" und „Attribut".

2. Stellen Sie Eindeutigkeit her, indem Sie die Verschiebeprobe anwenden.
Beispiel:
Gestern kam die Reisegruppe aus Mali an.
→ *Die Reisegruppe aus Mali kam gestern an. (Die Gruppe stammt aus Mali.)*
→ *Die Reisegruppe kam gestern aus Mali an. (Die Gruppe kam aus Mali.)*

1. Alle warteten auf die Mädchen im dritten Stock.
2. Letzte Nacht erschreckte eine Frau einen Einbrecher in einem Zombiekostüm.
3. Sie überwanden ihre Angst vor der rätselhaften Höhle.
4. Wir unterrichten Schüler/innen mit großem Engagement.
5. Ich verstand die Frage nach dem Essen nicht.
6. Letztendlich verstummt die Kritik an der Schule.

3.1.3 Welche Satzglieder es gibt: Ergänzungen und Angaben

DaZ
B 72 Lesen Sie den folgenden Text.

1. Ergänzen Sie ihn mit passenden Satzgliedern. Fügen Sie nur solche Satzglieder ein, die unbedingt nötig sind, damit jeder Satz grammatisch vollständig ist.

2. Bestimmen Sie, welche Wörter in den Sätzen die Ergänzungen nötig machen.

3. Vervollständigen Sie die INFO-BOX.

Text 22:
Wolf-Roboter soll Wildschweine von Reisfeldern fernhalten

Ein Wolf-Roboter soll in Japan Wildschweine und Rehe von Reisfeldern fernhalten. Sobald sich dem „Super-Monster-Wolf" nähert, reagiert: Plötzlich ertönt, während die LED-Augen funkeln. [...] Die unheimlich aussehende Wolfsattrappe mit Fellüberzug ist 65 Zentimeter lang und 50 Zentimeter hoch. Das Knurren erreicht – das entspricht dem Fahrgeräusch eines Lkw. Während funkeln, bewegt sich hin und her.

Damit sich Wildschweine und Rehe nicht gewöhnen, kann das Knurren variieren. Betrieben wird mit Solarbatterien […].

Eine Firma auf Japans nördlichster Hauptinsel Hokkaido hat zusammen mit der Universität Tokio entwickelt.

Versuche ergaben, dass die weithin hörbaren Töne offenbar dazu führten, dass sich blicken ließen. Nun hoffen auch die Bauern in Chiba, dass der Test auf dem Reisfeld erfolgreich verläuft.

Quelle: https://www.suedtirolnews.it/unterhaltung/wer-haette-das-gedacht/wolf-roboter-soll-wildschweine-von-reisfeldern-fernhalten, 28. Aug. 2017

ERGÄNZUNGEN **INFO-BOX**

Welche Satzglieder in einem Satz **unbedingt nötig** sind, hängt von der Bedeutung und der Verwendung des ______________ ab.

Ein Satz ist also **grammatisch vollständig**, wenn er alle Satzglieder enthält, die das ______________ fordert. Diese Satzglieder nennt man **Ergänzungen**. Sie sind im Verb angelegt.

Beispiele: ***Jemand** belügt **jemanden: Sie** belog **ihre Freundin**.*
(„Belügen" fordert zwei Ergänzungen. Ohne sie wäre der Satz unvollständig.)

***Jemand** schenkt **jemandem etwas: Der Mann** schenkte **der Frau Blumen**.*
(„Schenken" fordert drei Ergänzungen. Ohne sie wäre der Satz unvollständig.)

Je nach Bedeutung und Verwendung können Verben unterschiedlich viele Ergänzungen fordern.
Beispiel 1:

- *schreiben*:
  a) ***jemand** schreibt **etwas: Der Mann** schreibt **ein Posting**.* → zwei Ergänzungen
  b) ***jemand** schreibt: „Was machst du gerade?" – „**Ich** schreibe."* → eine Ergänzung
  c) ***jemand** schreibt **jemandem etwas: Sie** schrieb **mir eine Nachricht**.* → drei Ergänzungen

Beispiel 2:

- *sich versprechen:*
  a) ***Jemand** verspricht sich **etwas**. – **Er** verspricht sich **einen hohen Gewinn**.* → zwei Ergänzungen
  b) ***Jemand** verspricht sich: **Er** verspricht sich (macht einen Sprechfehler).* → eine Ergänzung

DaZ B 73

Überprüfen Sie, wie viele Ergänzungen die folgenden Verben fordern, sodass grammatisch vollständige Sätze entstehen. Gehen Sie wie im Beispiel vor.
Beispiel:
geben: jemand gibt jemandem etwas: Der Wärter gibt den Tieren Futter. → drei Ergänzungen

Achtung: Manche Verben können je nach Bedeutung eine unterschiedliche Anzahl von Ergänzungen erfordern.

- ärgern
- aufblühen
- wohnen
- sein
- vorkommen
- gehören
- überlassen
- bestehen
- brennen
- wünschen
- zurufen
- niesen

DaZ B 74

Studieren Sie die folgende INFO-BOX.
Bilden Sie danach mit den Verben aus B 73 Sätze mit Ergänzungen. Bestimmen Sie, in welchem Kasus die Ergänzungen stehen.

ARTEN VON ERGÄNZUNGEN **INFO-BOX**

Vom Verb geforderte Ergänzungen stehen in einem bestimmten **Kasus**. Welcher Kasus es ist, legt das Verb fest.
Die meisten Ergänzungen sind **Subjekte, Objekte und Prädikative**:

Man unterscheidet:

• **Subjekt** (= Ergänzung im Nominativ)	***Der Hund*** *bekommt seinen Knochen.*	**Ersatzprobe** (Pronomen im Nominativ): **Er** bekommt seinen Knochen. **Frageprobe:** Wer bekommt seinen Knochen?
• **Objekte** – **Akkusativobjekt**	*Der Hund bekommt* ***seinen Knochen.***	**Ersatzprobe** (Pronomen im Akkusativ): Der Hund bekommt **ihn/mich/dich**. **Frageprobe:** Wen/Was bekommt der Hund?
– **Dativobjekt**	*Der Kellner empfahl* ***dem Gast*** *das Tagesmenü.*	**Ersatzprobe** (Pronomen im Dativ): Der Kellner empfahl **ihm/mir/dir** das Tagesmenü. **Frageprobe:** Wem empfahl der Kellner das Tagesmenü?
– **Genitivobjekt**	*Die Menschen gedachten* ***der Opfer.***	Kommt sehr selten vor. **Ersatzprobe** (Pronomen im Genitiv): Die Menschen gedachten **ihrer**. **Frageprobe:** Wessen gedachten die Menschen?
– **Präpositionalobjekt**	*Die Menge wartet* ***auf den Filmstar.*** *(„auf": nicht austauschbar; die örtliche Bedeutung von „auf" ist verloren gegangen)*	Das Verb fordert eine ganz bestimmte **Präposition** *(z. B.* ***unter*** *etwas leiden,* ***an*** *etwas denken,* ***auf*** *etwas achten).* Diese ist nicht austauschbar. Die Präposition hat ihre ursprüngliche Bedeutung verloren. Der Kasus wird von der Präposition festgelegt. **Ersatzprobe** (mit Pronomen): Die Menge wartet auf **ihn/mich/dich**. (Akkusativ) **Frageprobe** (Präposition + „wen" oder „wem"): Auf wen wartet die Menge? (Akkusativ)
• **Prädikativ (Gleichsetzungsglied)**	*Der Kellner ist* ***mein Freund.*** *Er nannte den Kellner* ***seinen Freund.***	Kellner – Freund: zweimal Nominativ Kellner – Freund: zweimal Akkusativ

DaZ
B 75

Studieren Sie die INFO-BOX auf der nächsten Seite.
Reichern Sie danach die Sätze des folgenden Texts mit Angaben an. Der Text soll mindestens doppelt so lang werden.

(Achtung: Angaben, nicht Attribute! Angaben sind Satzglieder, also verschiebbar.)

ANGABEN **INFO-BOX**

Angaben sind Satzglieder, die einen Satz **um zusätzliche Informationen anreichern**. Sie werden nicht direkt vom Verb gefordert und können im Prinzip mit jedem Verb verwendet werden.
Solche Angaben sind z. B.

- lokal (geben einen Ort an),
- temporal (geben eine Zeit an),
- kausal (geben einen Grund an),
- modal (geben die Art und Weise an).

Beispiel:
Die Menge wartet auf den Filmstar. (enthält nur Ergänzungen, keine Angaben)
***Wegen einer Flugverspätung** wartete die Menge **gestern in der Ankunftshalle ungeduldig** auf den Filmstar.* (enthält Ergänzungen und Angaben; Angaben sind fett gedruckt)

Text 23:
Enrique Anderson Imbert: Tabu

Fabians Schutzengel stand dicht hinter ihm und raunte ihm zu: „Vorsicht, Fabian! Es ist dir vorherbestimmt, dass du sterben musst, sobald du das Wort ‚Doyen' aussprichst."

„Doyen?", fragte Fabian verblüfft.

Und er stirbt.

Quelle: An Arrest. Eine Gefangennahme. Englische Kürzestgeschichten. Ausgewählt und übersetzt von Harald Raykowski. München: dtv 2010

B 76

Manche meinen: Jeder vollständige Satz muss ein Subjekt enthalten.
Überprüfen Sie diese Ansicht anhand der folgenden Beispiele.

1. Heute wird gefeiert!
2. Mir graut praktisch vor jeder Schularbeit.
3. Leg das Geld sofort zurück in die Kassette!
4. Auf dem Ball wurde bis in die Morgenstunden getanzt.
5. Mich friert.

KOMPETENZTEST zu Satzgliedern

Kompetenzbereich:	Sprachbewusstsein
Was Sie können sollen:	Fundierte Kenntnisse und Fertigkeiten in der Satzgrammatik [...] haben
Erlaubte Hilfsmittel:	keines
Testzeit:	Aufgabe 1: 10 Minuten Aufgabe 2: 10 Minuten Aufgabe 3: 5 Minuten Aufgabe 4: 10 Minuten

Aufgabe 1

Geben Sie an, wie viele Satzglieder jeder der folgenden Sätze enthält. Führen Sie die Verschiebeprobe durch.

1. Das Gehirn benötigt die Hälfte der täglichen Kohlenhydratzufuhr.
2. Die nicht speicherbare Glukose versorgt das Gehirn mit Energie.
3. Deshalb muss dem Gehirn über die Blutbahn kontinuierlich Glukose zugeführt werden.
4. Der beste Start in einen Schultag ist eine kleine Mahlzeit am Morgen.
5. Die Jause in der Schule sollte aus Kohlenhydraten, aus Gemüse, Obst oder Vollkornprodukten zusammen mit Milchprodukten bestehen.
6. Hafer wirkt sich interessanterweise auf Gehirn und Nerven positiv aus.

Aufgabe 2 Geben Sie die Gliedkerne mit den zugehörigen Attributen in den Sätzen 1, 2, 4 und 5 oben an.

Aufgabe 3 Untersuchen Sie, ob die folgenden Sätze mehrdeutig sind. Machen Sie sie gegebenenfalls eindeutig, ohne dabei die Wörter zu verändern, zu ersetzen oder neue Wörter einzufügen.

1. Die Frau überraschte den Mann mit der neuen Frisur.
2. Ich kann den Mann ohne Brille nicht mehr sehen.
3. Sie kauften frische Buttermilch von der Marktfrau.
4. Allmählich wurden die Anspielungen der Dame peinlich.
5. Ich werde den Termin am Freitag absagen.

Aufgabe 4 Bestimmen Sie in den Sätzen von Aufgabe 1:
a) Ergänzungen und Angaben,
b) Subjekte und um welche Objekte es sich handelt.

Was ich jetzt kann und verstehe

Ich ...	Schätzen Sie sich ein (+2 = ganz gut, -2 = nicht).			
	+2	+1	-1	-2
... kann Satzglieder mit Hilfe der Verschiebeprobe ermitteln.				
... kann Gliedkerne und Attribute unterscheiden.				
... erkenne Mehrdeutigkeit, die in Satzgliedern angelegt ist.				
... kann Ergänzungen und Angaben unterscheiden.				
... kenne die wichtigsten Ergänzungen.				

3.2 Sätze und satzwertige Fügungen

Benötigtes Vorwissen:
- Verbformen: finites und infinites Verb → B 2.3.1
- Satzglieder → B 3.1

3.2.1 Satzformen: Die Position des finiten Verbs im Satz

Studieren Sie die folgende INFO-BOX. Ergänzen Sie sie danach mit Beispielen aus Text 21 („Japan", Seite 65). **B 77**

SATZFORMEN — ***INFO-BOX***

Das finite Verb ist das Zentrum eines Satzes.
Nach der **Position des finiten Verbs** kann man unterscheiden:

Verbzweitsatz (V2-Satz): Das finite Verb steht an **zweiter** Stelle. Davor steht genau ein Satzglied. Diese Satzform gilt als **typisch für das Deutsche**.

Beispiele: ______________________________

____

Verberstsatz (V1-Satz): Das finite Verb steht an **erster** Stelle.

Beispiele: ______________________________

____

Verbletztsatz (V^{letzt}-Satz): Das finite Verb steht an **letzter** Stelle.

Beispiele: ______________________________

____

Analysieren Sie, um welche Satzform es sich handelt. Kennzeichnen Sie das finite Verb und kreuzen Sie an. **B 78**

	Satzform		
	V1	V2	V^{letzt}
1. Du wirst die Schule erfolgreich abschließen.	☐	☐	☐
2. Du wirst die Schule erfolgreich abschließen?	☐	☐	☐
3. Du wirst die Schule erfolgreich abschließen!	☐	☐	☐
4. Ob sie meinen Geburtstag abermals vergessen hat?	☐	☐	☐
5. Du willst jetzt aber nicht das Gegenteil behaupten!	☐	☐	☐
6. Nimm Rücksicht auf die Nachbarn.	☐	☐	☐
7. Wenn ich doch nur besser aufgepasst hätte!	☐	☐	☐
8. Habt ihr schon gegessen?	☐	☐	☐
9. Wer von euch kennt einen lesenswerten Roman?	☐	☐	☐
10. Dass du schon wieder widersprechen musst!	☐	☐	☐

B 79 Ergänzen Sie die rechte Spalte gemeinsam. Übersetzen Sie dazu die deutschen Sätze in eine Sprache, die in Ihrer Klasse gesprochen wird.
Analysieren und vergleichen Sie danach gemeinsam die Stellung des finiten Verbs in verschiedenen Sprachen.

Deutsch	Englisch	______________
Gestern traf ich jemanden,	Yesterday I met someone	
der mit mir zur Schule gegangen war.	who had gone to school with me.	
Wie war doch gleich sein Name?	What was his name again?	
Erinnerte er sich an mich?	Did he remember me?	
Hatte er sich verändert?	Had he changed?	
Ich wusste es nicht,	I didn't know	
weil ich ihn schon lange nicht mehr gesehen hatte.	because I had not seen him for a long time.	
„Komm", sagte ich.	„Come on", I said.	
„Gehen wir auf einen Kaffee."	„Let's go for a coffee."	
Leider lehnte er meine Einladung ab.	Unfortunately he refused my invitation.	

3.2.2 Satzarten

B 80 Ersetzen Sie in den V2-Sätzen jeweils einen Teil durch einen passenden der angeführten V^{letzt}-Sätze, sodass sinnvolle Sätze entstehen.
Beispiel:
V2: Der Platzregen ***gestern*** *hat zu einer Überschwemmung geführt.*
V^{letzt}: ... der gestern niedergegangen ist ...
*Lösung: Der Platzregen**, der gestern niedergegangen ist,** hat zu einer Überschwemmung geführt.*

V2-Sätze	V^{letzt}-Sätze
1. Trotz der enormen Warteschlangen kommt man an den Stadionkassen relativ rasch zu seinem Ticket.	den man nicht zitieren kann
2. Ich kam wegen des Ausfalls der U-Bahn leider zu spät.	als ob er Rumpelstilzchen wäre
3. Die Leute vor mir waren echte Fanatiker.	obwohl die Warteschlangen enorm sind
4. Die Zuseher haben die Geschmacklosigkeit auf dem Rasen gesehen.	weil die U-Bahn ausgefallen war
5. Der Senegalese in der gegnerischen Mannschaft war der beste Mann auf dem Spielfeld.	indem ich böse blickte
6. Mit dem Schiedsrichter aus der Schweiz waren nur seine engsten Familienangehörigen zufrieden.	wer zugesehen hat
7. Ich hatte auf den Sieg unserer Mannschaft gewettet.	der aus der Schweiz kam
8. Der Mann neben mir reagierte auf die Niederlage unserer Mannschaft mit einem nicht zitierbaren Fluch.	die vor mir saßen
9. Ich drückte meinen Ärger durch einen bösen Blick aus.	dass unsere Mannschaft gewinnt
10. Ein gegnerischer Fan sprang vor Freude wie Rumpelstilzchen herum.	der in der gegnerischen Mannschaft spielte

B 81

Analysieren Sie gemeinsam Ihre Lösungen aus B 80. Beantworten Sie dazu die folgenden Fragen:

Frage	Antwort
1. In welchen Sätzen haben Sie mit dem V^{letzt}-Satz ein Satzglied ersetzt?	
2. In welchen Sätzen haben Sie mit dem V^{letzt}-Satz ein Attribut ersetzt?	
3. In welchem Verhältnis stehen V2- und V^{letzt}-Satz in Ihren Lösungen? Welcher Satz hängt von welchem ab bzw. welcher Satz ist welchem untergeordnet? Begründen Sie Ihre Ansicht.	

B 82

Lesen und ergänzen Sie die folgenden INFO-BOXen. Erledigen Sie danach die darunter angeführte Aufgabe.

SATZGEFÜGE: HAUPTSATZ + NEBENSATZ — ***INFO-BOX***

Ein Satzgefüge besteht aus mindestens zwei Teilsätzen, zumindest einem V1- oder V2-Satz und mindestens einem V^{letzt}-Satz.

Dabei unterscheidet man zwischen Hauptsatz und Nebensatz:

- Ein Hauptsatz ist jener **Teilsatz, der von keinem anderen abhängig ist**. Er ist üblicherweise ein **V2-** oder ein **V1-Satz**.

  Beispiele:

Hauptsatz	Nebensatz
*Ich **kam** zu spät,*	*weil die U-Bahn ausfiel.*
***Kauf** dir etwas zu trinken,*	*wenn du Durst hast.*
______________	*obwohl* ______________

  Selten kann ein Hauptsatz auch ein V^{letzt}-Satz sein:

  Beispiele:

Hauptsatz	Nebensatz
Ob sie mir immer ausweicht,	*weil sie einen anderen liebt?*
Dass du nicht widersprichst,	*wenn dein Chef dir etwas aufträgt!*

- Ein Nebensatz ist ein **Teilsatz**, der von einem anderen Teilsatz des Satzgefüges **abhängt, also diesem untergeordnet** ist. Nebensätze heißen daher auch **untergeordnete Sätze** (Beispiele siehe oben). Nebensätze sind gewöhnlich V__________-Sätze.

  Nebensätze können **Gliedsätze** (ersetzen ein Satzglied), **Attributsätze** (ersetzen ein Attribut) oder **weiterführende Nebensätze** (beziehen sich auf den gesamten Hauptsatz) sein.

  Nebensätze können dem übergeordneten Satz

  - folgen,

    Beispiele: *Wir reisen ab, **sobald wir gepackt haben.***

    ____

  - vorausgehen,

    Beispiele: ***Während die einen schufteten,** ließen es sich die anderen gut gehen.*

    ____

  - in diesen eingeschoben sein.

    Beispiele: *Die Hürde, **die ich genommen habe,** war hoch.*

    ____

Die meisten Nebensätze haben ein Einleitewort:
Als Einleitewörter dienen vor allem
- **Pronomen**, *z. B. der, die, das, mit dem, durch die, deren, dessen, welche/s/r;*
- **unterordnende Konjunktionen**, *z. B. als, bevor, während, nachdem, solange, wenn, falls, sofern, dass, sodass, außer dass, weil, obwohl, indem, sooft ...*

Es war ein Sieg,	***mit dem***	*niemand gerechnet*	***hatte.***
Er sagt,	***dass***	*er es locker schaffen*	***werde.***
	Einleitewort		finites Verb

Nebensatzklammer

Nebensätze sind nur mit der Nebensatzklammer **vollständig**.
Beispiele:
Vollständig: *Ich wusste nicht, **wann** er kommen **werde** und **ob** er etwas mitbringen **würde**.*
Unvollständig: *Ich wusste nicht, **wann** er kommen und **ob** er etwas mitbringen **werde**.* (finites Verb fehlt)
Vollständig: *Er sagte, **dass** er kommen **werde** und **dass** er etwas mitbringen **könne**.*
Unvollständig: *Er sagte, **dass** er kommen **werde** und etwas mitbringen **könne**.* (Einleitewort fehlt)

Einige wenige Nebensätze können V2- oder V1-Sätze sein. Sie haben kein Einleitewort:
- nicht eingeleitete dass-Sätze: *Er sagt, er **werde** es locker schaffen. (Er sagte, dass ...)*
- nicht eingeleitete wenn/falls-Sätze: ***Gewinnen** wir, gibt es eine große Feier. (Wenn wir gewinnen, ...)*
- als-ob-Sätze ohne „ob“: *Sie tat, als **hätte** sie gewonnen. (..., als ob sie gewonnen hätte.)*

EINFACHER SATZ — ***INFO-BOX***

Ein einfacher Satz besteht aus einem einzigen Prädikat (mit einem einzigen finiten Verb) und den dazugehörigen Satzgliedern.
Beispiele:

Der Fluss ist über die Ufer getreten.	Wird die Reise abgesagt?	Bleib sofort stehen!

Kennzeichnen Sie Haupt- und Nebensätze unterschiedlich. Gehen Sie so vor:
1. Kennzeichnen Sie die finiten Verben.
2. Stellen Sie bei Nebensätzen die Nebensatzklammer fest.
3. Achtung: Die Liste enthält zwei einfache Sätze. Welche sind es?

1. Du kannst, wenn du eigenes Geld verdienst, im nächsten Jahr nach Spanien gehen.
2. Ich denke, dass ein längerer Aufenthalt deinem Spanisch rasch weiterhelfen würde.
3. Natürlich muss man überlegen, wie du dort leben sollst.
4. Eine Wohnung, die zum Beispiel in Madrid günstig liegt, werden wir uns nicht leisten können.
5. Außerdem wird die Suche nach einer Wohnung von Österreich aus ziemlich kompliziert sein.
6. Deshalb sollten wir überlegen, ob wir nicht eine Agentur, die einen guten Ruf hat, in Anspruch nehmen sollten.
7. Obwohl man über solche Agenturen immer wieder Nachteiliges hört, kann man von ihnen wohl brauchbare Informationen bekommen.
8. Dass sie einen über den Tisch ziehen, glaube ich nicht.
9. Hat nicht deine Freundin Melissa mit einer Agentur ziemlich gute Erfahrungen gemacht?
10. Recherchiere also bitte einmal, wenn du Zeit hast, im Internet, was es da so alles gibt, was einem nützen kann.

B 83 Lesen Sie die folgende INFO-BOX und ergänzen Sie sie mit weiteren Beispielen.

SATZREIHEN **INFO-BOX**

Eine Satzreihe besteht aus gleichrangigen Sätzen. „Gleichrangig" heißt, dass diese Sätze nicht voneinander abhängig sind.
Zur Reihung werden Kommas und/oder **nebenordnende Konjunktionen** verwendet. Die wichtigsten sind: **und, sowohl – als auch, entweder – oder, aber, beziehungsweise, denn, jedoch, sondern.**

- Eine Hauptsatzreihe besteht aus aneinandergereihten Hauptsätzen.
  - *Beispiele mit vollständigen Hauptsätzen:*

Hauptsatz 1	***Konjunktion oder Komma***	***Hauptsatz 2***
Die Strecke glänzte im Sonnenlicht	*und*	*die Fahrer waren bereit.*
Die Ampel schaltete auf Grün	*,*	*die Autos fuhren los.*
	doch	

  - *Beispiele mit unvollständigen Hauptsätzen:*

Hauptsatz 1	***Konjunktion***	***Hauptsatz 2 (unvollständig)***
Sie bekam ihn als kleinen Welpen	*und*	*zog ihn groß.* (Subjekt fehlt)
Der Hund reagierte nicht	*, sondern*	*blieb einfach liegen.* (Subjekt fehlt)
	und	

- Eine Nebensatzreihe ist Teil eines Satzgefüges. Sie besteht aus aneinandergereihten Nebensätzen.
  Beispiele: Weil es draußen so stürmte und [weil] das Gewitter immer heftiger wurde, ... (Hauptsatz) ...

B 84

Bilden Sie mit den angegebenen Konjunktionen Satzreihen.

1. Es ist kalt. Es stürmt. Wir bleiben zu Hause. (Hauptsatz – Nebensatzreihe; „weil")
2. Er ist 2,02 Meter groß. Er ist kein Basketballspieler. (Hauptsatzreihe; „aber")
3. Die App ist sinnlos. Die App verbraucht viel Strom. Alle verwenden sie. (Nebensatzreihe – Hauptsatz; „obwohl")
4. Wir beenden die Diskussion. Wir sitzen morgen noch hier. (Hauptsatzreihe; „entweder – oder")
5. Ferdinand ist nach Australien ausgewandert. Alfred hat den elterlichen Betrieb übernommen. (Hauptsatzreihe; „jedoch")

3.2.3 Satzwertige Fügungen

B 85

Lesen Sie die Sätze unten. Überprüfen Sie die fett gedruckten Teile:

1. Was haben sie mit einfachen Satzgliedern und mit Gliedsätzen gemeinsam? Erinnern Sie sich daran, was man mit Satzgliedern und Gliedsätzen machen kann.
2. Was unterscheidet sie von Gliedsätzen in formaler Hinsicht? Erinnern Sie sich, woraus Gliedsätze bestehen.
3. Bilden Sie zu jedem Satz zumindest zwei Parallelsätze (gleiche Bauform der fett gedruckten Teile).

1. **Von der Bekanntheit des Redners angelockt,** kam eine große Menschenmenge zu der Veranstaltung.
2. **Ohne an mögliche Folgen zu denken,** prangerte der Redner viele Missstände an.
3. **Immer wieder mit den Tränen kämpfend,** erzählte er von seinen persönlichen Erfahrungen.
4. Die Menschen applaudierten, **um ihre Zustimmung auszudrücken.**
5. Der Redner, **von der Menge angestachelt,** kritisierte immer heftiger.
6. **Von der Rede fasziniert,** brach die Menge am Ende in Jubel aus.

SATZWERTIGE FÜGUNGEN **INFO-BOX**

Den Rang von Nebensätzen haben sogenannte **satzwertige Fügungen** – obwohl sie kein finites Verb beinhalten. Dazu zählen **Infinitiv- und Partizipgruppen**. Sie sind dann satzwertig, **wenn sie in Nebensätze umgeformt werden können**. Die wichtigsten sind:

- Eine **Infinitivgruppe** besteht aus Infinitiv + „zu" + mindestens einem weiteren Wort, z. B. auch „um zu", „ohne zu" „anstatt zu".
  Beispiele:

- Eine **Partizipgruppe** hat als Kern ein Partizip I oder II, dazu kommt mindestens ein weiteres Wort:
  Beispiele:
  (mit Partizip I)
  (mit Partizip II)

Da Infinitiv- und Partizipgruppen kein eigenes Subjekt haben, ist ihr mitgedachtes Subjekt in der Regel jenes des Hauptsatzes.

Beispiel: Von der Rede fasziniert, brach die Menge am Ende in Jubel aus.

(Die Menge war fasziniert.)

Falscher Sinn: Von der Rede fasziniert, brachte der Redner die Menge zum Jubeln.

(In diesem Satz ist der Redner fasziniert ...)

B 86 Beweisen Sie, dass die Sätze in B 85 tatsächlich Infinitiv- und Partizipgruppen enthalten, indem Sie diese in Nebensätze umwandeln.

B 87 Infinitivgruppen können sich auch auf Nomen beziehen. Beweisen Sie das, indem Sie die Nebensätze in den folgenden Sätzen in Infinitivgruppen umwandeln.

1. Der Aufforderung, dass er die Regierung nicht kritisieren solle, kam der Redner nicht nach.
2. Vielmehr setzte er seine Ankündigung, dass er Missstände beim Namen nennen werde, in die Tat um.
3. In seiner Rede vertrat er die Ansicht, dass er in einem korrupten Staat leben würde.
4. Er ließ den Eindruck, dass er sich vor Verfolgung fürchte, erst gar nicht aufkommen.
5. Das gab den Menschen die Gewissheit, dass sie einen starken Mitkämpfer haben.

B 88 In den folgenden Sätzen ergeben die Infinitiv- bzw. Partizipgruppen einen falschen Sinn. Korrigieren Sie die Sätze, indem Sie sie umformen.

1. Am Ende der Rede angelangt, jubelte die Menge dem Redner zu.
2. Die Halle war noch lange mit Menschen gefüllt, um die Atmosphäre zu genießen.
3. Von heftigen Gefühlen überwältigt, waren Tränen in den Augen vieler Menschen zu sehen.
4. Spruchbänder schwingend und mit bunten Tüchern winkend, wurde der Redner gefeiert.
5. Ohne die Menge aus den Augen zu lassen, wurde der Redner von den Leibwächtern von der Bühne geleitet.

KOMPETENZTEST zu Satzformen und Satzarten

Kompetenzbereich:	Sprachbewusstsein
Was Sie können sollen:	Fundierte Kenntnisse und Fertigkeiten in der Satzgrammatik […] haben
Erlaubte Hilfsmittel:	Keines
Testzeit:	Aufgabe 1: 3 Minuten Aufgabe 2: 15 Minuten Aufgabe 3: 5 Minuten Aufgabe 4: 5 Minuten Aufgabe 5: 5 Minuten

Aufgabe 1

a) Nennen Sie je ein Beispiel für die Satzformen des Deutschen.
b) Ordnen Sie die folgenden (Teil-)Sätze den Satzformen zu.

1. Wer von Ihnen kann die Satzformen des Deutschen nennen?
2. Hätte ich die Satzformen doch nur genauer gelernt!
3. Woran kann man erkennen, um welche Satzform es sich handelt?
4. Will man den Satzbau durchschauen, sollte man die Satzformen kennen.
5. Entscheidend beim Erkennen der Satzformen ist das finite Verb.

Aufgabe 2

Identifizieren Sie im folgenden Text:
a) einfache Sätze b) Satzgefüge c) Satzreihen

Die Zukunft der Familie[1] […]

Wie sieht die Zukunft der Familie aus? Eltern werden älter, Kinder bleiben geschwisterlos, und Familien werden bunter. Und ein Problem unserer heutigen Zeit könnte sich so von alleine lösen.

Claudia Becker

Auch wenn nirgendwo so viel gestritten und geschimpft wird, nirgendwo so viel Wut und Enttäuschung und Traurigkeit entstehen, nichts so anstrengend und irgendwie auch altmodisch ist, ist Familie das Wichtigste im Leben. 88 Prozent der Deutschen sagen das einer Studie des Zukunftsforschers Horst Opaschowski zufolge.

Familie ist ein Zukunftsmodell, weil sie bleibt, was sie schon immer trotz allem auch war, [und] sie eben auch das ist: Geborgenheit, Zuverlässigkeit, Liebe. […] Dass Familie auch in den kommenden Jahrzehnten existiert, daran hegen Zukunftsforscher keinen Zweifel. Sie wissen aber auch, dass sich im Hinblick auf die sich schon heute abzeichnenden Trends die Strukturen zunehmend verändern werden.

Das klassische Modell Mama-Papa-Kind-für-immer ist auf dem Rückzug. Stattdessen wird die Patchworkfamilie immer normaler. […]

Dass das längst nicht so unproblematisch ist, wie es uns die Bilder von glücklichen Promis weismachen wollen, die mit Ex-Mann, neuem Lover, dessen Kindern und den eigenen auf Jachten hüpfen, ist kein Geheimnis. Aber je normaler diese Lebensform wird, je mehr und offener über die Konflikte gesprochen wird, desto leichter wird sie funktionieren, mit all ihren Vorteilen.

Auch Regenbogenfamilien, bei denen Kinder bei gleichgeschlechtlichen Partnern leben, werden in Zukunft häufiger vorkommen. Studien wie die der Universität Melbourne, für die 500 Kinder aus gleichgeschlechtlichen Partnerschaften unter anderem auf ihr körperliches und soziales Wohlergehen untersucht wurden, werden ihren Beitrag zum Abbau von Ressentiments[2] leisten: Während es im Vergleich zu Kindern aus traditionellen Familien in den meisten Bereichen keine signifikanten Unterschiede gab, lag neben der „allgemeinen Gesundheit“ der „Familienzusammenhalt“ bei Regenbogenfamilien um sechs Prozent sogar höher. […]

[1] *Titel von den Schulbuchautoren/-autorinnen*

[2] *Ressentiment – ein oft unbewusstes Gefühl der Abneigung, das auf Neid, Vorurteilen etc. beruht*

Quelle: http://www.welt.de/vermischtes/article146065324/Problem-der-Helikopter-Eltern-regelt-sich-von-alleine.html, 5. Sept. 2015

Aufgabe 3 Bestimmen Sie in den folgenden Satzgefügen aus dem Text auf der vorigen Seite Hauptsätze und Nebensätze.

1. Dass Familie auch in den kommenden Jahrzehnten existiert, daran hegen Zukunftsforscher keinen Zweifel.
2. Auch Regenbogenfamilien, bei denen Kinder bei gleichgeschlechtlichen Partnern leben, werden in Zukunft häufiger vorkommen.
3. Familie ist ein Zukunftsmodell, weil sie bleibt, was sie schon immer trotz allem auch war.
4. Dass das längst nicht so unproblematisch ist, wie es uns die Bilder von glücklichen Promis weismachen wollen, die mit Ex-Mann, neuem Lover, dessen Kindern und den eigenen auf Jachten hüpfen, ist kein Geheimnis.

Aufgabe 4 Bestimmen Sie, welche der folgenden V1- und V2-Sätze Nebensätze sind. Bilden Sie dazu Nebensätze mit Einleitewort.

1. Die klassische Familie werde auch weiterhin existieren, sagen Forscher.
2. Gibt es immer weniger Kinder, wird auch die traditionelle Großfamilie mit Tanten, Onkeln, Cousinen und Cousins immer seltener.
3. Manche tun so, als wäre die traditionelle Familie schon ausgestorben.
4. Gaukeln Promis auch etwas anderes vor, ist das Leben in Patchworkfamilien doch nicht immer einfach.
5. Die Ansicht, Kinder hätten es außerhalb der klassischen Familie generell schlechter, ist widerlegt.

Aufgabe 5 Wandeln Sie die fett gedruckten Teile in satzwertige Fügungen um und schreiben Sie die Sätze neu.

1. Gut ausgebildete Frauen entscheiden sich immer später **für eine Mutterschaft.**
2. **Indem sie sich um ihre jüngeren Geschwister kümmern,** übernehmen viele Jugendliche heutzutage traditionelle Aufgaben von Erwachsenen.
3. **Alleinerziehende werden mit ihren Problemen oft alleingelassen** und stehen so immer wieder vor schwierigen Situationen.
4. **Damit sich Kinder gut entwickeln können,** brauchen sie Geborgenheit, Zuverlässigkeit und Liebe.
5. **Auch wenn die klassische Familie von manchen totgesagt wird,** wird es sie doch weiterhin geben.

Was ich jetzt kann und verstehe

Ich ...	Schätzen Sie sich ein (+2 = ganz gut, -2 = nicht).			
	+2	+1	-1	-2
... kann die Satzformen des Deutschen bestimmen.				
... kenne die Satzarten.				
... kann Haupt- und Nebensätze unterscheiden.				
... kann Satzgefüge und Satzreihen unterscheiden.				
... kann satzwertige Fügungen bilden.				

1 SCHREIBUNG DER KONSONANTEN

In diesem Kapitel lernen Sie,
- nach welchen Regeln Konsonanten einfach oder verdoppelt geschrieben werden,
- Besonderheiten der Konsonantenschreibung.

Benötigtes Vorwissen:
- Laute und Buchstaben ➔ B 1
- Wortbildung: Ableitungen ➔ B 2.1.2
- Partizip I und II ➔ B 2.3.1
- Stammformen ➔ B 2.3.5

1.1 Grundregeln der Konsonantenschreibung

C 1

SB PLUS

Lesen Sie langsam und betont oder hören Sie die folgenden Gegenüberstellungen. Lesen und vervollständigen Sie danach die INFO-BOX.

sparen – Karren ◆ Suppe – Lupe ◆ bitten – bieten ◆ toben – Hobby ◆ Rassel – Rasen ◆ schälen – Bälle ◆ Hupe – Puppe ◆ dimmen – Riemen ◆ gönnen – dröhnen ◆ Kutte – mutig ◆ ein Toter – Eidotter ◆ Mieze – Blitze ◆ packen – Laken

KONSONANTENSCHREIBUNG: GRUNDREGELN — ***INFO-BOX***

1. Auf einen betonten und ____________ gesprochenen (Stamm-)Vokal folgen so gut wie immer entweder **zwei unterschiedliche Konsonanten** *(fangen, halten, Luft)* oder – wenn nur **ein einziger Laut** folgt – eine **Doppelkonsonanz**: *bestellen, bestatten, Lappen*, im Deutschen auch **tz** (statt zz) und **ck** (statt kk): *ritzen, Lack*. Wichtige Ausnahmen: *des, zum, zur, hat, Bus, Lok*.

   In Abwandlungen, Ableitungen und Zusammensetzungen bleibt die Doppelkonsonanz nach dem **Stammprinzip** erhalten, *z. B. du be**stell**st, be**stell**bar, Be**stell**liste.*
   Ausnahmen: *Job – jobben; Bus – Busse, fit – fitter*

2. Nach einem betonten, ____________ gesprochenen (Stamm-)Vokal oder Diphthong folgt **ein** ____________ **Konsonant** *(malen, blöken, reizen)*. Auch hier gilt das Stammprinzip: *Hut, Hüte, behüten.*

C 2 Listen Sie die folgenden Wörter in zwei Spalten auf. Links: kurzer und betonter Stammvokal, rechts: langer Stammvokal oder Diphthong.

f Waffel ◆ Kufe ◆ kiffen ◆ Kiefer ◆ Scheffel ◆ Ofen ◆ offen ◆ Reife ◆ Stoff ◆ Büffel

l kahl ◆ Krallen ◆ einstweilen ◆ Killer ◆ Kiel ◆ abholen ◆ Zoll ◆ maulen ◆ Muli ◆ Müll ◆ Mühle

m Klemme ◆ schämen ◆ zähmen ◆ Schaum ◆ Stimme ◆ Riemen ◆ trimmen ◆ Krume ◆ kam

n Zinn ◆ Miene ◆ ermahnen ◆ mannigfach ◆ dröhnen ◆ Wonne ◆ Wohnung ◆ jene ◆ Henne

p tropisch ◆ hupen ◆ Raupe ◆ Nepp ◆ Lupe ◆ Skrupel ◆ aufklappen ◆ Stapel ◆ typisch ◆ Tipp

r knarren ◆ Ware ◆ betören ◆ dürr ◆ schaurig ◆ schwirren ◆ schwierig ◆ knorrig ◆ Moor

t anbieten ◆ erbitten ◆ Kater ◆ schnattern ◆ beten ◆ Betten ◆ Leitung ◆ Bote ◆ Dotter

C 3 Setzen Sie nach dem betonten, kurzen Vokal in den folgenden Reimwortreihen die regelkonforme Doppelkonsonanz (zwei verschiedene oder zwei gleiche Konsonanten). Verwenden Sie dazu die folgenden möglichen Lösungen. Achtung: Drei bleiben übrig.

ll – ft – ss – ck – tt – rb – lt – mm – nd – rz – ff

Reimwortreihen:

ha_____en, fa_____en, scha_____en, verwa_____en, Gesta_____en

Bu_____er, Fu_____er, Ku_____er, Mu_____er

bee_____en, we_____en, se_____en, Le_____en

Gri_____, Pfi_____, Ri_____, Schi_____, Kni_____

Dü_____e, Hü_____e, Lü_____e, Klü_____e

E_____en, erschre_____en, abschle_____en, ne_____en, we_____en, Ze_____en

He_____, Schme_____, Sche_____, Ne_____, Komme_____, Te_____

zo_____en, Blütenpo_____en, ro_____en, so_____en, Sto_____en, herumto_____en, wo_____en

C 4 Beweisen Sie die Richtigkeit des Stammprinzips, indem Sie möglichst viele Ableitungen (Worterweiterungen durch Prä- und Suffixe) zu den folgenden Wortstämmen bilden.

*Beispiel: Schatz → schä**tz**en, sich verschä**tz**en, abschä**tz**ig, Schä**tz**chen*

Land: ______________________________

____

Mitte: ______________________________

____

bieten: ______________________________

____

rot: ______________________________

____

Mut: ______________________________

____

hören: ______________________________

____

1.2 Besonderheiten der Konsonantenschreibung

1.2.1 s-Schreibung: s, ss, ß

C 5 SB PLUS

Hören Sie ein Diktat in einem Fantasie-Deutsch. Schreiben Sie auf, was Sie hören.
Achten Sie dabei besonders auf die Aussprache und Schreibung von Wörtern, die einen s-Laut enthalten.
Vergleichen und begründen Sie anschließend Ihre Schreibung des s-Lauts.

C 6 SB PLUS

Lesen oder hören Sie die folgenden gegenübergestellten Wortgruppen und Sätze. Achten Sie auf die Aussprache der Wörter, die einen s-Laut beinhalten. Ergänzen Sie danach die INFO-BOX.

s oder ss ?	
Lass das liegen!	Sie las gerade ein Buch.
die Hasen im Stall füttern	dummes Geschwätz hassen
Ihre Hände waren rissig.	Die Menschenmenge war riesig.
die Rassen der Hunde feststellen	den Rasen mähen
eine Rose ins Knopfloch stecken	die Rosse vor den Wagen spannen
lautstark die Nase putzen	nasse Farben auftragen
Sie saßen mit blassen Gesichtern da.	die Seifenblasen zerplatzten
in einer engen Gasse parken	gefährliche Gase einatmen

s oder ß ?	
ein Zimmer frisch weißen	auf ein Verbotsschild hinweisen
das Bild von der Wand reißen	im Urlaub nach Mallorca reisen
vom Schreien heiser sein	Die Suppe sollte heißer sein.
rasch in die Kabine sausen	heraußen vor der Türe warten
die Zeit wird rasch verfließen	selbst das Badezimmer verfliesen
den Kreisverkehr überwachen	im Kreißsaal ein Kind zur Welt bringen
eine Torte genießen	ins Taschentuch niesen

ss oder ß ?	
aus Baumstämmen Floße bauen	im Meer eine dreieckige Flosse erspähen
die Masse für den Teig anrühren	die Maße des Spielfelds
Die Brüder hießen Paul und Hans.	eine Fahne hissen
mit Bussen in die Schule fahren	hohe Geldbußen bezahlen müssen
jemanden mit Füßen treten	in Flüssen baden
nicht nachlässig sein	er war nur mäßig interessiert

S-SCHREIBUNG: GRUNDREGELN — INFO-BOX

ß und ss zeigen in der Schreibung einen stimmlosen (scharf gesprochenen) s-Laut **an. Es gilt das Stammprinzip:** Wenn im Wortstamm ein ß oder ss steht, dann auch in den Ableitungen davon: *Maß, mäßig, mäßigen; blass, Blässe, erblasst*

ß steht nur nach ______________ (**au, äu, eu, ei, ai –** *äußerst, reißen*) oder nach ______________ **gesprochenem Vokal oder Umlaut:** *Straße, büßen, bloß.*

ss steht nach ______________ **gesprochenem Vokal oder Umlaut:** *Fluss, es passt, küssen.*

s kann überall stehen und **stimm**______ (= weich/summend wie in *brausen, kräuseln*) oder auch **stimm**______ (= scharf wie in *fast, bis* oder häufig auch nach unbetonten Vokalen wie in *Musik, Reserve*) ausgesprochen werden. Auch beim „s" gilt das Stammprinzip: *Weise, hinweisen, erfreulicherweise.*

Beachten Sie: Es gibt ß auch in Großbuchstaben: ẞ [shift]+[Alt Gr]+[ß]

C 7

Setzen Sie die fehlenden Buchstaben in die Adjektive ein. Begründen Sie Ihre Entscheidungen mit den entsprechenden Regeln. Leiten Sie von den Adjektiven Verben ab und bilden Sie die drei Stammformen.

Beispiel: mä____ig → mäßig: ß wegen des lang gesprochenen „ä"; mäßigen – mäßigte – gemäßigt

ru____ig ◆ mä____ig ◆ verge____lich ◆ sü____ ◆ lä____ig ◆ anstö____ig ◆ ersprie____lich ◆ verdrie____lich ◆ spie____ig ◆ bi____ig ◆ genü____lich ◆ hä____lich ◆ ri____ig ◆ verlä____lich ◆ wä____rig

C 8

Setzen Sie die fehlenden Buchstaben in die Lücken der Adjektive ein und begründen Sie Ihre Entscheidungen durch die entsprechenden Regeln. Leiten Sie Verben ab und schreiben Sie die drei Stammformen auf die Leerzeile.

gla____ig	ein______	______	______
ei____ig	ver______	______	______
grau____ig	______	______	______
mie____	ver______	______	______
amü____ant	______	______	______

C 9

Lesen Sie die folgenden Beispiele und leiten Sie daraus die Regel in der INFO-BOX ab.

*Ereig**nis** – Ereig**nisse**, Il**tis** – Il**tisse**, Auto**bus** – Auto**busse**, Rhinoze**ros** – Rhinoze**rosse***

NOMEN AUF -IS, -NIS, -US, -AS, -OS — INFO-BOX

Endet ein Nomen im Singular auf -is, -nis, -us, -as, -os, so steht im Plural ______________ .

DaZ **C 10**

Tragen Sie zu den folgenden Pluralformen den Singular ein. Klären Sie die Bedeutung von Ihnen unbekannten Wörtern mit Wörterbuch oder Internet.

Plural	Singular	Bedeutung
Rhinozerosse	Rhinozeros	Nashorn
Kürbisse		
Geständnisse		
Atlanten/Atlasse		
Krokusse		
Turnusse		
Erzeugnisse		
Krampusse		
Ananasse		
Ibisse		
Albatrosse		

DaZ **C 11**

Leiten Sie von den Verben jeweils Nomen auf die Endung „-nis“ ab und setzen Sie die Nomen anschließend in den Plural. Beachten Sie die Schreibung von „-nis“ und „-nisse“.

geloben	*Gelöbnis*	*Gelöbnisse*
erleben		
verzeichnen		
zeugen		
verhalten		
hindern		
sorgen		
erschweren		

DaZ **C 12**

Beachten Sie die s-Schreibung in folgenden Nomen und ergänzen Sie in Kurzform ihre Bedeutung.

Singular	Bedeutung	Singular	Bedeutung
Omnibus		Malus	
Rhombus		Diskus	
Korpus		Kubus	
Bonus		Kaktus	

C 13 Bilden Sie Reimwörter zu den Wörtern am Beginn jeder Zeile, indem Sie die vorgegebenen Anfangsbuchstaben ergänzen. Klären Sie die Bedeutung von Ihnen unbekannten Begriffen mit Hilfe eines Wörterbuchs oder des Internets.

Beweise: Gr________, Kr________, I________, M________, Pr________, R________, Schn________, Sp________, W________

Brise: Fl________, Fr________, Pr________, R________, W________

Kiesel: Ger________, Wie________, Z________

Blusen: Dr________, M________, B________

Base: Bl________, G________, H________, N________, Ph________, V________

brausen: Fl________, gr________, h________, P________, schm________, zerz________

Dose: H________, I________, Mim________, P________, R________

Reuse: Schl________, Geh________, Ges________ (Ennsdurchbruch, Stmk.), L________, M________

Düse: Dr________, Gem________, Komb________

aus: Gr________, her________, kr________, L________, M________, S________ und Br________, Schm________, vor________

fließen: gen________, gie________, schlie________, schie________, aufspie________, verdr________

beißen: h________, rei________, verh________, verschl________

C 14 Bilden Sie

- möglichst viele Verben mit dem Stamm {weis} in den drei Stammformen,
- Nomen (Ableitungen und Komposita) mit „Weis-“ und
- Adverbien mit der Endung „-weise“.

C 15 Suchen Sie möglichst viele Zusammensetzungen mit sss (3 s), wie *z. B. Nussschale.*

1.2.2 „dass“ oder „das“

C 16 Folgen Sie den Anleitungen im So-geht's-Kasten und überprüfen Sie alle „das“/„dass“ im nachfolgenden Text mit Hilfe der Ersatzprobe oder der Mundartprobe.

ERSATZPROBE UND MUNDARTPROBE BEI „DAS“/„DASS“ — *SO GEHT'S*

Für das sichere Erkennen von „das“/„dass“ stehen Ihnen zwei Proben zur Verfügung:

1. Ersatzprobe:
   - „Das“ kann durch „dies(es)“, „jenes“, „es“ oder „welches“ ersetzt werden. Merkhilfe: Die Ersatzwörter für „das“ enden ebenfalls auf „s“.
   - „Dass“ kann nicht ersetzt werden.

Beispiele:

dass:
Ich weiß, ***dass*** *du nur im Internet surfst.*
„dass“: Kein Ersatzwort ist möglich.

das:
Das *ist* ***das*** *Spiel,* ***das*** *du gern hast.*
Es *ist* ***jenes*** *Spiel,* ***welches*** *du gern hast.*

2. Mundartprobe:
Setzen Sie den Satz in die Mundart:
- **„Das"** ist in der Mundart **„des"/„dös"/„deis"**.
- **„Dass"** bleibt in der Mundart **„dass"**.

Beispiele:

dass:
Standard: *Ich weiß, dass du nur im Internet surfst.*
Mundart: *..., **dass** du nur im Internet surfst.*

das:
***Das** ist **das** Spiel, **das** du besonders gern hast.*
***Mundart: Des/Dös/Deis** is **des/dös/deis** Spü, **des/dös/deis** du gern spüst.*

Musik-Festivals:

Das sind in der Regel große Open-Air-Veranstaltungen mit mehreren Bands. Von normalen Konzerten unterscheidet sie, **dass** sie jährlich wiederkehren und größer sind. Ein Merkmal, **das** sie ebenfalls auszeichnet, ist die musikalische Vielfalt. **Dass** Festivals heute oftmals hohe Besucherzahlen haben und sich meist über einen längeren Zeitraum (mehrere Tage) erstrecken, **das** ist offenkundig. Sie sind oft auf eine bestimmte Musikrichtung oder bestimmte Interessengruppen ausgerichtet. **Das** ist sinnvoll, weil ein Heavy-Metal-Fan vermutlich nicht zu einem Jazz-Festival gehen will, **das** er nicht kennt und mag. **Dass** es allein in Österreich jährlich etwa 100 derartige Festivals gibt, die sehr erfolgreich sind, **das** ist schon bemerkenswert. **Das** Donauinselfest, **das** zu den größten Events überhaupt zählt, hatte z. B. 2018 2,4 Millionen Besucher/innen. **Das** Fm4-Frequency-Festival, **das** üblicherweise im August in St. Pölten stattfindet, zählte 2018 etwa 220 000 Fans. Auch Nova Rock (200 000), Poolbar, Urban Art Forms, Out Of The Woods waren so erfolgreich, **dass** eine Fortsetzung auf Jahre hinaus gesichert scheint. **Das** hängt natürlich mit einem Werbebudget zusammen, **das** man als Basis für die Abdeckung der beträchtlichen Grundkosten braucht. Negative Begleiterscheinungen dieser Großveranstaltungen zwingen immer mehr Veranstalter dazu, **dass** sie umdenken. Tausende Tonnen Plastikmüll von Trinkbechern sind z. B. ein Kernproblem, **das** nicht nur wegen der Kosten unangenehm ist, sondern auch auf Grund der Tatsache, **dass das** auf ein wachsendes Bewusstsein für **das** Problem des Klimawandels und der Umweltverschmutzung bei vielen Konzertbesuchern stößt.

C 17

1. Setzen Sie die fehlenden Buchstaben ein. Wenden Sie dabei die Ersatzprobe an.
2. Unterstreichen Sie in allen dass-Sätzen die finite Form des Verbs.

Ich glaube nicht, da_____ da_____ möglich sein wird, da_____ du bei uns übernachtest. ◆ Da_____ er in einem Abbruchhaus wohnt, da_____ schon äußerst baufällig ist, da_____ ist dumm und gefährlich. ◆ Da_____ du ein neues Computerspiel, da_____ dir ein Freund auf CD geschenkt hat, erst auf deinem PC installieren musst, da_____ ist Voraussetzung dafür, da_____ es schnell und problemlos läuft. ◆ Da_____ ist eine allgemein bekannte Tatsache, da_____ da_____ Tragen eines Mundschutzes nicht sicher vor Infektionen schützt; da_____ da_____ aber besser ist, als gar nichts zu tun, da_____ ist auch klar. ◆ Öffne jetzt da_____ Tor, da_____ zum nächsten Level führt! ◆ Er schreibt an einem Werk, da_____ jetzt schon großes Interesse weckt.

C 18 Vervollständigen Sie die folgenden Sätze, indem Sie mit „das" oder „dass" und einem sinnvollen Inhalt fortsetzen. Überprüfen Sie alle „das" bzw. „dass" mit Ersatz- oder Mundartprobe.

Ich meine, da___ ◆ Das Wetter ist so schlecht, da___ ◆ Das Musical, da___ ◆ Du sagst immer wieder, da___ ◆ Ich glaube, da___ ◆ Ich behaupte, da___ ◆ Mir gefällt das Hemd, da___ ◆ Sie befahl, da___ ◆ Peter schrie so laut, da___ ◆ Gib mir das Heft, da___ ◆ Der Sturm war so heftig, da___ ◆ Die Auswertung des Tests ergab, da___ ◆ Alle lobten das Zeugnis, da___ ◆ Wir wussten genau, da___ ◆ Wir freuen uns über das Ergebnis, da___

1.2.3 Konsonantenschreibung in Fremdwörtern/Lehnwörtern

C 19 Lesen Sie die folgenden Fremdwörter/Lehnwörter und überlegen Sie, welche Grundregeln der deutschen Konsonantenschreibung in diesen **nicht** zutreffen. Leiten Sie daraus die Regeln in der INFO-BOX ab.

Regel 1: Kamera ◆ Ananas ◆ Limit ◆ Kamerad ◆ City ◆ Roboter ◆ spazieren ◆ Strapazen ◆ Slip

Regel 2: Akku(mulator) ◆ Puzzle ◆ Akkordeon ◆ Mezzosopran ◆ Palazzo

Regel 3: Copy (Kopie) ◆ Photographie (Fotografie) ◆ essentiell (essenziell)

KONSONANTENSCHREIBUNG IN FREMDWÖRTERN — **INFO-BOX**

1. In vielen Fremdwörtern wird der Konsonant nach kurzem, betontem Vokal nicht ___.
   Achtung: Im Deutschen gilt das z. B. auch für i**n** (aber: innen), dri**n** (aber: drinnen), ha**t** (aber: hatte), a**n**, Bro**m**beere, Hi**m**beere, I**m**ker
2. tz und ck des Deutschen gibt es in Fremdwörtern nicht. Statt dessen steht zz und ___.
3. Die Eindeutschung von Konsonanten:
   Wenn Fremdwörter eingedeutscht werden, werden sie der Aussprache entsprechend in die deutsche Schreibung übergeführt (sowohl die eingedeutschten als auch die fremden Schreibungen sind richtig).

   Beispiele:

c > z	Penicillin > Penizillin, circa > ___
gh > g	Ghetto > Getto, Spaghetti > ___
ph > f	phantastisch > fantastisch, Delphin > Delfin, Graphik > ___
t(i) > z(i)	Pretiosen > Preziosen, Potential > ___
th > t	Panther > Panter, Thunfisch > ___

Beachten Sie:
- Nicht alle Wörter dürfen eingedeutscht werden, *z. B. Asthma, Apotheke, Rhythmus, Metapher, Rheuma,* Wörter mit phil-, pharm-, phys- usw. **Verwenden Sie im Zweifelsfall ein Wörterbuch.**
- Bei Fremdwörtern innerhalb eines Textes eine eindeutige Linie einhalten (Eindeutschung oder nicht)!

C 20 Schlagen Sie die richtige Schreibweise (und falls erforderlich die Bedeutung) der folgenden häufig verwendeten Fremdwörter im Wörterbuch/Internet nach und ordnen Sie die Regel **1**, **2** oder **3** aus der INFO-BOX zu. Verwenden Sie die Wörter in Sätzen.

Fremdwort	Regel
Mi_____ieu	
Orthogra_____ie	
existen_____iell	
_____ysiognomie	
Ta_____ti_____	
O_____asionskauf	
Sa_____o	
to_____	

Fremdwort	Regel
a_____urat	
Ku_____ulation	
Outfi_____	
Sho_____	
Bli_____ard	
Kriti_____	
Chi_____	
se_____ieren (k, ck, kk)	

1.2.4 Was die automatische Rechtschreibkorrektur nicht anzeigt

C 21

1. Schreiben Sie die folgenden Wortgruppen in Ihr Textverarbeitungsprogramm und kontrollieren Sie, ob die automatische Rechtschreibkorrektur einen Fehler anzeigt.
2. Leiten Sie daraus die Regel in der INFO-BOX ab.

eine Rei**ß**e ◆ **f**iele Äpfel ◆ ich Ka**mm** an ◆ Es ging schief, Lei**t**er! ◆ sich eine frische **P**rise um die Na**ss**e wehen lassen ◆ Er **D**rift sich mit Freunden. ◆ ein sehr bekannter Ma**n** ◆ das zweite Kapite**ll** abha**ck**en

WAS DIE AUTOMATISCHE RECHTSCHREIBKORREKTUR NICHT ANZEIGT — ***INFO-BOX***

Die automatische Rechtschreibkorrektur (z. B. in WORD) kann die Richtigschreibung dann nicht erkennen, wenn es zwei __________ __________ Wörter gibt (z. B. *viele* – *fiele*), die etwas Unterschiedliches bedeuten.

C 22

Korrigieren Sie die Wortgruppen aus C 21 und stellen Sie die gleich oder ähnlich lautenden Wörter gegenüber.

Beispiel: eine Reise > reisen – reißen

1.2.5 Kein tz und ck nach Konsonanten

C 23

tz und ck sind Konsonantenverdopplungen und stehen daher nur nach kurzem, betontem Vokal (Grundregel). Setzen Sie – dieser Grundregel folgend – die richtigen Buchstaben in die Wörterliste ein.

Wal_____e ◆ Ar_____t ◆ Mer_____stoff ◆ her_____lich ◆ Bol_____en ◆ Wer_____stück ◆ fal_____en ◆ verschmel_____en ◆ Bor_____enkäfer ◆ verhun_____en ◆ ausmer_____en ◆ in der Kür_____e liegt die Wür_____e. ◆ War_____enschwein ◆ unwir_____lich ◆ Baumhar_____ ◆ Wir_____ung ◆ verwel_____en ◆ Pur_____elbaum

1.2.6 Konsonantenverdopplung bei den stimmhaft gesprochenen Lauten b, d, g

C 24 Lesen Sie die folgende Regel in der INFO-BOX und lösen Sie die nachfolgenden Rätsel.

KONSONANTENVERDOPPLUNG BEI B, D, G — ***INFO-BOX***

Die stimmhaften Verschlusslaute b, d, g (stimmlose Verschlusslaute = p, t, k) bilden nur relativ selten Verdopplungen zu bb, dd, gg.

bb:

bi _ _ _ _ _	zittern	ri _ _ _ _ _	zwischen Daumen und Zeigefinger reiben
E _ _ _	eine der beiden Gezeiten	ru _ _ _ _ _	kräftig abreiben
blu _ _ _ _ _	glucksen, sprudeln	sa _ _ _ _ _	Speichel oder Speisereste ausfließen lassen
Ho _ _ _	Steckenpferd, Lieblingsbeschäftigung	schla _ _ _ _ _	schlürfen, schmatzend trinken
bra _ _ _ _ _	undeutlich vor sich hinreden	schru _ _ _ _	kräftig bürsten
kna _ _ _ _ _	an etwas Festem herumnagen bzw. -kauen	schwa _ _ _ _ _	zitternd hin- und herbewegen
Ro _ _ _	Meeressäugetier	vere _ _ _ _	langsam aufhören oder zu Ende gehen (Geräusch)
kra _ _ _ _ _	sich auf allen Vieren fortbewegen	wa _ _ _ _ _	zitternd wackeln (z. B. Bauch, Pudding)
kri _ _ _ _ _	nervös jucken		

dd:

Frei geführtes (Doppel-) Ruder	P _ _ _ _ _
Flasche (z. B. Rum)	B _ _ _ _ _
im Sand graben, schwer arbeiten	b _ _ _ _ _ n
männliches Schaf, Sternzeichen	W _ _ _ _ _
„wackelige“ Süßspeise	P _ _ _ _ _ _
Kuscheltier	T _ _ _ _
sich beim Sprechen verwirren, sich verstricken	v _ _ h e _ _ _ _ _
abgenutzt, zerlesen	z _ _ f l _ _ _ _ _ t
das Zusammenzählen von Zahlen	A _ _ _ t _ _ _

gg:
Silbenrätsel: Bilden Sie aus den folgenden Silben die richtigen Lösungswörter. Die **letzten** Buchstaben ergeben eine Bezeichnung für *Herrscherinnen.*

Bag – Dog – ein – Eg – Flag – flüg – ge – ge – ge – ge – gen – gen – gen – ger – get – ging – gon – Jog – lei – log – Nug – Rog – Schmug – Wag

	Lösungen	Lösungswort
Baumaschine mit Schaufel		
landwirtschaftliches Bodenbearbeitungsgerät mit Zinken		
Fitnesssportart, Laufen		
flugfähige, junge Vögel werden irgendwann so		
sich anmelden in Computersystemen		
Goldklumpen, Edelmetallklumpen		
Schwarzhandel, verbotenes Einführen über Grenzen		
Teil eines Zuges, Wagen		
Getreidesorte		
Hunderasse (Singular)		
Fahnen (Plural), Symbol für Staaten (z. B. rot-weiß-rot)		

Übrigens: Seit 2017 im Duden: taggen, Veggie

1.2.7 Häufige Fehler bei d oder t

a) „seid“ oder „seit“

Lesen Sie die folgenden Erklärungen in der INFO-BOX. Setzen Sie danach die richtigen Wörter in die Sätze ein. **C 25**

„SEID“ ODER „SEIT“ — ***INFO-BOX***

seid:		seit:	
*Ihr **seid** nett!*	**2. Pers. Plural** von „sein“	***Seit** drei Tagen warten wir schon.*	**Präposition**
***Seid** pünktlich!*	**Imperativ** von „sein“	*Sie ist so, **seit** wir sie kennen.*	**Konjunktion**

Wir freuen uns, dass ihr da ________. ◆ ________ bitte so nett und helft beim Tischdecken! ◆ ________ ich den Unfall hatte, darf ich nichts Schweres heben. ◆ Unsere Freundin erfuhr, dass ihr im kommenden Sommer zum Austausch in Amerika ________. ◆ Das finden wir sehr interessant, denn ________ ihr das wisst, ________ ihr viel motivierter. ◆ Wenn ihr in NY ________, ________ ihr sicher auch eingeladen, den Ground Zero zu besuchen. ◆ ________ diesem schrecklichen Terror-Anschlag am 11. 9. 2001 hat sich in den USA viel verändert.

b) end- oder ent-

C 26

1. Lesen Sie die folgende INFO-BOX.
2. Setzen Sie den Wörtern bzw. Wortfragmenten im farbigen Kasten entweder die Stammsilbe end- oder die Vorsilbe ent- voran.

„END-" ODER „ENT-" — ***INFO-BOX***

Wortstamm {end}

***end**los, **end**lich, **End**stand*

Bedeutung: Ende, zu Ende

Präfix „ent-"

entschwinden, **Ent**deckung

ent = weg, fort, heraus; hat mit „Ende" nichts zu tun.

-sprungen, -losigkeit,
-station, -behren,
-scheidung, -punkt,
-schluss, -wirren,
-zündung, -spurt,
-setzen, -lager,
-vierziger, -betrag

c) tod- oder tot-

C 27

1. Lesen Sie die folgende INFO-BOX.
2. Ergänzen Sie die angeschlossene Tabelle entsprechend den Regeln.

„-TOT-" ODER „-TOD-" — ***INFO-BOX***

1. In **Zusammensetzungen mit Verben** und deren Ableitungen wird das **Adjektiv „tot"** verwendet. Die Zusammensetzungen haben dann „tot" als Bestimmungswort: *totschlagen, Totschlag, Totgeburt.*
   Bedeutung: Etwas ist wirklich tot.
2. **Zusammengesetzte Adjektive oder Partizipien** werden meist mit dem **Nomen „Tod"** gebildet. Die Zusammensetzungen haben dann dieses Nomen „Tod-" als Bestimmungswort. Oft dient das Wort nur als Verstärkung des Ausdrucks mit der Bedeutung „sehr, äußerst": *todkrank, todsicher, todgeweiht.*
   Bedeutung: Etwas ist nicht wirklich tot.
3. Bei einigen Zusammensetzungen kann man die Schreibung auch an der **Endung** erkennen:
   Endet der erste Teil einer Zusammensetzung auf **-en**, schreibt man -t: *tot**en**bleich.*
   Endet der erste Teil hingegen auf **-es**, dann schreibt man **-d**: *tod**es**mutig.*

Adjektiv/Partizip		Verben	Nomen	
meist tod-	**tot(en)-**	**immer tot-**	**Tod-(es)**	**Tote(n)-**
todernst	tot	töten	der Tod	der/die Tote(n)
todlangweilig	totenstill	totsagen	Todesstrafe	Totenbett

d) -endst/-etst/-enst beim Superlativ

Lesen Sie die Erklärung in der folgenden INFO-BOX. Schreiben Sie danach die richtigen Wörter in die Tabelle. **C 28**

-ENDST/-ETST/-ENST BEIM SUPERLATIV **INFO-BOX**

Bildet man den Superlativ (die 3. Steigerungsstufe) von Partizipien, so ergeben sich – je nach Endung in der Grundform – drei Möglichkeiten:

Partizip in der Grundstufe	Partizip in attributiver Verwendung	Superlativ
lohnend (Partizip I)	*ein lohnender Versuch*	*der lohnendste Versuch*
geachtet (Partizip II auf -et)	*ein geachteter Politiker*	*der geachtetste Politiker*
gelungen (Partizip II auf -en)	*ein gelungenes Fest*	*das gelungenste Fest*

Partizip in der Grundstufe	Partizip in attributiver Verwendung	Superlativ
dringend		
befähigt		
bedeutend		
angesehen		
reizend		
überlastet		
verlogen		

e) Wann steht „dt"?

Lesen Sie die Erklärung in der folgenden INFO-BOX und schreiben Sie auf Grund dieser die richtigen Wörter in die Tabelle. **C 29**

WANN STEHT „DT"? **INFO-BOX**

Wenn ein „d" der Stammsilbe mit einem „t" der Personalendung zusammentrifft, wird dt geschrieben, wie *z. B.: wenden – wandte, bereden – sie ist beredt.*

Stammform 1 (Infinitiv)	Stammform 2 (Präteritum)	Stammform 3 (Partizip II)
senden		
wenden		
Stammform 1 (Infinitiv)	**2. P. Sing. Präsens**	**3. P. Sing. Präsens**
einladen	du	er/sie/es

KOMPETENZTEST 1: Konsonanten-Schreibung

Kompetenzbereich:	Sprachbewusstsein
Was Sie können sollen:	a) Orthografische Regeln beherrschen und sicher anwenden b) Häufige Fehlerquellen kennen
Erlaubte Hilfsmittel:	Keine
Testzeit:	Aufgabe 1: 15 Minuten Aufgabe 2: 5 Minuten

Aufgabe 1 Beantworten Sie die folgenden Fragen:

a) Warum schreibt man „bestätigen“ mit einem „t“, aber „Raststätte“ mit tt?
b) Warum schreibt man „Razzia“ mit zz, aber „Spatzen“ mit tz?
c) Warum schreibt man „Kauz“ mit einem „z“, „Justiz“ mit einem „z“, aber „putzen“ mit tz?
d) Warum schreibt man „Akkord“ mit kk, „Schlacke“ mit ck und „Haken“ mit k?
e) Warum schreibt man „Kammer“ mit mm, aber „Kamerad“ mit einem „m“?
f) Warum schreibt man „purzeln“ und „schminken“ nicht mit tz bzw. ck?
g) Warum steht im Satz „Seit ihr da seid, ist alles besser“ einmal „seit“ und einmal „seid“?
h) Warum schreibt man „Endzeitstimmung“ mit d?
i) Warum schreibt man „todesmutig“ mit d und „totenstarr“ mit t?
j) Warum ist im Superlativ „das erschreckendste Ereignis“ ein „d“?

Aufgabe 2 Setzen Sie die richtigen Buchstaben ein und geben Sie die Regel an.

	Regel
hei____el (k, ck, kk)	
Spitzha____e (k, ck, kk)	
Ha____enkreuz (k, ck, kk)	
Mü____abfuhr (l, ll)	
Windmüh____e (l, ll)	
antre____en (t.tt)	
to____müde	

	Regel
Schneeke____en (t, tt)	
die Verwan____schaft	
Strapa____en (z, tz, zz)	
sei____gestern	
das Beruhige____ste	
Fil____pantoffeln (z, tz)	
(er/sie ist) fi____(t/tt)	

KOMPETENZTEST 2: s-Schreibung

Kompetenzbereich:	Sprachbewusstsein
Was Sie können sollen:	Orthografische Regeln beherrschen und sicher anwenden
Erlaubte Hilfsmittel:	Keine
Testzeit:	Aufgabe 1: 5 Minuten Aufgabe 2: 5 Minuten

Aufgabe 1 Beantworten Sie die folgenden Fragen:

a) Warum schreibt man „müssen“, „Koloss“ und „passen“ mit ss?
b) Warum schreibt man „beißen“ bzw. „groß“ mit ß?
c) Warum schreibt man „Brösel“ mit s?
d) Warum schreibt man „bis“ mit s?

Setzen Sie s, ss oder ß ein und schreiben Sie in abgekürzter Form die jeweils zutreffende Regel in die Spalte daneben.

Aufgabe 2

	Regel
bö___e	
ansä___ig	
schwei___en	
Ereigni___	
Pa___	
auflö___en	
Grü___e	
anwei___en	
gekräu___elt	
Dosi___	

	Regel
herau___en	
brau___en	
Insa___en	
Bla___en	
regelmä___ig	
Wei___kopfgeier	
Wei___sagung	
rie___ig	
A___istent	
Mi___wahl	

KOMPETENZTEST 3: das/dass-Schreibung

Kompetenzbereich:	Sprachbewusstsein
Was Sie können sollen:	Orthographische Regeln beherrschen und anwenden
Erlaubte Hilfsmittel:	Keine
Testzeit:	Aufgabe 1: 5 Minuten Aufgabe 2: 8 Minuten

Erklären Sie die Verwendung von „das“ bzw. „dass“ mit Hilfe der Ersatz- oder der Mundartprobe.

Aufgabe 1

	Probe
Das ist ein brillanter Film.	
Dass er drei Stunden dauert, stört nicht.	
Schuss-Gegenschuss ist ein filmtechnisches Verfahren, **das** den meisten unbekannt ist.	
Ich bewundere Stevens schauspielerisches Talent, **das** den Film sehenswert macht.	
Ich glaube, **das** wird viele Besucher anlocken.	
Ein großer finanzieller Erfolg eines Films ist ein Garant dafür, **dass** es Nachfolgefilme geben wird.	

Aufgabe 2 Setzen Sie „das“ oder „dass“ ein.

Wie ticken Youtube-User?

Es ist wenig überraschend, __________ YouTube-Nutzer generell eher etwas jünger sind. __________ ca. 37 Prozent der deutschen YouTube-Nutzer zwischen 18 und 34 Jahre alt sind, __________ erscheint logisch. Für etwa 84 Prozent der Deutschen spielt das Internet generell eine so große Rolle, __________ sie jeden Tag online sind, fast alle besitzen heute ein Smartphone oder ein Tablet. __________ bedeutet allerdings nicht, __________ die intensiven YouTuber den ganzen Tag zu Hause mit ihren Laptops, Tablets oder Smartphones verbringen. Tatsächlich ist es so, __________ YouTube-Nutzer im Vergleich zu denen, die YouTube nicht verwenden, mehr als dreimal so häufig ins Kino gehen oder ins Theater und dreimal so oft zu einem Live-Event. __________ Internet und Musik-Videos speziell regen also dazu an, __________ man in der Freizeit aktiv wird.

YouTube-Nutzer sind aktiv auf der Suche nach etwas, __________ sie interessieren könnte, vor allem Spaßvideos oder Musikperformances, und zwar auf der ganzen Welt. Sie besuchen YouTube, um unterhalten zu werden. Und haben sie Passendes gefunden, ist es ganz klar, __________ sie __________ mit anderen teilen. __________ geschieht meist über WhatsApp oder andere Messenger-Dienste.

YouTube ist also auch eine soziale Plattform. Sehr viele reden überdies direkt mit ihren Freunden und Bekannten über ein Filmchen, __________ sie gut finden, sie zeigen es vor und erwarten Zustimmung. __________ ist psychologisch interessant, es verweist darauf, __________ viele nach Gleichgesinnten suchen. 44 Prozent denken, __________ die Inhalte auf YouTube typisch für die Zeit und die moderne Generation seien. Die Befragten sagten aber auch, __________ sie die Video-Plattform für eine Erweiterung des Fernsehens halten. Viele schauen YouTube-Inhalte in Verbindung mit etwas an, __________ sie bereits im Fernsehen gesehen haben. __________ auch immer mehr nach Erklärungsfilmen und Anleitungen auf YouTube suchen, __________ ist ebenfalls Faktum.

Werbetreibende sind besonders interessiert an der Gruppe der YouTube-User. Dabei sind sich die YouTube-Nutzer natürlich dessen bewusst, __________ sie Werbung auf YouTube meist gänzlich überspringen können. Trotzdem gaben 46 Prozent der deutschen YouTube-Nutzer zu, __________ sie nach dem Anschauen einer Werbung auch entsprechend gehandelt haben, zum Beispiel indem sie auf die Anzeige geklickt, die Unternehmenswebsite besucht oder einen Kauf getätigt hätten. __________ ist natürlich eine Zahl, die YouTube-Nutzer zu einem lohnenswerten Ziel für die Werbeindustrie machen.

Was ich jetzt kann und verstehe

Ich ...	Schätzen Sie sich ein (+2 = ganz gut, -2 = nicht).			
	+2	+1	-1	-2
... weiß, wann ein einfacher und wann ein Doppelkonsonant verwendet werden muss.				
... beherrsche die s-Schreibung.				
... kann die Regeln der s-Schreibung auch in unbekannten Wörtern anwenden.				
... kann bei „das“ oder „dass“ die Ersatz- oder die Mundartprobe anwenden.				

2 VOKAL- UND DIPHTHONG-SCHREIBUNG

In diesem Kapitel lernen Sie,
- nach welchen Regeln Vokale und Diphthonge geschrieben werden,
- Besonderheiten und Ausnahmen der Vokalschreibung.

Benötigtes Vorwissen:
- Laute und Buchstaben ➔ B 1
- Stammformen ➔ B 2.3.5
- Partizip I und II ➔ B 2.3.1

2.1 Grundregeln der Vokalschreibung

C 30

1. Lesen Sie langsam und betont oder hören Sie die folgenden Gegenüberstellungen.
2. Vervollständigen Sie die INFO-BOX mit Beispielen aus dieser Wörterliste.

SB PLUS

Wahl – Wal – Saal – Knall ◆ Spur – murren – Ausfuhr ◆ Kehle – Kelle – Seele ◆ Miete – Mitte – ihm – es zieht ◆ Zone – wohne – Wonne – Moor ◆ Tüte – Hütte – Führung ◆ quälen – wählen – fällen ◆ föhnen – vergönnen – Töne ◆ Putenfleisch – Hagebutte ◆ ein Roter – Schotter ◆ siezen – sitzen ◆ Hacke – Haken

VOKALSCHREIBUNG: GRUNDREGELN — ***INFO-BOX***

1. **Vokale** und **Umlaute** können grundsätzlich **kurz oder lang** gesprochen werden. Die Länge oder Kürze ist im Schriftbild oft **nicht erkennbar**.
2. Die **Länge** von Vokalen oder Umlauten kann in der Schrift auf folgende Arten angezeigt werden:
   - durch **Verdopplung** (nicht bei Umlauten, „i" und „u"): ______________________
   - durch ein **Dehnungs-h:** ______________________
   - durch das **Dehnungs-e** (im Deutschen nur bei „i"): ______________________
   - bei „y" wird die Länge nie angezeigt *(lyrisch, Mythos)*.

C 31

1. Ordnen Sie die folgenden Wörter der richtigen Spalte in der Tabelle unten zu.
2. Suchen Sie zu jedem Wort eine Ableitung/Zusammensetzung.

Saal ◆ Ahnung ◆ schnappen ◆ Stapel ◆ Moos ◆ Los ◆ hohl ◆ Öl ◆ Höhle ◆ Hölle ◆ hören ◆ Beet ◆ Bett ◆ beten ◆ sperren ◆ pur ◆ murren ◆ Ruhm ◆ Seele ◆ selig ◆ verheerend ◆ herrlich ◆ Paar ◆ fad ◆ Koffer ◆ Boot ◆ Bote ◆ Schotter ◆ Staat ◆ Stadt ◆ Tat ◆ Aas ◆ Härchen ◆ während ◆ plärren ◆ Küste ◆ Schwüre ◆ Führung ◆ Dürre

Vokalverdopplung	Dehnungs-h	unbezeichnete Länge	kurzer Vokal/Umlaut

Vokalverdopplung	Dehnungs-h	unbezeichnete Länge	kurzer Vokal/Umlaut

C 32

1. Tragen Sie ein Dehnungs-h ein oder streichen Sie den Leerraum. Nehmen Sie im Zweifel ein Wörterbuch/das Internet zu Hilfe.
2. Bilden Sie mindestens eine Ableitung oder Zusammensetzung zu jedem der Wörter.

lä____mend ◆ Pa____nik ◆ Qua____l ◆ Sta____l ◆ ich tre____te ◆ der Wind we____te ◆ Ko____le ◆ Ko____llege ◆ Mu____re ◆ Fu____re ◆ Dü____ne ◆ Bü____ne ◆ Mö____re ◆ beschwö____ren ◆ Wa____n ◆ gä____ren

Beispiel: während > fortwährend, Währung, gewähren

2.2 Besonderheiten der Vokalschreibung

2.2.1 Vokalschreibung in Fremdwörtern/Lehnwörtern

C 33

Lesen Sie die folgenden Fremdwörter/Lehnwörter und überlegen Sie, welche Grundregeln der Vokalschreibung sich daraus ableiten lassen. Ergänzen Sie diese in der INFO-BOX. Klären Sie die Bedeutung von Ihnen nicht bekannten Wörtern.

Regel 1: Up**loa**d ◆ Gentleman ◆ Log**ou**t ◆ Motherb**oa**rd

Regel 2: R**ou**te ◆ Jal**ou**sie ◆ J**ou**rnalist ◆ am**ou**rös ◆ Regiss**eu**r ◆ Ingeni**eu**r ◆ Import**eu**r

Regel 3: C**ou**sine > K**u**sine

VOKALSCHREIBUNG IN FREMDWÖRTERN — ***INFO-BOX***

1. In vielen **Fremdwörtern aus dem Englischen** ist die Aussprache und Schreibweise
   ______________________: *New Economy, Download, Account.*
2. **Fremdwörter aus dem Französischen** haben häufig ou statt ____ und eu statt ____:
   Ragout, Boulevardzeitung, Boutique; Amateur, Redakteur, Malheur.
3. Die **Eindeutschung** von Vokalen:
   Wenn Fremdwörter – v. a. aus dem Französischen – eingedeutscht werden, sollen sie nach folgenden möglichen Richtungen in die deutsche Schreibung übergeführt werden. Für die Vokale gilt:
   - ai > ä — Drainage > Dränage
   - é, ée > ee — Dragée > Dragee
   - au > o — Sauce > Soße (bei „Fauteuil“ und „Niveau“ haben sich die Eindeutschungen nicht durchgesetzt!)
   - ou > u — Nougat > Nugat
   - eu > ö — Friseur > ______________
   - y > j — Yacht > Jacht

   Sowohl die eingedeutschten als auch die fremden Schreibungen sind richtig.

C 34

Schlagen Sie die richtige Schreibweise der folgenden häufig verwendeten Fremdwörter im Wörterbuch oder Internet nach und ordnen Sie die Regel **1**, **2** oder **3** zu. Klären Sie die Bedeutung und schreiben Sie danach sinnvolle Sätze mit diesen Wörtern.

Fremdwort	Bedeutung	Regel	Fremdwort	Bedeutung	Regel
Hasard____r			Polon____se		
R____tine			G____rmet		
Neglig____			Jongl____		
Portr____t			Pl____list		
g____tieren			B____tler		
Dekollet____			Charm____r		

2.2.2 Was die automatische Rechtschreibkorrektur nicht anzeigt

C 35

Schreiben Sie die folgenden Wortgruppen in Ihr Textverarbeitungsprogramm und kontrollieren Sie, ob die automatische Rechtschreibkorrektur einen Fehler anzeigt. Leiten Sie daraus die Regel in der INFO-BOX ab.

Ich wa**h**r da. ◆ Es we**h**rte lange. ◆ Ja, **eh**r hasst es. ◆ Ich kann das **äh**. ◆ **Führ Häu**te ist **ä**s genug! ◆ Ein **Mah**l wirst du sie**c**her gewinnen. ◆ **Meer** bekommen ◆ sich diesem Befehl w**ie**dersetzen ◆ Der Betrüger war m**iss**. ◆ in einer Silberm**ie**ne arbeiten ◆ ein L**i**d trällern ◆ Dieses Kleid ist st**ie**llos.

WAS DIE AUTOMATISCHE RECHTSCHREIBKORREKTUR NICHT ANZEIGT — ***INFO-BOX***

Die automatische Rechtschreibkorrektur (z. B. in WORD) kann die Richtigschreibung dann nicht erkennen, wenn es zwei ______________ ______________ Wörter gibt (*Stil* – *Stiel*), die etwas Unterschiedliches bedeuten.

C 36

Korrigieren Sie die Wortgruppen aus C 35 und stellen Sie die gleich oder ähnlich lautenden Wörter gegenüber.

Beispiel: ich war da > war – wahr

2.2.3 wider – wieder

C 37

Lesen Sie die folgende Regel in der INFO-BOX und setzen Sie – dieser folgend – die richtigen Buchstaben in die Wörterliste danach ein.

WIDER ODER WIEDER — ***INFO-BOX***

Auch in Zusammensetzungen und Ableitungen:

wider = **gegen/zurück:**	wieder = **noch einmal/erneut:**
wider die Natur, Widerstand, widerlegen	*wieder verlieren; wiederum, wiederholen*

w____derspiegeln ◆ w____derstehen ◆ auf W____dersehen ◆ W____derkäuer ◆ w____dergeben ◆ W____derholung ◆ w____derlich ◆ sich w____dersetzen – sich w____der setzen ◆ w____dererstatten ◆ unw____derbringlich ◆ W____derkehr ◆ w____derherstellen ◆ w____derfahren ◆ w____derbeleben ◆ W____derhaken ◆ w____derrechtlich ◆ W____deraufbereitung

2.2.4 i – ie – ih – ieh

C 38

1. Ergänzen Sie die fehlenden Wörter in der INFO-BOX und schlagen Sie dann – falls Sie sich nicht sicher sind – die richtige Schreibweise der Wörter in der Tabelle in einem Wörterbuch/im Internet nach.
2. Ordnen Sie in der Tabelle danach diesen Wörtern die Regel **1, 2, 3** oder **4** zu. Klären Sie die Bedeutung von Ihnen unbekannten Wörtern.

I – IE – IH – IEH **INFO-BOX**

1. **ih** gibt es **nur** in den **Pronomen** **ihm**, **ihn**(-en), **ihr**(-e, -er, -em, -en, -es).
2. **Lang gesprochenes i** wird im Deutschen zumeist als ________ geschrieben *(Spiegel, Zwiebel)*.
3. In vielen Fremd- und Lehnwörtern wird das lang gesprochene „i" nur als **„i"** geschrieben: *Souvenir, Bibel, Tiger.* Ausnahmen in deutschen Wörtern: ***Brise****/Prise;* ***Lid*** *(Auge; zur Unterscheidung von Lied)*
4. Wörter mit **„ieh"** sind Wortformen von Verben mit „________" im Wortstamm, wie *geschehen > geschieht, sehen > siehst, befehlen > befiehlt.*

i – ie – ih – ieh	Regel	i – ie – ih – ieh	Regel	i – ie – ih – ieh	Regel
sie empf______lt		n______sen		du st______lst	
mit ______nen		mass______v		das sind ______re Ringe	
Tar______f		der G______bel		l______beral	
er l______st		Rept______l		du bef______lst	
Kab______ne		Fak______r		S______lo	
eine Pr______se Salz		überw______gend		schw______rig	

2.2.5 e oder ä – eu oder äu

C 39

1. Ergänzen Sie die fehlenden Wörter in der INFO-BOX. Schlagen Sie – falls Sie sich nicht sicher sind – die richtige Schreibweise der Wörter in der Tabelle in einem Wörterbuch/im Internet nach.
2. Ordnen Sie den Wörtern in der Tabelle die Regeln **1** bis **4** zu. Klären Sie die Bedeutung von Ihnen unbekannten Wörtern.

E ODER Ä – EU ODER ÄU **INFO-BOX**

1. **ä** gibt es im Deutschen – leicht erkennbar – fast nur in Ableitungen oder Formen von Wörtern mit „________": *Haken > häkeln, Wand > Wände, wahr > bewähren.*
   „ä" ohne erkennbar verwandtes „a" findet sich z. B. in *Häme (hämisch), sämtlich, Märchen, gähnen.*
2. **prä-** und **pre-** *(Präsident, präzise, Premiere, Preziosen)*: Manchmal ist schwer zu entscheiden, ob das Fremdwortpräfix „prä-" zu verwenden ist. Im Zweifelsfall: Wörterbuch/Internet.
3. **äu** gibt es fast nur in Ableitungen oder Formen von Wörtern mit „________": *laut > läuten, Haus > häuslich, Bau > Gebäude.*
4. Der Diphthong **eu**, gesprochen [ɔɪ̯], z. B. in *neulich, beugen, Leute, Zeuge*, ist zu unterscheiden vom „eu" in den französischen Endsilben -eur, -eu *(Coiffeur, Milieu)*, gesprochen wie „________".

e/ä – eu/äu	Regel	e/ä – eu/äu	Regel	e/ä – eu/äu	Regel
gr___lich		schn___zen		ein___gig	
bed___ten		Mass___r		das sind ___re Ringe	
pr___parieren		l___gnen		pr___digen	
w___deln		es pr___ssiert		bet___bt	
R___delsführer/in		neu gew___hlt		Kr___z	
Milchz___hne		stark gew___llt		reds___lig	
unverg___nglich		Dompt___r		es l___ft	
Profit___r		d___mlich		Desert___r	

2.3 Die Diphthonge ei/ai/aj/ay

EI/AI/AJ/AY **INFO-BOX**

1. **ei – ai:** Wörter mit „ai" sind selten. Häufig gibt es Wörter, die gleich ausgesprochen werden, aber mit „ei" geschrieben werden und in der ______________________ unterschiedlich sind.

Waise (ohne Eltern)	*Weise (Art, Liedart)*
Saite (Instrument)	*Seite (Buch)*
Rain (Acker)	*rein*
Laib (Brot)	*Leib (Körper)*

2. **Für die Diphthonge ay, aj** *(Rayon, Bajazzo)* gibt es keine Regeln, man muss im Zweifelsfall nachschlagen.

C 40

Lesen Sie die INFO-BOX und schlagen Sie dann – falls Sie sich nicht sicher sind – die richtige Schreibweise der Wörter in der Tabelle in einem Wörterbuch/im Internet nach. Klären Sie die Bedeutung von Ihnen unbekannten Wörtern.

ei, ai, ay oder aj	
R___onsinspektor	Str___k
M___oran	M___or
S___son	Det___l (det___lliert)
W___senknabe	Sch___terhaufen
W___zenbrot	K___ak
L___out	K___
M___onnaise	ein w___ser Mensch
T___lle	Goldmed___lle
B___	B___azzo

KOMPETENZTEST zur Vokal-/Diphthongschreibung	
Kompetenzbereich:	Sprachbewusstsein – Sprachnormen kennen und anwenden
Was Sie können sollen:	a) Orthografische Regeln beherrschen und sicher anwenden b) Häufige Fehlerquellen kennen
Erlaubte Hilfsmittel:	Keine
Testzeit:	Aufgabe 1: 5 Minuten Aufgabe 2: 10 Minuten

Aufgabe 1 Beantworten Sie die folgenden Fragen:

a) Wie kann die Länge eines Vokals/Umlauts im Schriftbild gekennzeichnet werden?
b) Gibt es im Deutschen ein „ää"?
c) In welchen Wörtern gibt es ein „ih"?
d) Wie entsteht „ieh"?
e) Warum schreibt man „widerlegen" mit „i" und „Tonwiedergabe" mit „ie"?
f) Wie entsteht ein „ä" bzw. „äu"?
g) Warum schreibt man „Gitarrensaite" mit „ai"?

Aufgabe 2 Setzen Sie die richtigen Buchstaben ein und geben Sie eine Erklärung für die Schreibweise an.

	Regel
W____derwahl	
Gef____rte	
Ackerr____n	
____rgerlich	
M____schen (Diphthong!)	
w____derwärtig	
das Gewinnl____s	
Kam____n	
Wortgef____cht	
k____l (a, ah, aa)	
unr____mlich	

	Regel
Multiv____sion	
er bef____lt (i-Laut)	
pr____parieren	
eine pr____käre Situation	
M____or-Tennisturnier	
Er b____t mir einen Job an.	
bes____lt	
Volksbeg____ren	
Blumenb____t	
T____ger	
Tanzs____le	

Was ich jetzt kann und verstehe

Ich ...	Schätzen Sie sich ein (+2 = ganz gut, -2 = nicht).			
	+2	+1	-1	-2
.... kann lang- und kurzgesprochene Vokale unterscheiden.				
.... kann lang- und kurzgesprochene Vokale richtig schreiben.				
... beherrsche die Umlautschreibung.				
... beherrsche die Diphthongschreibung.				

3 GROß- UND KLEINSCHREIBUNG

In diesem Kapitel lernen Sie,
- wie Sie Probleme der Groß- und Kleinschreibung lösen können,
- welche Ausnahmen von den Grundregeln es gibt.

Benötigtes Vorwissen:
- Wortarten erkennen: Verb, Nomen, Adjektiv, Pronomen, Partikel → B 2.2

3.1 Allgemeine Grundregeln

GROß- UND KLEINSCHREIBUNG — ***INFO-BOX***

Sie können von der Faustregel ausgehen, dass man **im Deutschen** grundsätzlich kleinschreibt. Schreibt man groß, braucht man dafür eine Begründung.

Die häufigsten Gründe für die Großschreibung im Deutschen sind:

1. Satzanfänge: *Heute wird gefeiert. – Nimm dir zwei davon! – Haben Sie schon gegessen?*
2. Nomen und als Nomen gebrauchte andere Wortarten (= Nominalisierungen): *der bissige **H**und, eine **M**illion, das **W**achstum; das laute **L**achen* (Nominalisierung), *viel **G**utes* (Nominalisierung)
3. **Der erste Buchstabe von** Titeln/Schlagzeilen, z. B. der Roman *„**D**as böse Mädchen“* (Titel); *„**S**tarker Regen führte zu Hangrutschung“* (Schlagzeile).
4. Eigennamen, z. B. *Auch **L**isa wohnt in der **B**runnenstraße neben Dr. **E**llers. Die **Ö**sterreichischen Bundesbahnen.*

C 41

Lesen Sie die INFO-BOX oben und die folgenden Beispiele. Begründen Sie bei jedem großgeschriebenen Wort die Großschreibung, indem Sie 1., 2., 3. oder 4. darüberschreiben.

- Sein Ziel ist die Meisterklasse.
- In Hamburg sind die Nächte lang.
- Sein Sinn für Humor ist ansteckend.
- Ein Viertel der Teilnehmer war begeistert.
- In der Naglergasse wohnt Freundin Rita.
- Alles hat seinen Preis.
- Der Kandidat entschied sich für den Roman „Über allen Wassern“.
- Der Einser ist das Ergebnis deines Fleißes.

C 42

1. Lesen Sie den folgenden Text, in dem alles kleingeschrieben ist, und identifizieren Sie alle Nomen. Erinnern Sie sich: Nomen sind jene Wörter, die ein festes Genus haben.
2. Schreiben Sie den Text fehlerfrei ab und fügen Sie jedem Nomen ein passendes Adjektiv als Attribut bei *(z. B. viele Vögel – viele lästige Vögel).*

Text 1:

Heute wachte ich sehr früh auf, denn es weckten mich viele vögel vor meinem fenster. Mit ihrem gesang rissen sie mich aus dem schlaf. Also schlug ich die bettdecke zurück und stand auf. Die dusche tat gut und mein tag konnte beginnen. Meine mutter bereitete ein frühstück für mich und rief mich, als es fertig war. Ich setzte mich an den tisch und genoss die stunde, in der noch kein lärm meiner geschwister durchs haus zog. Seit langer zeit roch ich wieder einmal den duft des kaffees, fühlte die semmel in meiner hand, und ich schnitt das gebäck auseinander, bestrich es mit butter und marmelade und ließ mir alles gut schmecken; ruhe und freude erfüllten mich. So könnte in zukunft jeder tag beginnen.

3.2 Groß-/Kleinschreibung nach Satzzeichen

C 43 Lesen Sie den folgenden Text, eine Buchempfehlung, und leiten Sie aus der Groß-/Kleinschreibung die entsprechenden Regeln für die folgende INFO-BOX ab.

Text 2:

„Ein ergreifendes Buch, vor allem, wenn man mit der Krankheit schon konfrontiert war", kommentierte die Buchhändlerin das Buch in meinen Händen. Ich las den Klappentext: „Wer hier nicht weint und nicht lacht, fühlt wohl schon lange nichts mehr. Das ist kein Jugendbuch, sondern Literatur für alle: komisch, anmutig, kostbar." So beschreibt Werner Bartels von der Süddeutschen Zeitung den Roman von John Green *„Das Schicksal ist ein mieser Verräter"*. Kurz zum Inhalt:

1. Die beiden Hauptfiguren, Hazel Grace und Augustus, lernen sich in einer Selbsthilfegruppe für Krebspatienten kennen.
2. Hier beginnt eine der ergreifendsten und schönsten Liebesgeschichten unserer Zeit: traurig, poetisch, lustig und skurril zugleich.

Wir kennen Green schon von früheren Büchern: den Romanen „Eine wie Alaska" und „Margos Spuren". Mit dem Titel „Die erste Liebe" landete der Autor bei seinen Lesern ebenso einen großen Erfolg; vor allem der Untertitel in Klammern „(nach 19 vergeblichen Versuchen)" macht neugierig.

Vorrangig erwarten viele Leser/innen:

- eine gewisse Spannung,
- auch Möglichkeit zur Identifikation,
- viel Lebensechtheit.

Der vorliegende Roman bedient all diese Anforderungen.

GROẞ-/KLEINSCHREIBUNG NACH BESTIMMTEN SATZZEICHEN — ***INFO-BOX***

- Nach **Strichpunkt** wird immer ______________ geschrieben.
- Nach **Doppelpunkt** wird nur dann ______________ geschrieben, wenn danach ein vollständiger Satz **folgt**.
- **Das erste Wort nach dem Komma nach einer direkten Rede** wird ______________ geschrieben, wenn der Satz nach der direkten Rede fortgesetzt wird.
- Nach **Gliederungszeichen**, wie 1., 1), a), §, schreibt man ______________ .
- Befinden sich **Aufzählungszeichen** innerhalb eines Satzes, behandelt man sie so, **als ob sie nicht da wären.**

  Beispiel:
  Häufige Gründe für Unfälle sind
  - *große Übermüdung,*
  - *starke Alkoholisierung,*
  - *Leichtsinn.*

  - *große Übermüdung*
  - *starke Alkoholisierung*
  - *Leichtsinn*

  (Die Satzzeichen dürfen entfallen.)

Streichen Sie den falschen Buchstaben.

C 44

Die Schulordnung betont es ausdrücklich: i/Im Schulhaus darf nicht geraucht werden. ◆ In der Hausordnung steht: b/Bei Starkregen Fenster schließen ◆ Beachten Sie bitte: d/Das Essen während der Vorstellung ist verboten. ◆ Beachten Sie bitte: k/Kein Essen während der Vorstellung! ◆ Ich weiß es genau: d/Du bist der Falsche! ◆ Wir sind uns sicher: n/Nur am Abend! ◆ Das Buch ist lesenswert; e/Es unterhält. ◆ Das war's dann: w/Wir beginnen ganz neu. ◆ § 1.1 k/Kurze Mitteilungen an alle: a) i/Im Brandfall, b) b/Bei sonstigen Gefahren ◆ „Pass auf!", r/Rief er. ◆ „Bist du von gestern?", f/Fragte sie.

3.3 Nominalisierung

1. Lesen Sie die folgenden Sätze. Entscheiden Sie, ob man die Wörter in Blockbuchstaben groß- oder kleinschreiben muss. Begründen Sie Ihre Entscheidungen.
2. Studieren Sie den folgenden So-geht's-Kasten. Überprüfen Sie Ihre Entscheidungen in 1. mit Hilfe der Erweiterungs- und der Ersatzprobe.

C 45

- Dein KICHERN ist völlig unangebracht.
- Alle PRO und KONTRA wurden bedacht.
- Jeder KRANKE sehnt sich nach Genesung.
- Aus der Schlucht war RAUSCHEN zu hören.
- Sie hat mit SINGEN sehr viel Geld verdient.
- Gerade jetzt wäre HANDELN angebracht.
- Wir haben trotz der Schwierigkeiten nie ans AUFGEBEN gedacht.

NOMINALISIERUNGEN ERKENNEN — ***SO GEHT'S***

Nominalisierung bedeutet, dass eine ursprünglich andere Wortart als Nomen verwendet und daher großgeschrieben wird.
Wenn Sie bei einem Wort wegen der Großschreibung unsicher sind, führen Sie die folgenden Proben durch – immer in einem Satz:

Erweiterungsprobe:
Setzen Sie vor das fragliche Wort ein **gebeugtes Adjektiv**. Wenn das **grammatisch** möglich ist, müssen Sie großschreiben.

Beispiel 1:
Erzeugen Sie Wärme durch REIBEN an der Oberfläche. – Frage: Muss man „REIBEN" großschreiben?
Erweiterungsprobe: *Erzeugen Sie Wärme durch **heftiges** **R**eiben ...* ➔ **gebeugtes** Adjektiv kann eingefügt werden, daher Großschreibung.
Beispiel 2:
Du musst an der Oberfläche REIBEN. – Frage: Muss man „REIBEN" großschreiben?
Erweiterungsprobe: *Du musst an der Oberfläche **heftig** **r**eiben.* ➔ Adjektiv kann nicht gebeugt werden, daher Kleinschreibung.

Tipp:
Legen Sie sich ein einziges Adjektiv zurecht, das Sie für die Erweiterungsprobe immer verwenden, z. B. „cool", das passt fast überall.

Ersatzprobe:
Ersetzen Sie das fragliche Wort durch ein Nomen. Wenn das grammatisch möglich ist und man **ausschließlich Nomen** verwenden kann, schreiben Sie groß.

Beispiel:
Erzeugen Sie Wärme durch REIBEN an der Oberfläche. – Frage: Schreibt man „REIBEN" groß?
Ersatzprobe: ... *durch Wasser/Luft/Autos/Hoffnung* ... ➔ Das ist die Stelle eines Nomens, daher Großschreibung von „REIBEN".

- Bei der Ersatzprobe reicht es, wenn das Ersatzwort **grammatisch** passt, es braucht keinen Sinn zu ergeben.
- Verwenden Sie bei der Ersatzprobe nur das Nomen, nicht Artikel + Nomen.

Tipps:
- Verwenden Sie zur Sicherheit beide Proben.
  Beispiel:
  Der Mann ist schon lange PLEITE. – Frage: Muss man „PLEITE" großschreiben?
  Ersatzprobe: ... *reich/hübsch/Unternehmer/Luft.* → Man kann sowohl Adjektive als auch Nomen einsetzen. Großschreibung?
  Erweiterungsprobe: ... *ist schon lange cool pleite.* → Adjektiv kann nicht gebeugt werden, daher Kleinschreibung.
- Mit diesen Proben, vor allem mit der Erweiterungsprobe, können Sie die allermeisten Großschreibungen in einem Satz erfassen. Wenden Sie sie also immer an, wenn Sie unsicher sind.
- Leider gibt es ein paar wenige Ausnahmen, die mit den Proben nicht erfasst werden. Daher sollten Sie auch die Regeln (siehe INFO-BOX auf der nächsten Seite) parat haben.

C 46

Ergänzen Sie die richtigen Buchstaben in Groß- oder Kleinschreibung.
Machen Sie die Ersatzprobe sowie die Erweiterungsprobe und schreiben Sie ein Ersatzwort und ein Erweiterungswort in die freie Spalte.

	Ersatzprobe/Erweiterungsprobe
1. Das ____usten ohne vorgehaltene Hand ist schlechtes Benehmen.	
2. Am liebsten an dir habe ich dein ____achen.	
3. Ohne ____paren hättest du dir das nicht leisten können.	
4. Das Ballkleid hat das gewisse ____twas.	
5. Für ihn war ____rbeiten nie eine Strafe.	
6. Weshalb hast du dich beim ____chwindeln erwischen lassen?	
7. Ich bin sicher, dass sie nur ____utes gewollt hat.	

C 47

In den folgenden Sätzen sind alle Wörter kleingeschrieben. Wenden Sie die Erweiterungs- und die Ersatzprobe an, um über Großschreibung zu entscheiden. Schreiben Sie die Sätze neu.

1. Bei deinen entscheidungen nervt das hin und her einigermaßen.
2. Mit lärmen und getöse zogen sie durch die stadt.
3. Dieses ausmalen der räume war äußerst zeitaufwändig.
4. Beim laufen verlor susanne ihr handy.
5. Wir erledigen die angelegenheit ohne zögern.
6. Wir sollten mehr gesundes essen.
7. Vom surfen war er neuerdings sehr begeistert.
8. Vermutlich bringt abwarten nichts.

C 48

1. Studieren Sie in den folgenden Beispielsätzen die Großschreibung.
2. Ergänzen Sie danach die INFO-BOX mit den Beispielsätzen.

1. Wir mögen das **S**ingen mehr als das **T**anzen.
2. Aus dem Raum tönte ein **B**rummen.
3. Niemand hat mein **R**ufen gehört.
4. Das bedeutet nichts **G**utes.

5. Ständiges **D**röhnen in der Fabrikshalle hat seinen Gehörsinn geschädigt.
6. In dieser Situation ist rasches **R**eagieren nötig.
7. Er hat mit **S**pielen sein gesamtes Vermögen verloren.
8. Wir verließen den Raum ohne **M**urren.
9. Er verletzte sich beim **S**katen.
10. Wir brauchen das Werkzeug zum **A**rbeiten.
11. Ich glaube, dass **S**chweigen in dieser Situation falsch ist.
12. Du solltest **N**ützlicheres mitbringen.

NOMINALISIERUNG ***INFO-BOX***

Mit den folgenden Regeln haben Sie neben den Proben ein weiteres Instrument, Nominalisierungen zu erkennen.

Grundregeln:

Nominalisierungen werden **großgeschrieben**:

1. nach **Artikel**. *Beispielsatz:* ____________________
2. nach **Pronomen**. *Beispielsatz:* ____________________
   Beachten Sie besonders Adjektive nach **alles, nichts, etwas, viel, wenig, genug**: ***alles*** *Gute,* ***nichts*** *Erfreuliches,* ***etwas*** *ganz* ***K****leines*
3. nach **gebeugten Adjektiven**. *Beispielsatz:* ____________________
4. nach **Präpositionen**. *Beispielsatz:* ____________________
5. nach **Zusammenziehungen** aus **Präpositionen** mit **Artikel**. *Beispielsatz:* ____________________
6. wenn ein **Artikel dazugedacht werden könnte**. *Beispielsatz:* ____________________

C 49

Markieren/Unterstreichen Sie die Nominalisierungen. Begründen Sie die Großschreibung mit einer Regel aus der INFO-BOX und führen Sie nach Möglichkeit die Erweiterungsprobe oder die Ersatzprobe durch.

1.	Mit Donnern und Blitzen zog das Gewitter über unsere Stadt.	4; mit coolem Donnern und coolem Blitzen
2.	Zu lautes Hören mit Kopfhörern kann auf die Dauer schaden.	
3.	Ein Wunder, dass ihr ohne Zahlen in die Festival-Arena kamt.	
4.	Das Spielen und Toben der Nachbarskinder dauerte bis in die Nacht hinein.	
5.	Erinnert ihr euch an sein Jammern vor der Schuluntersuchung?	
6.	Wer andere beeinflussen will: Überzeugen ist besser als Überreden.	
7.	Sicheres Auftreten ist bei der Bewerbung um einen Ferialjob kein Nachteil.	
8.	Was Müllvermeidung betrifft, muss noch viel Sinnvolles getan werden.	
9.	Das Bestreben des Fotovoltaik-Gesetzes war, Nachhaltiges zu fördern.	
10.	Die Gruppe muss bei dem Experiment alle Für und Wider bedenken.	

11. Wir merkten, dass unser Bitten wenig nützte.	
12. Das Füttern mancher Tiere ist in den Zoos verboten.	
13. Jeder Wirt weiß, dass Gesättigte schlechte Gäste sind.	
14. Du isst nicht gerne Unbekanntes.	
15. Wir hörten nur ein leises Wimmern im Gebüsch.	
16. Ich weiß, du kommst nur zum Tratschen.	
17. Ella war immer eine Verlässliche.	
18. Mit Lächeln geht alles besser.	
19. Ich weiß: Jetzt ist Durchbeißen gefragt.	
20. Auch leises Kichern stört den Vortrag.	

C 50 Wenden Sie die Regeln oder/und die Proben an, um die folgenden Fragen der Groß- und Kleinschreibung zu klären. Ergänzen Sie die fehlenden Buchstaben.

Probe/Regel:	1. Die Ergebnisse bringen nicht viel ____eues.
Probe/Regel:	2. Ihre Katze ist ihr ____in und ____lles.
Probe/Regel:	3. Diese Entscheidung nützt nur einem ____chwachen.
Probe/Regel:	4. Ruhiges ____itzen ist ihm schon immer schwergefallen.
Probe/Regel:	5. Wir haben absolut ____ichts zu verbergen.
Probe/Regel:	6. Sie haben trotz raschen ____aufens die U-Bahn nicht mehr erreicht.
Probe/Regel:	7. Könnt ihr eigentlich zwischen ____ut und ____öse unterscheiden?
Probe/Regel:	8. Durch den Bürgerkrieg haben die Menschen alles ____erloren.
Probe/Regel:	9. Vom vielen ____eden ist mir der Mund trocken geworden.

	10. Hilft hier noch etwas außer verzweifeltes _____ offen?
Probe/Regel:	

3.4 Denominalisierung

C 51

1. Lesen Sie die INFO-BOX und den So-geht's-Kasten.
2. Stellen Sie fest, ob die einzufügenden Wörter als Nomen, als Adverb oder als Präposition verwendet werden. Tragen Sie dafür N, A oder P ein und setzen Sie danach den richtigen Buchstaben.

DENOMINALISIERUNG — ***INFO-BOX***

Denominalisierung bedeutet: Manche Nomen verlieren ihren Status als Nomen und werden zu anderen Wortarten. Demnach schreibt man sie **klein**.

Adverbien:
abend**s**, morgen**s**, namen**s**, anfang**s**, freitag**s**, flug**s** (= rasch)
Wir treffen uns abends. (ohne Artikel!)
Er kam flugs herbei.

Präpositionen:
angesicht**s**, seiten**s**, mangel**s**, abseit**s**
trotz, dank, wegen, kraft, zeit, um – willen
angesichts des Unwetters
abseits der Straße

DENOMINALISIERUNGEN ERKENNEN — ***SO GEHT'S***

Denominalisierungen erkennen Sie am besten mit der Erweiterungsprobe (eine Erweiterung mit einem gebeugten Adjektiv ist nicht möglich) und mit der Ersatzprobe:

Beispiele:
*Wir treffen uns **freitags**.* — *Ersatzprobe: Wir treffen uns **heute/morgen/immer/nie**.*
*Wir treffen uns **wegen** seiner Schwester.* — *Ersatzprobe: Wir treffen uns **mit/bei** seiner Schwester.*

Sie war **t**rotz des Regens unterwegs.	*P*	Dein **T**rotz ist oft unerträglich.	*N*
Der Spieler stand im _____bseits.		Die Gefahren lauern _____bseits der Piste.	
Wir sind ihm alle zu _____ank verpflichtet.		Die Arbeiten wurden _____ank seiner Hilfe rechtzeitig fertig.	
Die Zeit des Wartens ist _____lugs vorbei.		Wegen des morgigen _____lugs ist Daniel nervös.	
Alles Gute auf deinen _____egen.		Du solltest _____egen der Verkühlung nicht baden.	
Er hat _____amens seiner Schwester unterschrieben.		Viele deines _____amens waren bekannte Bürger dieser Stadt.	
Sie übernahm die Aufgaben _____raft ihres Amtes.		Ohne seine immense _____raft hätte er es nicht geschafft.	
Die _____eit ist um!		Eva hatte _____eit ihres Lebens Glück.	
Um deiner selbst _____illen, schütze dich!		Du hast einen starken _____illen.	

C 52 Überprüfen Sie mit Hilfe der Ersatz- und der Erweiterungsprobe, ob es sich bei den Wörtern in Großbuchstaben um Denominalisierungen handelt. Tragen Sie die richtige Lösung – Klein- oder Großschreibung – ein.

	Lösung
1. Ihm wurde ANGST UND BANGE.	
2. Er zitterte vor ANGST.	
3. Die Firma ist nun PLEITE.	
4. Die Firma hat PLEITE gemacht.	
5. Du bist und bleibst SCHULD.	
6. Alle tragen SCHULD am Misserfolg.	
7. Ich bin es LEID, den Sündenbock zu spielen.	
8. Er wollte uns kein LEID zufügen.	

3.5 Die Groß-/Kleinschreibung von Zeitangaben

C 53
1. Schreiben Sie die folgenden Zeitangaben in die dafür bestimmte Spalte.
2. Füllen Sie anschließend die fehlenden Teile in der INFO-BOX aus.

gestern Morgen, mittwochs, heute Früh, dienstagvormittags, eines Sonntagmorgens, donnerstagnachmittags, der Samstagabend, übermorgen Vormittag, heute Nacht, die Freitagnacht, freitagnachts, Mittwochabend

Adverb + Tageszeit: Adverb klein, Tageszeit groß	Komposita: groß und zusammen	Wochentag + Adverb auf -s: Adverb klein
morgen Abend	(der) Sonntagmorgen	morgens, dienstagmorgens

GROß-/KLEINSCHREIBUNG DER ZEITANGABEN ***INFO-BOX***

Die Bezeichnung von Tageszeiten *(Morgen, Abend)* nach Zeit-Adverbien wie „gestern", „heute", „morgen" wird als N__________ angesehen und daher __________ geschrieben: *heute Nacht, gestern Vormittag.*
Bei *„früh"* sind beide Schreibweisen gültig: *gestern früh/gestern Früh.*

Hat die Zeitbezeichnung die Endung -s **(adverbiale Verwendung; ohne Artikel!)**, so wird sie __________ geschrieben *(abends, freitags; **aber mit Artikel:** eines Freitags, des Sonntags).*

Zusammengesetzte Nomen *(der Sonntagmorgen, letzten Mittwochnachmittag)* werden ____________ und ________________ geschrieben.

Uhrzeiten (regelkonform: attributiv klein, nominalisiert groß): *um **v**iertel acht;* aber: *um (ein) **V**iertel vor/nach acht; um **h**alb neun*
Zusammengesetzte Nomen: *eine Viertelstunde, eine Dreiviertelstunde*

C 54

Füllen Sie die Lücken mit den richtigen Buchstaben.

vorgestern _____bend ◆ der _____ienstagnachmittag ◆ _____eute _____achmittag ◆ _____ienstag am _____achmittag ◆ _____ienstags _____achmittags ◆ jeden _____ienstagmorgen ◆ _____ienstagmorgens ◆ _____onntagabend ◆ _____onntags _____bends ◆ eines _____bends ◆ _____onntagnacht ◆ heute _____rüh ◆ _____eute _____ormittag ◆ _____ormittags ◆ übermorgen _____rüh ◆ eines _____onntags ◆ _____ittwoch _____bend ◆ von _____rüh bis _____bends ◆ an diesem _____ittwochabend ◆ Samstag in der _____rüh ◆ Samstag _____rüh ◆ übermorgen _____ittag ◆ vorgestern _____ittags ◆ von _____rüh an ◆ um _____iertel nach zehn ◆ sie fuhr um _____iertel elf

DaZ C 55

Hören Sie das Gespräch zwischen Lena und Simon. Beantworten Sie die Fragen unten, indem Sie die Zeitangaben eintragen (keine Ziffern!).

SB PLUS

Fragen	Zeitangabe
Wann findet das Gespräch statt?	
Bis wann sollte Simon ursprünglich in Innsbruck sein?	
Wann findet der Wettbewerb statt? (2)	
Wann ist Mathe-Schularbeit?	
Von wann bis wann wollen die Freunde für die Schularbeiten lernen?	
Wann will Simon für die Schularbeit lernen?	
Wann hatte Frau Weißmann einen Unfall?	
Bis wann muss sie im Spital bleiben?	
Wie lange will Simon am Montag schlafen?	
Bis wann drückt Lena für Simon die Daumen?	
Wann erwartet Lena Simon mit dem Siegerpokal?	

3.6 Die Groß-/Kleinschreibung von Adjektiven in besonderen Wendungen

3.6.1 Adjektive in geografischen Bezeichnungen

C 56 Leiten Sie aus den folgenden Beispielen die Regeln in der INFO-BOX unten ab.

ein österreichischer Tourist ◆ guter Tiroler Speck ◆ die bayerische Landschaft ◆ die Grazer Innenstadt ◆ ein Salzburger Unternehmen ◆ Klagenfurter Vereine ◆ burgenländische Weine ◆ tschechische Karpfen

Ausnahmen: die Österreichische Nationalbank, der Steirische Erzberg

ADJEKTIVE IN GEOGRAFISCHEN BEZEICHNUNGEN — **INFO-BOX**

Adjektive, die von geografischen Namen mit ____________ abgeleitet werden, sind **groß**zuschreiben: *Berlin – Berli**ner** Mauer, Wien – Wie**ner** Schnitzel, Tirol – Tirol**er** Trachten*

Adjektive, die von geografischen Namen mit -isch oder -schen abgeleitet werden, sind ____________ zuschreiben: *Österreich – österreich**isches** Brauchtum, Spanien – spani**sche** Tänze, Holland – holländ**ischer** Käse*

Ausnahmen: Eigennamen und Namen von Institutionen werden ____________ geschrieben: *das **S**teirische Vulkanland, die **Ö**sterreichische Nationalbank*

3.6.2 Der Superlativ nach „am" und „aufs"

GROß-/KLEINSCHREIBUNG – SUPERLATIVE NACH „AM"/„AUFS" — **SO GEHT'S**

	Kleinschreibung:	Großschreibung:
am:	*Er spielt **am b**esten.* *Das freut mich **am m**eisten.*	*Es fehlt ihnen **am N**ötigsten.* *Im Sport orientiert er sich **am B**esten.*
	Ersatzprobe: am ≠ an dem	Ersatzprobe: am = an dem

aufs: Superlative nach „aufs" kann man **immer großschreiben:**
*Wir warten **aufs B**este des Abends.* *Wir grüßen **aufs h/H**erzlichste.*

C 57 Entscheiden Sie sich mit Hilfe der Tipps im So-geht's-Kasten oben für Groß- oder Kleinschreibung.

Die Wartenden waren aufs ____ußerste angespannt, allerdings auch aufs ____chlimmste gefasst. ◆ Er hatte sie nie aufs ____nnigste geliebt, obwohl er immer fand, dass sie am ____iebenswertesten war. ◆ Die Speise roch am ____erlockendsten, weil sie aufs ____östlichste zubereitet war. ◆ Obwohl die Helfer aufs ____ascheste am Unfallort waren, fehlte es am ____ötigsten. ◆ Die Höhle wurde aufs ____enaueste abgesucht. ◆ Er wollte immer etwas verbessern, auch am ____erfektesten. ◆ Die Klasse war aufs ____öchste erfreut, als beim Quiz einer von ihnen aufs ____chnellste antworten konnte. ◆ Er war immer darauf bedacht, aufs ____enaueste zu arbeiten. ◆ Dabei nahm er sich am ____esten ein Vorbild.

3.6.3 Sprachen bezeichnende Adjektive

C 58 Entscheiden Sie sich nach Beachtung der Tipps im So-geht's-Kasten für Groß- oder Kleinschreibung. Verwenden Sie Ersatz-, Erweiterungs- und/oder Frageprobe.

SPRACHEN BEZEICHNENDE ADJEKTIVE — **SO GEHT'S**

Nach „**in**" und „**auf**" werden Sprachbezeichnungen **groß**geschrieben.
Beispiel: Sage es bitte auf ***S****panisch. Was hattest du im Vorjahr in* ***S****panisch?*

Für alle anderen Fälle gilt:

Großschreibung: *Er kann* ***E****nglisch gut.*	**Kleinschreibung:** *Sie unterhält sich mit mir* ***e****nglisch.*
Ersatzprobe: ... die englische Sprache	Ersatzprobe: mit Nomen nicht möglich
Frageprobe: Was?	Frageprobe: Wie?
Erweiterungsprobe: Er kann cooles Englisch gut.	Erweiterungsprobe: mit gebeugtem Adjektiv nicht möglich

Obwohl die Sprachassistentin aus Barcelona gutes d/Deutsch spricht, fehlen ihr doch oft Fachvokabel auf d/Deutsch. Sie ist aber mehrsprachig, denn sie beherrscht auch noch f/Französisch und i/Italienisch. Am besten unterhält sie sich auf d/Deutsch, während sie noch große Lücken in e/Englisch hat. Wenn sie mit unserer Lehrerin s/Spanisch spricht, bewundern wir alle ihr klangvolles s/Spanisch.

3.7 Besonderheiten der Groß-/Kleinschreibung bei anderen Wortarten

3.7.1 Kleinschreibung trotz Nominalisierungsmerkmalen

KLEINSCHREIBUNG TROTZ NOMINALISIERUNGSMERKMALEN — **INFO-BOX**

In folgenden Fällen schreibt man Adjektive, Partizipien und Pronomen **klein**, obwohl sie formale Merkmale der Nominalisierung aufweisen:

1. Gewisse Pronomen, auch wenn sie als Stellvertreter von Nomen gebraucht werden, *zum Beispiel:* ***beide, manche/r/s, alle/alles****; sich* ***mit diesen*** *und* ***jenen*** *unterhalten; der eine, der andere; (ein)* ***jeder*** *weiß das.*
   (**Aber** groß: *der/die/das* ***E****inzelne; ich als* ***E****inzelner*)
2. Die folgenden unbestimmten Zahladjektive mit allen ihren Flexionsformen:
   viel (die meisten, mit vielem ...), wenig (das wenigste ...); (der, die, das) eine, (der, die, das) andere (**alle** darf man bei besonderer Betonung auch großschreiben).
   ein paar (im Gegensatz zu *ein Paar Schuhe*), ***ein bisschen*** (= ein wenig)
3. Adjektive, Partizipien und Pronomen, die sich auf ein vorhergehendes oder nachstehendes Nomen beziehen, *zum Beispiel:*
   die ***kl****ügste meiner Freundinnen* — *Neun Männer waren pünktlich, ein* ***z****ehnter kam später.*

   Ergänzungsprobe: Wenn man ein Nomen, auf das Bezug genommen wird, ergänzen kann, wird kleingeschrieben, *z. B.*
   die ***kl****ügste meiner Freundinnen = die klügste* ***Freundin*** *unter meinen Freundinnen*

Lesen Sie die INFO-BOX oben und wenden Sie die genannten Regeln in den nachfolgenden Beispielen an. **C 59**

A.

Es ist klar, dass der E/eine oder A/andere meinem Vorschlag nicht nachkommen will. ◆ Die W/wenigen, die übrigblieben sind, erhoben umso lauter ihre Stimme gegen den E/einzelnen. ◆ Wir müssen noch V/viele überzeugen, damit wir bei dem Brunnen-Projekt bestehen können. ◆ Es waren A/alle beeindruckt. ◆ In dieser Situation konnten die W/wenigsten gefühllos bleiben. ◆ Man muss mit den B/beiden reden. ◆ Das ist etwas ganz A/anderes.

B. Machen Sie die Ergänzungsprobe:

Diese Prüfung ist sicherlich die S/schwerste. ◆ Dünne Bücher lese ich in der Freizeit, d/Dicke im Urlaub. ◆ Die b/Beste aller Arbeiten kam von ihr. ◆ Das B/beste des Büfetts waren die Grillwürstel. ◆ Alte Schuhe sind meist bequemer als N/neue. ◆ Er informierte sich über das N/neueste auf dem App-Markt.

3.7.2 Groß-/Kleinschreibung bei Anreden

C 60 Lesen Sie die folgenden Beispiele und leiten Sie daraus die Regeln ab (in der INFO-BOX ergänzen).

Briefe/E-Mails: *Ich ersuche **S**ie, mir **I**hren IBAN-Code bekanntzugeben.* ◆ *Ich bitte **d/D**ich, mir **d/D**ein Moped für zwei Stunden zu leihen.* (beides richtig)

Direkte Rede: *„Ja, **d**u sollst mir **d**ein Lineal borgen!“* ◆ *„Bitte könnten **S**ie mir **I**hr Lineal borgen?“*

HÖFLICHE UND VERTRAUTE ANREDE — **INFO-BOX**

Die **„höfliche Anrede“** per **„Sie“** und allen Nebenformen (Ihnen, Ihr …) werden immer ______________ geschrieben.
Beachten Sie: Auch die höfliche Anrede von mehreren Personen heißt „Sie“:
Meine Damen und Herren, was sagen Sie dazu? Haben Sie alle Ihre Unterlagen?

Die **„vertraute Anrede“** mit **„du, ihr, euch“** mit allen Nebenformen wird in der direkten Rede **klein**geschrieben, in Briefen/E-Mails etc. ______________________________

C 61 Übertragen Sie folgende Sätze in Druck- oder Schreibschrift. Achten Sie auf die richtige Schreibung der Anreden.

SEHR GEEHRTER HERR DIREKTOR! ICH BITTE SIE, MEINE TOCHTER KARIN MORGEN VOM UNTERRICHT ZU BEFREIEN, DA SIE EINEN ARZTTERMIN HAT.	LIEBE ANDREA, GESTERN HAST DU BEIM TRAINING GEFEHLT: WARST DU KRANK ODER IM „DU UND ICH“?
LEIDER KANN ICH IHRER EINLADUNG NICHT FOLGEN, DA ELISA KRANK IST UND ICH BEI IHR BLEIBEN MUSS. MIT FREUNDLICHEN GRÜßEN, IHRE EVA FLUCH	HALLO HERR BÜRGERMEISTER! KOMMEN SIE ZUR MORGIGEN VERANSTALTUNG, DIE IHRE SEKRETÄRIN ORGANISIERT HAT? ODER SOLLEN WIR IHR AUSRICHTEN, DASS SIE DIE ERÖFFNUNGSREDE SELBER HALTEN MUSS?
LIEBER ONKEL TOM! WIE GEHT ES DIR? WEIßT DU SCHON ETWAS VON HANNA? WAR IHRE REISE ERFOLGREICH? GRÜßE SIE VON MIR.	SEHR GEEHRTE FESTGÄSTE, LIEBE FREUNDE, ICH MÖCHTE SIE/EUCH EINLADEN, DIE KOCHKUNST UNSERES JUNGEN TEAMS ZU GENIEßEN.
HERR PROFESSOR MÜLLER, UNSERE TOCHTER WEIß NICHT, OB SIE SIE NOCH PRÜFEN WOLLEN ODER SIE AUFGRUND IHRER LEISTUNGEN ABSCHLIEßEN KÖNNEN. BITTE GEBEN SIE UNS BESCHEID.	„HABEN SIE SCHON DIE APFELTERRINE GEKOSTET?“, FRAGT DER KOCH, „SIE IST EINE SPEZIALITÄT MEINER FRAU UND WIRD IHNEN SICHER SCHMECKEN.“

3.7.3 Die Schreibung von „Mal" und „mal"

C 62

Lesen Sie die INFO-BOX und schreiben Sie im nachfolgenden Text die Wörter in Großbuchstaben in richtiger Schreibung auf die dafür vorgesehene Linie.

DIE SCHREIBUNG VON „MAL" — ***INFO-BOX***

Es gelten **Nominalisierung**sregeln: **Mal(e) nach Artikel, Pronomen oder nach gebeugtem Adjektiv groß,** *z. B. jedes Mal, ein anderes Mal, beim nächsten Mal, etliche Male*

Andernfalls Kleinschreibung: *dreimal, hundertmal, x-mal; auch mit Endungs-s: vielmals, nochmals*

JEDESMAL ______________ vor Weihnachten kommen Kunden in die Bank und wollen ihren Kredit aufstocken. Es gehe sich auch DIESMAL ______________ wieder nicht aus, meinen viele. OFTMALS ______________ soll ein kleiner Überbrückungskredit den Engpass, der ABERMALS ______________ aufgetaucht ist, beseitigen. WIEVIELEMALE ______________ haben Banken schon geholfen, dass auch DIESESMAL ______________ die Kinderaugen leuchten können? EINUNDDASANDEREMAL ______________ lohnt sich das Entgegenkommen, aber DUTZENDEMALE ______________ muss auch nach Weihnachten die Bank MEHREREMALE ______________ mahnen, bis die Raten bezahlt werden. Doch MANCHESMAL ______________ nützen nicht EINMAL ______________ die Mahnungen etwas, und das Ganze landet nicht zum ERSTENMAL ______________ vor Gericht.

KOMPETENZTEST zur Groß- und Kleinschreibung

Kompetenzbereich:	Sprachbewusstsein
Was Sie können sollen:	Orthografische Regeln beherrschen und sicher anwenden
Erlaubte Hilfsmittel:	Keine
Testzeit:	Aufgabe 1: 20 Minuten Aufgabe 2: 15 Minuten Aufgabe 3: 15 Minuten

Aufgabe 1

Kennzeichnen Sie alle Wörter, die großgeschrieben werden müssen.
Geben Sie eine passende Probe oder die entsprechende Regel zur Großschreibung an, ausgenommen die Satzanfänge.

Der Linkshändertag

Am 13. August ist linkshändertag. Er weist auf probleme hin, die menschen mit ihrer linkshändigkeit haben. Der tag soll bewusst machen, dass viele menschen an ihre grenzen stoßen – beim schreiben, schneiden, essen und vielen anderen tätigkeiten, die hier nicht gesondert erwähnt werden brauchen, da sie in den sehr persönlichen bereich jedes menschen gehören.

„Wer mit dem linken fuß aufsteht, dem droht mühsal den ganzen tag", sagt der volksmund. Ich merke das nur beim befüllen der rechtshänder-kaffeemaschine am frühen morgen mit der linken. Falsch angesetzt, stoße ich das häferl um und etwas braunes ergießt sich über die ganze tischplatte. Das aufwischen nachher fällt jedoch nicht schwer, ist dies doch nicht zwangsläufig mit der rechten zu tun. –

Erwähnte ich schon, dass ich beschloss, den heutigen tag für mich zum rechtshändertag zu ernennen, um erfahrungen der besonderen art zu machen? Ich, als linkshänderin, werde also heute – am linkshändertag – alles mit rechts machen! Bereits am morgen wird mir bewusst, wie viele tätigkeiten des alltags an eine bestimmte hand, die sogenannte führungshand, gebunden sind. Das radioaufdrehen, die täglichen selbstverständlichkeiten im bad, wie das zähneputzen, das duschen und abtrocknen, ja selbst das verteilen der bodylotion kann zum problem werden, wenn man sich plötzlich als linkshänder der „schönen“ hand bedienen soll – aus welchem grund auch immer. Heute früh starte ich eben mein experiment, und ich stelle mir das hämische lachen im büro vor, wenn ich meine kollegen über meinen selbstversuch aufkläre. Bei den kolleginnen wird es ähnlich ablaufen, nur einige von ihnen werden nach feststellen meiner tollpatschigen verrenkungen sicher sofort ihren helferzwang ausleben wollen, indem sie selbst hand anlegen und mir sogar beim telefonieren das handy an mein „schönes“ ohr (hat man denn so etwas auch?) halten wollen. Das kaffeeservieren und kuchenbringen wird ja noch erträglich sein, aber wenn mir eine wohlmeinende mittags auf meinem teller herumfummelt, zum fleischschneiden ansetzt und die erdäpfel zum aufgabeln portioniert, dann werde ich zur furie ..., nein, ich werde mein experiment in würde absolvieren. Das ist ein klacks, das mache ich doch „mit rechts!“.

Aufgabe 2 Streichen Sie die falschen Anfangsbuchstaben und geben Sie eine passende Probe oder die entsprechende Regel an.

	Probe/Regel
Euer L/lachen gefällt mir.	
Er tut gern G/gutes.	
Weißt du nichts N/neues?	
Dieser Oldtimer gefällt mir am B/besten.	
Lass ihm das S/seine!	
Die bunten Pullover sind schön, aber die G/gestreiften gefallen mir besser.	
Sie gingen ohne Z/zögern.	
Er hat T/trotz der vielen Arbeit für mich Zeit.	
Beim ersten M/mal misslang das Experiment.	
Ich esse gern G/gesalzenes.	
Er hat ein drittes m/Mal verloren.	
„Haben S/sie I/ihren Tipp schon abgegeben?“	
Die ö/Österreichischen Bundesbahnen	

	Probe/Regel
Die E/einen singen, die A/anderen tanzen.	
Er bestellte ein V/viertel Wein.	
Wir brauchen für die Torte ein D/drittel Liter Milch.	
Das H/hin und H/her bei deinen Entscheidungen nervt.	
Lasse dich auf U/unbekanntes ein.	
Du kannst mit L/lernen viel erreichen.	
Den D/dienstagabend solltest du dir frei halten.	
eine k/Kärntner Politikerin	
Bloßes D/durchlesen des Textes wird nicht reichen.	
Sie bekam eine M/million, er nur H/hunderttausend.	
Wir werden uns auf S/spanisch unterhalten.	
Um v/Viertel vor zwölf.	
Dieses eine M/mal werden wir uns durchsetzen.	

Ordnen Sie die Regeln rechts den Beispielen links zu. Achtung: Mehrere Zuordnungen sind möglich. **Aufgabe 3**

Beispiele	Regeln in Kurzform
Schillers Theaterstück „**D**ie Räuber“	1. Nomen werden großgeschrieben.
Kopfrechnen ist schwierig.	2. Nominalisierungen werden großgeschrieben.
§ 1, lit. c) **N**eue Richtlinien	3. Denominalisierungen schreibt man klein.
„Bist **d**u irre?“, fragte er.	4. Der erste Buchstabe von Titeln/Schlagzeilen wird großgeschrieben.
die **m**eisten	
Überlege: **I**st das notwendig?	5. Eigennamen schreibt man groß.
Sie flennt; **o**der sie lacht leise.	6. Nach Strichpunkt schreibt man klein.
Die TV-Serie „**D**er Bergdoktor“	7. Nach Doppelpunkt schreibt man groß, wenn ein ganzer Satz folgt, sonst klein.
Die **V**ereinigten Staaten	
Das ist am **a**llerwichtigsten.	
Sicher ist wieder sie **s**chuld!	8. Nach Gliederungszeichen schreibt man groß.
gestern **V**ormittag	9. Tageszeiten (Morgen, Abend) nach Zeit-Adverbien schreibt man groß.
Die **b**eiden rannten weg.	
eines **A**bends	10. Zeitbezeichnungen auf -s klein, außer wenn ein Artikel davorsteht.
kraft seines Amtes	
zum dritten **M**ale	11. Uhrzeit: „Viertel vor/nach“ groß.
eine **S**teirer Eigenheit	12. Adjektive: geografische Bezeichnungen auf „-er“ groß, aber auf „-isch“ klein.
Die Gewinner: **e**inige Chaoten!	
donnerstags, **m**orgens	13. Adjektive: Eigennamen auf „-schen/-ischen“ groß, wenn ein Apostroph steht, sonst klein.
sich aufs **b**öseste beschweren	
steirische Bräuche	14. Adjektive: Sprachbezeichnungen nach „in“ und „auf“ groß.
Sie wartete aufs **B**este der Vorstellung.	
im **A**llgemeinen	15. Adjektive: Superlativ nach „am“ oder „aufs“: „am“ = „an dem“: groß; andernfalls klein. Nach „aufs“ kann man immer großschreiben.
etwas äußerst **U**nangenehmes	
das ewige **S**treiten	16. Kleinschreibung trotz Nominalisierungsmerkmalen: gewisse Pronomen, Zahladjektive
der **b**este der Anwälte	
ein **p**aar Bissen essen	
sich etwas besonders **G**utes gönnen	17. Adjektive, Partizipien und Pronomen, die sich auf ein vorhergehendes oder nachstehendes Nomen beziehen: klein
um **V**iertel nach eins	
Er kann gut **E**nglisch.	
Schreien ist sinnlos!	18. „Mal“ groß, wenn es ein Nomen ist; sonst klein.
Das sollte ein **j**eder wissen.	19. Anredepronomen: höfliche Anrede immer groß; vertrauliche Anrede in direkter Rede klein, im Brief nach Belieben.

Was ich jetzt kann und verstehe

Ich ...	Schätzen Sie sich ein (+2 = ganz gut, -2 = nicht).			
	+2	+1	-1	-2
... kann Groß- und Kleinschreibungsregeln anwenden.				
... kenne einige Proben zur Überprüfung von Groß- oder Kleinschreibung.				

4 GETRENNT- UND ZUSAMMENSCHREIBUNG

In diesem Kapitel lernen Sie
- den Unterschied zwischen Zusammensetzungen und Wortgruppen und
- nach welchen Regeln grundsätzlich getrennt- oder zusammengeschrieben wird.

Benötigtes Vorwissen:
- Wortbildung: Komposition, Ableitungen, Wortstamm, Bestimmungswort ➔ B 2.1
- Wortarten ➔ B 2.2

4.1 Grundregeln

C 63 Lesen Sie INFO-BOX und So-geht's-Kasten. Erklären Sie in der Tabelle danach, welcher Hauptregel (HR 1, HR 2 ...) die Getrennt- oder Zusammenschreibung jeweils zuzuordnen ist. Machen Sie zusätzlich die Klangprobe.

GETRENNT- UND ZUSAMMENSCHREIBUNG: GRUNDREGELN — INFO-BOX

Grundsätzlich soll **der Getrenntschreibung der Vorzug gegeben** werden, Regeln sollen daher vor allem die „Ausnahme" der Zusammenschreibung betreffen. Einige Grenzfälle können je nach Schreibabsicht so oder so geschrieben werden.

Unterscheiden Sie:

Zusammensetzungen (Komposita) und **Wortgruppen**

Zusammensetzungen (Komposita): zu einem **neuen Wort** verbundene Teile, *z. B. fortlaufen, Regenschirm, jemanden freisprechen*

Wortgruppen: inhaltlich, sinnmäßig zusammengehörige Teile, die jedoch getrennt geschrieben werden, *z. B. Auto fahren, in Betracht ziehen*

Zusammen schreibt man

Hauptregel 1 (HR 1):
Komposita:
Zustand, Haushund, weggehen, Zirkuszelt, aufhorchen, gelbgrün

Hauptregel 2 (HR 2):
Wenn der 1. oder 2. Teil als selbständiges Wort nicht mehr deutlich erkennbar ist
wissbegierig, darlegen
oder eine neue, übertragene Bedeutung entsteht:
den Angeklagten freisprechen, etwas schriftlich festhalten (die ursprüngliche Bedeutung von „fest" ist nicht mehr ersichtlich).

Getrennt schreibt man

Hauptregel 3 (HR 3):
Wortgruppen:
Rad fahren, Angst haben, gefangen nehmen, einkaufen gehen, Golf spielen, rasend werden

Hauptregel 4 (HR 4):
Wenn der 1. oder 2. Teil erweitert/erweiterbar ist oder gesteigert werden kann
jemanden glücklich machen ➔ jemanden sehr glücklich machen (= Erweiterung)
gut zielen ➔ besser zielen (= Steigerung)
gut/besser zielen
oder wörtliche Bedeutung hat:
eine Rede frei sprechen, das Seil fest halten („Fest" hat seine ursprüngliche Bedeutung.)

DIE KLANGPROBE BEI DER GETRENNT- UND ZUSAMMENSCHREIBUNG — SO GEHT'S

Wenn Sie unsicher sind, können Sie die Klangprobe anwenden.
Sprechen Sie das Wort/die Wörter deutlich aus. Achten Sie dabei auf die **Betonung**:

- Ist nur der erste Bestandteil betont, der zweite nicht, so schreibt man **zusammen**.
  Beispiele:
  - *__Zu__stand, __Haus__hund, __weg__gehen, __Zirkus__zelt, __auf__hören, __gelb__grün, __wiss__begierig, __dar__legen, den Angeklagten __frei__sprechen, etwas schriftlich __fest__halten*
  - *Kannst du den Inhalt __wieder__geben?*
  - *Wir werden erst in einem Monat wieder __zusammen__kommen.*
- Sind beide Bestandteile betont, schreibt man **üblicherweise getrennt**.
  Beispiele:
  - *__Rad__ fahren, __Angst__ haben, ge__fan__gen __neh__men, __ein__kaufen __geh__en, __Golf__ __spie__len, __ra__send __wer__den, jemanden __glück__lich __ma__chen, __gut__ __zie__len, eine Rede __frei__ __spre__chen, das Seil __fest__ __hal__ten*
  - *Du musst ihr das Geld __wie__der __ge__ben.*
  - *Die beiden sind zum Fest nicht zu__sam__men ge__kom__men.*

HR	Zusammensetzung	Wortgruppe	HR
	Tennisschläger	Tennis spielen	
	Haarwäsche	Haare waschen	
	erfreulicherweise	auf diese Weise	
	wettmachen	eine Wette schließen	
	darstellen	in Frage stellen	
	gegebenenfalls	in diesem Fall	
	allseits	vor allem	
	blaugrün	blau sein	
	blaumachen	blau anmalen	
	Das wird Ihnen nicht schwerfallen.	bei einem Sturz schwer fallen	

C 64

Bilden Sie Zusammensetzungen aus den Teilen links mit den Teilen rechts.
Machen Sie die Klangprobe. Bei einer der Zusammensetzungen trifft die Klangprobe nicht zu. Bei welcher?

entgegen	weich	
Wett	ziehen	
erfreulicher	stumm	
Zwischen	haber	
jeden	setzen	
größten	weise	
über	teils	
butter	bericht	
taub	kampf	
Teil	falls	

C 65

Bilden Sie Wortgruppen aus den Teilen links mit den Teilen rechts.

zu	spielen	
Auto	kommen	
zufrieden	lernen	
drei Jahre	nichts	
in Betracht	Fuß	
Fußball	sein	
lesen	fahren	
gar	lang	

C 66 Machen Sie die Klangprobe.
Tragen Sie die Wörter unten korrekt in die richtige Spalte ein.

Wörter: dunkel|grün ◆ g/Gewalt|tätig ◆ Ausnahme|z/Zustand ◆ schwer|gefährdet ◆ Film|f/Festival ◆ schwimmen|lernen ◆ selbst|bewusst ◆ hinzu|kommen ◆ wieder|holen ◆ höchst|wahrscheinlich (Achtung: Falle!)

Zusammensetzung	Wortgruppe

C 67 Im folgenden Text sind Komposita aus **Nomen + Nomen** nicht zusammengeschrieben. Korrigieren Sie das. Streichen Sie dazu die falschen Schreibungen durch und schreiben Sie die richtigen Zusammensetzungen in die Spalte rechts.

Text 3:

Der 8. August ist der Welt Katzentag

Auf Samt Pfoten schleichen sie sich in unsere Herzen und in die Ehe Betten: Katzen sind des Österreichers und der Österreicherin liebstes Haus Tier. Tatsächlich darf jeder dritte Stuben Tiger die Nacht im Bett des Katzen Frauchens oder Katzen Herrchens verbringen. Fast ein Fünftel der Katzen Besitzer/innen verzichtet auf den Kauf der üblichen Katzen Nahrung und stellt sich eigens an den Herd, um eine Katzen Mahlzeit zuzubereiten. Allerdings dürfen nur 2 Prozent der Haus Katzen mit auf Ferien Reise gehen. Die anderen haben sozusagen einen Baby Sitter oder werden vorübergehend ins Tier Heim gebracht. Und raten Sie, was auf YouTube zum Beliebtesten gehört: richtig, Katzen Videos. Da ist es folgerichtig, dass es auch einen Welt Katzentag gibt. Diesen Tag haben Tier Schützer zum Anlass genommen, auf die notwendige Kastration der Mäuse Killer hinzuweisen. Sie bringt sowohl dem Kater als auch dem Katzen Halter

Vorteile. Sie ist nicht nur Pflicht wegen des Tierschutz Gesetzes, sondern verhindert auch Tier Leid. Denn ohne Kastration kommt es unweigerlich zu einer Katzen Flut, die die Überfüllung von Tier Heimen nur weiter verschärft. Zu viele Katzen Babys und die Reise Lust in den Sommer Ferien: Einige Tier Heime mussten bereits einen Aufnahme Stopp verhängen.

4.2 Zusammensetzungen mit oder ohne Bindestrich

C 68 Lesen Sie die folgenden richtigen Verbindungen mit Bindestrich und stellen Sie Vermutungen an, warum ein Bindestrich gesetzt wurde.

A-Dur ◆ i-Punkt ◆ UV-bestrahlt ◆ 3-beinig ◆ 17-jährig ◆ 2/3-Mehrheit ◆ zum x-ten Mal ◆ in den 80er-Jahren ◆ die 800-Jahr-Feier ◆ ein Kopf-an-Kopf-Rennen ◆ die Lotto-Annahmestelle ◆ die Helsinki-Nachfolgekonferenz

C 69 Verbinden Sie die Teile in der linken Spalte der folgenden Tabelle mit den Wörtern in der rechten Spalte. Bilden Sie mit diesen Verbindungen kurze Sätze oder Wortgruppen.

a, s, y, x, i	Punkt, Kurve, Achse, beliebig, Moll
LKW, Kfz, UV, Dipl.	Ing., Fahrer, Mechaniker, bestrahlt
zwei, fünf, eins, hundert	-er, -fach, -stel, -tel
2, 5, 1, 100	-er, -fach, -stel, -tel

C 70 Lesen und ergänzen Sie die INFO-BOX.

GETRENNT-/ZUSAMMENSCHREIBUNG MIT ODER OHNE BINDESTRICH — ***INFO-BOX***

Ein Bindestrich steht bei:

1. Zusammensetzungen mit ______________________, *z. B. o-beinig, x-Achse*
2. Zusammensetzungen mit ______________________, *z. B. Lkw-Maut, BWL-Buch*
3. Zusammensetzungen von Nomen oder Adjektiven mit ______________________, *z. B. 3-füßig, 4-Tonner*

Aber: Bei Ableitungen mit den Endungen **-ler, -er, -stel, -tel, -ig** steht ________________ ________________ ______________________: *Hackler, ein Tausendstel.*

Zusammenschreibung oder Bindestrich sind möglich bei:

1. „-fach", *Beispiel: 8fach oder 8-fach, das 8-Fache oder 8fache*
2. langen nominalen Zusammensetzungen: *Dreizimmerwohnung – Drei-Zimmer-Wohnung, Steuererklärungsfristverlängerung – Steuererklärungs-Fristverlängerung*

C 71 Bilden Sie Zusammensetzungen sowohl mit Ziffern als auch in ausgeschriebener Form.
(Die Zuordnung der Ziffern zu den Begriffen ist beliebig.)

Beispiel: 5-eckig – fünfeckig

12-, 8-, 3-, 14-, 4-, 6-, 32-, 4-, 10-

Achser (Lkw), blättrig, Zylinder, jährig, metrig, Tonner, bändig, Ender (Hirsch), prozentig

mit Ziffern	mit ausgeschriebenen Zahlen
3-jährig	*dreijährig*

4.3 Zusammenschreibung bei Nominalisierung

C 72 Ergänzen Sie die folgende Regel. Sie können die fehlenden Wörter aus den Beispielen darunter ableiten.
Bilden Sie danach fünf ähnliche Nominalisierungen.

ZUSAMMENSCHREIBUNG BEI NOMINALISIERUNG — INFO-BOX

Bei Nominalisierung ursprünglich getrennter Ausdrücke schreibt man diese ____________ und ____________.

Beispiele: auf dem Nachhauseweg, das Beisammensitzen, das Inkrafttreten, beim Walzertanzen, der Halbgebildete, im Vorübergehen, wegen Schnellfahrens

KOMPETENZTEST zur Getrennt- und Zusammenschreibung	
Kompetenzbereich:	Sprachbewusstsein
Was Sie können sollen:	Orthografische Regeln beherrschen und sicher anwenden
Erlaubte Hilfsmittel:	Keine
Testzeit:	Aufgabe 1: 5 Minuten Aufgabe 2: 8 Minuten

Aufgabe 1

Beantworten Sie die folgenden Fragen:

a) Warum schreibt man „hinauslaufen“ zusammen?
b) Warum schreibt man „im Voraus“ getrennt?
c) Warum schreibt man „einen Fehler richtigstellen“ zusammen, aber „die Sessel richtig stellen“ getrennt?
d) Warum schreibt man „Sprachenwettbewerb“ zusammen?
e) Warum schreibt man „abhandenkommen“ zusammen?
f) Warum schreibt man „UN-Vollversammlung“ mit Bindestrich?
g) Warum schreibt man „x-beliebig“ mit Bindestrich?
h) Warum schreibt man „8-beinig“ mit Bindestrich?

Aufgabe 2

Geben Sie die Wörter in Großbuchstaben in richtiger Schreibung wieder und führen Sie die Regel zur Getrennt- und Zusammenschreibung in Kurzform an.

	richtige Schreibung	Regel in Kurzform
3TAGESWANDERUNG		
ÜBERHANDNEHMEN		
beim FENSTERSCHAUEN		
etwas WIDERLEGEN		
ÖBBBUS		
sich KRANKLACHEN		
EINIGERMAßEN		
4JÄHRIG		
das Essen KALTSTELLEN		

Was ich jetzt kann und verstehe

Ich ...	Schätzen Sie sich ein (+2 = ganz gut, -2 = nicht).			
	+2	+1	-1	-2
... kann die Grundregeln der Getrennt- und Zusammenschreibung nennen und anwenden.				
... kann einige Sonderregeln der Getrennt- und Zusammenschreibung anwenden.				

5 GRAMMATIKALISCH-STILISTISCHE NORMEN

In diesem Kapitel lernen Sie,
- häufige Fehler in den Bereichen Grammatik/Stil zu vermeiden.

Benötigtes Vorwissen:
- Wortarten: Konjunktion, Pronomen, Partikeln → B 2.2
- Satzgefüge → B 3.2.2

5.1 Die richtige Verwendung von Doppelkonjunktionen

C 73 Lesen Sie die folgenden Beispiele und den So-geht's-Kasten. Ergänzen Sie in den Sätzen danach die fehlenden neun Doppelkonjunktionen.

1. **insofern – als**
   Beispielsätze: Er war ***insofern*** *ziemlich beeindruckt,* ***als*** *das Gehaltsangebot sehr hoch war. ◆ Das ist* ***insofern*** *wichtig,* ***als*** *keiner genau weiß, was in zehn Jahren sein wird. (Falsch wäre: insofern – weil, insofern – dass, insofern – da)*
2. **einerseits – andererseits**
   Beispielsatz: ***Einerseits*** *war Sheldon wegen der Bezeichnung „asoziales Genie" beleidigt,* ***andererseits*** *fühlte er sich geschmeichelt.*
3. **zwar – aber**
   Beispielsätze: Die Testfrage war ***zwar*** *schwierig,* ***aber*** *durchaus lösbar. ◆ Das ist* ***zwar*** *leicht,* ***aber*** *nur zeitaufwändig zu lösen.*
4. **sei es – sei es**
   Beispielsätze: Sie fühlte sich krank, ***sei es,*** *dass sie etwas Falsches gegessen hatte,* ***sei es,*** *dass sie sich angesteckt hatte. ◆ Er gewann bei diesen Spielen immer,* ***sei es*** *nur durch Frechheit,* ***sei es*** *durch geschicktes Taktieren.*
5. **je – desto/umso**
   Beispielsätze: ***Je*** *mehr sie trainierte,* ***desto*** *besser war ihre Stimmung. ◆* ***Je*** *geringer der Verdienst,* ***umso*** *größer die Gefahr, dass die Mitarbeiter/innen unzufrieden sind.*

Bei den folgenden Doppelkonjunktionen werden seltener Fehler gemacht:

6. **weder – noch**
7. **entweder – oder**
8. **sowohl – als auch**
9. **nicht nur – sondern auch**

DIE RICHTIGE VERWENDUNG VON DOPPELKONJUNKTIONEN — **SO GEHT'S**

Doppelkonjunktionen verbinden zwei Sätze oder zwei Satzteile:

Haben Sie den **ersten Teil einer Doppelkonjunktion** verwendet, **so müssen Sie den dazugehörenden zweiten Teil folgen lassen**. Doppelkonjunktionen bestehen nämlich aus zwei Teilen, **die immer gemeinsam verwendet werden müssen**; auf „zwar" muss „aber" folgen, auf „insofern" muss „als" folgen usw.

Komma: Vor „aber" und „desto"/„umso" setzt man immer ein Komma, bei „entweder – oder", „weder – noch", „sowohl – als auch" nicht.

1. ________ größer die Angst vor dem Kopfsprung, ________ größer die Gefahr eines Bauchflecks.
2. Er ist ________ völlig unsportlich ________ nur ungeschickt.
3. Das war ________ mutig, ________ auch sehr unvorsichtig.
4. Sie kaufte nur noch im Bioladen, ________ ________ aus Überzeugung, ________ ________ aus Angst vor ungesunden Waren.
5. Die Tastatur war ________ verschmutzt ________ ________ abgenutzt.

6. Das Erklettern der hohen Wand war ________ gefährlich, ________ ständig von oben lockeres Gestein abbröckelte.
7. ________ muss die Regierung geeignete Umweltschutzmaßnamen treffen, ________ sollte jeder Bürger auch einen Beitrag leisten.
8. ________ ________ das Sakko, ________ ________ Hemd und Hose waren bekleckert.
9. Die neue Verkäuferin war ________ freundlich ________ fleißig.

Bilden Sie je einen eigenen Satz mit den genannten neun Doppelkonjunktionen (wenn Sie Lust haben, zu einem bestimmten Thema oder innerhalb einer Erzählung oder eines Zeitungsartikels). **C 74**

5.2 Die richtige Verwendung von Pronomen

Ergänzen Sie die folgenden INFO-BOXen und erfüllen Sie die Arbeitsaufträge. **C 75**

5.2.1 „das" oder „was"

*Beispiel: Mein Freund leiht mir sein Moped, **das/was** mir sehr gefällt.*

Was ist der Unterschied in der Bedeutung, wenn „das" oder „was" steht?

„DAS" ODER „WAS" — **INFO-BOX**

„das" bezieht sich auf ein **Wort** im Satz davor, hingegen bezieht sich „was" auf ________ ________ .

„was" muss außerdem nach unbestimmten Pronomen, *z. B. nichts, alles, viel, etwas, einiges, manches*, und nach „das" stehen: *alles, was wir wollen; nichts, was sie sehen konnte.*

Setzen Sie das richtige Wort ein.

Es gibt nichts, ________ ich mir mehr wünsche. ◆ Das ist alles, ________ man erwarten kann. ◆ Sie kauften ein Haus, ________ ziemlich baufällig war. ◆ Sie lernten viel, ________ sie später noch verwenden konnten. ◆ Sie sah manches, ________ sie überraschte. ◆ Er kauft immer genau das, ________ am teuersten ist. ◆ Das ist ein Streitgespräch, ________ ich unbedingt vermeiden wollte.

5.2.2 „deren" oder „dessen"

*Beispiele: das Kind, **dessen** Vater ... – der Hammer, **dessen** Stiel ... – die Kinder, **deren** Vater ... – die Frau, **deren** Mutter ...*

„DEREN" ODER „DESSEN" — **INFO-BOX**

„dessen" bezieht sich auf ein Nomen, das ________ oder ________ Genus (Geschlecht) hat.

„deren" bezieht sich auf Nomen, die entweder ________ Genus haben oder im P________ stehen.

1. In dem Rennen, ____________ Sieger lange nicht feststand, kam es zu mehreren Unfällen.
2. Die Rennautos, ____________ Handling ohnehin nicht einfach ist, neigen oft zum Unter- oder Übersteuern.
3. Die Reifen, ____________ Profil rasch abgenützt ist, müssen gewechselt werden.
4. Einige Stürze, ____________ Folgen nicht allzu schlimm waren, sah man im Fernsehen.
5. Mit dem Wagen, ____________ Heckflügel abgebrochen war, konnte er nicht mehr weiterfahren.
6. Eine Fahrerin, ____________ Sponsoren nicht sehr viel zahlen, hat es schwer, sich durchzusetzen in dieser männerdominierten Grand-Prix-Welt, ____________ Leitwerte Härte und Rücksichtslosigkeit sind.

5.2.3 „einem" oder „einen"

*Beispiele: Was hilft **einem** das? – Das kann **einen** dann nicht erschüttern, wenn ...*

„EINEM" ODER „EINEN" — **SO GEHT'S**

Verwenden Sie die **Ersatzprobe**:
Können Sie „mir" einsetzen (= Dativ), verwendet man „einem".
Können Sie „mich" einsetzen (= Akkusativ), verwendet man „einen".

Setzen Sie den richtigen Buchstaben ein.

Was kann eine___ das schon ausmachen, wenn eine___ dafür so viel Schönes angeboten wird? ◆ Wenn eine___ schon so etwas aufregt, darf man sich nicht wundern, dass eine___ die Freunde meiden.

5.2.4 „der/die/das gleiche" oder „derselbe/dieselbe/dasselbe"

Beispiel: Wir haben denselben Friseur, er macht uns auch die gleiche Frisur.

„DER GLEICHE" ODER „DERSELBE" — **INFO-BOX**

derselbe/dieselbe/dasselbe = nur **eine** Person/Sache

der/die/das gleiche ... = **zwei** Personen/Objekte, die ____________ sind.

Korrigieren Sie, falls nötig.

Er bestellte dasselbe Auto wie im Vorjahr. ◆ Sie hatten die gleiche Jacke im selben Geschäft gekauft. ◆ Sie haben dieselben Schuhe an. ◆ Heuer gab es beim Hahnenkammrennen den gleichen Sieger wie im Vorjahr. ◆ Mein Bruder und ich haben dieselben Schier/die gleichen Schier (was ist der Unterschied?).

5.2.5 Vermeiden Sie „Die, die ..." – „Der, der ..."

Falsch: Die, die zu wenig Geld haben, müssen ... – Der, der oft fehlt, wird ...

Richtig: Diejenigen, die zu wenig Geld haben, müssen...; oder: **Wer** zu wenig Geld hat, muss ... – Derjenige, der oft fehlt, wird ...; oder: **Wer** oft fehlt, wird ...

„DIE, DIE"/„DER, DER" — **INFO-BOX**

„Die, die ..." oder „Der, der ..." muss ersetzt werden durch ____________, ____________ bzw. ____________, ____________ oder ____________.

5.3 Die richtige Verwendung von Partikeln

Erfüllen Sie die Arbeitsaufträge und ergänzen Sie die INFO-BOXen. **C 76**

5.3.1 Falsche Verwendung von „am" (= „an dem") statt „auf dem"

Was ist der Unterschied? *Er saß am Lehrertisch/auf dem Lehrertisch.*

Stellen Sie diesen Satz bildlich dar: *Viele Schiffe fuhren **am** See.*

5.3.2 „wie" und „als" in Vergleichen

Beispiele: Er tappte so dumm in die Falle wie ein Anfänger. – Sie war erfolgreicher als er. – Nichts war so eindeutig wie diese Miene. – Das ist ja besser als erwartet!

VERGLEICHSPARTIKEL „WIE" ODER „ALS" **INFO-BOX**

- „wie" steht bei der Grundform des Adjektivs; oft ein oder mehrere Wörter nach dem Wörtchen ______________.
- „als" steht beim ______________________________ des Adjektivs, wie *z. B. größer, besser, schöner (als).*

Korrigieren Sie, falls nötig.

Er ist größer wie ich. ◆ Das Zimmer ist komfortabler wie ursprünglich angenommen. ◆ Das Essen war so gut wie nie zuvor. ◆ Die Erdäpfel waren billiger als im Vorjahr.

5.3.3 Umgangssprachliche Verbindungen mit Präpositionen

Ergänzen Sie die richtigen Wörter:

Falsch:	~~zu was~~	~~von was~~	~~durch was~~	~~für was~~	~~gegen was~~	~~für das~~	~~zu dem~~
Richtig:	wozu	wovon	wodurch	wo________	wo________	da________	da________

Setzen Sie ein. Achtung: Manchmal gibt es zwei richtige Lösungen.

Ich weiß, ____________ ich spreche. Sie steht dazu, egal, ____________ sie sich entschieden hat. ____________ soll denn das gut sein? ____________ wirst du büßen. Er hat alles geleugnet, anstatt dass er sich ____________ bekannt hätte.

Schreiben Sie je einen Satz mit „wozu", „wovon", „wodurch", „wofür", „wogegen", „dafür", „dazu". **C 77**

5.4 „weil wenn" und „dass wenn" in Satzgefügen

Ergänzen Sie die fehlenden Teile in den Beispielen und die INFO-BOX. **C 78**

Falsch: *Ich glaube, **dass wenn** wir mehr sparen, uns ein neues Auto kaufen können.*

Richtig: Ich glaube, **dass** wir uns ein neues Auto kaufen können, **wenn** wir mehr sparen.

Falsch: *Heuer entfällt der Urlaub,* ***weil nur wenn*** *wir sparen, wir uns eine neue Wohnung kaufen können.*

Richtig: Heuer entfällt der Urlaub, **weil** wir uns nur dann ______________________________

______________________________.

VERMEIDUNG VON „WEIL WENN" UND „DASS WENN" — **INFO-BOX**

Man muss den **weil-** bzw. **dass**-Satz zuerst ____________________, dann den ____________________

____________________ ____________________.

5.5 Stilfehler, Stilmängel, Stilblüten

C 79 Lesen Sie die INFO-BOX und die Beispiele. Folgen Sie dann den angeschlossenen Arbeitsaufträgen.

STILFEHLER, STILMÄNGEL, STILBLÜTEN — **INFO-BOX**

Stilfehler sind Verstöße gegen stilistische Normen, wobei grammatikalisch alles richtig ist.
Beispiel: Er fütterte den Goldfisch, der auf dem Regal stand.
Oft werden z. B. „**feste Sinnkopplungen**" zerrissen:
Ich halte dich als einen Schwindler (richtig: halte dich ***für*** *...).*
Ich kam zum Entschluss (richtig: zum Schluss kommen = zur Schlussfolgerung), dass er falsch gespielt haben musste.

Stilmängel (Ausdrucksmängel) sind Schwächen im stilistischen Repertoire, über das Sie verfügen sollten (z. B. Wortschatz, variantenreicher Satzbau). Hierzu kann man auch phrasenhafte Sprache *(es spielt heutzutage eigentlich eine große Rolle)* und die unbeabsichtigte Wortwiederholung zählen:
Sie ***sagte****, er solle die Wahrheit* ***sagen****.*

Stilblüten: Führen Stilfehler zu komischen Effekten, nennt man sie „Stilblüten", z. B.:
Eine der schwierigsten Aufgaben des Lehrers ist die Vergebung der Noten.
Beim Kirtag hat mein Freund einen Strauß künstlicher Blumen erschossen.

Der Dentist lag auf meinem Heimweg. ◆ *Diese Erzählung übermittelt* (statt „vermittelt") *eine klare Botschaft.* ◆ *Das Gedicht weist Endreime vor* („vorweisen" statt „aufweisen"). ◆ *Sie träumte und strebte von einem besseren Leben (träumte von ... und strebte nach ...).* ◆ *Dass Mehraufwand entlohnt werden muss, sollte unbestritten werden* (statt „unbestritten sein"). ◆ *Viele Menschenopfer entstanden schon durch Einschlafen am Steuer* (falsch: „Opfer entstanden"). ◆ *Dass der Goethe* (richtig: Goethe) *dabei an Friederike dachte, ist unbewiesen.* ◆

Stilblüten: *Er setzte sich an den Computer seines Sohnes, den er allerdings kaum bedienen konnte.* ◆ *Das Reh klebte auf meiner Windschutzscheibe, dass mir vor lauter Mitleid mit dem armen Tier ganz schlecht wurde.* ◆ *Der Bus krachte ins Gebäude, da er wegen Restalkohols zu schnell unterwegs war.*

a) Ergänzen Sie die festen Sinnkopplungen. Verwenden Sie gegebenenfalls ein Wörterbuch.

1. Eine Versicherung muss Schadenersatz ____________________.
2. ein öffentliches Verkehrsmittel ben____________________
3. ____________________ Fenster hinausschauen
4. Ich leide ____________________ seiner Eifersucht.
5. Sie denkt ____________________ einen Wohnungswechsel.

6. Wie konnte sie diese Rolle so schlecht ____________, sie, eine erfahrene Schauspielerin, die selbst schon oft Regie ____________ hatte? Zugegeben, das Theaterstück war schon bei der Premiere mit Buh-Rufen bedacht worden und war auch bei der Kritik völlig ____________. Alle Warnungen von Freunden hatte sie in den Wind ____________, sie wollte ganz bewusst dieses Wagnis ____________, wollte ihren Willen gegen alle Widerstände ____________.

b) Verbessern Sie:

1. Mit so wenig Taschengeld kann man nicht auslangen.
2. Er war nicht gerade vom Glück besessen.
3. Sie war endgültig beruhigt, die Suchtruppen würden ja bald kommen.
4. Was soll ich bitte auf so einem verlassenen Ort anstellen?
5. Meine Entscheidungen werden oft nach Gefühl entschieden.
6. Der steht mir überhaupt nicht zum Hals.
7. Eine Moralpredigt von meiner Mutter war die Folge.
8. Das war immer so, wenn er sich aufgebraust hat.
9. Auch wenn sie sehr viele gute Seiten hatte, brachte sie auch einige schlechte Seiten auf.
10. Wenn ich so richtig über mich nachdenke, dann ...
11. Er wurde in ein schwer erziehbares Hundegefängnis gebracht.

KOMPETENZTEST zu grammatisch-stilistischen Normen

Kompetenzbereich:	Sprachbewusstsein
Was Sie können sollen:	Fundierte Kenntnisse und Fertigkeiten in der Textgrammatik einsetzen
Erlaubte Hilfsmittel:	Keine
Testzeit:	Aufgabe 1: 5 Minuten Aufgabe 2: 10 Minuten

Aufgabe 1

Beantworten Sie die folgenden Fragen:

a) Was folgt bei Doppelkonjunktionen auf „je“ bzw. auf „einerseits“?
b) Nach welchen Wörtern muss „was“ folgen (nicht „das“)?
c) Was bedeutet „der gleiche ...“ bzw. „derselbe“?
d) Wann steht „deren“, wann „dessen“?
e) Wann verwendet man die Vergleichspartikel „als“?
f) Was muss man statt des falschen „für was“ bzw. „zu was“ verwenden?
g) Was versteht man unter „Stilfehler“?

Aufgabe 2 Korrigieren Sie Stilfehler und Stilblüten.

Beispielsatz	Korrektur, falls erforderlich
Sie lernt zwar viel, allerdings nicht zielführend.	
Einerseits müssen Sie gut zuhören, aber auch eine sorgfältige Mitschrift ist wichtig.	
Sie streckte plötzlich ihren Fuß in den Tümpel, der eingegipst war.	
Nichts ist schlauer wie Abschreiben.	
Wir haben den gleichen Deutschlehrer wie die Parallelklasse.	
Von was willst du denn leben?	
Manche meinen, nichts sei gesünder wie Radfahren, das man aber sehr bezweifeln muss.	
Ich glaube, dass wenn wir mehr Hausübungen bekommen, kaum noch Zeit zum Lernen bleibt.	
Das Problem ist gelöst, weil wenn wir zwei uns einigen alle zufrieden sind.	
Die Bevölkerung wird in den nächsten Jahren schrumpfen.	
Jeder Kraftfahrer, ob einspurig oder zweispurig, bekommt jede Woche nur 10 Liter Benzin.	
Wir fuhren die Vorstadthäuser entlang, bevor wir in die Hauptstraße fuhren.	
Ich rannte durch Wälder und parkende Autos hindurch.	
Der Brandschaden ist durch loses Wegwerfen eines Straßenpassanten entstanden.	

Was ich jetzt kann und verstehe

Ich ...	Schätzen Sie sich ein (+2 = ganz gut, -2 = nicht).			
	+2	+1	-1	-2
... kann Doppelkonjunktionen richtig verwenden.				
... kann manche Fehler bei der Verwendung von Pronomen und Partikeln vermeiden.				
... kann Stilfehler, Stilmängel, Stilblüten erkennen und verbessern.				

1 KOMMASATZUNG

In diesem Kapitel lernen Sie,
- Kommas zwischen Sätzen richtig zu setzen,
- Kommas innerhalb eines Satzes richtig zu setzen.

Benötigtes Vorwissen:
- Satzformen → B 3.2.1
- Satzarten → B 3.2.2
- Satzglieder, Attribute → B 3.1
- Konjunktionen → B 3.2.2
- satzwertige Fügungen → B 3.2.3

1.1 Das Komma zwischen Sätzen

D 1

Aktivieren Sie Ihr Vorwissen: Nennen Sie Beispiele für
1. einen V1-Satz,
2. einen einfachen Satz,
3. eine Hauptsatzreihe,
4. einen V2-Satz,
5. ein Satzgefüge,
6. nebenordnende Konjunktionen,
7. einen V^{letzt}-Satz,
8. eine Nebensatzreihe,
9. unterordnende Konjunktionen.

D 2

Umwandlungsübungen: Hauptsatz (HS) in Nebensatz (NS) und umgekehrt.
Beispiel: Er kann nicht Computer spielen, denn der Strom ist ausgefallen.
Lösung: Er kann nicht Computer spielen, weil der Strom ausgefallen ist.

a) Wandeln Sie den grün gedruckten HS in einen NS um:

a1) HS/HS: Unser kleiner Sohn geht abends nicht schlafen, das macht mich mehr als zornig.

a2) HS/HS: Unser kleiner Sohn geht abends nicht schlafen, denn er findet Schlafen langweilig.

a3) HS/HS: Unser kleiner Sohn geht abends nicht schlafen, außer wir lesen ihm 20 Märchen vor.

b) Wandeln Sie den NS (grün) in einen HS um (den HS muss man in b1 und b3 vervollständigen):

b1) NS/HS: Wenn wir ihm vorlesen, fallen ihm ständig die Augen zu.

b2) HS/NS: Er reißt sie aber immer wieder auf, weil er nicht einnicken will.

b3) NS/HS: Obwohl ich ganz sanft und leise lese, schläft er nicht ein.

D 3 Ergänzen Sie die Regeln in der INFO-BOX und ordnen Sie danach die Textblöcke zu sinnvollen Satzgefügen. Setzen Sie die fehlenden Kommas.

DAS KOMMA ZWISCHEN SÄTZEN **INFO-BOX**

Hauptregel:
Zwischen zwei Sätzen, die nicht durch Punkt, Semikolon, Rufzeichen etc. getrennt sind, **steht grundsätzlich**

________ ____________________.

Beispiele:
In diesem Dorf kennt jeder seinen Nächsten, *viele reagieren darauf mit Angst vor übler Nachrede*.
Hauptsatz — Hauptsatz

Einige Kinder sind in Freundschaft verbunden, *weil sie sich gegen die Überwachung durch Erwachsene gemeinsam zur Wehr setzen*.
Hauptsatz — Nebensatz

Die Hauptfigur des Films, *der in einem Dorf spielt*, *heißt Thor*.
Hauptsatz (1. Teil) — Nebensatz (in den Hauptsatz eingeschoben) — Hauptsatz (2. Teil)

Ausnahme von der Hauptregel:
Man darf dieses Komma nicht setzen, wenn zwei unvoll____________ **Hauptsätze** oder zwei gleichrangige (vollständige oder unvollständige) **Nebensätze** durch nebenordnende Konjunktionen, z. B. **„und"**, **„oder"**, verbunden werden.
„Gleichrangig" heißt: Sie hängen vom selben übergeordneten Satz ab.

Beispiele:
Thor wächst bei seiner alleinerziehenden Mutter auf **und** *ist Christians bester Freund*.
Hauptsatz — Hauptsatz (unvollständig; das Subjekt fehlt)

Christian bricht aus dieser Welt aus, *als ihn sein gewalttätiger Vater verprügelt* **sowie** *einen „unerziehbaren Dummkopf" nennt*.
Hauptsatz — Nebensatz — Nebensatz (unvollständig; das Einleitewort und zwei Satzglieder fehlen)

Beachten Sie: Stehen solche nebenordnenden Konjunktionen zwischen zwei **vollständigen Hauptsätzen**, kann man ein Komma setzen, __________ aber nicht.

Beispiel:
Thor wächst bei seiner alleinerziehenden Mutter auf (,) **und** *er ist Christians bester Freund*.
Hauptsatz (vollständig) — Hauptsatz (vollständig)

Achtung: Satzanfänge sind nicht großgeschrieben, der Punkt am Satzende fehlt.

Satzgefüge 1:

| die man im Internet downloaden kann | ist vom ÖVV in Regeln gefasst | alles |
| was man über Beachvolleyball wissen muss |

Satzgefüge 2:

| wobei es egal ist | dass eine Berührung des Netzes immer ein Fehler ist | und diese legt fest |
| seit 2015 gibt es eine neue Regel | ob man die Ober- oder Unterkante des Netzes berührt |

Satzgefüge 3:

und das Aufschlagsrecht wechselt	wenn der Ball beim Aufschlag die Netzkante berührt
während ein Service ins Out – mit oder ohne Netzberührung – bedeutet	wird weitergespielt
dass ein Fehler gemacht worden ist	sofern er ins gegnerische Feld kommt

D 4

1. Lesen Sie den So-geht's-Kasten.
2. Bestimmen Sie im folgenden Text Haupt- und Nebensätze.
3. Setzen Sie die fehlenden Kommas zwischen Sätzen (andere sind bereits gesetzt).

HAUPT- UND NEBENSÄTZE ERKENNEN — ***SO GEHT'S***

1. So finden Sie die **Teilsätze eines Satzgefüges oder einer Satzreihe:**
   Schritt 1: Suchen Sie alle finiten Verben.
   Schritt 2: Stellen Sie fest, ob es sich um einen V1-, V2- oder V^{letzt}-Satz handelt.
2. So stellen Sie fest,
   - welcher Teilsatz ein **Haupt-** und welcher ein **Nebensatz** ist,
   - ob Teilsätze **gleichrangig** oder anderen Sätzen **untergeordnet** sind.

   Schritt 3: Häufig gilt:
   - V1- und V2-Sätze sind Hauptsätze.
   - V^{letzt}-Sätze sind Nebensätze: Beachten Sie die **Nebensatzklammer** aus **Einleitewort** und **finitem Verb**.
   - Achtung: Ausnahme (siehe B 3.2.1, B 3.2.2)!

   Schritt 4: Frageprobe: Fragen Sie nach dem fraglichen Satz (der gesamte Satz muss die Antwort sein!).
   - Nach dem Satz lässt sich nicht fragen. → **Hauptsatz**
   - Der **Nebensatz** ist jenem Teilsatz untergeordnet, den Sie zum Fragen benötigen.

     Beispiel:
     Er glaubt, dass du es weißt und dass du ihn belügst, weil du Angst hast. (4 Teilsätze)
     Frageprobe: *Was **glaubt er**?*
     Antwort: *„Dass du es weißt"/„Dass du ihn belügst".* Beide Nebensätze sind dem Hauptsatz untergeordnet.
     Frageprobe: *Warum **belügst du ihn**?*
     Antwort: *„Weil du Angst hast"* ist dem zweiten dass-Satz untergeordnet.
3. So stellen Sie fest, ob ein **Hauptsatz vollständig** ist:
   Schritt 5: Stellen Sie fest: vollständiges Prädikat + alle Satzglieder, die das Prädikat fordert
   Beispiele:
   Er fasste einen mutigen Entschluss (**Hauptsatz (vollständig)**) *und erzählte seinem Vorgesetzten von dem Vorfall.* (**Hauptsatz (Subjekt fehlt, daher unvollständig)**)
   Ihr habt gepennt(,) (**Hauptsatz (vollständig)**) *und Armin hat geschlafen* (**Hauptsatz (vollständig)**) *und Karin nichts gehört.* (**Hauptsatz (unvollständig; finites Verb fehlt)**)

Text 1:
Bewerbung um eine Lehrstelle als EDV-Systemtechnikerin

Sehr geehrte Frau Köstler,

mit großem Interesse habe ich Ihre Anzeige auf der Website www.cosult-IT.at gelesen und ich bewerbe mich wie dort empfohlen wird um die Lehrstelle als EDV-Systemtechniker/in.

Ich bin 15 Jahre alt und werde im Juli meine Pflichtschulzeit abschließen. Danach will ich einen Beruf ergreifen in den ich mein ausgeprägtes Interesse an technischer Informatik einbringen kann. Dabei käme mir zugute dass ich in der Schule den Freigegenstand „Netzwerktechnik und Programmieren" besucht habe und dass ich außerdem Mitglied in einem Computerclub bin.

Zu meinen Stärken gehört das Installieren und Konfigurieren von Geräten wie sie heute häufig in Verwendung sind. Auch alles was man über den Zusammenbau von Computern wissen muss habe ich gelernt und praktisch erprobt. Ich bin sehr interessiert und ich würde mich Ihnen gerne in einem persönlichen Gespräch vorstellen.

Mit freundlichen Grüßen

N. N.

D 5 Lesen Sie den folgenden Text und setzen Sie alle fehlenden Kommas zwischen Sätzen. Gehen Sie so vor:

1. Identifizieren Sie die Position der finiten Verben (durch Markieren, Unterstreichen).
2. Identifizieren Sie alle längeren Satzperioden, d. h. Satzgefüge und Satzreihen.
3. Stellen Sie fest, ob die Sätze vollständig sind.
4. Setzen Sie die Kommas.

Text 2:
Eine Wandersage

Die Freundin einer Arbeitskollegin hatte schreckliche Angst im Dunkeln. Da sie sie von dieser Angst befreien wollten schenkten ihr ihre Eltern einen Hund der als gefürchteter Wachhund gilt: einen Dobermann. Sie hielt ihn bereits als kleinen Welpen im zarten Alter von wenigen Wochen in Händen und zog ihn groß. Wie man weiß werden solche Hunde ihrem Besitzer besonders treu und sie weichen nicht mehr von seiner Seite.

Der Hund hatte seinen Schlafplatz direkt neben ihrem Bett. Wenn sie nachts von Ängsten geplagt wurde hielt sie einfach die Hand aus dem Bett. Der Hund roch mit seiner kalten Schnauze an ihrer Hand und schleckte ihr diese weil er sein Frauchen erkannt hatte. Sie war immer sehr beruhigt dass ihr „Beschützer" da war und schlief dann ein.

Als sie zu einer jungen Frau herangewachsen war zog sie aus ihrem Elternhaus weg in ein mehrstöckiges Hochhaus. Ihren Hund der mittlerweile zu einem kindshohen Muskelpaket gewachsen war nahm sie natürlich mit. Kurz nachdem sie in ihre Wohnung gezogen war kam eine gewaltige Gewitternacht die von einem totalen Stromausfall begleitet wurde. Sie legte sich zu Bett. Weil es draußen so stürmte und das Gewitter immer heftiger wurde wurde sie fast panisch worauf sie wie sie es bereits als Kind und in einigen Nächten zuvor gemacht hatte ihre Hand aus dem Bett streckte und nach ihrem Hund fühlte. Sie spürte das Schlecken ihres treuen Freundes und so schlief sie beruhigt ein.

Am nächsten Morgen war von dem Gewitter und dem Stromausfall nichts mehr zu spüren alles war wie am Vortag. Sie stand auf und blickte auf den Hundekorb der neben ihrem Bett stand der aber leer war. Also rief sie mehrmals nach ihrem Hund. Schließlich verließ sie das Schlafzimmer. Sie suchte in ihrer Wohnung die im vierten Stock lag und die recht geräumig war nach ihm. Sie durchsuchte jeden Raum ihrer Wohnung zuletzt kam sie ins Badezimmer. Dort stockte ihr der Atem denn sie fand ihren Hund tot und total zerfetzt in der Badewanne. Und mit dem Blut des Hundes standen in großen Buchstaben die Worte an die weißen Kacheln der Wand geschrieben: *Auch Geister können abschlecken!*

KOMPETENZTEST zur Kommasetzung zwischen Sätzen

Kompetenzbereich:	Sprachbewusstsein
Was Sie können sollen:	Mit der Zeichensetzung sicher umgehen
Erlaubte Hilfsmittel:	Lexikon, Wörterbuch, Internet
Testzeit:	Aufgabe 1: 5 Minuten Aufgabe 2: 15 Minuten

Die Kommas in der linken Spalte sind richtig gesetzt: Ergänzen Sie rechts die entsprechenden Regeln. **Aufgabe 1**

	Regel
Diese Grabsteingeschichte ist äußerst unglaubwürdig, vermutlich hat sie nur jemand erfunden.	
Nichts von dem, was da beschrieben wird, habe ich jemals zuvor gehört.	
Nachdem ich die Geschichte erstmals gelesen hatte, kamen mir gleich große Zweifel.	
Anekdoten sind gut erfundene Geschichten und manchmal der Wahrheit sehr nahe.	Warum steht hier vor „und“ kein Komma?
Sie geben oft wieder, was tatsächlich möglich sein könnte.	
Die Modernisierung der Geschichte ist gut gelungen(,) und auch die stilistische Formulierung ist exzellent.	

Setzen Sie im folgenden Text die Kommas und schreiben Sie die Regel in Kurzform an den Rand (HS, NS oder HS, HS ...). **Aufgabe 2**

Anton Kuh – ein Lebenskünstler

Anton Kuh war ein berühmter Wiener Kaffeehausliterat der Zwanzigerjahre des vorigen Jahrhunderts der allerdings weniger schrieb als er redete weswegen er vom Dichterkollegen Kurt Tucholsky einmal als „Sprechsteller“ bezeichnet wurde.

Für eine von ihm erzählte Geschichte oder Anekdote musste der Gesprächspartner einiges springen lassen und glauben Sie ja nicht es sei mit dem Bezahlen der Kaffeehausrechnung abgetan gewesen. Kuh schaffte es durch geschickte Ankündigungen dass die Neugier seiner Gegenüber so sehr geweckt wurde dass die freudig bereit waren, das Geldbörsel zu öffnen. Und die Bezahler waren oft noch stolz darauf dass sie von so einer Berühmtheit ausgenommen worden waren.

Natürlich machten sich Freunde und Bekannte Sorgen um Kuh als der nach Amerika fliehen musste damit er der Verfolgung durch die Nationalsozialisten entkommen konnte. Sie fragten sich und ihn besorgt wovon er denn dort leben wolle und wie er sich seine Zukunft vorstelle. Kuh gab sich ganz ruhig er kannte seine Fähigkeiten und vertraute auf seine Kunst des Schnorrens[1] welche die zugeknöpftesten Taschen aufspringen ließ.

Er sollte Recht behalten. Er ging nach Hollywood und dort machte er bald den Stars gründlich den Hof und kassierte sie ab wann immer und wo immer er wollte. Bald war ER der Star und wer sonst noch Star war und wer nicht bestimmte Kuh mit seiner Schnorrerei. Je fetter die Beute war desto größer war des Ausgebeuteten Ansehen.

Das ist wahre Lebenskunst!

[1] *(an)schnorren = jemandem etwas abbetteln*

Was ich jetzt kann und verstehe

Ich ...	Schätzen Sie sich ein (+2 = ganz gut, -2 = nicht).			
	+2	+1	-1	-2
... kann Haupt- und Nebensätze erkennen.				
... kann Kommas zwischen Sätzen richtig setzen.				

1.2 Das Komma bei Infinitivgruppen, Einschüben und Erläuterungen

1.2.1 Das Komma bei Infinitivgruppen

D 6

Wandeln Sie die grün gedruckten Nebensätze bzw. die Ergänzungen in der Tabelle in Infinitivgruppen um. Setzen Sie davor ein Komma.

1. Er trinkt abends ständig Energydrinks, damit er nicht einschläft. __________.
2. Er genießt es sehr, dass er damit unsere Nerven ruiniert. __________.
3. Bezeichnenderweise macht er oft etwas, ohne dass er an die Folgen denkt. __________.

Hauptsatz	Ergänzung	Hauptsatz + Infinitivgruppe
Ich möchte dich bitten	(um Hilfe für mich)	
Er versuchte vergebens	(ein Erreichen des Ufers)	
Wir haben uns sehr bemüht	(um Rettung des Ertrinkenden)	
Ihr könnt nicht verweigern	(das Tragen einer Schwimmweste)	
Sie beabsichtigte	(eine Belohnung der Rettungsfahrer)	

D 7

Erweitern Sie die folgenden Wortgruppen um eine Infinitivgruppe mit „um zu", „ohne zu", „statt zu" oder „als zu". Setzen Sie vor der Infinitivgruppe ein Komma.

Hauptsatz	zu erweiternde Wortgruppe	Hauptsatz + Infinitivgruppe
Er löscht ein Programm	(nicht an die Folgen denkend)	
Sie wusste sich nicht anders zu helfen	(den PC abschalten)	
Er bot sich als Zeuge an	(dem Gefängnis entgehen)	
Er druckte den Text über den PC	(mit der Hand schreiben)	

D 8

Lesen Sie die folgende INFO-BOX.
Ordnen Sie danach die Bausteine zu sinnvollen Sätzen. Setzen Sie dabei die fehlenden Kommas.

DAS KOMMA BEI INFINITIVGRUPPEN — **INFO-BOX**

Infinitivgruppen (siehe B 3.2.3): Infinitiv + „zu“ + mindestens ein Wort.
Infinitivgruppen werden grundsätzlich durch ein Komma vom Satz abgegrenzt:
Er bemühte sich, ***die Angebote zu vergleichen.***

In einigen wenigen Fällen muss kein Komma gesetzt werden, man darf aber. Wenn Sie also bei Infinitivgruppen ein Komma setzen, liegen Sie immer richtig. (Die genauen Regeln finden Sie in der Beilage „Rechtschreibung – kompakt“.)

Achtung: Satzanfänge sind nicht großgeschrieben, der Punkt am Satzende fehlt.

Satzgefüge 1:

[Tennis zu spielen] [sie hatte große Lust] [denn sie hasste nichts mehr] [als zu Hause faul herumzuhängen]

Satzgefüge 2:

[und bald gewann sie einige Matches] [nahm sie Trainerstunden] [anstatt fortwährend zu verlieren] [um ihr Spiel zu verbessern]

D 9

Infinitivgruppen gibt es in verschiedenen Tempora *(etwas zu lesen – etwas gelesen zu haben)* und auch aktiv und passiv *(dich einzuladen – von dir eingeladen zu werden).*
Bilden Sie in der Tabelle unten passende Infinitivgruppen.

Hauptsatz	Wortgruppe	Infinitivgruppe
Sie leugnete,	(gestern eine E-Mail versandt)	
Er hoffte sehr,	(nicht als Absender der E-Mail ausgeforscht werden)	
Er war sich sicher,	(dass er nicht als Absender der E-Mail ausgeforscht worden ist)	
Vorsichtshalber setzte er sich in die Karibik ab,	(damit er nicht verhaftet werden kann)	

D 10

Unterstreichen Sie die Infinitivgruppen im folgenden Text und setzen Sie die fehlenden Kommas. Einige Kommas sind bereits richtig gesetzt.

Text 3:
Dating-Apps

Die optimale Möglichkeit für junge Leute einen Flirt zu suchen ist ohne Zweifel das Mobile-Dating. Moderne Dating-Apps machen es möglich die Partnersuche äußerst flexibel zu gestalten, denn es ist sehr einfach von unterwegs neue Kontakte zu knüpfen, mit anderen Singles zu flirten und Dates zu fixieren. Die standortbasierten Suchfunktionen helfen mühelos die Singles aus der unmittelbaren Nähe ausfindig zu machen. Das ist vor allem ein Vorteil, wenn man ohnedies gerade in einer Stadt oder auf einer Party ist. So ist es einfach spontane Treffen mit anderen Singles zu verabreden die genau dort unterwegs sind, wo man im Moment auch ist. Mit dem

Slogan „Wer weiß, vielleicht sitzt eine zukünftige Flamme gerade im selben Café am Nachbartisch?“ versucht z. B. eine bekannte Dating-App neue Kunden zu gewinnen. Auf Dating-Portalen kann man wenigstens sicher sein, dass die anderen Singles ebenfalls auf der Suche und nicht abgeneigt sind nette Bekanntschaften zu machen. Ohne etwas zahlen zu müssen kann man andere Singles suchen oder Nachrichten versenden. Man zahlt nur für den Zusatzservice. Für manche Teens ist es eine Art „Sport“ geworden binnen kürzester Zeit mehrere Treffen auszumachen.

Melitta hat sich eine Dating-App heruntergeladen um „ein wenig Gaudi zu haben“. „Ich habe zuerst gar nicht daran gedacht das ernstzunehmen“, sagt die 27-Jährige. Aber egal ob am Handybildschirm oder in einem Lokal, sie selbst würde nie daran denken den ersten entscheidenden Schritt zu machen: „Frauen erwarten zuerst vom Mann angeschrieben zu werden. Das ist beim Fortgehen ja auch so.“ Auch Alfons (32) bestätigt dieses alte Rollenbild: „Von den Frauen kommt immer erst dann was, wenn ich begonnen habe sie anzuschreiben.“ Neue Dating-Technologie bedeutet also nicht Fortschritte in Sachen Geschlechterklischees zu machen.

Gute Dating-Apps fühlen sich nicht wie eine Dating-App an. Und vielleicht ist das der Trick um kommerziellen Erfolg zu haben. Es trauen sich nämlich auch die, die sich normalerweise nicht trauen. „Meet new friends, chat, socialize“ (Badoo) und „Tinder is how people meet“ sind Schlagworte, von denen man behaupten könnte sie auch jeder beliebigen sozialen Plattform zuordnen zu können.

1.2.2 Das Komma bei Apposition und Parenthese

D 11

1. Ergänzen Sie die folgende INFO-BOX.
2. Wandeln Sie dann die Attributsätze in Appositionen um und umgekehrt.
3. Wandeln Sie anschließend die so gebildeten Sätze/Satzgruppen in Parenthesen um.

DAS KOMMA BEI APPOSITIONEN UND PARENTHESEN — ***INFO-BOX***

	Apposition		
Karl Schneiderlein,	*ein berühmter Psychiater,*	*war ein erfolgreicher Traumdeuter.*	(Nominativ, Sing.)
Mit Herrn Schubert,	*dem Leiter der Abteilung,*	*war schwer zu verhandeln.*	(Dativ, Sing.)
Er gab mir,	*dem Kleinsten von allen,*	*die größte Aufgabe.*	(Dativ, Sing.)

Eine Apposition ist ein erweitertes, nominales **Attribut**, das einem ________________________ oder P________________ (Bezugswort) folgt. Sie wird durch **Kommas davor und danach** vom Satz abgetrennt und ist in ________________ und Numerus mit dem Bezugswort **übereingestimmt**.

Eine Parenthese ist ein vollständiger Hauptsatz, der zwischen zwei Gedankenstrichen oder Kommas in einen anderen Satz eingefügt ist.
Beispiele:
Gundula – sie war sichtlich geschockt – verweigerte die Weiterfahrt.
Die Fußballerin, sie hatte eine Zerrung erlitten, wurde ausgetauscht.

Attributsatz	Apposition	Parenthese
Der Patient, *der ein sehr ungeduldiger Mensch zu sein schien*, ergriff die Chance, sich vorzuschwindeln.		
	Dr. Kuess, *ein äußerst beliebter Zahnarzt,* verstand es stets gut, die Patientinnen zu beruhigen.	
	Herr M., *ein Erfolgsmensch ohne Skrupel,* wollte immer vor allen anderen drangenommen werden.	
Das Plombieren, *das eine der üblichen Behandlungsmethoden ist,* endete mit Schmerzensschreien des Zahnarztes.		
	Karli, *ein sehr aufgeweckter Bub,* hatte ihn nämlich gebissen.	
Dem Vater, *der sein Begleiter war,* war das sehr peinlich.		
	Carla und Roswitha, *zwei erfahrene Zahnarzthelferinnen,* beruhigten Arzt und Kind.	

D 12 Ergänzen Sie die Appositionen in der folgenden Tabelle, setzen Sie die Kommas und bezeichnen Sie in der Spalte rechts den jeweiligen Kasus des Bezugsworts und der Apposition.

	Kasus
Harry, *ein begeisterter Schauspieler*, spielt im Faschingskabarett mit.	*Nominativ*
An der Seite Harrys ______ spielte seine Freundin Sabine.	
Mit Harry ______ probte Sabine die Sketches am liebsten zu Hause.	
Der Applaus des Publikums belohnte Harry ______ ______ .	
Im ersten Sketch, *einem angeblich heiteren Einakter*, ging es um die Folgen eines Unfalls.	
Der Autor des ersten Sketches ______ wurde ausgebuht.	

	Kasus
Das Publikum reagierte auf den ersten Sketch ______________________ ______________________ nicht gerade begeistert.	
Der erste Sketch ______________________ spielte in einem Polizeiwachzimmer.	

1.2.3 Das Komma bei nachgestellten Erläuterungen

Beispiele: Öffentliche Institutionen, ***wie z. B. Jugendämter, Schulen oder Polizei,*** *reagierten in diesen Fällen richtig. – Manche Bereiche des Deutschunterrichts,* ***vor allem Grammatik oder Rechtschreibung,*** *brauchen Wissen und Übung.*

D 13

Setzen Sie in den folgenden Sätzen – erforderlichenfalls – die Kommas, bezeichnen Sie den jeweiligen Kasus und ergänzen Sie die INFO-BOX.

	Kasus
Abkürzungen wie z. B. AIDS, LSD oder UNICEF vereinfachen komplizierte Ausdrücke. – Aber: Abkürzungen (,) wie AIDS, LSD oder UNICEF(,) stehen für komplizierte Ausdrücke. *(Beide Möglichkeiten der Kommasetzung sind hier richtig.)*	
Spezielle Organisationen insbesondere die „AIDS-Hilfe“ oder die „Österreichische AIDS Gesellschaft“ bieten umfangreiche Informationen auf ihren Websites.	
AIDS kann jede/n betreffen und Faktoren wie etwa Alter, Geschlecht, Beruf kommt keine allzu große Bedeutung zu.	
Immer wieder wird vor „Risikoverhalten“ also ungeschütztem Geschlechtsverkehr oder gemeinsamem Benützen von Injektionsnadeln gewarnt.	

DAS KOMMA BEI NACHGESTELLTEN ERLÄUTERUNGEN — ***INFO-BOX***

Nachgestellte Erläuterungen erklären ein Bezugswort durch aufgezählte ______________________. Sie werden eingeleitet durch „z. B.“, „wie z. B.“, „vor allem“, „und zwar“, „das heißt“, „besonders“, „insbesondere“, „also“, „nämlich“ u. Ä. Sie sind im Kasus übereingestimmt mit dem Bezugswort.

Beispiele:
Öffentliche Verkehrsmittel, ***vor allem Züge, Straßenbahnen oder Busse,*** *sollten mehr genutzt werden.*
Mit öffentlichen Verkehrsmitteln (Dativ), ***vor allem Zügen, Straßenbahnen oder Bussen*** (Dativ), *wird die Umwelt geschont.*

Grundregel: Nachgestellte Erläuterungen werden durch ______________________ vom umgebenden Satz abgegrenzt.

Achtung: Wenn **„wie“** einen Vergleich einleitet – danach steht eine Aufzählung –, steht kein Komma. Bei nachgestellten Erläuterungen mit „wie“ kann das Komma ebenfalls entfallen. Setzt man Kommas, werden die nachgestellten Erläuterungen (= Beispiele) hervorgehoben.

Beispiele:
Städte wie Dhaka und Lagos wachsen schnell. (Vergleich: Städte, die so sind wie Dhaka und Lagos, ...)
Afrikanische Städte(,) wie Dhaka und Lagos(,) wachsen schnell. (Beispiele für afrikanische Städte)

D 14

Bilden Sie sechs Sätze mit nachgestellten Erläuterungen, eingeleitet mit „wie zum Beispiel“, „also“, „besonders“, „das heißt“, „vor allem“, „und zwar“.

1.3 Das Komma innerhalb eines Satzes

D 15 Leiten Sie die Regeln für die Kommasetzung innerhalb eines Satzes aus den folgenden Beispielen ab, indem Sie die fehlenden Wörter in der INFO-BOX ergänzen.

Text 4:
Die beiden Klassensprecher

Es waren einmal zwei machtbesessene,[2a] angeberische Klassensprecherkandidaten, ein alter Ex-Repetent[1b] und ein junger Ehrgeizling.

Der alte Repetent war schon einige Jahre Herr der Klasse gewesen, und der junge,[1a] aber kräftige Ehrgeizling hätte gern seinen Platz eingenommen. „Dem dummen[2b] alten Esel werde ich dieser Tage eine ordentliche Abreibung verpassen“,[3] sagte er zu seinen Freunden. „Klar,[5] Joe,[5] wirst du auch! Wirst du auch!“,[3] sagten seine Freunde, denn Joe traktierte sie mit einigen Remplern. Dann gingen die sogenannten Freunde hin und erzählten dem alten Repetenten, was der Junge gesagt hatte. „Pah,[6] den werde ich niedermachen“,[3] sagte der alte Repetent und gab den Schmeichlern ein paar Colas aus. „Klar,[6] wirst du auch,[5] Doktor“,[4] sagten die,[4] „hei,[6] klar wirst du gewinnen!“

Eines Tages begab sich nun der junge Ehrgeizling in den Schulhof, wo der alte Repetent gerade von seinem kämpferischen,[2a] stets erfolgreichen Draufgängertum prahlte. „He,[6][5] Alter[5], ich werde dir die braunen,[2a] fauligen Zähne in den Kopf schlagen“,[3] sagte der junge Ehrgeizling, und schon fingen sie an, umeinander herumzukreisen[8] wie zwei Boxer, beim anderen eine ungedeckte Stelle suchend.

In diesem Augenblick kam der Klassenvorstand auf den Hof, zog den jungen Ehrgeizling am Ohr ins Schulhaus[1b] bzw. ins Konferenzzimmer, versprach ihm eine schlechte Verhaltensnote und setzte ihn als Klassensprecherkandidat ab.

[1] *Repetent/in – Schüler/in, der/die eine Klasse wiederholt*

DAS KOMMA INNERHALB EINES SATZES — ***INFO-BOX***

1a) Hauptregel A: Ein Komma steht, wenn Aufzählungen (gleichartige, nebengeordnete Wörter) durch **entgegensetzende** ______________ verbunden werden: aber, sondern, doch, jedoch, hingegen u. Ä.

1b) Hauptregel B: Kein Komma steht, wenn Aufzählungen (gleichartige, nebengeordnete Wörter) durch folgende Konjunktionen verbunden werden: **und, oder, bzw., sowie, weder – noch, entweder – oder, nicht nur – sondern auch.**

2a) Ein Komma steht grundsätzlich zwischen Aufzählungen ohne Ko______________, *ein altes, klappriges Fahrrad; er ist groß, schlank, blond;* außer …

2b) **Kein** Komma steht aber, wenn von zwei attributiven Adjektiven das zweite mit dem nachfolgenden Nomen einen Gesamtbegriff bildet: frischer ***grüner Salat***, ein preisgekrönter ***österreichischer Dichter***.

3) Ein Komma steht nach der ______________ Rede (auch wenn sie mit Ausrufezeichen oder Fragezeichen endet), wenn der Satz danach fortgesetzt wird.

4) Vor und nach Einschüben in die direkte Rede steht ______ ______________ (= „paariges Komma“).

5) Vor und nach ______________ steht ein Komma („paariges Komma“).

6) Vor und nach ______________ steht ein Komma („paariges Komma“).

7) Vor und nach betonter Bejahung, Verneinung, Bekräftigung oder B______________ *(Beispiel: Gib mir,* ***bitte,*** *die Gabel!)* steht ein Komma („paariges Komma“). (Aber unbetont: *Gib mir bitte die Gabel!*)

8) Vor Vergleichen mit „wie" und „als" steht ______________ ______________,
Beispiele: Das Auge schaute aus **wie** *eine Pflaume, er war wesentlich besser versichert* **als** *der Unfallsgegner.*
außer es wird damit ein Nebensatz eingeleitet:
Beispiel: Sie schaute drein, **als** *hätte sie einen Geist* **erblickt***.*

9) **Wohnungs-, Datums- und Literaturangaben** werden voneinander durch Kommas abgetrennt. Das Komma am Ende kann entfallen.
*Beispiel: Am Montag***,** *dem 13. August* **(,)** *fahre ich nach Wien***,** *Kärntner Straße 5***,** *II. Stock, Tür 7***(,)** *und kaufe mir das Buch von Reinhard P. Gruber „Vom Dach der Welt"***,** *Verlag Droschl***,** *Graz***,** *1987.*

D 16

Setzen Sie in den folgenden Sätzen die Kommas und erklären Sie die Regel in der Spalte rechts („1" bis „9" eintragen, mehrere Regeln pro Satz sind möglich).
Achtung: Bei den markierten Wörtern sollen Sie erklären, warum dazwischen kein Komma gesetzt wird.

	Regeln
1. „Nein ganz sicher nicht" entgegnete sie „das kommt absolut nicht in Frage."	
2. Mit hochgezogenem warmem Kragen trotzte sie der Kälte.	
3. „Mein Herr wollen Sie mich frotzeln?" fragte sie.	
4. Das ist nicht gescheit sondern dumm und gefährlich.	
5. Die kompliziert formulierte sehr heikle Aufgabe war schwieriger als erwartet.	
6. Danke für mich keinen frischen schwarzen Tee.	
7. Und dann wumm ein heftiger bzw. endgültiger Schlag ans Kinn.	
8. Ich wohne in Burk Austraße 145 Tür 4 und habe nicht vor wegzuziehen.	

KOMPETENZTEST zur Kommasetzung

Kompetenzbereich:	Sprachbewusstsein
Was Sie können sollen:	Mit der Zeichensetzung sicher umgehen
Erlaubte Hilfsmittel:	keine
Testzeit:	15 Minuten

Aufgabe

Setzen Sie die fehlenden Kommas, die zum Zweck der Übung entfernt wurden.

Aesop: Die Stadt- und die Landmaus *(Fabel)*

Eine Landmaus hatte ihre Freundin eine Stadtmaus zu sich eingeladen und empfing sie in ihrer sauberen jedoch sehr bescheidenen Wohnung aufs freundlichste. Um ihren Mangel der sehr verwöhnten Städterin nicht merken zu lassen hatte sie alles was das Landleben Gutes bot herbeigeschafft und aufgetischt. Da waren frische Erbsen getrocknete Traubenkerne Hafer und auch ein Stückchen Speck wovon die Landmaus nur bei außergewöhnlichen Gelegenheiten aß.

Mit großer Genugtuung überschaute sie ihre Tafel und unterließ es nicht ihrer Freundin unablässig zuzusprechen. Aber die Stadtmaus durch die vielen gewohnten Leckereien verwöhnt beroch und benagte die Speisen nur sehr wenig und stellte sich der Höflichkeit halber so als wenn es ihr schmecke aber sie konnte doch nicht umhin die Gastgeberin merken zu lassen dass alles sehr wenig nach ihrem Geschmack gewesen sei.

„Du bist eine recht große Törin[1]“ sprach sie zu ihr „dass du hier so kümmerlich dein Leben fristest während du es in der Stadt so glänzend führen könntest wie ich. Gehe mit mir in die Stadt unter Menschen dort hast du Vergnügen und Überfluss.“

Die Landmaus war bald entschlossen und machte sich zum Mitgehen bereit. Schnell hatten sie die Stadt erreicht und die Städterin führte sie nun in einen Palast in welchem sie sich hauptsächlich aufzuhalten pflegte; sie gingen in den Speisesaal wo sie noch die Überbleibsel eines herrlichen Abendschmauses vorfanden.

Die Stadtmaus führte ihre Freundin nun zu einem prachtvollen mit Damast[2] überzogenen Sessel bat sie Platz zu nehmen und legte ihr von den leckeren Speisen vor. Lange nötigen ließ sich die Landmaus nicht sondern verschlang mit Heißhunger die ihr dargereichten Leckerbissen.

Ganz entzückt war sie davon und wollte eben in Lobsprüche ausbrechen als sich plötzlich die Flügeltüren öffneten und eine Schar Diener hereinstürzte um die Reste des Mahles zu verzehren.

Bestürzt und zitternd flohen beide Freundinnen und die Landmaus unbekannt in dem großen Hause rettete sich noch mit Mühe in eine Ecke der Stube.

Kaum hatte sich die Dienerschaft entfernt als sie auch schon wieder hervorkroch und noch vor Schrecken zitternd sprach:

„Lebe wohl teure Freundin! Einmal und nie wieder! Lieber will ich meine ärmliche Nahrung in Frieden genießen als hier bei den ausgesuchtesten Speisen schwelgen und stets für mein Leben fürchten müssen.“

Genügsamkeit und Zufriedenheit machen glücklicher als Reichtum und Überfluss unter großen Sorgen.

[1] Törin/Tor – einfältige/r Frau/Mann

[2] Damast – ein sehr feiner, in sich gemusterter Stoff

Quelle: Tiermärchen aus aller Welt. 36 Märchen aus aller Welt mit Zeichnungen von Gisela Moritz. 10. Aufl. Leipzig: Prisma Verlag 1962

Was ich jetzt kann und verstehe

Ich ...	Schätzen Sie sich ein (+2 = ganz gut, -2 = nicht).			
	+2	+1	-1	-2
... kenne die Regeln zur Kommaschreibung.				
... kann die Regeln zur Kommasetzung anwenden.				

2 WEITERE SATZZEICHEN UND WORTZEICHEN

In diesem Kapitel lernen Sie,
- wie man Satzzeichen außer dem Komma und Wortzeichen richtig verwendet,
- welche Aufgabe Satzzeichen außer dem Komma und Wortzeichen erfüllen können.

Benötigtes Vorwissen:
- Wortbildung → B 2.1
- Wortarten erkennen → B 2.2
- Sätze erkennen → B 3.2

Erklären Sie die mögliche/n Funktion/en der weiteren Satzzeichen und Wortzeichen. Manchmal sind mehrere Funktionen möglich.

D 17

Satzzeichen/Wortzeichen	Beispielsatz	Funktion(en): Das Satzzeichen/Wortzeichen kennzeichnet ...
Punkt	*Er hat nie mit mir gespielt.*	
Semikolon (Strichpunkt)	*Er ließ es gut sein; das lohnte den Aufwand nicht.*	
Ausrufezeichen	*Hau doch ab! Grüß dich! Aua! Das warst du!*	
Fragezeichen	*Machst du mit? Wer spielt da?*	
Doppelpunkt	*Die Regeln gehen so: Zuerst muss ...*	
Anführungszeichen	*„Ich glaube", sagte er drohend, „du schwindelst." – Das Buch „Heute nie" ist vergriffen.*	*(2)*
Gedankenstrich	*Hans – er hatte bisher immer gewonnen – war verblüfft. Er riss den Mund auf – und schwieg.*	*(2)*
Klammern	*Brettspiele (Halma, Dame, Mühle) können wir ebenfalls liefern.*	
Apostroph	*Er hat's kapiert. 's ist ganz einfach! Felix' Schwester.*	
Ergänzungsstrich	*Haupt- und Nebenhandlung; hinüberklettern oder -springen*	
Bindestrich	*Ur-Instinkt, Software-Angebotsmesse*	
	A-Dur, x-mal, 2:0-Sieg, 2/3-Mehrheit	
	das ewige In-den-Tag-hinein-Träumen	
	das Als-ob, das Entweder-oder, Make-up, Count-down	

D 18 Ergänzen Sie im folgenden Text die fehlenden Satz- und Wortzeichen, die zum Zweck der Übung entfernt wurden (nur die Kommas wurden belassen).

Text 5:
Babrius: Der Wolf und der Hund *(Fabel)*

Ein Wolf war in einem langen, strengen Winter völlig abgemagert, und seine Kräfte schwanden immer mehr Matt und ausgehungert schleppte er sich dahin Eine Dogge war ihrem Herrn ausgerückt und strolchte durch die Gegend Der Wolf wollte sie anfallen, aber die Dogge fletschte die Zähne und knurrte böse Da besann sich der Wolf auf seine müden, ausgezehrten Knochen der Kampf könnte zu seinem Nachteil enden Freundlich grüßte er daher den Hund

Wie schön und kräftig du bist Du siehst so gesund und wohlgenährt aus, dein Fell ist vorzüglich gepflegt, verrate mir, guter Freund, wie schaffst du das in diesem endlosen Winter

Auf diese schmeichelnden Worte hin wedelte die Dogge stolz mit ihrem Schwanz und sagte hochmütig

Du armer Schlucker Hat der Winter dich so erbärmlich zugerichtet Aber du bist selber schuld an deiner miesen Lage Meine Vor und Vorvorfahren waren auch so dumm wie du und versuchten sich dürftig in der öden Wildnis durchzuschlagen, anstatt zu den Menschen zu gehen Viele starben vor Hunger Ich bin schlauer als sie und führe ein bequemes Leben Komm mit mir, mein Herr ist ein feiner Kumpel Wir gehen zusammen spazieren, balgen uns um einen Stock oder Stein, und täglich füttert er mich mit fettem Fleisch und frischer Milch

Und musst du deinem Herrn für das Essen keinen Dienst erweisen Tut er alles nur aus Liebe zu dir, erkundigte sich der Wolf, den das satte Leben lockte

Nun ja, ich helfe ihm ein wenig, gab die Dogge etwas kleinmütig zu Hier und da passe ich auf seine Kinder auf, morgens hole ich in einem Korb das Brot vom Bäcker und bringe meinem Herrn die Zeitung ich lasse mich von seiner Frau streicheln Das ist alles Dafür belohnt er mich reichlich mit feinen Happen

Nimm mich mit, bettelte der ausgehungerte Wolf, wir können uns die Dienste teilen

Und sorglos plaudernd liefen die beiden den Weg zum Haus der Dogge

Was hast du um deinen Hals, fragte der Wolf neugierig und zeigte auf das Halsband, das der Hund trug

Das hat nicht viel zu bedeuten, meinte die Dogge, es ist ein Geschenk von meinem Herrn

Aber wozu ist es gut, wollte der Wolf wissen, der misstrauisch geworden war

Die Dogge brummte Es ist ganz unbedeutend Wenn ich mit meinem Herrn ausgehe, so führt er mich manchmal an der Leine, die an meinem Halsband befestigt ist Und des Nachts legt er mich an eine sehr lange Kette, damit ich Haus und Hof vor Dieben schützen kann Weiter nichts

Was sagst du da Du bist nicht immer frei und kannst herumstreifen, wie es dir gefällt, rief der Wolf fassungslos Und das nennst du weiter nichts Lebe wohl Ich danke dir für dein freundliches Angebot Könnte ich auch von morgens bis abends das beste Fleisch genießen, meine Freiheit würde ich niemals dafür aufgeben Und schnell verabschiedete er sich von der Dogge und lief in den Wald zurück.

Quelle: Tiermärchen aus aller Welt. 36 Märchen aus aller Welt mit Zeichnungen von Gisela Moritz. 10. Aufl. Leipzig: Prisma Verlag 1962

Zusammenfassender KOMPETENZTEST zu den Satzzeichen

Kompetenzbereich:	Sprachbewusstsein
Was Sie können sollen:	Mit der Zeichensetzung sicher umgehen
Erlaubte Hilfsmittel:	Keine
Testzeit:	15 Minuten

Aufgabe

Ergänzen Sie im folgenden Text die fehlenden Satz- und Wortzeichen, auch die Kommas, die zum Zweck der Übung entfernt wurden.

Babrius: Der Löwe und die Maus *(Fabel)*

Eine lebenslustige kleine Maus tollte übermütig um einen Löwen herum der in der warmen Mittagssonne vor sich hindöste Der waghalsige Mäuserich stieg dem König der Tiere sogar auf die riesigen Pranken und beäugte sie neugierig Da wurde der Löwe wach packte die kleine Maus und wollte sie fressen Das Mäuschen zappelte vor Angst und stotterte Lieber Herr König ich wollte dich nicht aufwecken s ist wahr Bitte bitte lass mich leben Was hast du von so einem geringen mageren Bissen den deine großen Zähne nicht einmal spüren Sonst sind die großen Wald oder Haustiere Opfer deiner ruhmreichen Jagd Was kann dir denn ein so winziges Wesen wie ich s bin schon für Ehre einbringen Ich gebe dir mein Mausewort wenn du mich freilässt dann werde ich dir bestimmt auch einmal aus der Not helfen Der Löwe musste über diese kühnen Worte schmunzeln und versonnen betrachtete er den kleinen Wicht in seinen großen Tatzen Der Gedanke dass er jetzt Herr über Leben und Tod war erschien ihm göttlich Lauf kleiner Wildfang ich schenke dir dein Leben sagte er feierlich und öffnete langsam seine Pranken Als die Maus behände davonflitzte rief er ihr neckend nach Vergiss dein Versprechen nicht

Einige Monate später geriet der Löwe auf seiner Jagd in eine Falle Ein festes Stricknetz hielt den gewaltigen König der Tiere gefangen Der Löwe tobte und zerrte an den Maschen aber es half nichts das Netz war zu eng geknüpft Der Löwe konnte sich kaum darin bewegen Eine Maus huschte vorbei stutzte und piepste Bist du nicht der große Freund von meinem Bruder den du Wildfang genannt hast

Im Nu hatte er seinen Bruder herbeigeholt und beide Mäuschen zernagten emsig und mit großer Ausdauer die festen Maschen Stück für Stück bis sie ein großes Loch ins Netz gebissen hatten durch das der dankbare Löwe entkommen konnte

Quelle: Tiermärchen aus aller Welt. 36 Märchen aus aller Welt mit Zeichnungen von Gisela Moritz. 10. Aufl. Leipzig: Prisma Verlag 1962

Was ich jetzt kann und verstehe

Ich ...	Schätzen Sie sich ein (+2 = ganz gut, -2 = nicht).			
	+2	+1	-1	-2
... kann Kommas richtig setzen.				
... kann andere Satzzeichen und Wortzeichen erklären und verwenden.				

Register der grammatikalischen Fachausdrücke

Fachausdruck	Erläuterung
Ableitung	Prä- und Suffixe an einem Wortstamm
Adjektiv	Wortart: deklinierbar, steigerbar; kann zwischen Begleiter und Nomen eingefügt werden
Adverb	Wortart: nicht veränderbar, kann alleine verschoben werden
adverbial	Verwendung eines Adjektivs mit einem Vollverb
Akkusativ	4. Fall
Aktiv	betont, wer/was etwas „macht". Das Subjekt „macht", was vom Verb ausgedrückt wird (siehe auch „Passiv").
Akzent	Betonung
Angabe	Satzglied, das vom Verb nicht gefordert wird
Apostroph	Auslassungszeichen
Apposition	Attribut in Form eines nachgestellten Nomens oder einer Nomengruppe
Artikel	Begleiter des Nomens
Attribut	Teil eines Satzglieds, das den Gliedkern oder einen Attributskern näher bestimmt
Attributsatz	Attribut in Form eines Nebensatzes
Dativ	3. Fall
Deklination	Abwandlung (= in einen Kasus setzen) von Nomen, Adjektiv oder Pronomen
Diphthong	Zwielaut (ei, ai, au, eu, äu)
Einleitewort	Konjunktion oder Pronomen, die/das einen Nebensatz einleitet
Ergänzung	Satzglied, das vom Verb gefordert wird
feminin	weibliches Geschlecht
finites Verb/finite Verbform	Verbform, die u. a. die Person anzeigt (z. B. gehe, gehst)
Flexion	Abwandlung; Sammelbegriff für Deklination und Konjugation
Futur I	Tempus, das mit „werden" + Infinitiv gebildet wird
Futur II	Tempus, das mit „werden" + Partizip II + „haben/sein" gebildet wird
Genitiv	2. Fall
Genus	grammatisches Geschlecht
Gliedkern	Zentrum eines Satzgliedes, ohne das das Satzglied nicht existieren kann
Gliedsatz	Nebensatz, der ein Satzglied vertritt
Hauptsatz	Satz eines Satzgefüges, der keinem anderen Satz untergeordnet ist
Hilfsverb	„haben, „sein", „werden"

Fachausdruck	Erläuterung
Imperativ	Befehlsform
Indikativ	Wirklichkeitsform
infinite Verbform	unbestimmte Verbform: Infinitiv, Partizipien
Infinitiv	Grundform des Verbs, die man im Wörterbuch nachschlägt
Infinitivgruppe	satzwertige Gruppe, die aus einem Infinitiv mit „zu" und zumindest einem weiteren Wort besteht
Kasus	Fall
kausal	auf die Ursache/die Folge/den Grund bezogen
Komma	Beistrich
Komparation	Steigerung
Komparativ	Mehrstufe (z. B. „heller", „schöner")
Konjugation	Abwandlung des Verbs
Konjunktion	Wortart, die Sätze, Satzteile oder Wörter verbindet
Konjunktiv	Möglichkeitsform
Konsonant	Mitlaut
lokal	auf einen Ort/Raum bezogen
maskulin	männliches Geschlecht
modal	auf die Art und Weise bezogen
Modalverb	dürfen, können, mögen, müssen, sollen, wollen
Nebensatz	untergeordneter Teilsatz in einem Satzgefüge
Nebensatzklammer	die von Einleitewort und finitem Verb im Nebensatz gebildete Klammer
neutral, Neutrum	sächliches Geschlecht
Nomen	Substantiv, Hauptwort
Nominalisierung	Gebrauch eines Wortes als Nomen
Nominativ	1. Fall
Numerus	Zahl (Singular, Plural)
Objekt	Ergänzung im Genitiv, Dativ oder Akkusativ bzw. mit Präposition
Partikel	Sammelbezeichnung für alle nicht veränderbaren Wortarten
Partizip	infinite Verbform; Partizip I oder Partizip II
Partizip I	z. B. „lachend", „verbleibend"
Partizip II	z. B. „gelacht", „verblieben"
Partizipgruppe	satzwertige Fügung, deren Kern ein Partizip ist

KOMPETENZ:*DEUTSCH* MODULAR

Der neue Trainingsteil 1 ist für
alle höheren Schulen (AHS und BHS) approbiert.

Der neue Trainingsteil 1

- ist auf die besonderen Herausforderungen des Lehrens und Lernens in heterogenen Klassen abgestimmt,
- beinhaltet einen grundlegend neu konzipierten Abschnitt „Grammatische Grundlagen“,
- bietet eine fachsprachlich präzise und für Schüler und Schülerinnen gut nachvollziehbare Terminologie,
- enthält gekennzeichnete Aufgaben für Schüler und Schülerinnen mit Deutsch als Zweitsprache,
- ermöglicht multimediales Lernen.

KOMPETENZ:*DEUTSCH* – MODULAR weckt Neugier und Kreativität im Unterricht und vermittelt Jugendlichen Freude im Umgang mit Sprache.

www.hpt.at

KOMPETENZ:*DEUTSCH* – MODULAR. Trainingsteil 1
SBNR Buch: 190006 SBNR Buch + E-Book: 190964
ISBN: 978-3-230-04577-5
Wien, 1. Auflage

Alle Drucke der 1. Auflage können im Unterricht nebeneinander verwendet werden.

9 783230 045775

hpt

RECHTSCHREIBUNG – KOMPAKT

STOCKINGER
SCHÖRKHUBER
HOFBAUER
GEISLER

TRAININGSTEIL

KOMPETENZ: DEUTSCH 1 MODULAR

SPRACHBUCH FÜR HÖHERE SCHULEN

NEU!

1. Auflage 2019 (1,00)

Satz: LIGATUR – Brigitte Puschmann, 1120 Wien
Druck und Bindung: Brüder Glöckler GmbH, 2752 Wöllersdorf
ISBN 978-3-230-04754-0
Teil der SBNR Buch: 190006/SBNR Buch + E-Book: 190964

Die Übersicht über die Rechtschreibregeln ist nicht vollständig, sondern enthält nur die wichtigsten Regeln und Ausnahmen.

S-SCHREIBUNG

1. Stimmloses (scharf gesprochenes) „s“:

ß steht *nur* nach Diphthongen (au, eu, ei, äu, ai) oder nach lang gesprochenem Vokal:
gießen, Stoß, außen, Maße – Maß usw. (**aber:** *Kuss, misslich, passte, Passkontrolle, Biss, ein bisschen*)

ss steht nach kurz gesprochenem, betontem Vokal:
lassen – lässt, Fluss – Flüsse, essen – isst (**aber**: *aß*), Plural der Wörter auf *-nis (-nisse)* usw.

s ist überall möglich: *das, fast, bis später, Wörter auf -nis;* stimmloses „s“ häufig nach Vokalen *(Musik)*

2. Stimmhaftes (weich gesprochenes) s:

steht oft bei stimmhafter Aussprache zwischen Vokalen: *weisen – Hinweis, brausen, leise, Wiese, säuseln*

GRUNDREGELN DER KONSONANTENSCHREIBUNG

1. Nach einem lang gesprochenen, betonten Vokal oder nach einem Diphthong steht ein einzelner Konsonant:

sich räkeln, Ratenzahlung, Haken, Scham, duzen, hämisch, bieten, heikel, Beute, schnäuzen

2. Die Kürze eines betonten Vokals wird angezeigt, indem ihm mindestens zwei Konsonantenbuchstaben folgen:

a) mindestens zwei verschiedene; daher braucht man nicht zu verdoppeln:

- Z. B. folgen in *kalt* auf das kurz gesprochene a die Laute [l] und [t], angezeigt durch die beiden Buchstaben l und t. Es liegen also zwei verschiedene Konsonantenbuchstaben vor, daher **keine Verdoppelung**.
- In *waschen* folgen auf das kurz gesprochene a drei verschiedene Buchstaben (die für einen einzigen Laut stehen). Daher wird nicht verdoppelt.
- Weitere Beispiele: *Küste, schalten, Kante, Sache, Herz, Balken, winzig, Brand, Geschwulst, Geschäft*

b) zwei gleiche, wenn nur ein Konsonant vorliegt; man verdoppelt also:

- Z. B. folgt in *Stoff* auf das kurz gesprochene o der Laut [f] mit dem Buchstaben f, also nur ein Konsonantenbuchstabe. Um die Kürze des Vokals anzuzeigen, muss der einzelne Konsonantenbuchstabe **verdoppelt** werden.
- Weitere Beispiele: *happig, Ratten, stimmen, soffen*
- **tz** und **ck** gelten als Verdoppelungen: *putzig, hacken*
- Nach dem **Stammprinzip** bleiben Verdoppelungen bei der Flexion und in Ableitungen erhalten:
  küssen – küsste, schallen – schallte, kennen – kannte, Herr – Herrn, stimmen – stimmlos
- In einigen Fällten unterbleibt die Verdoppelung, z. B.:
  - bei kurzen Wörtern: *Bus, Pop, ab, hin, bin, hat*
  - in Fremdwörtern: *Mini, Hotel, Kamera*

3. Drei aufeinanderfolgende Konsonanten werden in Zusammensetzungen immer geschrieben:

Schifffahrt, Schritttempo, Imbissstube, Passstraße, Sauerstoffflasche, Stofffleckerl, Krepppapier

4. Zwei aufeinanderfolgende Konsonanten bleiben in Zusammensetzungen erhalten:

*Rohheit, Zähheit, Zierrat (*aber: *Hoheit,* kommt von *hoch,* nicht von *hoh/e)*

5. Das Stamm-Prinzip („nummerieren" kommt von „Nummer") wird sehr oft eingehalten:

nummerieren	zu *Nummer*	*Tipp*	zu *tippen*
Stuckatur, -eur	zu *Stuck*	*Stopp*	zu *stoppen*
platzieren	zu *Platz*	*Mopp*	zu *moppen*
Ass	zu *Asse*	*Tollpatsch, Zierrat, Albtraum (auch: Alptraum)*	

6. Der f-Laut wird meist als f geschrieben, nur in folgenden Fällen mit v:

- **alle Wörter mit den Präfixen ver- und vor-:** *vergessen, Verlust, vorstellen, Vorgang*
- sowie **einzelne historisch entstandene Wörter**, hier die wichtigsten: *Vater, Veilchen, Vers, Vetter, Vieh, viel, vielleicht, vier, Vlies, Vogel, Vogt, Volk, voll (aber füllen), von, vor, vorder-, vorn, brav, Frevel, frivol, konkav, Kurve, Nerv*
- **Wörter auf -iv:** *naiv, produktiv, aktiv*

7. Doppelschreibung möglich bei: *selbständig – selbstständig*

GRUNDREGELN DER VOKALSCHREIBUNG

1. Das Stamm-Prinzip (*Wände* zu *Wand* – *einschränken* zu *Schranken*) **gilt sehr häufig, ebenso gewisse Analogien** (*rau* wie *blau*).

überschwänglich	zu *Überschwang*	*behände*	zu *Hand*
schnäuzen	zu *Schnauze*	*Gämse*	zu *Gams*
Quäntchen	zu *Quantum*	*Schlägel*	zu *schlagen*
Stängel	zu *Stange*	*gräulich, Gräuel*	zu *Grauen*
ein-/verbläuen	zu *blau*	*Wechte*	zu *wehen*
Bändel	zu *Band*	*belämmert*	zu *Lamm*

Doppelschreibungen möglich bei: *aufwendig/aufwändig, Schänke/Schenke*

Ausnahmen bilden einige Wörter, für die es keine Verwandten mit a bzw. au gibt oder die man nicht mehr kennt.
Beispiele:
- mit **äu:** *Knäuel, Räude, Säule, räuspern, sträuben*
- mit **ä:** *Ähre, ätzen, Bär, dämmern, Geländer, Lärche, Lärm, Säge*
- mit **e:** *Eltern, schwenken* (trotz der Verwandtschaft mit *alt* bzw. *schwanken*)

Merkhilfen:
- Alle Wörter mit dem Wortausgang **-au** haben **kein h:** *blau, grau, genau, rau, schlau,* z. B. *blaue, Raunächte, Schlauheit.*
- Wenn ein einfaches Wort **-h** hat, **bleibt dieses erhalten:** *roh – Rohheit, zäh – Zähheit, Vieh – Viehhaltung, ziehen – Ziehung.*
- Eine Gruppe von Bezeichnungen nicht einheimischer **Tiere** (urspr. Fremdwörter auf -oo) **enden auf -u:** *Gnu, Kakadu, Känguru, Karibu, Zebu.*

2. Lang gesprochene, betonte Vokale können durch deren Verdopplung gekennzeichnet werden (aa, ee, oo), lang gesprochene, betonte Vokale oder Umlaute können aber auch durch Dehnungs-h (stummes h) angezeigt werden (ah, eh, ih, ieh, oh, uh, äh, öh, üh), oder die Länge wird im Schriftbild nicht angezeigt. Regeln, wann welche Längenbezeichnung verwendet wird, gibt es nicht.

Beachten Sie: Nach lang gesprochenem Vokal folgt in der Regel nur ein Konsonant (siehe oben).

Eine Regel gibt es nur für „i" + „h": „**ih**" kommt nur in Pronomen (*ihm, ihn, ihnen*) vor, „**ieh**" nur in *Vieh* und Ableitungen von Verben mit „ieh" (*fliehen*) und „eh": *ziehen – zieht, stehlen – stiehlt, empfehlen – empfiehlt.*

Häufig tritt Dehnungs-h auf, wenn nach dem lang gesprochenen Vokal ein l, m, n, r folgt (aber kein weiterer Konsonant im Wortstamm): *lahm, ähnlich, führen, Bühne*

3. Drei gleiche Vokale: *Alle**e**einfahrt, Kaffe**e**ernte, Te**e**ei* (auch mit Bindestrich: *Allee-Einfahrt, Kaffee-Ernte* ...)

GRUNDREGELN DER FREMDWORTSCHREIBUNG

Für die Fremdwortschreibung gibt es laut Wörterbuch keine allgemeinen Regeln. Hilfreich ist aber zu wissen, dass es in Fremdwörtern Laute oder Schreibungen gibt, die im Deutschen nicht vorkommen, z. B. **ou** für **u** wie in *Coupé*, **eu** für **ö** wie in *Milieu*.

1. **Wenn Fremdwörter eingedeutscht werden, sollen sie nach folgenden möglichen Richtungen in die deutsche Schreibung übergeführt werden** (sowohl die eingedeutschten als auch die fremden Schreibungen sind richtig):

   Vokale

ai > ä	*Drainage > Dränage*
é, ée > ee	*Dragée > Dragee*
au > o	*Sauce > Soße*
ou > u	*Nougat > Nugat*
y > j	*Yacht > Jacht*

   Konsonanten

c > k	*Code > Kode*
c > z	*Penicillin > Penizillin, circa > zirka*
gh > g	*Ghetto > Getto, Spaghetti > Spagetti*
qu > k	*Bouquet > Bukett*
ph > f	*phantastisch > fantastisch, Delphin > Delfin*
t (i) > z (i)	*Pretiosen > Preziosen, Potential > Potenzial, essentiell > essenziell*
th > t	*Panther > Panter, Thunfisch > Tunfisch*

2. **Nicht alle Wörter dürfen eingedeutscht werden** („**Wörter des Bildungswortschatzes**"), z. B. *Asthma, Apotheke, Rhythmus, Metapher, Rheuma, Facette, Katarrh, Wörter mit phil-, pharm-, phys-* ... usw.

3. **Fremdwortbestandteile, die häufig vorkommen, werden am besten generell eingedeutscht,**
   z. B. *-phon, phot-, -graph-*
   wie in *Megafon, Grafiker, Fotografie, Orthografie, Geografie, Biografie.*
   Das Verhältnis zur Herkunftssprache ist nicht überall gleich, z. B. sind die Schreibungen *Getto und Jogurt* in Deutschland üblich, in Österreich werden sie kaum verwendet.

4. **Der Plural von englischen Wörtern auf -y ist im Deutschen -ys** (nicht -ies): *Babys, Hobbys, Partys, Ladys*

Empfehlung: Bei Fremdwörtern innerhalb eines Textes eine einheitliche Linie einhalten (Eindeutschung oder nicht).

GROß- UND KLEINSCHREIBUNG

Für das Deutsche ist die Großschreibung der Nomen typisch. Die Großschreibung hängt also von der Wortart ab. Auch alle nominal (hauptwörtlich) gebrauchten Wörter sollen großgeschrieben werden. Davon gibt es aber viele Ausnahmen.

Zum Verständnis der Groß- und Kleinschreibung muss man also erkennen:
- die **Wortart Nomen**,
- den **nominalen Gebrauch anderer Wortarten**,
- den **nicht nominalen Gebrauch von Nomen** (Denominalisierung).

Außerdem wird die Großschreibung auch verwendet zur Kennzeichnung von
- Satzanfängen, Überschriften,
- von Eigennamen mit ihren nicht hauptwörtlichen Teilen,
- von Anreden.

In einigen Zweifelsfällen wird Groß- oder Kleinschreibung zugelassen (der a/Andere; sich aufs f/Freundlichste bedanken, bei w/Weitem).

GROß SCHREIBT MAN	KLEIN SCHREIBT MAN

1. ANFÄNGE

1.1 Das erste Wort eines Satzes, einer direkten Rede, einer Überschrift, eines Werktitels, einer Anschrift u. dgl. schreibt man groß.

1.1.1 Überschriften und Werktitel (etwa von Büchern und Theaterstücken, Werken der bildenden Kunst und der Musik, Rundfunk- und Fernsehproduktionen), z. B.:
Allmähliche Normalisierung im Erdbebengebiet
Hohe Schneeverwehungen behindern Verkehr
Kleines Wörterbuch der Stilkunde
Die Romane „Unter den Dächern von Paris“ und *„Ein Meisterdieb“*

Auslassungspunkte, Apostroph oder Zahlen zu Beginn eines Ganzsatzes gelten als Satzanfang; entsprechend bleibt die Schreibung des folgenden Wortes unverändert. Dies gilt auch für Überschriften, Werktitel und dergleichen, z. B.:
„... und gab keine Antwort.“
’s ist schade um sie.

1.1.2 Titel von Gesetzen, Verträgen, Deklarationen und dgl. sowie Bezeichnungen für Veranstaltungen, z. B.: *Österreichisches Hochschulgesetz, das Potsdamer Abkommen, Internationaler Ärzte- und Ärztinnenkongress, Grüne Woche in Wien*

1.1.3 Anschriften, Datumszeilen und Anreden sowie Grußformeln etwa in Briefen, z. B.:
Donnerstag, 16. Februar 2013

Frau Ulla Schröder
Wiener Straße 29
1020 Wien

Sehr geehrte Frau Schröder,
entsprechend unserer telefonischen Vereinbarung ...
... erwarten wir Ihre Antwort.
Mit freundlichen Grüßen
Werner Meier

1.1.4 Gliederungsangaben wie Ziffern, Paragrafen, Buchstaben gehören nicht zum nachfolgenden Ganzsatz; **entsprechend schreibt man das folgende Wort groß.** Dies gilt auch für Überschriften, Werktitel und dergleichen, z. B.:
3. Die Besitzer und Besitzerinnen von Haustieren ...
§ 13 Die Behandlung sollte sofort einsetzen.
c) Vgl. Anlage 3, Ziffer 7.
2) Weitere Säugetiere:

Befinden sich Aufzählungszeichen innerhalb eines Satzes, behandelt man sie so, als ob sie nicht vorhanden wären, z. B.
Der Redner nannte
- ***a**usreichenden Schlaf,*
- ***g**esunde Ernährung,*
- ***K**onzentrationsfähigkeit und*
- ***d**en Glauben an sich selbst*

als Voraussetzungen für Erfolg.

1.1.5 Das erste Wort einer direkten Rede groß
*Er sagte: „**W**ir wissen es nicht.“*

Klein schreibt man das Wort nach der direkten Rede oder nach einem Einschub in die direkte Rede.
*„Hörst du?“, **f**ragte sie. „Mit welchem Recht“, **f**ragte er, „**w**illst du das tun?“*

1.2 Nach Doppelpunkt schreibt man groß, wenn man den folgenden Satz als Ganzsatz (Satz mit finitem Verb) empfindet.
Achtung: ***A**lle Schilder sind frisch gestrichen.*

Klein nach Doppelpunkt bei Nicht-Ganzsätzen (Aufzählungen, Erläuterungen, Wortgruppen):

Zu sehen: ***j**e zwei Schilder, Pfeile und Hinweise*

GROß SCHREIBT MAN	KLEIN SCHREIBT MAN

2. NOMEN

2.1 Nomen grundsätzlich groß	**2.2 Denominalisierungen klein** (= ursprüngliche Nomen, die die Funktion anderer Wortarten übernommen haben)
2.1.1 Deutsche Nomen: *Tisch, Wald, Verantwortung* **Aber (gemäß 2.1.4):** *er hat Angst, macht Pleite, hat die Schuld*	2.2.1 *angst, bange, feind, gram, klasse, leid, pleite, recht, schuld, spitze, unrecht, weh* in Verbindung mit *sein/bleiben/werden (Wie?)* z. B.: *er ist pleite, wir sind schuld, mir wird angst, das ist mir recht/unrecht, es tut mir leid*

2.1.2 Die Wörter **Recht** und **Unrecht** können in Verbindung mit **behalten, bekommen, geben, haben, tun** groß- oder kleingeschrieben werden.
Da hast du vollkommen Recht/recht. Du tust ihr Unrecht/unrecht. Ich muss dir Recht/recht geben.

2.1.3 Nomen aus anderen Sprachen *der Drink, das Center, das Cordon bleu, das Knowhow*	
2.1.4 Tageszeiten nach den Adverbien *heute, gestern, morgen, vorgestern, übermorgen:* *heute Mittag, gestern Abend, morgen Früh* **Beachten Sie:** *der Freitagabend* (**Aber:** *freitagabends*)	2.2.2 Von Nomen mit -s oder -ens abgeleitete Adverbien, Präpositionen, Konjunktionen: *abends, morgens, vormittags, donnerstags, schlechterdings, willens, rechtens, hungers, abseits, mangels, namens, anfangs, ...*
2.1.5 Nomen als Teile fester Gefüge: 2.1.5.1 Nomen mit Präpositionen: *auf Abruf, in Bälde, in/mit Bezug auf, im Grunde, auf Grund (auch aufgrund), an Hand (auch anhand), zur Seite, von Seiten (auch vonseiten), in Betracht kommen, außer Acht lassen*	2.2.3 Nomen, die zu Präpositionen wurden: *dank, kraft, um – willen, laut, trotz, zeit, statt* (**Beachten Sie:** *an Kindes/Eides statt*), *wegen*
2.1.5.2 Nomen mit Verben: *Auto fahren, Rad fahren, Schach spielen, Not leiden, Wert legen auf, Recht sprechen, Maschine schreiben, Kegel schieben, Diät halten, Ernst machen*	2.2.4 Trennbare Verben: *teilnehmen – Er nimmt **teil**; preisgeben – Er gab das Geheimnis **preis**; eislaufen – Ich laufe **eis**; kopfstehen – Die Welt steht **kopf**; leidtun – Ich sehe, wie **leid** es dir tut; nottun – Hilfe tut **not**; standhalten – Er hält den Attacken **stand**.* Ebenso: *stattgeben, teilhaben, irreführen, heimgehen*

Es gibt auch einige Fälle von Nomen, verbunden mit Verben, bei denen die Schreibung freigestellt ist:
Acht geben/achtgeben, Acht haben/achthaben, Halt machen/haltmachen, Maß halten/maßhalten

2.1.6 Nomen und Nominalisierungen als Teile von Zusammensetzungen mit Bindestrich: *das Aus-der-Haut-Fahren, die Ad-hoc-Entscheidung, das In-den-Tag-hinein-Leben, die X-Beine* (**Grundregel:** erstes und letztes Wort immer groß)	2.2.5 Nomen, die zu unbestimmten Zahlwörtern wurden: *ein paar (Dollar), ein bisschen (Moos)*

3. NOMINALISIERUNG

3.1 Nominalisierungen grundsätzlich groß

Woran sind Nominalisierungen erkennbar? Wenn davor stehen: Artikel, Pronomen, unbestimmte Zahladjektive (z. B. *viel, wenig, einzeln*), Adjektivattribut; auch: als kasusbestimmende Satzteile zu erfragen mit „Wer/Was?“, „Wessen?“ ... z. B.: *das Inkrafttreten, alles Wichtige, das Du anbieten, durch Jammern erreichen, nach langem Hin und Her, Bananen kosten das Zweifache, mit Gebratenem verwöhnen; Lesen ist wichtig, Liebende sind blind.*	

GROß SCHREIBT MAN	KLEIN SCHREIBT MAN

3.2 Sonderregeln zu Adjektiv/Partizip/Pronomen

GROß SCHREIBT MAN	KLEIN SCHREIBT MAN
3.2.1 Normalerweise groß: *im Folgenden, Folgendes, im Voraus, im Einzelnen, im Großen und Ganzen, des Langen und Breiten, des Näheren, im Allgemeinen, im Wesentlichen, auf dem Laufenden sein, im Dunkeln tappen, im Argen liegen ...*	3.2.1 Klein, wenn sie sich auf ein voraus- oder nachstehendes Wort beziehen: *der klügste der Zuhörer, von allen Geboten das beste; sie hatte vier Bälle, zwei rote und blaue.*
3.2.2 Superlative nach „am" groß, wenn „am" = „an dem": *sich am Schwächsten orientieren; es fehlt ihnen am Nötigsten.* Superlative nach „aufs" kann man immer großschreiben: *sich aufs Beste des Abends freuen; aufs Freundlichste antworten, aufs Herzlichste grüßen*	3.2.2 Superlative nach „am" klein, wenn „am" ≠ „an dem": *Dieser Weg ist am (≠ an dem) steilsten. – Das ist am (≠ an dem) angenehmsten.* Superlative nach „aufs" kann man auch kleinschreiben, wenn man mit „Wie?" fragen kann: *aufs f/Freundlichste antworten, aufs h/Herzlichste grüßen* (Wie?)
Beachten Sie: *Arm und Reich, Alt und Jung, Arme und Reiche*	3.2.3 Feste Verbindungen aus Präposition mit Adjektiven ohne Artikel: *von nah und fern, durch dick und dünn, über kurz oder lang, in bar, gegen bar, von klein auf, schwarz auf weiß, grau in grau*

3.2.4 Fügungen mit Präposition und dekliniertem Adjektiv können groß- und kleingeschrieben werden, wenn kein Artikel davor steht.
von neuem/Neuem – ich sah ihn von weitem/Weitem, seit längerem/Längerem – binnen kurzem/Kurzem

GROß SCHREIBT MAN	KLEIN SCHREIBT MAN
	3.2.5 Pronomen als Stellvertreter des Nomens: *Schon* ***mancher*** *war überrascht. Sich mit* ***diesem*** *und* ***jenem*** *unterhalten. Das muss (ein)* ***jeder*** *wissen. Mit den* ***beiden*** *muss man reden. Wir haben alles mit. Grüß mir die deinen (auch: die Deinen). Jedem das seine (auch: das Seine).*
3.2.6 Ableitungen von Länder- u. Städtenamen auf -er: *Kärntner Bräuche, Wiener Kaffeehäuser*	**Aber:** Ableitungen von Länder- u. Städtenamen auf -isch (**Beachten Sie:** nur, wenn KEINE EIGENNAMEN!), z. B.: *steirische Flüsse, eine wienerische Angewohnheit*
Ausnahme zu 3.2.7: groß, wenn ein Apostroph steht: *die Darwin'sche Evolutionstheorie; die Goethe'schen Dramen*	3.2.7 Ableitungen von Eigennamen auf -(i)sch: *die darwinsche Evolutionstheorie, die goethischen (goetheschen) Dramen*
3.2.8 Sprachen bezeichnende Adjektive auf die Frage „Was?": *Er kann, lehrt, lernt, versteht, spricht (gut) Deutsch (= die deutsche Sprache).* **Beachten Sie:** *Immer groß nach auf/in/zu: auf gut Deutsch.*	3.2.8 Sprachen betreffende Adjektive auf die Frage „Wie"? *Er redet deutsch mit mir; sich deutsch unterhalten, ein Fach englisch unterrichten*
3.2.9 Die höfliche Anrede mit dem Pronomen „Sie" (+ alle Formen des Possessivpronomens „Ihr"): *Wie geht es* ***I****hnen? Haben* ***S****ie* ***I****hre Unterlagen mit?*	3.2.9 Die vertrauliche Anrede (du, ihr) und alle Formen der Possessive „dein"/„euer" klein (in Briefen auch groß erlaubt): *Er fragte: „Was habt ihr euch dabei gedacht?* Brief: *Lieber Freund, ich habe* ***d/D****ir zu* ***d/D****einem Sieg noch nicht gratuliert, der* ***e/E****uch neue Hoffnung geben sollte.*

3.3 Sonderregeln zu den Zahlwörtern

Beachten Sie: *alles Mögliche/Übrige, der Einzelne, das Ganze, Verschiedenes vorhaben*
Bei „bewusster Nominalisierung" auch groß erlaubt:
das Andere, die Wenigsten

3.3.1 Folgende (unbestimmte) Zahlwörter in allen Formen grundsätzlich klein: *der/die/das andere, eine; wenig, viel (die meisten ...):*
Alles a(A)ndere wäre überraschend. Das w(W)enige, was noch da war. Die m/Meisten waren angekommen.

3.3.2 Nominal gebrauchte Zahlwörter groß:
das Hundert, ein Dutzend, Dutzende, eine Million, einen Dreier bekommen, ein Paar Schuhe,
Aber: *ein paar (= einige), ein bisschen*

Aber: Kardinalzahlen unter einer Million klein:
elf, hundertsechsundzwanzig, durch acht teilen, vierzehn, in Kapitel zwei

3.3.3 Bruchzahlwörter groß bei Nominalisierung und bei Zeitangaben: um Viertel vor/nach ...
*ein Achtel des Weges, ein Viertel nehmen, um Viertel vor acht (***Beachten Sie:** *Punkt acht Uhr), ein Viertelkilo*

3.3.3 Bruchzahlwörter klein in attributiver Verwendung vor Maß- und bei Zeitangaben
ein achtel Kilogramm, um viertel elf, gegen drei, um drei viertel acht, ein viertel Kilo

3.3.4 **H/hunderte** und **T/tausende** können in nominalem Gebrauch auch eine **unbestimmte Menge** ausdrücken (man kann sie dann nicht mit Ziffern schreiben). In diesem Fall können die Wörter als Nomen oder Adjektiv aufgefasst werden und sowohl groß- als auch kleingeschrieben werden.

Es kamen tausende/Tausende von Zuschauern. Sie kamen zu hunderten/Hunderten zur Demonstration; zigtausende/Zigtausende, aberhunderte/Aberhunderte, außerdem: viele dutzend/Dutzend Mal
Aber: *hunderte Zuseher (attributiv)*

3.3.5 Ordinalzahlen bei Nominalisierung (auch bei Reihenfolge) immer groß:
der Erste im Alphabet, der Nächste trat ein

Aber attributiv:
der erste Kandidat, der letzte Versuch

4. EIGENNAMEN

Eigennamen sind definiert als **Bezeichnungen zur Identifizierung bestimmter Gegebenheiten** (Personen, Orte, Länder, Institutionen usw.).

4.1 Eigennamen mit ihren nicht nominalen Bestandteilen werden großgeschrieben:
(das erste Wort und alle weiteren Wörter außer Artikel, Präposition, Konjunktion)
Hans Holbein der Jüngere, Vereinigte Staaten von Amerika, Kleiner Bär, die Österreichischen Bundesbahnen, das Rote Kreuz, Karl der Vierte, der Stille Ozean, die Olympischen Spiele, die Tageszeitung Die Zeit, der Zweite Weltkrieg
Beachten Sie: **v***on Papen,* **v***an der Meulen*

4.2 Adjektive etc. in bestimmten Wortgruppen, obwohl es keine Eigennamen sind, und zwar
a) Titel-, Ehren-, Amts-, Funktionsbezeichnungen: *der Heilige Vater*
b) Klassifizierungen (z. B. Arten/Rassen in der Zoologie): *die Gemeine Stubenfliege*
c) Besondere Kalendertage: *der Erste Mai, der Heilige Abend*
d) Historische Ereignisse/Epochen: *der Zweite Weltkrieg, die Jüngere Steinzeit*

Aber: Adjektive in festen Wortgruppen (übertragene, metaphorische Bedeutung), wenn es sich um keine Eigennamen handelt:
höhere Schule, ein italienischer Salat, das große Los, das olympische Feuer, ein schwarzes Schaf, der schnelle Brüter, der tote Punkt, schwedische Gardinen usw.

Auch groß möglich: siehe unten 4.3

4.3 Groß oder klein: Fachtermini (neue begriffliche Einheiten in den jeweiligen Fachsprachen) und feste Verbindungen aus Adjektiv und Nomen mit schwankendem Gebrauch:
die g/Gelbe Karte, die e/Erste Hilfe, die g/Goldene Hochzeit, das n/Neue Jahr, der s/Schwarze Tod (Pest), der g/Goldene Schnitt, der b/Blaue Brief, der t/Technische Direktor

GETRENNT- UND ZUSAMMENSCHREIBUNG

Grundsätzlich soll der Getrenntschreibung der Vorzug gegeben werden, Regeln sollen daher vor allem die „Ausnahme" der Zusammenschreibung betreffen.

Man unterscheidet dabei **Wortgruppen** (getrennt, z. B. *Schach spielen*) und **Zusammensetzungen** (zusammen, z. B. *Regenschirm, abholen, fortgehen, schuldbewusst*); wenige Grenzfälle können je nach Schreibabsicht so oder so geschrieben werden.

GRUNDREGELN

ZUSAMMEN SCHREIBT MAN	GETRENNT SCHREIBT MAN
Hauptregel 1: Zusammensetzungen *Zustand, Haushund, weggehen, hinüber*	Hauptregel 3: Wortgruppen *Rad fahren, Angst haben, gefangen nehmen*
Hauptregel 2: Wenn der 1. oder 2. Teil als selbständiges Wort nicht mehr vorkommt oder eine neue, übertragene Bedeutung entsteht: *wissbegierig, zuinnerst, innehalten; den Angeklagten freisprechen, klarmachen*	Hauptregel 4: Wenn der 1. oder 2. Teil erweitert/erweiterbar ist oder gesteigert werden kann oder wörtliche Bedeutung hat: *reich machen, gut gelaunt, eine Rede frei sprechen, das Wasser klar machen*

SONDERREGELN ZU VERSCHIEDENEN WORTARTEN

1. Verbindungen mit VERBEN

1.1 Verb + Verb mit *bleiben/lassen* in übertragener Bedeutung zusammen (Betonung auf 1. Teil)
in der 1. Klasse sitzenbleiben, sich gehenlassen

Aber: in wörtlicher Bedeutung auseinander
auf dem Sessel sitzen bleiben, den Gast nicht gehen lassen

Beachten Sie: *Kennenlernen/kennen lernen* kann getrennt oder zusammengeschrieben werden.

1.2 Adjektiv + Verb: zusammen, wenn ein Wort neuer Bedeutung entsteht (1. Teil in dieser Form nicht mehr existent oder nicht sinnvoll steigerbar)
die Lüge richtigstellen, jemanden fertigmachen, mit einer Annahme falschliegen, glattgehen, jemanden freisprechen, schwerfallen, mit jemandem fertigwerden

1.2 getrennt: bei wörtlicher Bedeutung
die Vasen richtig stellen, das Essen fertig machen, die Rede frei sprechen

Häufig: ***Ergebnisse eines Vorgangs:*** *glatthobeln, geraderichten, blankputzen, kaputtmachen*

Aber: *sehr blank putzen, ganz kaputt machen*

1.3 Untrennbare Zusammensetzungen aus Verb + Nomen oder Adjektiv:
brandmarken (er brandmarkt), bauchreden, liebkosen, vollbringen, weissagen

1.4 Untrennbare Zusammensetzungen aus Verb + Partikel (Präposition oder Adverb), 2. Teil betont
*durchbr**e**chen, durchqu**e**ren, hinterg**e**hen, hinterl**e**gen, überl**a**ssen, übers**e**tzen, umf**a**hren, umf**a**ssen, unterbr**e**chen, unterl**au**fen, unters**a**gen, unterst**e**llen, widerl**e**gen, widerspr**e**chen, widerst**e**hen, wiederh**o**len*

Aber: *er bricht hier durch* (von ***durch**brechen*), *sie setzt über den Fluss* (von ***über**setzen*)

1.5 Zusammen schreibt man Wörter, die nicht mehr ihrer ursprünglichen Wortart angehören oder nicht mehr allein vorkommen.
z. B.: *umhin* in *umhinkönnen, abhandenkommen, anheimstellen, bevorstehen, darbieten, hintanstellen, überhandnehmen, vorliebnehmen, zurechtweisen, innehalten, heimgehen, irrewerden, fehlschlagen, kundmachen, preisgeben, wahrnehmen, wettmachen*

ZUSAMMEN SCHREIBT MAN	GETRENNT SCHREIBT MAN
1.6 In folgenden Fällen ist der erste Wortteil ein ehemaliges Nomen. Es wird nur in folgenden Wörtern mit dem Verb zusammen- und in getrennter Stellung kleingeschrieben. ***eislaufen*** – *Ich laufe* ***eis; kopfstehen*** – *Die Welt steht* ***kopf; leidtun*** – *Ich sehe, wie* **leid** *es dir tut;* ***nottun*** – *Hilfe tut* ***not; standhalten*** – *Er hält den Angriffen* ***stand.*** Ebenso: ***stattgeben, stattfinden, teilhaben, teilnehmen, wundernehmen***	1.6 Nomen + Verb normalerweise getrennt: *Angst haben, Auto fahren, Rad fahren, Schach spielen* **Aber:** *beim Autofahren, zum Schachspielen*

1.7 Es gibt auch einige Fälle, bei denen die Schreibung freigestellt ist.
Acht geben/achtgeben, Acht haben/achthaben, Halt machen/haltmachen, Maß halten/maßhalten

1.8 Trennbare Verbindungen aus Verb + Partikel (Präposition oder Adverb) als erstem Bestandteil

Zusammenschreibung bei Betonung auf dem ersten Wort: *sich mit dieser Frage auseinandersetzen, ich will dabeisitzen*	Getrenntschreibung bei Betonung auf beiden Bestandteilen: *die Schwätzer auseinander setzen, ich will dabei (bequem) sitzen* (ein Satzglied ist einfügbar)

1.9 Manche Ausdrücke können eine Wortgruppe oder eine Zusammensetzung sein.
gewährleisten/Gewähr leisten (er gewährleistet oder leistet Gewähr), staubsaugen (er staubsaugt)/Staub saugen (ich sauge Staub), marathonlaufen/Marathon laufen (sie läuft Marathon), brustschwimmen/Brust schwimmen (ich schwimme Brust)

1.10 (Verblasstes) Nomen + Verb mit folgenden Teilen: *heim-, irre-, preis-, stand-, statt-, teil-, wett-, wunder-, heimgehen, stattfinden usw.*	1.11 Zusammengesetztes Adverb + Verb: *abhanden/zugute kommen, beiseite nehmen, vonstatten gehen usw.* 1.12 Verbindungen mit „sein" immer getrennt: *da sein, zusammen sein, vonnöten sein, vorüber sein*

2. Verbindungen mit ADJEKTIV/PARTIZIP/ADVERB

2.1 Zusammensetzungen, bei denen der 1. Teil für eine Wortgruppe steht oder ein Fugenelement die Teile verbindet (meist Präposition + Nomen): *angsterfüllt (von Angst erfüllt), bahnbrechend, butterweich, hitzebeständig, meterhoch, geschlecht***s***reif, alter***s***schwach, werb***e***wirksam*	**Aber:** *riesig groß (-ig), mehrere Meter hoch*
2.2 Zusammensetzungen von Adjektiven, bei denen der 1. oder 2. Teil nicht selbständig vorkommt: *einfach, zweifach, redselig, blauäugig, schwindsüchtig, vieldeutig, letztmalig*	**Aber:** *hell strahlend, Rat suchend, oben genannt (auch: obengenannt, nichtssagend)*
2.3 Zusammensetzungen, bei denen das dem Partizip zu Grunde liegende Verb zusammengeschrieben wird: *wehklagend (zu wehklagen), irreführend, teilnehmend*	
2.4 Zusammensetzungen aus gleichrangigen (nebengeordneten) Adjektiven: *blaugrau, feuchtwarm, dummdreist, nasskalt*	
2.5 Zusammensetzungen mit bedeutungsverstärkenden/-mindernden Bestandteilen: *bitter (bitterböse, bitterkalt), brand-, dunkel-, erz-, extra-, gemein-, grund-, hyper-, lau-, minder-, stock-, super-, tod-, ultra-, ur-, voll-, ...*	

ZUSAMMEN SCHREIBT MAN	**GETRENNT SCHREIBT MAN**

2.6 Einige häufig gebrauchte Verbindungen mit Adjektiven (ein neues Wort ist entstanden) können getrennt oder zusammengeschrieben werden.

ein schwerverständlicher/schwer verständlicher Text
eine allgemeingültige/allgemein gültige Regel
eine nichtöffentliche/nicht öffentliche Sitzung

2.7 Das gilt auch für alle Verbindungen mit Partizipien, wenn der zu Grunde liegende Infinitiv getrennt geschrieben wird.

Rat suchende/ratsuchende Schüler (Infinitiv: *Rat suchen*)
die Dienst habende/diensthabende Ärztin (Infinitiv: *Dienst haben*)
ein viel versprechender/vielversprechender Vorschlag (Infinitiv: *viel versprechen*)
ein selbst gebackener/selbstgebackener Kuchen (Infinitiv: *selbst backen*)
eine reichverzierte Torte (Infinitiv: *reich verzieren*)

2.8 Kardinalzahlen unter einer Million und alle Ordinalzahlen:
neunzehn, dreizehnhundertelf, der zweimillionste Besucher

Aber: *eine Milliarde fünfhunderttausend Euro*

3. ADVERBIEN, KONJUNKTIONEN, PRÄPOSITIONEN, PRONOMEN

3.1 Konjunktionen, Präpositionen und Pronomen schreibt man zusammen.
anhand, zufolge, zuliebe, sobald, sooft, soviel, inmitten, infolge, indem, irgendetwas, irgendjemand, irgendwer

3.2 Mehrteilige Adverbien, Konjunktionen, Präpositionen und Pronomen, wenn die Wortform oder die Bedeutung der einzelnen Bestandteile nicht mehr erkennbar ist:

bei- (beisammen)	*-seits (andererseits)*
der- (derzeit)	*-so (geradeso, umso)*
-dings (allerdings)	*-wärts (stromabwärts)*
-falls (gleichfalls)	*-wegen (meinetwegen)*
-halber (ehrenhalber)	*-wegs (geradewegs)*
irgend- (irgendwann)	*-weil (alleweil)*
-mal (einmal)	*-weilen (bisweilen)*
-mals (erstmals)	*-weise (bekannterweise)*
-maßen (verdientermaßen)	*-zeit (zurzeit)*
nichts- (nichtsdestoweniger)	*-zeiten (zuzeiten)*
-orten (allerorten)	*-zu (geradezu)*
-orts (mancherorts)	*zu- (zuallerletzt)*

3.3 Fügungen mit *so, wie, genauso, ebenso, zu, allzu, gar, vor* mit Adjektiven getrennt:
allzu groß, wie viel(e), so weit, gar nichts, gar kein, zu hohe Kosten, vor allem

Aber: Wenn ein Teil erweitert ist: groß

in bekannter Weise, den Strom abwärts, das eine Mal, der Ehre halber, zu jeder Zeit

3.4 Getrennt- oder Zusammenschreibung – beides ist erlaubt bei:
imstande sein/im Stande sein, infrage stellen/in Frage stellen, zugrunde gehen/zu Grunde gehen, zuhause/zu Hause bleiben, zuleide tun/zu Leide tun, zurande kommen/zu Rande kommen, zustande bringen/zu Stande bringen, sodass/so dass, anstelle/an Stelle, aufgrund/auf Grund, aufseiten/auf Seiten, mithilfe/mit Hilfe, vonseiten/von Seiten, zugunsten/zu Gunsten

DIE SCHREIBUNG VON STRAẞEN- UND PLATZNAMEN

Straßen- und Platznamen schreibt man ...

– zusammen, wenn sie aus Grund- und Bestimmungswort zusammengesetzt sind:
Bahnhofsplatz, Marktplatz, Hofgasse, Praterstern, Schillerstraße, Schottenring
Das Grundwort kann auch mehrteilig sein: *Rotenturmstraße*

– getrennt bei geographischen Ableitungen mit dem Suffix -er:
Wiener Straße, Kärntner Ring, Südtiroler Platz
Aber: *Großglocknerstraße, Römerstraße, Brennerstraße* (= Namen, keine Ableitung!)

bei Adjektiven mit Beugungsendung:
Lange Gasse (aber: *Langgasse*), *Hohe Brücke, Alter Ring, Rechte Wienzeile*

bei Wortgruppen:
In der Au, Am Hof, Auf der Burg, Unter den Linden, Am Weißen Kreuz

– mit Bindestrich bei mehrteiligen Personennamen:
Friedrich-Schiller-Straße (aber: *Schillerstraße*), *Franz-Schubert-Weg* (aber: *Schubertweg*), *Prinz-Eugen-Platz, Helmut-Qualtinger-Gasse*

Beachten Sie: Manche Behörden (z. B. Gemeindeämter) haben von diesen Regeln abweichende Schreibformen per Verordnung festgelegt.

ZEICHENSETZUNG

(Im Folgenden werden **nur die wichtigsten Regeln** angeführt.)
Achtung: ***Kursiv und grün geschriebene Teile*** in den folgenden Regeln und Beispielen zeigen an, dass es zwei Möglichkeiten gibt.

I. KOMMASETZUNG

EIN KOMMA STEHT	KEIN KOMMA STEHT
Umfassende Regel:	
Grundregel A: Zwischen **gleichrangigen** Teilsätzen, Wortgruppen oder Wörtern, auch wenn diese verbunden sind durch entgegensetzende Konjunktionen, wie ***aber, doch, sondern***.	Grundregel B: Zwischen **gleichrangigen** Teilsätzen, Wortgruppen oder Wörtern, wenn sie verbunden sind durch: ***und, oder, bzw., sowie, entweder – oder, weder – noch, sowohl – als auch.***

1. DAS KOMMA ZWISCHEN SÄTZEN

Zwischen zwei Sätzen grundsätzlich:
a) zwischen 2 HS
b) zwischen HS und NS (NS = Nebensatz, also GS und Attributsatz) (HS, NS oder NS, HS oder HS[1], NS, HS[2])
c) zwischen 2 NS

Beispiele:
HS, HS: *Ich sprang in meinen roten Ferrari, die Autoschlüssel aber waren noch im Schlafzimmer.*

Zwischen zwei gleichrangigen, unvollständigen Sätzen (HS, HS oder NS, NS), wenn sie verbunden sind durch *und, oder, bzw., sowie, sowohl – als auch, weder – noch, entweder – oder* (siehe Grundregel B)

HS, HS (unvollständig); NS, NS
Ich sauste also zurück ins Haus_ und griff in die Tasche meiner Lederjacke, die ich übers Sofa geworfen hatte_ und die so dazuliegen schien wie am Tag zuvor.

EIN KOMMA STEHT	KEIN KOMMA STEHT
HS, NS: *Ich wusste nicht, woher er kam.* NS, HS: *Was ich las, ließ mich erschaudern.* HS[1], NS, HS[2]: *Alles, was ich dachte, war: Wer war das?* NS, NS: *Weil ich nicht wusste, woher der Zettel gekommen war, ging ich in Gedanken den gestrigen Abend durch. Mein Verdacht fiel rasch auf den Friseurladen, den ich beehrt hatte, weil meine Freundin mich als „Bart"-Monster bezeichnet hatte, was mit den „Simpsons" aber nichts zu tun hat.*	**Regel:** *Sind zwei **vollständige** HS (mit eigenem Subjekt und Prädikat) durch „und", „oder" usw. verbunden, kann man ein Komma setzen, muss aber nicht). Da knisterte etwas(,) und ich zog überrascht einen Zettel aus der Tasche.* **Gleichrangige NS:** *Ich wusste nicht, wer mir die Morddrohung hinterlassen hatte_ und wo das passiert sein könnte.*

2. DAS KOMMA BEI SATZWERTIGEN FÜGUNGEN, EINSCHÜBEN UND ERLÄUTERUNGEN

2.1 Infinitivgruppen

Achtung: Richtig schreibt man immer, wenn man die Infinitivgruppen durch Kommas vom Satz trennt. (Manchmal darf allerdings das Komma weggelassen werden.)

Ein Komma muss stehen bei Infinitivgruppen
a) ... mit „um zu", „ohne zu", „(an)statt zu", „als zu", „außer zu":
Ich ging also zum Friseur, um mich dort umzusehen.

b) ..., die von einem Nomen abhängen
Der Versuch, irgendetwas herauszubringen, schlug fehl.

c) ..., die von einem Verweiswort abhängen:
Daran, jetzt aufzugeben, dachte ich nie.

Beachten Sie:
1. Manchmal hängt die Kommasetzung vom Sinn ab, den man vermitteln will.
„Ich ersuchte(,) meine Freundin(,) rasch anzurufen."

2. Die NS-NS-Regel gilt auch hier: *Ich beschloss nun, zur Polizei zu gehen_ **und** sie von der Morddrohung zu informieren.*

2.2 Partizip- und Adjektivgruppen

können, müssen aber nicht durch Komma abgetrennt werden:

Durch den Zuspruch eines Polizisten gestärkt, fasste ich mich wieder.	*Durch dessen Zuspruch gestärkt fasste ich mich wieder.*
Ich hätte ihn, außer mir vor Freude, umarmen können.	*Ich hätte ihn außer mir vor Freude umarmen können.*

2.3 Zusätze und Nachträge

Zusätze und Nachträge grenzt man mit Beistrich ab (bei Einschüben davor und danach Komma); das betrifft:

- Appositionen
- nachgestellte Erläuterungen (erklärende Aufzählungen)
- durch ein hinweisendes Wort angekündigte Wörter/Wortgruppen

2.3.1 Appositionen *Da holte mich Dr. Greifer, der Chefinspektor, in sein Büro.*	*Der Chefinspektor(,) Dr. Greifer(,) war sehr besorgt.* *(Eigennamen nach Titeln und Berufsbezeichnungen dürfen durch Kommas abgetrennt werden, müssen aber nicht.)* **Kein Komma bei Herrschernamen:** *Pippin der Kurze, Karl der Große, Leopold der Glorreiche*

EIN KOMMA STEHT	KEIN KOMMA STEHT
2.3.2 Nachgestellte Erläuterungen (erklärende Aufzählungen) eingeleitet mit: *und zwar, vor allem, das heißt (d. h.), (wie) zum Beispiel (z. B.), insbesondere, besonders ...* *In letzter Zeit, vor allem in den letzten Wochen und Tagen, waren mehrfach derartige Drohungen aufgetaucht, erklärte er mir.* *Vorige Woche, und zwar am Montag, hatte es sogar 45 Anzeigen gegeben.* *Einige Frauen, insbesondere meine Freundin, würden dennoch seit einiger Zeit verdächtigt.*	*Wichtige Identifizierungsmerkmale(,) wie Fingerabdrücke oder DNA-Spuren(,) wurden nirgends gefunden.* ***Bei Einleitung mit „wie" können die Kommas entfallen.***
2.3.3. Durch ein hinweisendes Wort angekündigte Wörter/ Wortgruppen: *Sie, die immer so Friedliche, sollte bei so etwas mitgemacht haben? Sie, ohne jede Rücksicht auf die Folgen, sollte sogar selbst solche Zettel geschrieben haben? Daran, so rasch aufzufliegen, hatte sie wohl nicht gedacht.*	

3. DAS KOMMA INNERHALB EINES SATZES

3.1 Bei direkter Rede

Nach direkter Rede steht immer ein Komma (auch nach Ausrufe- und Fragezeichen). *„Warum hast du das getan?", fragte ich sie.* Einschübe in die direkte Rede stehen zwischen zwei Beistrichen: *„Ich habe", sagte sie zögernd, „nichts Verbotenes getan."*	

3.2 Ausrufe – Anreden – Bejahung/Verneinung/Bekräftigung/Bitte

3.2.1 Ausrufe *Oh, welche Überraschung! Doch so war es, ach, nun mal.*	**Aber:** *Oh wie unerklärlich sind die Frauen!* (ohne Hervorhebung!)
3.2.2 Anreden *Ich sagte: „Ich wünsche mir von dir, liebe Ruth, nur eine einfache Erklärung, warum dann gerade du, meine Teure, in Verdacht geraten bist."*	
3.2.3 Bejahung, Verneinung, Bekräftigung, Bitte *Ja, da erfuhr ich nur das Übliche. Nichts Neues, leider.* *„Komm doch, bitte, abends in die Wohnung meiner Eltern", fügte sie noch hinzu.*	**Aber:** *„Komm doch bitte pünktlich!"* (ohne Hervorhebung)

3.3 Aufzählungen gleichartiger Satzteile

3.3.1 Grundsätzlich durch Komma getrennt: *Kopf, Augen, Nase schmerzten mich.* *Es waren lange, bedrückende Minuten gewesen.*	Kein Komma, wenn das letzte Adjektiv von mehreren mit dem nachfolgenden Nomen einen Gesamtbegriff bildet (nicht gleichrangige Aufzählungen): *Ich brauchte frischen **schwarzen Tee** oder einen kleinen **italienischen Mokka**.*
3.3.2 Ein Komma steht vor (entgegensetzenden) Konjunktionen wie **aber, doch, sondern:** *Da kam mein Freund und sagte: „Nicht dir, **sondern** ihr hat die Drohung gegolten." Ich war geschockt, **aber** geistig hellwach.*	Kein Komma steht vor: **und, oder, bzw., sowie, sowohl als auch, weder – noch, entweder – oder** *Ich schaute nach. Tatsächlich: Die Drohungen und die Anschuldigungen **bzw.** Vorwürfe hätten auch für sie bestimmt gewesen sein können.*

3.4 Orts-, Wohnungs-, Zeit- und Literaturangaben

Ich suchte die Adresse der Eltern meiner Freundin aus dem Internet-Telefonbuch: Ruth und Paul Schnüffler, Wien, Auweg 11, 1. Stock(,) musste stimmen. Darunter stand noch: Privatdetektive. Auf ihrer Homepage fand ich den verwirrenden Verweis „Endgültiges Dienst-Ende ab Freitag, dem 14. Oktober(,) um 14 Uhr!“ und einen Hinweis auf die Broschüre „Hilfe bei Morddrohungen“, 3. Ausgabe, Heft 8, 2009(,) und ein Bestellformular.
(Nach der letzten Angabe kann der Beistrich entfallen.)

3.5 Vergleiche mit „wie“/„als“

Vergleichs**sätze** (finites Verb folgt!) werden wie alle NS durch Komma abgetrennt:
Offenbar feierten sie ein rauschendes Fest, als hätten sie im Lotto gewonnen. „Wir haben durch die Drohungen so viel verdient, wie wenn wir 10 Jahre Bankdirektoren gewesen wären“, sagten sie.

Kein Komma vor Vergleichen mit wie/als!

Ich betrat die Wohnung am Auweg und schaute wohl drein_ wie ein begossener Pudel.

Ich kam mir vor_ wie der größte Blödmann. Das Ganze war also nichts anderes gewesen_ als ein gelungener Werbe-Gag!

II. WEITERE WESENTLICHE SATZ- UND WORTZEICHEN

1. Kennzeichnung des Schlusses von Ganzsätzen durch
   - Punkt: Ich habe mit ihr erst gestern gesprochen. Er hat mir sehr geholfen.
   - Rufzeichen: (bei nachdrücklichen Behauptungen, Aufforderungen, Grüßen, Wünschen, Ausrufen) *Das warst sicher du! Geh sofort weg! Servus! Bitte nicht stören! Nein, nein und noch einmal nein! Au!*
   - Fragezeichen: *Konnte ich Ihnen helfen? Dürfen wir eintreten? Ergibt sich das nicht von selbst?*
2. Doppelpunkt als Ankündigungszeichen von Weiterführendem
   Groß weiter, wenn ein Ganzsatz folgt: *Wir stellen fest: **D**as Verhalten der Jugendlichen hat sich verbessert.*
   Klein weiter, wenn ein elliptischer (unvollständiger) Satz folgt: *Alle waren da: **d**ie Großeltern, die Eltern, Kinder und die Enkel.*
3. Anführungszeichen: zur Kennzeichnung der direkten Rede oder von Zitaten, Eigennamen, Titeln:
   Er sagte: „Nicht mit mir.“ – Der Roman „Und heute nicht“ hatte wenig Erfolg. – In Zeile 2 nennt der Autor seine Hauptfigur „eine wenig attraktive ältere Dame“.
   Beachten Sie: *Im vierten Absatz findet sich folgender Dialog: „Frau Boldman: ‚Nicht mit mir!‘ – Harald: ‚Wir werden sehen!‘“*
4. Gedankenstrich zur Gliederung von Textteilen, insbesondere
   - zur Ankündigung von Wichtigem: *Plötzlich näherte sich – ein metallisches, glänzendes Etwas.*
   - zwischen Ganzsätzen zur Kennzeichnung eines Wechsels: *Siehst du das? – Ja, ich sehe es. – Dann ist es ja gut.*
   - zur Abgrenzung von Zusätzen oder Nachträgen (oft Parenthesen): *Auf einmal – ihr werdet es kaum glauben – erschien sie. – Herr Dr. Edler – er war ein bekannter Chirurg – hat sie operiert.*
5. Klammern zur Gliederung von Textteilen
6. Apostroph zur Markierung von Ausgelassenem
   - Genitiv von Eigennamen auf (-s, -ss, -ß, -tz, -z, -x, -ce): *Carlos' Schwester, Felix' Haus, Alice' Schuhe*
   Beachten Sie: Häufig falsch: ~~Heini's Bar, Jakob's Imbiss~~ (fälschlich angelehnt ans Englische)
   - Wörter mit Auslassungen: *Er hat's erfasst. Ich konnt' es nicht glauben. 's ist so.*
   - Kein Apostroph beim Imperativ: *Lass mich in Ruhe. – Bleib, wo du bist.*
7. Ergänzungsstrich zur Anzeige der Auslassung gleicher Bestandteile in Zusammensetzungen und Aufzählungen
   - letzter Bestandteil: *Holz- und Metallkunde, Haupt- und Nebeneingang, saft- und kraftlos*
   - erster Bestandteil: *Elektrowarenerzeugung und -handel, hinunterklettern oder -springen*
   - erster und letzter Bestandteil: *Textilgroß- und -einzelhandel*
8. Der Strichpunkt trennt stärker als ein Komma, aber weniger stark als ein Punkt: *Er trug das verletzte Tier an den Straßenrand; so hatte er sich den Abend nicht vorgestellt.*

9. **Die Schreibung mit Bindestrich**
Der Bindestrich verbindet Zahlen und einzelne Buchstaben mit Wörtern oder macht die Trennung innerhalb längerer Zusammensetzungen deutlich (Druck-Erzeugnis, Software-Angebotsmesse). Spezielle Regelungen betreffen die Schreibung von Eigennamen.
   - **Ein Bindestrich steht in Zusammensetzungen (= zwei Wortstämme sind verbunden) mit Einzelbuchstaben, Zahlen und Abkürzungen:** *A-Dur, x-mal, Na-haltig, Kfz-Schlosser, Abt.-Ltr., 8-Zylinder, 2:0-Sieg, 2/3-Mehrheit, 8-mal*
   - **Ein Bindestrich steht in Ableitungen (= nur ein Wortstamm) nur dann vor Suffixen (Endsilben wie -ig, -te, -fach), wenn davor ein Einzelbuchstabe steht:** *x-te, zum x-ten Mal, die n-te Potenz*
     Aber: *25fach, ein 68er, 100%ig*
   - **Zusammensetzungen gemäß Punkt 2 erweitert um einen zusätzlichen Wortteil:**
     in den 80er-Jahren (auch 80er Jahren, Achtzigerjahre, achtziger Jahre), die 61er-Bildröhre
   - **Nominalisierte Mehrfach-Zusammensetzungen:**
     *das In-die-Luft-Gucken, das In-den-Tag-Träumen, das Als-**ob**, das Entweder-oder, das Make-up* (**Aber:** *das Autofahren, Walzertanzen* = einfache Zusammensetzung + Infinitiv)
   - **Ein Bindestrich steht in Zusammensetzungen mit Wortgruppen, die bereits einen Bindestrich enthalten:**
     Die A-Dur-Tonleiter, die 35-Stunden-Woche, die De-facto-Anerkennung

WORTTRENNUNG AM ZEILENENDE

(Silbentrennung)

Grundregel: Die Trennungen sollen beim Lesen nicht sinnstörend sein, z. B.
nicht *Schulter-rarium*, sondern *Schul-terrarium*;
nicht *Anden-ken*, sondern *An-denken*;
nicht *Autoren-nen*, sondern *Auto-rennen*;
nicht *Hörner-ven*, sondern *Hör-nerven*;
nicht *Urin-stinkt*, sondern *Ur-instinkt*.

1. **Nicht zusammengesetzte Wörter werden grundsätzlich nach Sprechsilben getrennt**
(in diejenigen Teile, die beim langsamen Sprechen entstehen), d. h. auch, dass ein **einzelner Konsonant** bzw. **von mehreren Konsonanten der letzte** auf die nächste Zeile kommt. Als einzelne Konsonanten gelten auch die wie ein einziger Konsonant gesprochenen Schriftzeichen **ch, sch, ck, ph, th, sh.**
*Bau-er, Mu-se-um, zei-gen, hüp-fen, Künst-ler, Me-than, Wes-pe, Wä-sche, We**s-t**e, We-**ck**er*

   Sonderregeln dazu:
   a) Einzelne Vokale dürfen im Inneren eines Wortes getrennt werden, **nicht aber ein einzelner Vokal am Anfang oder Ende eines Wortes.** *Vi-o-line, Sau-e-rei.* **Aber:** *laue, Kleie, Abend, ehe-mals, Ober*

   b) In Fremdwörtern können die Buchstabenverbindungen **„ein Konsonant + l, r, n"** getrennt werden **oder** ungetrennt auf die nächste Zeile kommen: *Zy-klus – Zyk-lus, Hy-drant – Hyd-rant*

2. **Zusammensetzungen und Wörter mit Präfix werden nach ihren Bestandteilen getrennt:**
Bauern-hof, Heim-weg, Ver-lust, Ent-wurf, Kon-trast-mittel

   Sonderregeln dazu:
   a) Ist die Zusammensetzung nicht mehr als solche zu erkennen, **kann** man auch nach Sprechsilben trennen: *hi-nauf (hin-auf), an-ei-nan-der (an-ein-an-der), Klei-nod (Klein-od)*

   b) Zusammengesetzte Fremdwörter **können auch nach Sprechsilben** getrennt werden: *Pä-da-go-gik, Pa-no-ra-ma (Päd-a-go-gik, Pan-o-ra-ma)*

GRAMMATIK – KOMPAKT

STOCKINGER
SCHÖRKHUBER
HOFBAUER
GEISLER

TRAININGSTEIL

KOMPETENZ: DEUTSCH 1 MODULAR

SPRACHBUCH FÜR HÖHERE SCHULEN

NEU!

1. Auflage 2019 (1,00)

Satz: LIGATUR – Brigitte Puschmann, 1120 Wien
Druck und Bindung: Brüder Glöckler GmbH, 2752 Wöllersdorf
ISBN 978-3-230-04680-2
Teil der SBNR Buch: 190006/SBNR Buch + E-Book: 190964

TEXTGRAMMATIK

TEXTE

unterscheiden sich von willkürlichen Aneinanderreihungen von Wörtern und Sätzen durch folgende Gesichtspunkte:

- Ein Text hat einen Sender und einen Empfänger. Sender und Empfänger können identisch sein (z. B. Notizen).
- Ein Text wird mit einer bestimmten Absicht produziert (z. B: Man will etwas erklären; man will seine Gefühle zum Ausdruck bringen) und enthält Elemente, die diese Absicht unterstützen (z. B. einen Titel, eine bestimmte Gliederung).
- Jeder Text hat eine Bedeutung. Diese erhält er aufgrund der Situation, in deren Zusammenhang jeder Text steht. Denn jeder Text wird für eine bestimmte Situation produziert (z. B: Ein Aufruf zum Verzicht auf Fleisch hat eine andere Bedeutung, wenn er für die Situation „Referat vor Schülern/Schülerinnen" produziert wird, als wenn er als Kommentar in einer Zeitung veröffentlicht wird).

Daraus ergeben sich drei wesentliche Merkmale von Texten:

1. Kohärenz

ist der **inhaltlich-logische Zusammenhang** zwischen Sätzen. Dieser Zusammenhang ergibt sich aus dem Wissen um Wörter und ihre Bedeutungen, dem Weltwissen und dem Textwissen (wie Texte in bestimmten Situationen normalerweise sind).

„Meine Tochter konnte den Unterricht von Montag bis Mittwoch nicht besuchen. Sie hatte Fieber" wird als kohärenter Text verstanden, wenn der Leser/die Leserin

a) die Bedeutungen der Wörter kennt,
b) weiß, dass für das Fernbleiben vom Unterricht eine gerechtfertigte Begründung nötig ist, und
c) weiß, wie Texte, die das Fernbleiben vom Unterricht rechtfertigen, gewöhnlich sind.

„Meine Tochter konnte den Unterricht nicht besuchen. Sie hatte Kleingeld" erfüllt die zweite Bedingung nicht. Seine Kohärenz ist problematisch.

2. Situationalität

Ob ein Text für einen bestimmten Empfänger akzeptabel ist, hängt stark davon ab, ob dieser einen Zusammenhang zwischen der empfangenen Äußerung und **seiner Situation** herstellen, den Text also **in seine Vorstellungswelt „einbauen"** kann.

3. Kohäsion

ist **der grammatische Zusammenhalt** des Textes. Sätze eines Textes enthalten Elemente, die über den Satz hinaus eine Beziehung zu anderen Elementen in anderen Sätzen des Textes herstellen. Wichtige Kohäsionsmittel sind:

- **Leitwörter:** Wörter, die in einem Text häufig vorkommen und das Thema des Textes mitbestimmen. Sie treten auf als:
  - **Wiederholungen:** *Gestern beobachtete ich einen* ***Ladendieb*** *in der Kosmetikabteilung. Der* ***Ladendieb*** *trug einen weiten Mantel ...*
  - **Ersatzwörter:** *Gestern beobachtete ich einen* ***Ladendieb*** *in der Kosmetikabteilung. Der* ***Mann****/Dieses* ***Subjekt*** *trug einen weiten Mantel ...*
    Als Ersatzwörter werden u. a. Synonyme, Unter- oder Oberbegriffe und Metaphern verwendet.
- **Ersatzformen (Pro-Formen):** Wörter, die für ein anderes, in einem Text schon einmal genanntes Wort stehen:
  - **Pronomen:** *Der Ladendieb war mit einem Mantel bekleidet. In der Hand trug* ***er*** *eine Ledertasche.*
  - **Adverbien:** *Der Chef ist auf einer Alm. Er erholt sich* ***dort****.*
- **Konjunktionen:** *Die Bevölkerung protestiert heftig.* ***Denn*** *es hat schon wieder Preiserhöhungen gegeben.*
- **Unbestimmter und bestimmter Artikel:** *Gestern beobachtete ich* ***einen*** *Ladendieb in der Kosmetikabteilung.* ***Der*** *Ladendieb trug einen weiten Mantel ...*
- **Situationsverweise:** Proformen und der bestimmte Artikel können auf etwas hinweisen, das nicht im Text genannt wird, sondern aus der Situation deutlich wird. Das geschieht häufig in der gesprochenen Sprache: *„Ich weiß nicht, wo meine Brille ist. Sie lag doch gerade noch* ***hier****."*
- **Ellipsen:** Ellipsen erscheinen als unvollständige Sätze oder Satzteile, sie verweisen oft auf vorher bereits Angedeutetes: *„Das Hinspiel ging ziemlich deutlich verloren.* ***Das Rückspiel nicht.****"*
- **Ausdrückliche Verknüpfungen:** Dabei handelt es sich vor allem um formelhafte Wendungen, mit denen man zurück oder nach vorne weist. **Man spricht im Text über den Text:**
  Wie bereits erwähnt, *müssen wir* ***Folgendes*** *in Angriff nehmen: ...*
  Im nächsten Punkt *werden Sie erfahren, welche Kohäsionsmittel es gibt.*

Alle Kohäsionsmittel, die in einem Text auf etwas Kommendes oder auf bereits Erwähntes verweisen, werden auch als **Verweiswörter** bezeichnet.

Auch Texte, die über keinerlei Kohäsionsmittel verfügen, können kohärent sein.
„Kannst du mir bitte Wasser einschenken? Ich habe Durst."

Die Thema-Rhema-Gliederung

(auch *aktuelle Satzgliederung, funktionale Satzperspektive*)

... ist in der funktionalen Grammatik ein Ansatz, den inhaltlichen Aufbau von Sätzen und Texten zu beschreiben.

- Das **Thema** ist die Ausgangsinformation, das schon Bekannte,
- während das **Rhema** die darauf bezogenen Ausführungen bzw. das inhaltlich Neue bezeichnet.

Einheiten können aus dem vorangehenden Text bekannt und vorher eingeführt sein (Beispiel 1) oder aber sich aus dem Vorwissen ergeben (Beispiel 2):

(1) *Es war einmal ein Ladendieb* (**Rhema**). *Der* (**Thema**) *hatte sich verkalkuliert.*
(2) *Satzgefüge* (**Thema**) *sind oft verschachtelt.*

Als **Ausdrucksmittel für die Thema-Rhema-Struktur** dienen im Deutschen vor allem:

- die **Betonung** (des Rhemas),
- die **Satzgliedstellung**: Thema am Satzanfang, Rhema am Satzende (betonte Endstellung) und
- besondere grammatische oder lexikalische **Mittel der Perspektivierung** wie etwa das Passiv.

Sowohl das Thema als auch das Rhema können mehrere Satzglieder umfassen, wobei in einem Satz das Thema fehlen kann. Satzglieder mit dem größten Mitteilungswert befinden sich in der Regel am Ende des Satzes (betonte Endstellung).

SÄTZE

Ein vollständiger Satz besteht zumindest aus einem finiten Verb (= Personalform) und allen Satzgliedern, die dieses Verb verlangt.

Satzformen

Nach der Stellung des finiten Verbs unterscheidet man drei Satzformen:

- **Verberstsatz (V1-Satz):** ***Hat*** *jemand mein Smartphone genommen?*
- **Verbzweitsatz (V2-Satz):** *Jemand* ***hat*** *mein Smartphone genommen.*
- **Verbletztsatz (V^{letzt}-Satz):** *Ich bin wütend, weil jemand mein Smartphone genommen* ***hat.***

Der **V2-Satz** gilt als das typisch deutsche Satzmuster. Er wird häufig für das

- Berichten, das Erzählen, Aussagen, Vermutungen etc. verwendet.
  Ich ***ging*** *einen Fluss entlang. Darin* ***können*** *Warane gewesen sein.*
- Außerdem wird er für W-Fragen verwendet ...,
  Wann ***kommst*** *du zurück?*
  Wer ***hat*** *Angst vor dem bösen Wolf?*
- aber auch für Fragen ohne W-Wort:
  Du ***hast*** *den Jackpot geknackt?* (Stimmführung beachten!)
- Auch Aufforderungen/Befehle können mit dem V2-Satz ausgedrückt werden:
  Du ***entschuldigst*** *dich sofort bei deinem Nachbarn!*

Der **V1-Satz** stellt für den Leser/die Leserin/den Hörer/die Hörerin ein besonderes Signal dar: Er fordert auf, dass man reagiert. Beispiele:

Wirst *du bald zurückkehren?* verlangt eine Antwort.
Gibst *du mir bitte die Zeitung herüber?* verlangt eigentlich keine Antwort, sondern eine Handlung.
Kommen *Sie heraus!* verlangt eine Handlung.

Der **V^{letzt}-Satz** stellt ebenfalls ein besonderes Signal dar. Man muss ihn normalerweise auf eine andere sprachliche Einheit, z. B. einen anderen Satz, beziehen. Beispiel:

„*..., weil es seit Tagen* ***regnete***" muss man z. B. auf „*Die Gäste reisten ab*" beziehen, damit sich ein vollständiger Sinn ergibt.
„*Während die Familie auf Urlaub* ***war***" ergibt z. B. dann einen vollständigen Sinn, wenn er auf eine Frage wie „*Wann schlug der Blitz in das Haus ein?*" bezogen wird.

Satzarten

Sätze
- einfacher Satz
- zusammengesetzter (komplexer) Satz
  - Satzreihe (Reihung gleichrangiger Teilsätze)
  - Satzgefüge (über- und untergeordnete Teilsätze)

Einfacher Satz

Ein einfacher Satz ist üblicherweise ein V1- oder ein V2-Satz. Sein Zentrum bildet ein einziges Prädikat. Er ist vollständig, wenn er alle Bestandteile enthält, die das Prädikat fordert. Beispiele:

Einfacher Satz als V1-Satz:	***Halten** Sie bitte endlich den Mund!*
	***Bist** du schon einmal in San Diego gewesen?*
Einfacher Satz als V2-Satz:	*Ivica **hätte** sie unterstützen können.*
Einfacher Satz – vollständig:	*Emil **schläft**. („Schlafen" verlangt nur einen einzigen weiteren Bestandteil.)*
	*Ich **schleuderte** die Tasche in die Ecke. („Schleudern" verlangt hier drei weitere Bestandteile.)*
Einfacher Satz – unvollständig:	*Alev **legte** den Kugelschreiber. („Legen" verlangt drei weitere Bestandteile.)*
	*Wem **gehört**? („Gehören" verlangt zwei weitere Bestandteile.)*

Zusammengesetzer (komplexer) Satz

Zusammengesetzte Sätze bestehen aus mehreren Teilsätzen. Die Teilsätze heißen Hauptsatz und Nebensatz. Ein **Hauptsatz** ist ein Teilsatz, der keinem anderen Satz untergeordnet ist, ein **Nebensatz** ist ein Teilsatz, der von einem anderen Satz abhängt (diesem untergeordnet ist).

Satzreihe (Parataxe)

... ist ein zusammengesetzter Satz, der aus gleichrangigen Teilsätzen besteht.

- Hauptsatzreihe: *Er sitzt auf der Bank, sie lehnt an einem Baum und die Kinder spielen im Gras.*
- Nebensatzreihe: *(Er weiß nicht), ob sie kommt und ob sie etwas mitbringen wird.*

Satzgefüge (Hypotaxe)

... ist ein Satz, der aus zumindest einem übergeordneten und einem untergeordneten Teilsatz besteht, also zumindest einem Hauptsatz und einem Nebensatz.
Der Hauptsatz ist ein V1- oder V2-Satz.

*Alev **trägt** Kontaktlinsen,*	*weil sie Brillen hasst.*
***Trägt** Alev Kontaktlinsen,*	*weil sie Brillen hasst?*
Hauptsatz	

Auch wenn der Nebensatz vor dem Hauptsatz steht, ist der Hauptsatz ein V2-Satz, weil der Nebensatz dann die 1. Stelle im Satz(-gefüge) einnimmt.

Da sie Brillen hasst,	***trägt***	*Alev Kontaktlinsen.*
Nebensatz = 1. Stelle	2. Stelle	

Kennzeichen von Nebensätzen:

Nebensätze haben ein Einleitewort, und zwar eine Konjunktion, ein Pronomen oder ein w-Pronominaladverb, und sind üblicherweise V^{letzt}-Sätze (Ausnahmen!):

	Nebensatzklammer				
Alev trägt Kontaktlinsen,	***weil***	*sie Brillen*	***hasst.***		Einleitewort: Konjunktion
Alev,	***die***	*Brillen*	***hasst,***	*trägt Kontaktlinsen.*	Einleitewort: Pronomen
Das ist das Einzige,	***worum***	*Alev dich*	***bittet.***		Einleitewort: w-Pronominaladverb
	Einleitewort		finites Verb		

Ausnahmen:

- Der Nebensatz ist ein V2-Satz im verkürzten dass-Satz oder im verkürzten als-ob-Satz:
  *Ich hoffe, ihr **hattet** eine angenehme Reise (= ..., dass ihr eine angenehme Reise **hattet**).*
  *Sie tat, als **hätte** sie nichts gehört (= ..., als ob sie nichts gehört **hätte**).*
- Der Nebensatz ist ein V1-Satz im verkürzten wenn-Satz:
  ***Regnet** es (= wenn es **regnet**), bleiben wir zu Hause.*

Nebensätze können nicht nur Hauptsätzen, sondern auch anderen Nebensätzen untergeordnet sein.

Sie gaben die Hoffnung nicht auf,	*weil sie wussten,*	*dass Menschen in der Nähe waren.*
Hauptsatz	dem Hauptsatz untergeordneter Nebensatz	dem Nebensatz untergeordneter Nebensatz

Arten von Nebensätzen

Nebensätze lassen sich nach verschiedenen Kriterien einteilen. Entsprechend unterschiedlich ergeben sich Arten von Nebensätzen.

A. Kriterium Form (Wie wird der Nebensatz eingeleitet?):

a) ausgebaute Nebensätze:
- **Konjunktionalsatz** (Einleitewort Konjunktion): *Wir kommen,* ***sobald*** *der Hund bellt.*
- **Pronominal-/Relativsatz** (Einleitewort Pronomen/w-Pronominaladverb): *Er kauft den Ring,* ***der*** *golden glänzt.*
- **uneingeleiteter Nebensatz** (verkürzter dass- oder wenn-Satz): *Wir denken,* ***sie hat Recht.*** (Achtung: finites Verb an 2. Stelle [weil das Einleitewort fehlt], trotzdem Nebensatz) / ***Kommt er früher,*** *können wir früher beginnen.*

b) satzwertige Fügungen: haben nicht die Form eines üblichen Nebensatzes, weil ihnen das finite Verb fehlt. Sie erfüllen aber die Aufgabe eines Nebensatzes im Satzgefüge.
- **Infinitivgruppe:** *Sie verabsäumten es,* ***rechtzeitig zu warnen.***
- **Partizipialgruppe:** ***Vom Hunger geplagt,*** *näherten sich die Wölfe dem Dorf./Sie flohen,* ***alles Gestohlene zurücklassend.***
- **Absoluter Akkusativ:** *Einer nach dem anderen schlich herein,* ***die Hände in den Hosentaschen.*** (Man kann *haltend/habend/tragend* ergänzen.)
- **Adjektivgruppe:** ***Seit Jahren unglücklich,*** *wurde er immer stiller.* (Man kann *seiend* ergänzen.)

B. Kriterium Funktion (Welche Aufgabe hat der Nebensatz im Satzgefüge?):

a) Gliedsätze: vertreten Satzglieder des übergeordneten Satzes.
- **Subjektsatz** (vertritt das Subjekt): ***Wer sich nicht meldet,*** *ist selbst schuld.*
- **Objektsatz** (vertritt ein Objekt): *Wir vermuten,* ***dass die Maschine beschädigt ist.***
- **Adverbialsatz** (vertritt ein Adverbial): ***Seit wir hier wohnen,*** *wirkt er viel heiterer.*
- **Prädikativsatz** (vertritt ein Prädikativ [nach *sein, werden, bleiben, heißen, scheinen*]): *Dieser Erfolg ist,* ***was sie gebraucht hat.***

b) Attributsätze: vertreten ein Attribut, also einen Teil eines Satzgliedes; sie sind nicht verschiebbar: *Das ist der Star,* ***den alle bewundern.*** *(Das ist der von allen bewunderte Star.)*

c) weiterführende Nebensätze (vertreten weder Satzglied noch Attribut des Hauptsatzes, sondern beziehen sich auf den gesamten Hauptsatz): *Heute wurde die Tierfabrik geschlossen,* ***was von den meisten begrüßt wird.***

C. Kriterium Bedeutung (Was gibt der Nebensatz an?):

a) Temporalsatz (Angabe der Zeit): ***Während drinnen verhandelt wurde,*** *wurde draußen demonstriert.*
Konjunktionen: nachdem, seit, während, bevor, als, wenn, solange, bis

b) Lokalsatz (Angabe des Ortes): *Die Steppe beginnt,* ***wo der Fluss eine Krümmung macht.***
Konjunktionen: wo, wohin, woher

c) Modalsatz (Angabe der Art und Weise): *Die Gegend wirkt,* ***als ob sie noch nie betreten worden wäre.***
Konjunktionen: indem, wie, wie wenn, als ob, ohne dass, (an)statt dass/zu

d) Kausalsatz (Angabe des Grundes): ***Weil es kaum regnet,*** *gedeiht fast nichts.*
Konjunktionen: weil, da, zumal

e) Konzessivsatz (Angabe des Gegengrundes): ***Obwohl es genügend Nahrungsmittel gibt,*** *verhungern täglich Tausende.*
Konjunktionen: obwohl, obgleich, obschon, wenn auch, wenngleich, wiewohl

f) Konditionalsatz (Angabe der Bedingung): ***Wenn wir nichts unternehmen,*** *wird sich nichts ändern.*
Konjunktionen: wenn, falls, sofern

g) Finalsatz (Angabe des Zweckes): *Wir müssen etwas unternehmen,* ***damit sich etwas verändert.***
Konjunktionen: damit, auf dass, um ... zu

h) Konsekutivsatz (Angabe der Folge): *Der Widerstand war unerwartet heftig,* ***sodass sie sich nicht durchsetzen konnte.***
Konjunktionen: dass, als dass, sodass, ohne dass, um ... zu, ohne ... zu

Der Nebensatz in *Sie rodeten die Wälder,* ***obwohl sie damit den Lebensraum der indigenen Bevölkerung zerstörten*** ist also zugleich: Konjunktionalsatz (Kriterium Form), Adverbialsatz (Kriterium Funktion) und Konzessivsatz (Kriterium Bedeutung).

Eigenschaften von Gliedsätzen
Gliedsätze lassen sich
- wie Satzglieder verschieben: ***Seit wir übersiedelt sind,*** *wirkt er heiterer. – Er wirkt heiterer, seit wir übersiedelt sind.*
- durch einfache Satzglieder, Pronomen oder Adverbien ersetzen: ***Seit wir übersiedelt sind,*** *wirkt er heiterer. – Seit unserer Übersiedlung wirkt er heiterer. – Seither wirkt er heiterer.*
- vom übergeordneten Satz aus erfragen: ***Seit wir übersiedelt sind,*** *wirkt er heiterer. – Seit wann wirkt er heiterer?*

Satzglieder und Attribute
Sätze bestehen nicht aus Wörtern, sondern aus dem Prädikat und Satzgliedern. Satzglieder lassen sich durch die Verschiebeprobe ermitteln: **Was im V2-Satz vor dem finiten Verb (= Personalform; 2. Stelle) stehen kann, ist genau ein Satzglied.** Satzglieder können aus einem Wort, mehreren Wörtern oder einem Gliedsatz bestehen. Das Prädikat mit der finiten Verbform ist kein Satzglied, weil es nicht als Ganzes verschoben werden kann, ohne dass sich die Satzform verändern würde (im V2-Satz kann klarerweise das finite Verb nicht vor das finite Verb geschoben werden).
Die Verschiebeprobe zeigt auch, dass ein Satz aus mehreren Feldern besteht.

Satzklammer (linkes Verbfeld + rechtes Verbfeld)

Vorfeld	linkes Verbfeld	Mittelfeld	rechtes Verbfeld	Nachfeld (Ausklammerung)
Er	will	als Schweißer in Europa Geld für seine Familie im Sudan	verdienen.	
Für seine Familie im Sudan	will	er in Europa als Schweißer Geld	verdienen.	
Das Problem	haben	wir schneller als alle anderen	gelöst.	
Sie	fuhren	mit dem Fahrrad durch die Gegend.	–	
Wir	haben	das Problem schneller	gelöst	als alle anderen.
—	Glaubst	du ihm das?	–	
—	Bleiben	Sie	stehen!	
Aus Neugier	wollte	sie sich	umsehen	im Haus. (gesprochene Sprache)
Sie	wussten,	–	–	dass es nicht reichen werde.
1 oder 0 Satzglieder	**finites Verb**	**mehrere Satzglieder möglich**	**weitere Prädikatsteile**	**1 Satzglied**

Übersicht über die Satzglieder
Es gibt zwei Arten von Satzgliedern:
- **Ergänzungen** sind **obligatorische Satzglieder**, die **vom Verb gefordert** werden (im Verb angelegt sind). Ohne sie ist der Satz nicht vollständig. Das Verb legt also fest, wie viele Ergänzungen nötig sind.
  „geben“: ***Jemand*** *gibt* ***jemandem etwas:*** *Der Mann gab der Frau die Papiere.* „Geben“ fordert also drei Ergänzungen.
  „niesen“: ***Jemand*** *niest: Nora niest.* „Niesen“ fordert eine Ergänzung.
- **Angaben** sind Satzglieder, die **zusätzliche Informationen** liefern. Sie können prinzipiell mit jedem Verb auftreten.
  Mit mürrischem Gesicht *gab der Mann* ***gestern*** *der Frau die Papiere.*
  Seit letzter Woche *niest Nora* ***immer wieder heftig.***

Bezeichnung	Beispiele	Anmerkungen/ Proben (E = Ersatzprobe, F = Frageprobe)
Subjekt[1,2]	**Eines der teuersten Gemälde der Welt** wurde gestern versteigert.	Subjekt = Ergänzung im Nominativ E: mit Pronomen im Nominativ F: Wer? Was?
Objekte[1]		
Akkusativobjekt	Ein Sammler kaufte **das Bild von Francis Bacon.**	E: Pronomen im Akkusativ F: Wen? Was?
Dativobjekt	Er schenkte es **einem Museum.**	E: Pronomen im Dativ F: Wem?
Genitivobjekt	Sie bezichtigten ihn **des Diebstahls.**	E: Pronomen im Genitiv F: Wessen?

Präpositionalobjekt	Sie dachten **an die Ferien**. Alles hing **von seiner Entscheidung ab**.	Das Verb fordert eine ganz bestimmte Präposition. Diese ist nicht austauschbar und hat ihre ursprüngliche Bedeutung verloren *(z. B.* ***unter*** *etwas leiden,* ***auf*** *etwas achten)*. Der Kasus wird von der Präposition festgelegt. E: Präposition + Pronomen F: Präp. + Wen? (= Akk.) Wem? (= Dat.) Wessen? (= Gen.); Wo + Präposition?
Prädikative[1, 3]		
Subjektsprädikativ	Ich bin **krank**. Mia wird **Ärztin**. Wir bleiben **hier**.	Das Prädikativ bezieht sich auf das Subjekt. E: Pronomen im Nominativ; Adjektiv; Adverb F: Wer? Was? Wo? Wie?
Objektsprädikativ	Sie nannten ihn **einen Schwachkopf**. Wir finden diese Lösung **interessant**. Alle hielten sie **für eine Mitschülerin**.	Das Prädikativ bezieht sich auf ein Objekt und steht im selben Kasus wie dieses. E: (Präposition +) Pronomen im Akkusativ; Adjektiv F: (Präposition +) Wen? Was? Wie?
Adverbiale[1]		
Lokaladverbial	Er wartet **auf dem Bahnsteig**. Er wartet **hier**.	Gibt Ort oder Richtung an. E: Präposition + Pronomen; Adverb F: Wo? Wohin? Woher? Wie weit?
Temporaladverbial	Er wartet **seit zwei Stunden**. Er wartet **lange**.	Gibt Zeitpunkt, Dauer oder Wiederholung an. E: Präposition + Pronomen; Adverb F: Wann? Wie lange? Wie oft?
Modaladverbial	Sie klopfte **hektisch** auf die Tastatur. Sie verreist nicht **ohne ihren Teddy**.	Gibt Art und Weise, Abstufung (Grad), Begleitung oder Mittel an. E: Präposition + Pronomen; Adverb F: Wie (sehr)? Präposition + wem/wen/was? Womit?
Kausaladverbial	Er wurde **vor lauter Ärger** ganz rot? Sie schwieg **trotz ihrer Angst**.	Gibt Grund, Ursache, Bedingung, Folge oder Zweck an. E: deshalb, deswegen, in diesem Fall, dazu, trotzdem F: Warum? Weshalb? Wieso? Wozu? Trotz was?
Satzadverbial	Er wird **leider** nicht kommen. **Meines Erachtens** stimmt das nicht.	Bezieht sich auf den ganzen Satz.

[1] Subjekte, Objekte und Prädikative sind Ergänzungen; Adverbiale sind häufig Angaben, sie können aber auch Ergänzungen sein. *Wir wohnen in Innsbruck:* „in Innsbruck" ist ein Adverbial (kein Präpositionalobjekt; Probe: die Präposition ist austauschbar: *... nahe Innsbruck, vor Innsbruck, bei Innsbruck*). Als solches wird es vom Verb „wohnen" gefordert; der Satz wäre ohne das Adverbial nicht vollständig. Ähnlich: *Er schleuderte den Kugelschreiber* ***an die Wand***.

[2] Sätze müssen nicht unbedingt ein Subjekt beinhalten, um vollständig zu sein: *Mir ist kalt. – Hau' bloß ab! – In unserer Klasse wird viel gelacht.*

[3] Subjektsprädikative treten mit Kopulaverben (siehe unten) auf, Objektsprädikative auch mit anderen Verben, *z. B. nennen, finden, halten.*

Attribute

Attribute sind **Teile von Satzgliedern**, sie beziehen sich auf den Kern des Satzgliedes oder den Kern eines Attributs.

Form (Auswahl)	Beispiel
Adjektivattribut	*Die Rodung macht* ***ganze*** *Landstriche zu* ***öden*** *Flächen.*
Genitivattribut	*Die Rodung* ***des Regenwaldes*** *stört das ökologische Gleichgewicht.*
präpositionales Attribut	*Eine Studie* ***von Wisschenschaftlern*** *warnt vor den Folgen.*
Konjunktion mit Nomen	*Der Regenwald* ***als Klimaregulator*** *ist unersetzlich.*
Konjunktion mit Pronomen	*Eine Politik* ***wie diese*** *ist verantwortungslos.*
Konjunktion mit Adverb	*Eine Umweltpolitik* ***wie dort*** *wäre hier nicht möglich.*
Adverb als Attribut	*Die Verwüstungen* ***dort*** *sind unbeschreiblich.*
Apposition	*Die Behörden schreiten gegen illegale Rodungen,* ***das größte Übel****, nicht ein.*
Attributsatz	*Der Lebensraum,* ***der zerstört worden ist****, ist unbezahlbar.*

WORTARTEN

Übersicht

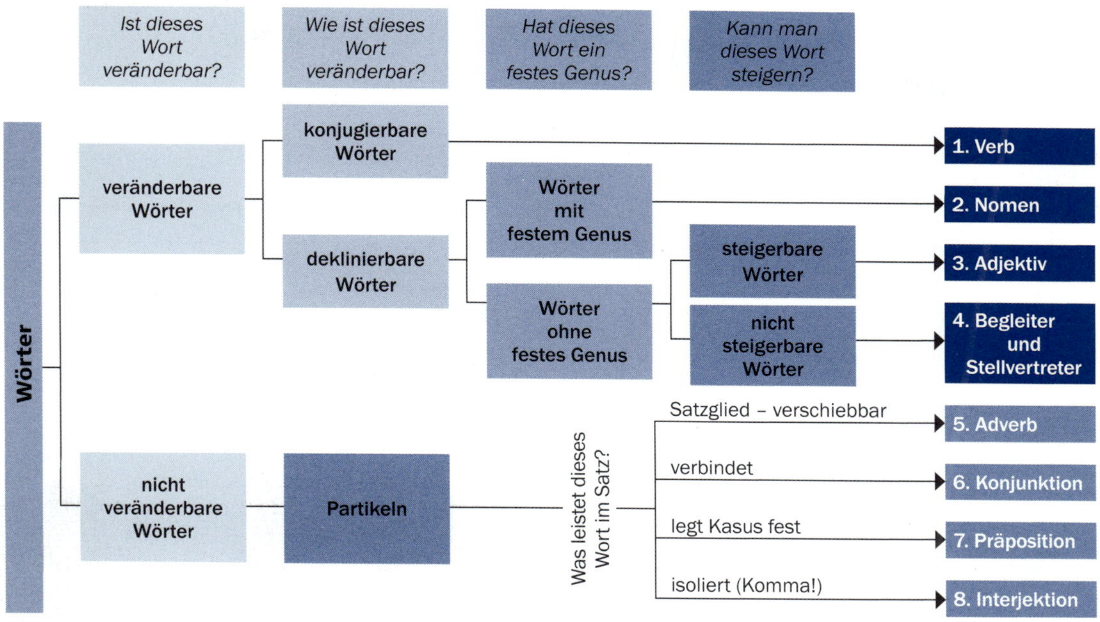

Nicht alle Wörter tragen alle Merkmale der jeweiligen Wortart. Z. B. ist „schwanger“ ein Adjektiv, es wird aber nicht gesteigert. Man orientiert sich daher am besten an Prototypen (also an typischen und eindeutig erkennbaren Wörtern einer Wortart).

Bezeichnung	Beispiele	Leistung
Veränderbare Wortarten		
1. Verb	*schreiben, blühen, sein, sollen*	nennt Tätigkeiten, Vorgänge, Zustände
2. Nomen (Substantiv)	*Teller, Blüte, Angst*	benennt Dinge, Personen, Zustände ...
3. Adjektiv	*logisch, hell, afrikanisch, vier, unzählige, vierte/r/s*	gibt eine Eigenschaft, Zugehörigkeit, Menge oder Position in einer Ordnung an
4. Begleiter und Stellvertreter		
4.1 Pronomen		
Personalpronomen	*ich, du, er/sie/es, wir, ihr, sie*	verweist auf Anwesende (ich, du, wir, ihr) oder verweist auf Genanntes (er, sie, es)
Possessivpronomen	*meine/r/s, deine/r/s, seine/r/s, unsere/r/s, ihre/r/s*	verweist auf Genanntes und drückt Zugehörigkeit aus *(Das ist meines.)*
Demonstrativpronomen	*dieser, jener, derjenige, derselbe*	zeigt auf jemanden/etwas
Relativpronomen	*der, die, das; welche/-er/-es*	ordnet einen Attributsatz zu
Interrogativpronomen	*Was? Wer? Welche?*	fragt nach jem./etwas
Reflexivpronomen	*Er denkt an sich. Wir kennen uns.*	bezieht sich aufs Subjekt
Indefinitpronomen	*etwas, man, viel*	nennt jemanden/etwas ungenau
4.2 Artikel		
bestimmter Artikel	*der, die, das*	identifiziert ein Nomen
unbestimmter Artikel	*ein, eine, ein*	
Possessivartikel	*mein, dein, sein, ihr, unser, euer*	bezeichnet Zugehörigkeit *(mein Hund)*
Demonstrativartikel	*diese/r/s, jene/r/s*	weist auf das begleitete Nomen hin *(dieser Hund)*

Nicht veränderbare Wortarten (Partikeln)

5. Adverb	*hier, überall, morgen, immer, gern, deshalb*	gibt Ort, Zeit, Art, Grund an
6. Konjunktion	*und, aber, oder, als, während, ob, dass*	verbindet Satzteile/Sätze
7. Präposition	*an, auf, mit, bei, ohne*	fügt Nomen/Pronomen in den Satz ein
8. Interjektion	*pst, oh, aha, hallo, miau*	drückt Empfindungen/Laute/Geräusche aus

EINZELNE WORTARTEN

1. DAS VERB

1.1 Formen:

Infinite Verbformen (unbestimmte Verbformen): zeigen keine Person an

- Infinitiv: *geh**en**, **zu** sitz**en**, vor**zu**leg**en**, gegangen **sein***
- Partizip I: *sing**end**, lach**ende** (Kinder)*
- Partizip II: ***ge**sung**en**, **ge**lach**t**, vergess**en***

  Partizipien werden häufig wie Adjektive verwendet: *ein **hinkender** Vergleich, dieser Vergleich ist **gelungen***

Finite Verbformen (Personalformen): lassen die Person erkennen (gehe = 1. P. Singular, lacht = 3. P. Singular)

1.2 Tempus:

Einfache Tempora: nur Personalform, nicht zusammengesetzt

- Präsens: *ich gehe, er lügt, sie essen*
- Präteritum: *ich ging, er log, sie aßen*

Zusammengesetzte Tempora: Personalform eines Hilfsverbs + infinite Verbform(en)

- Perfekt (Präsensperfekt): *ich **bin** gegangen, er **hat** getrieben*
- Plusquamperfekt (Präteritumperfekt): *ich **war** gegangen, er **hatte** gelogen*
- Futur I: *ich **werde** gehen, er **wird** treiben*
- Futur II: *sie **wird** gegangen sein, er **wird** gelogen haben*

Üblicherweise werden die Tempora in einem geschlossenen Text in festgelegten Beziehungen zueinander verwendet, man nennt das

TEMPUSSYSTEME

VORHER	JETZT	SPÄTER
Tempussystem des Präsens		
Perfekt (Präsensperfekt)	Präsens	Futur I
Seit ich sie so traurig gesehen habe,	*weiß ich,*	*dass ich ihr helfen werde.*
Tempussystem des Präteritums		
Plusquamperfekt (Präteritumperfekt)	Präteritum	würde/sollte + Infinitiv
Nachdem sie telefonisch zugesagt hatte,	*eilte ich zu dem Ort,*	*an dem ich sie treffen würde/sollte.*

Tempora-Tabelle (Aktiv):

Präsens:	*ich sehe*	*er fährt*
Präteritum:	*ich sah*	*er fuhr*
Perfekt (Präsensperfekt):	*ich habe gesehen*	*er ist gefahren*
Plusquamperfekt (Präteritumperfekt):	*ich hatte gesehen*	*er war gefahren*
Futur I:	*ich werde sehen*	*er wird fahren*
Futur II:	*ich werde gesehen haben*	*er wird gefahren sein*

DER GEBRAUCH DER TEMPORA

PRÄSENS:	
• für etwas **jetzt** Geschehendes	*Mein Kakadu* ***sitzt*** *(jetzt) im Käfig.*
• für etwas sich länger Erstreckendes	*Ich* ***habe*** *meinen Kakadu sehr lieb.*
• für sich Wiederholendes	*Jeden Samstag* ***lasse*** *ich ihn aus dem Käfig.*
• für allgemein Gültiges, Zeitloses	*Ein Kakadu* ***kann*** *nicht weit fliegen.*
• für Zukünftiges	*Ich* ***stutze*** *ihm dennoch morgen nochmals die Flügel.* (Meist mit Zeitangabe! Hier: „morgen“)
• für eine spannende Stelle in einer Erzählung (absichtlicher Tempuswechsel)	*Er* ***wollte*** *abfliegen und* ***stürzte*** *vor mir nieder. Da* ***nehme*** *ich die Kamera und* ***mache*** *ein Bild.*
PERFEKT (Präsensperfekt):	
• für Vergangenes, in mündlichen Berichten und Erzählungen	*Ich habe meinen Kakadu „Herr Huber“ getauft.*
• für Vergangenes, das Auswirkungen auf die Gegenwart hat	*Ich habe den Film schon gesehen. (Jetzt kenne ich ihn.)*
• für Zukünftiges	*Morgen haben wir es geschafft. (Zeitangaben – hier: „morgen“ – verpflichtend!)*
FUTUR I:	
• für Zukünftiges, ankündigend	*Morgen werde ich Herrn Huber ins Büro mitnehmen.*
• für Vermutungen	*Er wird wohl auf mich warten.*
PRÄTERITUM:	
• für Abgeschlossenes, Vergangenes – (Tempus für Berichte und schriftliche Erzählungen, für Erdachtes)	*Die Sekretärin sagte: „Grüß Gott, Herr Huber!“ Ich schaute auf das traurige Spiegelbild im einzigen Fenster meines Büros, und ich versuchte zu fliegen, und die Fenster des 7., 6., 5. Stocks eilten an mir vorüber. Ich hatte meinen Kakadu noch immer sehr lieb.*
PLUSQUAMPERFEKT (Präteritumperfekt):	
• für Ereignisse, die vor erzählten oder berichteten Ereignissen stattgefunden haben	*Wir kamen an einen Ort, an dem noch nie jemand gewesen war.*
FUTUR II:	
• für Vermutungen, die sich auf vermutetes Vergangenes beziehen	*Die Sekretärin sagte: „Herr Huber wird wohl gedacht haben, ein Kakadu zu sein!“*

1.3 AKTIV/PASSIV (Genus verbi, Sehweise)

Aktiv: Das Subjekt **„tut“** etwas, ist **„aktiv“**, das Geschehen wird aus dem Blickwinkel des handelnden/aktiven Subjekts dargestellt: *Er packt das Geschenk ein.*

Vorgangspassiv: Mit dem Subjekt **geschieht** etwas; das Geschehen wird aus dem Blickwinkel des Subjekts, mit dem etwas geschieht, dargestellt. Der Handelnde (Täter) in einer Handlung ist entweder nicht bekannt oder nicht so wichtig: *Dieser Fehler wurde übersehen.*

Bildung: Hilfszeitwort **werden + Partizip II:**

Das Geschenk ***wird*** *von ihm* ***verpackt.*** *(Präsens)*
Das Geschenk ***wurde*** *von ihm* ***verpackt.*** *(Präteritum)*
Das Geschenk ***ist*** *von ihm* ***verpackt worden.*** *(Perfekt/Präsensperfekt)*
Das Geschenk ***war*** *von ihm* ***verpackt worden.*** *(Plusquamperfekt/Präteritumperfekt)*
Das Geschenk ***wird*** *von ihm* ***verpackt werden.*** *(Futur I)*
Das Geschenk ***wird*** *von ihm* ***verpackt worden sein.*** *(Futur II)*

Zustandspassiv: Drückt einen länger andauernden Zustand aus.
Bildung: Hilfszeitwort **sein + Partizip II:**

Das Geschenk ist eingepackt. (= jetzt)
Es war eingepackt. (= vorher)

Manche Verben haben kein Passiv, bei manchen kann man ein „unpersönliches“ Passiv bilden: *Nun wird aber geschwiegen!*

1.4 Modus (Aussageweise)

Der Modus zeigt (auch) an, wie ein Sprecher/eine Sprecherin zu seiner/ihrer Aussage steht.

Der **IMPERATIV** (Befehlsform) drückt einen **Befehl, eine Aufforderung, eine Bitte u. a.** aus.

__Verlassen__ Sie das Regierungsgebäude! __Sei__ brav! __Geht__ doch nach Hause!

Befehle können auch **durch andere Verbformen** ausgedrückt werden.

Jetzt __gebt__ ihr Ruhe! __Hingesetzt__ und __geschwiegen__! Du __sollst__ endlich dein Lästermaul halten!

Außer den Modi kann die Aussageweise noch durch bestimmte Verben, die *Modalverben*, zum Ausdruck gebracht werden: müssen, sollen, dürfen, wollen, mögen, können, lassen

Im **INDIKATIV** wird etwas **als „wahr" dargestellt**, auch wenn es möglicherweise erfunden ist.

Heute __besteht__ absolutes Redeverbot! Zeus __schleuderte__ einen Blitz auf den Streitwagen.

Im **KONJUNKTIV I** macht der Sprecher/die Sprecherin deutlich, dass eine Aussage **nicht von ihm/ihr selbst stammt** und er/sie sich **für deren Richtigkeit nicht verbürgt**. Der Konjunktiv ist ein Mittel der Distanzierung (indirekte Rede).

Die Direktorin sagte, sie __sei__ sehr optimistisch. Sie teilte mit, dass sie erneut kandidieren __werde__.

Außerdem wird der Konjunktiv I manchmal zum Ausdruck von **Aufforderungen und Wünschen** verwendet.

Man __nehme__ eine Tomate und __werfe__ sie aufs Podium. Sie __lebe__ hoch!

Im **KONJUNKTIV II** stellt der Sprecher/die Sprecherin etwas als **nur gedacht** hin, drückt aus, dass etwas **nicht geschieht/geschehen ist**.

Wenn sie besser sähe, könnte sie den Tomatenwerfer erkennen. Wäre er doch zielsicherer! Das dürfte wirklich nicht möglich sein.
Beinahe wäre das Attentat gelungen!

Außerdem wird der Konjunktiv II manchmal zum **Ausdruck von unerfüllbaren Wünschen, von höflichen Bitten/Ratschlägen und von Vermutungen und Zweifeln** verwendet.

Dürfte ich es noch einmal versuchen?
Hätte ich doch diese Idee niemals gehabt!
Könnte es sein, dass ich verhaftet werde?

Bildung des Konjuktivs:

Konjunktiv I		Konjunktiv II	
Stamm des Infinitivs + Personalendung		**Stamm des Präteritums + Personalendung (mit Umlaut des Stammvokals)**	
ich geh-e	*wir geh-en*	*ich fragt-e*	*ich gewänn-e*
du geh-(e)st	*ihr geh-et*	*sie fragt-e*	*sie gewänn-en*
er/sie/es geh-e	*sie geh-en*		

Die Formen des Konjunktivs I und jene des Konjunktivs II bei schwachen Verben unterscheiden sich vom Indikativ nur in der 3. Person Singular. Nur bei „sein" lassen sich Konjunktiv und Indikativ klar unterscheiden.

Indikativ	Konjunktiv I	Konjunktiv II
ich bin	*ich sei*	*ich wäre*
du bist	*du sei(e)st*	*du wär(e)st*
er, sie, es ist	*er, sie, es sei*	*er, sie, es wäre*
wir sind	*wir seien*	*wir wären*
ihr seid	*ihr seiet*	*ihr wär(e)t*
sie sind	*sie seien*	*sie wären*

Wichtig für das Schreiben in indirekter Rede:
Bei starken Verben (deren Stammvokal sich in der Konjugation ändert: *rufen – rief*) gibt es im üblichen Sprachgebrauch eine Form des Konjunktivs I nur für die dritte Person Singular. **Wer für die anderen Personen eine Konjunktivform braucht, muss auf den Konjunktiv II ausweichen. In allen anderen Fällen, vor allem auch bei missverständlichen oder altertümlichen Formen, heißt die Ausweichlösung: Umschreibung mit „würde":**
Sie sagten, sie __würden__ auch einmal länger __arbeiten__. Sie __würde__ gern __fahren__. Er __würde schwören__.

1.5 Konjugation

stark:	*fahren – fuhr – gefahren, reiten – ritt – geritten, schwören – schwor – geschworen* **Stammvokal ändert sich (Ablaut), Partizip II auf -en**
schwach:	*lieben – liebte – geliebt, zeichnen – zeichnete – gezeichnet* **Stammvokal ändert sich nicht, Präteritum auf -(e)te, Partizip II auf -(e)t**
unregelmäßig: (gemischt)	*bringen – brachte – gebracht, nennen – nannte – genannt* **Stammvokal ändert sich und Präteritum auf -(e)te, Partizip II auf -(e)t**

Manche starke Verben mit dem Stammvokal a, o, au, e ändern in der 2./3. Person Singular Präsens den Stammvokal:

ich schlafe	*du schläfst*	*er schläft*	*ich gebe*	*du gibst*	*er gibt*
ich stoße	*du stößt*	*sie stößt*	*ich fechte*	*du fichst*	*er ficht*
ich saufe	*du säufst*	*er säuft*	*ich trete*	*du trittst*	*er tritt*
	Umlaute			**e zu i**	

1.6 Arten von Verben

Man unterscheidet:

Vollverben: bilden die inhaltliche Aussage des Prädikats/eines Satzes.

Hilfsverben: *haben, sein, werden*: „helfen“, die Tempora/Aktiv-Passiv zu bilden; *haben* wird in der Bedeutung von „besitzen“ oder „von etwas befallen sein“ auch als Vollverb verwendet: *Ich habe Schmerzen.*

Kopulaverben: *Sein, werden* und *bleiben* sind dann Kopulaverben, wenn sie nicht als Hilfsverben verwendet werden, sondern mit einem Nomen, Adjektiv oder Adverb gemeinsam das Prädikat bilden.
Unsterblichkeit bleibt ein Wunschtraum. / Er wird stärker. / Sedina ist fort.
Auch die Verben *aussehen, erscheinen, gelten, heißen, scheinen* und *wirken* werden als Kopulaverben verwendet:
Sie gilt als Expertin. / Die Information erscheint mir zuverlässig. / Er wirkt gestresst.

Modalverben: *können, müssen, dürfen mögen, sollen, wollen, lassen:*
- wandeln die Aussage ab,
- werden im Englischen oft umschrieben (to be able to, to have to, to be allowed to).

Beachten Sie das Perfekt (Präsensperfekt) bei Modalverben:

	*Er **hat** nicht **gemusst.***
Steht ein Infinitiv daneben:	*Er **hat** nicht **lesen müssen.***
Im Nebensatz:	*..., weil er nicht **hat schreiben müssen*** („hat“ vorangestellt).

Modifizierende Verben: wandeln ebenfalls die Aussage ab, stehen mit der Nennform + zu: *versuchen, pflegen, wissen, hoffen, glauben, wünschen, fürchten, scheinen, meinen, brauchen*
Abends pflegte er einen Spaziergang zu machen. / Das brauchst du nicht zu wissen.
Je nach Verwendung können Verben unterschiedlichen Verbarten angehören, z. B.:
„haben“: Wir haben Durst. (Vollverb in der Bedeutung von „befallen sein von“ im weitesten Sinn)
Wir haben unseren Durst gestillt. (Hilfsverb)

2 DAS NOMEN

2.1 Genus (Geschlecht)

maskulin (männlich), **feminin** (weiblich) und **neutrum** (sächlich)
Manche Nomen haben **schwankendes Genus** (*das/die E-Mail, der/das Poster*).

2.2 Numerus (Zahl)

Nomen können im **Singular** (Einzahl) und im **Plural** (Mehrzahl) stehen.
Es gibt aber auch Nomen, die nur im Singular vorkommen (**Singularwörter**): *Milch, Liebe, Regen*
Nomen, die nur im Plural vorkommen (**Pluralwörter**): *Ferien, Kosten, Eltern*

Beachtenswertes:

a) Im **Dativ Plural** fast immer Endung ***-n***: *mit den Verkehrsmitteln, bei Kindern, von Damen*
b) **Plural auf** *-er, -el*: Maskulin und Neutrum haben **kein *-n*** (Ausnahmen: *Muskel, Stachel, Pantoffel; Vetter, Gevatter, Bauer*)

c) **Unregelmäßige Pluralbildung:**
   c1) Fremdwörter aus dem Englischen: *Ladys, Babys, Bars* (Endung **-s**)
   c2) Fremdwörter aus dem Italienischen: *Tempi, Soli* (auch: *Tempos, Solos*)

d) **Plural von Maßen, Gewichten, Währungen**
   d1) Sammelbezeichnungen: *1 Fass – 100 Fass Bier, 1 Dutzend A2-Bögen – 100 Dutzend A2-Bögen*
   d2) *1 Kilo/Deka – 100 Kilo/Deka*
   d3) Währungen entsprechend der jeweiligen Landessprache: *1 Euro – 1000 Euro (= der Betrag), aber: 6 Euros für den Automaten (= Münzen)*

2.3 Deklination (Beugung)

Es gibt drei Klassen:	maskulin	neutrum	feminin	Anmerkung
Starke Beugung: (alle drei Genera)	*der Mann* *des Mann**es*** *die M**ä**nn**er***	*das Stück* *des Stück**es*** *die Stück**e***	*die Nacht* *der Nacht* *die N**ä**cht**e***	(fem. Singular endungslos)
Schwache Beugung: (mask. u. fem. Nomen)	*der Ochse* *des Ochse**n*** *die Ochse**n***	--- --- ---	*die Lauge* *der Lauge* *die Lauge**n***	(fem. Singular endungslos)
Gemischte Beugung: (mask. u. neutr. Nomen)	*der Mast* *des Mast**es*** *die Mast**en***	*das Ohr* *des Ohr**es*** *die Ohr**en***	--- --- ---	(Singular stark, Plural schwach)

2.4 Die vier Kasus (Fälle)

Kasus	Singular	Plural
Nominativ	*der/ein Stein*	*die Steine*
Genitiv	*des/eines Steines*	*der Steine*
Dativ	*de**m**/eine**m** Stein*	*den Steine**n***
Akkusativ	*de**n**/eine**n** Stein*	*die Steine*

Der Genitiv wird als Objekt nur noch selten, oft in altertümlichen, formelhaften Wendungen gebraucht:
Ich gedenke des Verstorbenen. Ich enthalte mich meiner Stimme.

3 DAS ADJEKTIV

3.1 Verwendung

- Attributiv (bei Nomen): *ein **erfreuliches** Ereignis, ein **grünes** Gesicht*
  Die attributive Verwendung – zwischen Artikel/Pronomen und Nomen – ist neben der Steigerbarkeit ein unterscheidendes Merkmal der Adjektive. Fast alle Adjektive sind attribuierbar.
- Prädikativ (mit einem Kopulaverb): *Er ist **krank**. / Es erscheint **richtig**.*
- Adverbial (bei Vollverben): *Er schreibt **schön**./ Es regnet **heftig**.*
- Nominalisiert: *das Neue, die Ungeduldigen*

3.2 Steigerung (Komparation)

	Positiv	Komparativ	Superlativ
Regelmäßig mit -er, -(e)st	*stark* *ernst*	*stärker* *ernster*	am stärksten am ernstesten
Unregelmäßig	*gut* *viel*	*besser* *mehr*	am besten am meisten

Weitere Möglichkeiten der Steigerung mit stilistischen Mitteln, wie z. B.
- Gradadverbien: *äußerst genau, sehr genau, besonders genau, überaus …*
- Wiederholung: *ein langer, langer Abend*
- Zusammensetzung: *butterweich, riesengroß, uralt*

Manche Adjektive sind nicht zu steigern, z. B.: *tot, leer, schwanger, viereckig, quitt,* Zahladjektive

3.3 Deklination (nur sehr verkürzt dargestellt!)

Adjektive richten sich in der Deklination nach dem zugehörigen Nomen:
***der/dieser** empörte Kunde – ein empört**er** Kunde – der empört**en** Kundin* (Genitiv Singular)
*Er schreibt dem unpünktlich**en** Lieferanten.* (Dativ Singular) / *Sie vergrößern das modisch**e** Sortiment.* (Akkusativ Sing.)
Zahladjektive zeigen keine Deklinationsmerkmale:
*die **drei** Zeugen, ein **viertel** Kilogramm*

Endung -m oder -n im Dativ:
-m (nur Präposition + Adjektiv): *mit stark**em** Husten, bei schön**em** Wetter, auf grün**em** Samt*
-n (wenn davor schon ein Artikelwort mit -m steht!): *mit diesem stark**en** Husten, bei einem schön**en** Mann, auf dem grün**en** Samt*
aber: zwei nebengeordnete Adjektive, mit Komma getrennt (statt des Kommas könnte „und" stehen):
*bei schön**em**, warm**em** Wetter / auf frisch**em**, weiß**em** Papier*

4 BEGLEITER UND STELLVERTRETER

4.1 Artikel

bestimmt (*der, die, das*) und **unbestimmt** (*einer, eine, eines*), possessiv *(meine Mutter)* und demonstrativ *(diese Aussage)*

4.2 Pronomen

Personalpronomen: zeigend oder auf bereits Genanntes verweisend (stellvertretend)

zeigend				verweisend		
ich	*du*	*wir*	*ihr*	*er*	*sie*	*es*
meiner	*deiner*	*unser*	*euer*	*seiner*	*ihrer*	*seiner*
mir	*dir*	*uns*	*euch*	*ihm*	*ihr*	*ihm*
mich	*dich*	*uns*	*euch*	*ihn*	*sie*	*es*

Nur die Pronomen „er", „sie" (Singular und Plural) und „es" können tatsächlich für ein Nomen stehen (vgl. die Bezeichnung „Pro-Nomen").

Reflexivpronomen: nur verweisend (stellvertretend); bezieht sich auf das Subjekt zurück
Dativ: *Ich schade **mir**.* Akkusativ: *Er wusch **sich**.*

Reziprokes Pronomen: „einander", heute oft durch **sich** ersetzt (*Sie liebten **einander** oder **sich**?*). Der „einander"-„sich"-Wechsel kann aber die Bedeutung verändern: *Sie wuschen einander/sich.*

Possessivpronomen: drücken eine **Zugehörigkeit** aus: Zu jedem Personalpronomen gehört ein Possessivpronomen:

ich	*du*	*er/es*	*sie*	*wir*	*ihr*	*sie*
meine/r/s	*deine/r/s*	*seine/r/s*	*ihre/r/s*	*unsere/r/s*	*eure/r/s*	*ihre/r/s*

Demonstrativpronomen:
einfache: der, die, das / dieser, -e, -es/ jener, -e ,-es / solcher, -e, -es
zusammengesetzte: derjenige/diejenige/dasjenige, derselbe/dieselbe/dasselbe
„Dieser" bezieht sich auf das in einem Text näher stehende Wort, „jener" auf das weiter entfernte:
*Karl wollte Max besuchen, **dieser** (= Max) wollte **jenen** (= Karl) aber nicht sehen.*

Relativpronomen:
Der, die, das (Ersatz: *welcher, -e, -es*) beziehen sich auf ein Nomen des vorhergehenden Satzes (Zahl, Geschlecht gleich), leiten einen Attributsatz ein, sind in diesem oft Subjekt oder Objekt, manchmal auch Attribut:
*Der Schlot, **der** gesprengt wurde, ... – Der Schlot, **dessen** Mauern baufällig waren, ...*

Die Relativpronomen **„wer" und „was"** beziehen sich **auf einen ganzen Satz**, auf **dessen Sinn**;
„was" muss außerdem stehen nach:
das, alles, viel, nichts, manches, weniges, etwas, einiges, vieles, dasjenige, dasselbe
- nach einem sächlichen (neutralen) nominalisierten Superlativ

- *Das ist das Beste, was man tun kann.*
  Beachten Sie den Unterschied:
  Mein Vater antwortet auf Fragen oft nur mit einem Wort, das für ihn typisch ist.
  Mein Vater antwortet auf Fragen oft nur mit einem Wort, was für ihn typisch ist.

Interrogativpronomen: fragen nach Personen und Sachen, leiten einen direkten oder indirekten Fragesatz ein: ***wer/was, welcher, -e, -es, was für ein***
„**Welch-?**" fragt nach Namen/Bezeichnungen, „**Was für ein?**" nach Eigenschaften: *Welches Auto hast du? – Einen Volvo. / Was für ein Auto hast du? / Ein blaues, neues Auto.*

Indefinitpronomen: nennen Personen und Sachen nur ungefähr
alle, andere, ein bisschen, ein paar, (die) beide(n), irgend-, kein, man, nichts, jemand, niemand

5 ADVERB

Gebrauch: Adverbien bestimmen näher:
- **Verben:** ***Dort** wird gearbeitet.*
- **Adverbien:** *Sie finden ihn **dort** hinten.*
- **Nomen:** *Das Gebäude **dort** gefällt mir.*
- **einen ganzen Satz:** ***Leider** kann ich nicht kommen.*

Mit Adverbien bezeichnet man meist die näheren Umstände; das können sein:

	Fragen	Beispiele
Ort/Raum	Wo? Woher? Wohin?	*Sie lagen in der Gunst des Publikums ganz **vorne**.* *hier, dort, unten, oben, links, aufwärts, abwärts* *hierher, da, drinnen, draußen, her ...*
Zeit	Wie lange? Wie oft? Wann? Seit wann?	***Endlich** hatten sie gesiegt.* *Jetzt war das Ende nahe.* *neulich, anfangs, manchmal, ...*
Art und Weise	Wie? Auf welche Weise?	*Die Fans waren **sehr** begeistert.* *gern, sehr, besonders, genug, so, zwar, etwas, vergebens, umsonst, beinahe, ziemlich, allerdings ...*
Gründe/Ursachen	Warum? Weshalb? Wodurch? Worüber?	***Sicherheitshalber** schloss er das große Tor.* *Trotzdem blieb die Chance auf den Titel.* *darum, deshalb, dadurch, folglich, also, hiermit*

Eine wichtige Gruppe innerhalb der Adverbien sind
- **Pronominaladverbien** (auch Präpositionaladverbien genannt): Zusammensetzungen mit „da(r)-", „hier-„ oder „wo(r)": *darüber, dadurch, hierauf, wovon, womit, wodurch, worauf* etc.
- **Konjunktionaladverbien:** *außerdem, dazwischen, anschließend, somit, sonst, trotzdem, dennoch, allerdings, insofern, jedoch, doch, stattdessen* etc.

Beide Gruppen dienen dazu, Sätze zu verknüpfen.
- **Kommentaradverbien** fungieren als Satzadverbiale. Sie beziehen sich auf den ganzen Satz: *natürlich, immerhin, leider, zugegebenermaßen, vielleicht, schließlich* etc.

6 KONJUNKTION

Es gibt **zwei Arten** von Konjunktionen:
- **Nebenordnende Konjunktionen:** Sie verbinden gleichrangige Elemente:
  - **Wortteile:** *Ein- **und** Aussteigen verboten!*
  - **Wörter:** *Zucker **und** Salz / arm, **aber** glücklich*
  - **Satzgliedteile:** ***Weder** alte **noch** neue Möbel werden verkauft.*
  - **Satzglieder:** *Er verkauft **sowohl** seinen MP3-Player **als auch** seinen Scooter.*
  - **Teilsätze:** *Ihr geht weg(,) **und** ich muss lernen! / Wir wissen, wann sie kommt **und** dass sie zustimmen wird.*

Gemäß den Beziehungen zwischen den verbundenen Wörtern/Wortgruppen/Sätzen unterscheidet man
- **anreihende (additive):** *und, sowohl – als auch, bzw., sowie, weder – noch, einerseits – andererseits* usw.
- **ausschließende (alternative):** *oder, entweder – oder, sonst, andernfalls*
- **entgegensetzende/einräumende (adversative/konzessive):** *aber, doch, sondern, jedoch, allerdings, dennoch, hingegen, nicht nur – sondern auch.*
- **begründende (kausale):** *denn, nämlich*
- **vergleichende:** *wie, als* (verbinden nur Satzteile)
- **spezifizierende:** *außer, es sei denn, beziehungsweise, das heißt (d. h.)*

• **Unterordnende Konjunktionen:** Sie leiten Nebensätze ein und ordnen sie einem übergeordneten Satz unter. Auch sie werden je nach Verwendung unterschieden (z. B. temporale, modale, neutral [dass, ob], konditionale etc.).

Konjunktionen werden auch mit anderen Termini bezeichnet: **Junktionen** (Wortart), unterteilt in **Konjunktionen** (nebenordnende) und **Subjunktionen** (unterordnende).

7 PRÄPOSITION

Präpositionen legen den Kasus des Satzteils (Objekt, Adverbial, Attribut), an dessen Beginn sie stehen, fest: *Wir kommen* ***wegen*** *der Wäsche. / Sie warten* ***vor*** *der Hütte. / Sie kaufen das Haus* ***an*** *der Straße.*

Die häufigsten Präpositionen:

Genitiv	Dativ	Genitiv oder Dativ
während *der Probe* ***anhand*** *der Protokolle* ***abseits*** *des Staus* ***(an)statt*** *einer Antwort* ***diesseits/jenseits*** *des Flusses* ***anlässlich*** *des Geburtstages* ***kraft*** *seines Amtes* ***ungeachtet*** *seines Gipsbeines* ***einschließlich/exklusive*** *der Gebühren* ***oberhalb/unterhalb/ außerhalb/innerhalb*** *des Büros*	***ab*** *einem bestimmten Zeitpunkt* ***(außer)*** *dem nächsten Tag* ***gemäß (entgegen)*** *den Planungen* ***von (zu, nahe, bei)*** *dem Eingang* ***mit (aus)*** *dem Computer* ***seit (nach)*** *einiger Zeit* ***gegenüber (dank)*** *dem letzten Jahr* ***entgegen*** *den Erwartungen*	***trotz*** *des Sieges /dem Sieg* ***zufolge*** *eines Unfalles/einem Unfall zufolge* ***binnen*** *weniger Tage/kurzem* ***wegen*** *des Unfalls /* ***wegen*** *Unfällen (im Plural mit Dativ, wenn der Genitiv nicht erkennbar ist)* ***entlang*** *dem Fluss/des Flusses*

Akkusativ	Dativ oder Akkusativ
durch *das Büro* ***für*** *den Freund* ***ohne*** *die Tasche* ***um*** *das Haus* ***gegen (wider)*** *den Trend* ***bis*** *Samstag* *den Fluss* ***entlang***	***an, auf, hinter, in, neben*** ***über, unter, vor, zwischen*** *Sie sitzt vor* ***der Klasse.*** (Dativ) *Sie tritt vor* ***die Klasse.*** (Akkusativ) **Dativ: Ersatzprobe „mir“** **Akkusativ: Ersatzprobe „mich“**

8 INTERJEKTION

Die Interjektion ist ebenfalls **nicht veränderbar**, steht aber meist außerhalb des Satzes, getrennt durch Komma oder Rufzeichen.

Interjektionen drücken Empfindungen/Gefühle, Ausrufe, Laute; Schallnachahmungen aus:
hallo, he, aua, oh, ah, krach, klirr, summ summ, ...